Manual de Direito de Família

Manual de Direito de Família

Valdemar P. da Luz

Advogado. Doutor em Direito Civil. Especialista em Direito Processual Civil.
Professor universitário. Presidente do Instituto dos Advogados de Santa Catarina.
Comenda Osvaldo Vergara, outorgada pela OAB/RS, por relevantes
serviços prestados à ordem e à classe dos Advogados do Rio Grande do Sul.

Manole

Capa: eg.desig / evelyn grumach

Imagem da capa: © Mikko Pitkänen | Dreamstime.com (alianças)
© Orlando Florin Rosu | Dreamstime.com (família)

Dados Internacionais de Catalogação na Publicação (CIP)
(Câmara Brasileira do Livro, SP, Brasil)

Luz, Valdemar P. da
Manual de direito de família /
Valdemar P. da Luz. – 1. ed. – Barueri, SP : Manole, 2009.

Bibliografia.
ISBN: 978-85-204-2771-2

1. Direito civil – Brasil 2. Direito de família – Brasil 3. Direito de família – Legislação – Brasil I. Título.

08-08203 CDU-347.6(81)

Índice para catálogo sistemático:
1. Brasil : Direito de família : Direito civil
347.6(81)

Edição – 2009

Direitos adquiridos pela:
Editora Manole Ltda.
Avenida Ceci, 672 – Tamboré
06460-120 – Barueri – SP – Brasil
Tel.: (11) 4196-6000 – Fax: (11) 4196-6021
www.manole.com.br
juridico@manole.com.br

Impresso no Brasil
Printed in Brazil

Sumário

Apresentação

Em que pese o Direito de Família, concebido pelo Código Civil de 1916, ter sofrido inúmeras alterações no transcorrer do século passado, principalmente com a introdução do divórcio no nosso ordenamento jurídico, importa reconhecer que foi a Constituição Federal de 1988 o instrumento jurídico que produziu reflexos mais contundentes nessa área do Direito.

Nesse contexto, a família tradicional, até então formada exclusivamente pelas pessoas casadas e os filhos nascidos dessa relação, além de ser reconhecida como base da sociedade e receber a proteção do Estado, nos termos dos arts. 226 e seguintes da Constituição, passou a ter uma nova conotação, calcada em relações outras denominadas entidade familiar, em que se inserem a união estável entre o homem e a mulher e a comunidade formada por qualquer dos pais e seus descendentes, esta denominada família monoparental.

A partir desse contexto, a Constituição passou a consagrar a igualdade jurídica entre os cônjuges e entre os filhos de qualquer natureza, de modo que, com fundamento no princípio da dignidade da pessoa humana, passaram a ser isonomicamente tratados os filhos havidos ou não da relação do casamento, ou por adoção, não mais se admitindo qualquer diferenciação entre eles.

Tendo partido do pressuposto de que a polêmica e a controvérsia são peculiares ao Direito de Família, houve o autor, por bem, trazer a lume a opinião de grandes juristas, sem descurar de colacionar expressiva e atualizada jurisprudência a respeito dos temas mais controversos desse importante ramo do Direito.

Elaborado com finalidades eminentemente didáticas, *Manual de Direito de Família* destina-se, portanto, não só a servir de vigoroso instrumento de orientação e aprendizado aos estudantes que cursam a disciplina nos cursos de Direito como também a servir de instrumento e roteiro auxiliar aos professores.

Assim, sem objetivo outro que não seja unicamente contribuírem para a divulgação e a aprendizagem dos temas mais relevantes do Direito de Família, autor e editora trazem a público esta obra, na expectativa de que atinja seus simples, porém nobres, objetivos.

O autor

OBRAS DO AUTOR:

As imperfeições legislativas e suas conseqüências: o problema da insegurança jurídica. Florianópolis: OAB/SC.

Código Civil e Código de Processo Civil. 3.ed. Porto Alegre: Sagra Luzzatto.

Contratos, procurações, requerimentos. 11.ed. Florianópolis: OAB/SC.

Comentário ao Código Civil. Direito de Família. Florianópolis: OAB/SC.

Código de Processo Civil passo a passo – prática processual. 3.ed. Barueri: Manole.

Curso de direito de família. 2.ed. São Paulo: LTr.

Direito imobiliário: fundamentos teóricos e práticos. 4.ed. Florianópolis: OAB/SC.

Dissolução do casamento. Florianópolis: Conceito.

Guia do acadêmico de direito. Rio de Janeiro: Forense.

Manual do advogado. 21.ed. Florianópolis: Conceito.

Manual de iniciação à advocacia. 6.ed. Florianópolis: OAB/SC.

Manual prático das contestações judiciais. 7.ed. Florianópolis: OAB/SC.

Manual prático dos recursos judiciais. 2.ed. Barueri: Manole.

Mini Código – Código Civil, Código de Processo Civil, Constituição Federal, Estatuto da OAB e Legislação Complementar (organizador). Florianópolis: OAB/SC.

Petições, contestações e recursos. 3.ed. Rio de Janeiro: Forense.

Trânsito e veículos: responsabilidade civil e criminal. 5.ed. Florianópolis: OAB/SC.

Família brasileira 1

A família fundada no poder marital

A família edificada pelo legislador do Código de 1916 fundava-se essencialmente na sociedade conjugal em cujo contexto, com certeza, predominava a autoridade marital. Esse enfoque no poder marital mostra-se perceptível na simples leitura de alguns dos dispositivos constantes do Livro dedicado ao Direito de Família, os quais, entre outras discriminações relativas à mulher, prescrevem que "o marido é o chefe da sociedade conjugal", "o marido detém a representação legal da família", "o trabalho profissional da mulher depende da autorização do marido", "à mulher se atribui a função auxiliar do marido" etc.

A prevalência do marido sobre a mulher, na assertiva de San Tiago Dantas,

> os canonistas a deduzem de uma conhecida passagem da Epístola de São Pedro aos Efésios: "as mulheres sejam sujeitas aos seus maridos como ao Senhor, pois o homem é a cabeça da mulher". Esta passagem inspira toda a disciplina canônica sobre a chefia da sociedade conjugal, funda a autoridade do marido.

Com o passar do tempo, porém, algumas iniciativas legislativas foram tomadas no sentido de minimizar a situação de inferioridade da mulher no âmbito familiar. A primeira iniciativa ocorreu com a Reforma de 1962, através do denominado Estatuto da Mulher Casada (Lei n.

4.121/62). Entre outras inovações, a referida lei determinou nova redação ao art. 233, do Código Civil, que passou a estabelecer que "O marido é o chefe da sociedade conjugal, função que exerce com a colaboração da mulher, no interesse comum do casal e dos filhos". Afirma-se que, a partir de então, a mulher deixou de ser absolutamente incapaz para se tornar relativamente incapaz. No entanto, somente com a Constituição de 1988, os direitos das mulheres foram devidamente reconhecidos. Além disso, o próprio Direito de Família foi objeto das mais significativas mudanças.

O mais importante, para esse efeito, foi o estabelecimento da igualdade entre os cônjuges, por força do art. 226, § 5º, que consigna que "os direitos e deveres referentes à sociedade conjugal são exercidos igualmente pelo homem e pela mulher". Posteriormente, esse dispositivo foi referendado pela norma infraconstitucional do Código Civil de 2002: "Art. 1.511. O casamento estabelece comunhão plena de vida, com base na igualdade de direitos e deveres dos cônjuges".

Família e entidade familiar

Sob a égide do Código Civil de 1916, o casamento era a única união que legitimava a família (art. 229). Em face dessa conotação, a família constituída fora do casamento, denominada concubinato, era tida por ilegítima e, por essa razão, era passível de restrições não só de ordem moral como também de ordem legal. Os filhos nascidos dessa relação também eram considerados ilegítimos, não tendo seu reconhecimento assegurado pela lei.

Hoje, porém, não mais se admite considerar família somente a decorrente da união formalizada pelo casamento, pois, com o advento da Constituição de 1988, também a família informal, ou seja, a união estável e a comunidade formada por qualquer dos pais e seus descendentes (família monoparental)[1] foi devidamente reconhecida como entidade familiar (art. 226, §§ 3º e 4º). Por conseguinte, a convivência entre companheiros, nos termos do art. 1.723 do Código Civil de 2002, e o agru-

---

1 Segundo dados divulgados pelo IBGE, em 2000, 16%, ou seja, 3,6 milhões de crianças de 0 a 6 anos viviam no Brasil com apenas um responsável sem cônjuge. Desse total, 1,8 milhão de crianças moram somente com a mãe e têm rendimento mensal de até dois salários-mínimos.

pamento formado só pelo pai, ou só pela mãe, e seus filhos, naturais ou adotivos, também passaram a merecer a proteção do Estado, à semelhança do que ocorre com a família apoiada no casamento.

A partir de então, pode-se afirmar, com suporte em Pietro Perlingieri (PERLINGIERI, 2002, p. 242), que o merecimento de tutela da família não diz respeito exclusivamente às relações de sangue, mas sobretudo, àquelas afetivas, que se traduzem em uma comunhão espiritual e de vida.

Entidade familiar é, pois, no sentido da lei maior, a união estável entre o homem e a mulher e a comunidade formada por qualquer dos pais e seus descendentes, esta denominada *família monoparental.*

Este novo enfoque familiar é denominado por Maria Helena Diniz (DINIZ, 2005, p. 21) de *pluralismo familiar*, uma vez que a norma constitucional abrange a família matrimonial e as entidades familiares (união estável e família monoparental), ressaltando que o atual Código Civil nada fala sobre a família monoparental, formada por um dos genitores e a prole, esquecendo-se que 26% de brasileiros, aproximadamente, vivem nessa entidade familiar.

Ademais, atualmente existe proposta de Emenda Constitucional visando a incluir no conceito de entidade familiar outros grupos familiares como, por exemplo, grupos constituídos por avós e netos, tios e sobrinhos, irmãos dirigidos por um deles, além da posse de estado de filiação, nela incluídos os grupos familiares compostos por padrastos ou madrastas e seus enteados criados como filhos. Para esse efeito, o § 4º da Constituição Federal passaria a ter a seguinte redação: "Art. 226. [...] § 4º Entende-se, também, como entidade familiar a comunidade formada por qualquer dos pais e seus descendentes, ou união afetiva de convivência estável e com objetivo de constituição de família". [2]

---

2 Justificativa: A presente Proposta de Emenda Constitucional foi sugerida pelo Instituto Brasileiro de Direito de Família, entidade que congrega magistrados, advogados, promotores de justiça, psicólogos, psicanalistas, sociólogos e outros profissionais que atuam no âmbito das relações de família e na resolução de seus conflitos. Com efeito, são múltiplos os grupos familiares que não se enquadram nos tipos expressamente previstos na Constituição Federal (casamento, união estável, entidade monoparental), conforme demonstram as edições anuais da Pesquisa Nacional por Amostragem de Domicílios, do IBGE. Neles não estão contemplados, por exemplo, os grupos familiares constituídos por avós e netos, tios e sobrinhos, irmãos dirigidos por um deles, além da posse de estado de filiação, nela incluídos os grupos familiares compostos por padrastos ou madrastas e seus enteados criados como

Finalmente, o Estatuto da Criança e do Adolescente – ECA, que também constitui importante fonte do Direito de Família, concebeu a família substituta, destinada a receber ou acolher crianças e adolescentes cujos pais tenham falecido ou tenham sido destituídos do poder familiar (art. 28), para efeito de diferenciá-la da família natural, originada dos laços de sangue (art. 25).

---

filhos. O Direito brasileiro já atribui a certos grupos sociais a qualidade de entidades familiares para determinados fins legais, a exemplo da Lei n. 8.009, de 29 de março de 1990, sobre a impenhorabilidade do bem de família; da Lei n. 8.245, de 18 de outubro de 1991, sobre locação de imóveis urbanos, relativamente à proteção da família, que inclui todos os residentes que vivam na dependência econômica do locatário; dos arts. 183 e 191 da Constituição, sobre a usucapião especial, em benefício do grupo familiar que possua o imóvel urbano ou rural como moradia. A proposta de emenda tem por objetivo evitar as discussões que se lavram nos tribunais sobre se os demais grupos são entidades familiares, tutelados pelos enunciados abertos dos preceitos do art. 226 da Constituição Federal, especialmente seu *caput*, como tem sustentado forte corrente doutrinária especializada. A Constituição de 1988 suprimiu a cláusula de exclusão, que apenas admitia a família constituída pelo casamento, mantida nas Constituições anteriores, adotando um conceito aberto, abrangente e de inclusão. É inadmissível e contrário ao princípio da dignidade humana que pessoas, parentes ou não, que convivam por razões afetivas, sejam equiparadas a sócios de empresas, que têm finalidade lucrativa, quando ocorre conflito entre elas. Sendo, como são, entidades familiares, devem ser tratados como tais, tanto no que diz respeito a seus direitos pessoais quanto aos direitos patrimoniais. Cabe aos tribunais a verificação da existência de cada entidade socioafetiva, como grupo familiar, de acordo com os princípios e requisitos que o Direito valora, especialmente a existência de convivência estável, de publicidade, de afetividade e de objetivo de constituição de família.

Direito de Família 2

Conceito

Direito de Família é o conjunto de princípios e normas de Direito Público e Direito Privado destinado a regular as relações decorrentes da união ou do parentesco entre pessoas. Ainda que a principal fonte do Direito de Família seja o Código Civil, não se pode esquecer que esse ramo do Direito também inclui normas existentes em diversos outros diplomas legais, considerados legislação extravagante como, por exemplo, a Lei n. 5.478/68 (Lei de Alimentos), a Lei n. 6.515/77 (Lei do Divórcio), a Lei n. 8.069/90 (Estatuto da Criança e do Adolescente), a Lei n. 8.560/92 (Investigação de Paternidade), a Lei n. 9.263/96 (Planejamento Familiar) e a Lei n. 10.741/2003 (Estatuto do Idoso), além de outras.

Quanto ao objetivo do Direito de Família, consiste este em tutelar o grupo familiar no interesse do Estado, conforme se dessume do art. 226 da Constituição Federal: "A família, base da sociedade, tem especial proteção do Estado".

Características

Conquanto faça parte do nosso principal diploma de Direito Privado, que é o Código Civil, o Direito de Família diferencia-se sobremaneira dos demais ramos do Direito nele contidos, em razão de nele operar-se uma excessiva limitação na autonomia da vontade ou na autonomia privada.

Como de sabença, a principal característica do Direito Privado é que os interesses de cada um sejam precipuamente administrados por sua própria e exclusiva vontade. Nesse contexto, cada um é livre para fazer, a respeito de seus interesses, o que lhe pareça mais conveniente. Conseqüentemente, diz-se que o Direito Privado apenas intervém com medidas acauteladoras visando a impedir o choque de interesses contrários e a dar nitidez à vontade das partes.

As relações de Direito de Família ocorrem de modo diferente, pois os interesses da família, de ordem social ou de ordem pública, são os que predominam em detrimento do interesse individual de cada integrante da família. Desse modo, considerando-se o fato de os indivíduos que integram uma família muitas vezes possuírem interesses antagônicos, interesses individuais que colidem com os da própria família, é necessária a existência de normas que visem a impedir que a vontade individual ofenda os interesses do grupo familiar. Desse modo, a harmonização do conflito reside necessariamente na submissão dos interesses individuais aos interesses do grupo familiar.

Observa-se, pois, no âmbito do Direito de Família, que a vontade manifesta-se livremente para fazer surgir a relação – liberdade de casar ou permanecer solteiro, liberdade para escolher o cônjuge –, porém a mesma vontade não possui o condão de alterar o que a lei dispõe sobre formalidades e conseqüências do casamento. Dessa forma, não se pode convencionar livremente direitos e deveres, pois eles já se encontram arrolados, de forma imperativa, nas normas do Direito de Família.

Diante disso, permite-se inferir que o Estado, em benefício da própria sociedade, é o principal interessado na manutenção da organização familiar, consoante expressa disposição do art. 226 da Constituição Federal. Por conseguinte, constitui o Direito de Família um conjunto de normas de ordem pública e privada, no qual, a toda evidência, predominam as normas de ordem pública.

Assim, como pontificam Bossert e Zannoni (BOSSERT & ZANNONI, 1995, p. 10),

> no Direito de Família a ordem pública domina numerosas disposições: assim, as que regulam as relações pessoais entre os cônjuges, as relações paterno-filiais, as que determinam o regime patrimonial do matrimônio, a qualificação dos bens dos cônjuges, etc.

Casamento 3

Introdução

O matrimônio é, antes de tudo, um ato de consenso na forma de celebração, de duas pessoas de sexos diversos, que dá origem a uma união de vida. Conquanto a lei não estabeleça expressamente, o casamento não é concebível senão entre um homem e uma mulher: é da tradição e assim o exige a consciência social. Em sentido amplo, o casamento pode ser entendido como uma união socialmente sancionada entre pessoas físicas que têm como propósito constituir família (com ou sem filhos) mediante comunhão de vida.

Ao decidirem estabelecer uma união afetiva, podem os nubentes, evidentemente, optarem entre uma união informal, através do casamento religioso ou da união estável (art. 1.723 do CC), porém é importante esclarecer que somente o casamento civil confere plenos efeitos civis à união.

Casamento religioso

Generalidades

No Brasil, por muito tempo, a Igreja Católica foi titular quase absoluta dos direitos matrimoniais. Pelo Decreto de 3 de novembro de 1827, os princípios do direito canônico regiam todo e qualquer ato nupcial com base nas disposições do Concílio Tridentino e da Constituição do Arcebispado da Bahia. Referida situação somente foi alterada pelo Decreto n. 181, de 24 de janeiro de 1890, que, além de instituir o casamento civil, destituiu o casamento religioso de qualquer valor jurídico.[3] As pessoas podem livremente escolher entre casamento civil ou religioso, porém somente o casamento civil confere direitos plenos aos cônjuges. Ademais, é a lei civil que define quais os efeitos decorrentes do casamento religioso, independentemente da religião pela qual se celebrou esse casamento.

A celebração do casamento religioso obedece a exigências específicas de cada religião, sem que a lei opere qualquer discriminação a respeito. Nesse sentido, a Constituição garante, no art. 5º, VI, que "é inviolável a liberdade de consciência e de crença, sendo assegurado o livre exercício dos cultos religiosos". Assim, pode, eventualmente, um padre ou um pastor se negar a realizar um casamento na hipótese de um dos nubentes não ser batizado, ser ateu etc.

Já no referente à autoridade celebrante e ao próprio rito, sustenta Caio Mário da Silva Pereira (PEREIRA, 2001, p. 42) que

> é válido o matrimônio oficiado por ministro de confissão religiosa reconhecida (católico, protestante, muçulmano, israelita). Não se admite, todavia, o que se realiza em terreiro de macumba, centros de baixo espiritismo, seitas umbandistas, ou outras formas de crendices populares que não tragam a configuração de seita religiosa reconhecida como tal.

Da mesma forma, não seria válido o casamento celebrado por quem não é padre, bispo, pastor ou rabino, mas tão-somente coroinha ou teólogo.

Tal como o casamento civil, o casamento religioso exige a instrução de processo de habilitação matrimonial destinado a comprovar que nada se opõe ao matrimônio e que existe livre consentimento dos nubentes.

---

3 O magistrado inglês Lorde Leslie Scarman lembra que o direito de família inglês também é de origem recente: "até a metade do século XIX, a vida da família não era da preocupação do Direito, mas assunto da Igreja. Contanto que um homem evitasse a atitude de violência criminosa ou a negligência criminosa para com a esposa e os filhos, sentia-se que o Direito não deveria intervir, a menos que houvesse uma parte dos bens a proteger. Algumas grandes leis (*statutes*) do século XIX transformaram o quadro ao trazer o Direito secular para a vida da família. Em 1857, a Lei das Causas Matrimoniais (*Matrimonial Causes Act*) transferiu a jurisdição, sobre os matrimônios desfeitos, dos tribunais eclesiásticos para o tribunal secular, o 'Tribunal para o Divórcio e Causas Matrimoniais' (*Court for Divorce and Matrimonial Causes*) e conferiu ao novo tribunal o poder de dissolver casamentos" (SCARMAN, 1978, p. 43).

Tradicionalmente, os noivos dirigem-se à paróquia mais próxima do local de residência da noiva para que seja iniciado esse processo, que tem várias semelhanças com o do registro civil. A averiguação da ausência de impedimentos é feita através dos banhos, cuja publicação poderá ser oral, mediante leitura durante a missa em três domingos sucessivos, ou escrita, por meio de afixação na igreja, abrangendo dois domingos.

É possível realizar a celebração em uma igreja diferente da igreja paroquial (p. ex., em alguma capela) ou com outro celebrante que não o pároco, desde que se obtenha autorização do pároco com a devida antecedência. Se os noivos fazem parte de duas paróquias diferentes, podem escolher uma delas. Caso um dos noivos não seja batizado ou pertença a outra religião, deverá fazer um pedido de dispensa do impedimento, o qual será enviado à igreja matriz da região, onde será analisado pelo bispo.

Exige-se, ainda, que o casal freqüente um curso de noivos, cujo tempo de duração varia de acordo com a igreja, e a participação de duas testemunhas (padrinhos) devidamente qualificadas.

Dissolução do casamento religioso

O casamento religioso católico é regulado pelo Código Canônico de 1983, cujo cânone n. 1.141 estabelece que "o matrimônio ratificado e consumado não pode ser dissolvido por poder humano, nem por qualquer causa que não seja a morte". Assim, somente a morte pode dissolver o matrimônio válido. No entanto, o Código Canônico admite a separação com permanência do vínculo conjugal, na presença de causas graves que impossibilitem a convivência pacífica dos cônjuges: adultério (cânone n. 1.152, § 1º) e grave perigo para a alma e para o corpo (cânone n. 1.153, § 1º). Enquadram-se como causas de separação, no direito canônico, sevícias físicas e morais, enfermidades mentais e contagiosas, conduta criminosa e ignominiosa, entre outros atos e comportamentos (SILVA, "Separação e divórcio: duplicidade necessária").

Como revela Vânia de Almeida Rosa (ROSA, "Até que a morte nos separe?"), a Igreja Católica não reconhece a dissolução do casamento a ponto de excomungar os divorciados e estender o pecado àquele que se unir a um destes, mesmo sendo solteiro. Essas normas da Igreja são fundadas no Direito Matrimonial Canônico que, muito embora não admita o divórcio, reconhece haver motivo de nulidade do casamento por ela mesmo celebrado, prevendo, assim, a possibilidade de declarar nulo o ato através dos tribunais eclesiásticos. Ou seja: segundo a explicação da Igreja, não se anula casamento, mas declara-se que ele nunca existiu. O Direito Canônico não anula o casamento legitimamente celebrado, mas reconhece, diante do caso concreto, com fundamento jurídico e pelas provas produzidas, que determinado matrimônio foi nulo.

Para a validade do casamento deve haver, além de expressa, livre, desembaraçada e exata compreensão do ato realizado, a consumação pelo ato da conjunção carnal, pois sua falta também pode ser motivo para declaração de sua nulidade. Na falta do elemento volitivo e mediante provas cabais, deve ser o casamento declarado nulo, pois ausente o principal elemento. Outro motivo de pedido de anulação é o erro quanto à pessoa com quem se contrai o casamento e que somente pode ser percebido após o ato realizado.

Conversão do casamento religioso em casamento civil

Para que os efeitos do casamento religioso se equiparem aos do casamento civil, há necessidade do cumprimento de certas formalidades. Inicialmente, a Lei n. 1.110, de 23 de maio de 1950, regulamentou o reconhecimento de tais efeitos ao estabelecer, no art. 1º, que "O casamento religioso equivalerá ao civil, se observadas as prescrições desta Lei". Presentemente, a atual Carta Magna assegura que "o casamento religioso tem efeito civil, nos termos da lei" (art. 226, § 2º) e os arts. 1.515 e 1.516 do Código Civil dispõem a respeito do procedimento a ser utilizado para que o casamento religioso produza referidos efeitos.

Assim, de conformidade com o art. 1.516 (Código Civil), é possível citar duas modalidades de casamento religioso com vista àqueles efeitos: com habilitação civil prévia e com habilitação civil posterior ao casamento religioso. Neste caso, os nubentes ficam unicamente dispensados das formalidades do casamento civil, porquanto persiste a exigência de habilitação para o casamento.

De qualquer sorte, convém esclarecer que, como adverte o art. 1.516, § 3º, do Código Civil, "será nulo o registro civil do casamento religioso se, antes dele, qualquer dos consorciados houver contraído com outrem casamento civil". Portanto, é razoável concluir que, conquanto as pessoas separadas judicialmente e de fato possam contrair união estável, é vedado o direito de obter os efeitos civis do casamento religioso antes de darem por rompido os vínculos matrimoniais por divórcio ou viuvez.

A seguir, normas específicas das Corregedorias dos Estados de Santa Catarina, do Rio Grande do Sul e Paraná a respeito do registro do casamento religioso com finalidade de obter efeitos civis:

CÓDIGO DE NORMAS

CORREGEDORIA-GERAL DE SANTA CATARINA

[...]

Seção VIII

Registro do Casamento Religioso para Efeitos Civis

Art. 635. O casamento religioso, que atender às exigências da lei para a validade do casamento civil, equipara-se a este, desde que registrado no registro próprio, produzindo efeitos a partir da data de sua celebração.

Art. 636. O registro do casamento religioso submete-se aos mesmos requisitos exigidos para o casamento civil.

Art. 637. O registro civil do casamento religioso deverá ser promovido dentro de noventa dias de sua realização, mediante comunicação do celebrante ou de qualquer interessado ao ofício que expediu a certidão de habilitação.

Parágrafo único. Após o referido prazo, o registro dependerá de nova habilitação.

Art. 638. O casamento religioso, celebrado sem as formalidades legais, terá efeitos civis se, a requerimento do casal, for registrado, a qualquer tempo, no Registro Civil, mediante prévia habilitação perante a autoridade competente e observado o prazo de noventa dias.

Art. 639. Será nulo o registro civil do casamento religioso se, antes dele, qualquer dos consorciados houver contraído com outrem casamento civil.

CONSOLIDAÇÃO NORMATIVA NOTARIAL E REGISTRAL

CORREGEDORIA-GERAL DO RIO GRANDE DO SUL

[...]

Seção III

Do Registro do Casamento Religioso para Efeitos Civis

Art. 145. Os nubentes habilitados previamente para o casamento poderão pedir ao oficial que lhes forneça a respectiva certidão para se casarem perante autoridade religiosa.

Parágrafo único. Na certidão, mencionar-se-á o prazo de 90 dias de validade da habilitação.

Art. 146. No prazo de 90 (noventa) dias, a contar da realização do casamento, estando os nubentes previamente habilitados, o celebrante ou qualquer interessado no registro poderão, apresentando a respectiva certidão de casamento religioso, solicitar ao oficial o registro do casamento religioso para efeitos civis.

§ 1º O registro será feito no prazo de 24 (vinte e quatro) horas, a contar da data da entrada do requerimento.

§ 2º A firma da autoridade religiosa, na certidão de casamento religioso, deverá estar reconhecida por semelhança.

Art. 147. O casamento religioso, celebrado sem a prévia habilitação perante o oficial, poderá ser registrado no Registro Civil das Pessoas Naturais, a qualquer tempo e mediante prévia habilitação, para gerar efeitos civis.

§ 1º Os nubentes devem apresentar com o requerimento de registro a certidão do ato religioso e os documentos exigidos pela lei civil, suprimindo eles eventual falta de requisitos no termo da celebração.

§ 2º Processada a habilitação com a publicação do edital, e certificada a inexistência de impedimentos, far-se-á o registro de acordo com a prova do ato e o dado constante no processo, observado o disposto no art. 145.

CÓDIGO DE NORMAS
CORREGEDORIA-GERAL DO PARANÁ

[...]

15.5.6. O casamento religioso, celebrado sem a prévia habilitação perante o oficial registrador, poderá ser registrado, a requerimento dos nubentes, apresentando a prova do ato religioso e os documentos exigidos pela lei, suprindo eles eventual falta de requisitos nos termos de celebração.

15.5.6.1. Processada a habilitação com a publicação dos editais e certificada a inexistência de impedimentos, o oficial fará o registro do casamento religioso, de acordo com a prova do ato e os dados constantes dos autos, observados os requisitos legais.

15.5.6.2. No registro do casamento o registrador fará constar o regime de bens, consignando o ofício de notas que lavrou o ato, bem como o livro e folhas.

15.5.7. Ocorrendo a situação prevista no art. 76 da Lei de Registros Públicos (casamento em iminente risco de vida), o juízo competente, referido no § 2º do mencionado artigo, é aquele ao qual a matéria de família esteja afeta, não havendo vara especializada.

Casamento civil

Histórico

No Brasil, até 1890, somente se celebrava o casamento eclesiástico ou religioso. Assim, todos os registros de casamento, nascimento e morte das pessoas, além do registro de propriedade imóvel, eram efetivados junto às igrejas ou paróquias. Portanto, até essa data, em face da inexegibilidade do casamento civil, o casamento religioso operava todos os efeitos hoje conferidos pelo casamento civil. Somente a partir do Decreto n. 181, de 24 de janeiro de 1890, o Estado passou a exigir o casamento civil:

> **Art. 108.** Esta lei começará a ter execução desde o dia 21.05.1890, e desta data em diante só serão considerados válidos os casamentos celebrados no Brasil se forem de acordo com suas disposições.
>
> **Parágrafo único.** O casamento civil, único válido nos termos do art. 108 do Decreto n. 181, de 24 de janeiro último, precederá sempre às cerimônias religiosas do casamento antes de qualquer culto, com quem desejem solenizá-las os nubentes.

Anote-se que, no início, foi extremamente difícil conscientizar as pessoas e os próprios sacerdotes de que deviam celebrar o casamento civil antes do religioso, como determinava a lei. Tanto que se fez necessário editar o Decreto n. 521, de 26 de junho de 1890, determinando a penalização do sacerdote que descumprisse a lei: "O ministro, de qualquer confissão, que celebrar as cerimônias religiosas do casamento antes do ato civil será punido com seis meses de prisão e multa correspondente à metade do tempo". Em decorrência disso, hoje, de acordo com a lei, o casamento válido para todos os atos da vida civil é o casamento civil, ato jurídico destinado a formalizar e oficializar a união do homem e da mulher, com os direitos e as obrigações a eles inerentes. É o que se pode deduzir da interpretação do art. 226, § 1º, da Constituição Federal: "O casamento é civil".

No Brasil, assim como na maioria dos países ocidentais, as regras do casamento civil e do religioso são diferentes. O Estado define as regras do civil, e cada religião define as regras do religioso. Não obstante, é permitida a conversão do casamento religioso em casamento civil para que produza os efeitos civis a partir da data da celebração.

Embora o casamento possa ser legalmente celebrado entre um homem e diversas mulheres na maioria dos Estados islâmicos, caracterizando a poligamia, no Brasil e, em especial, nos países de religião católica, somente se aceita o casamento monogâmico, ou seja, entre um homem e apenas uma mulher e vice-versa. Para esse efeito, consta do Código Penal brasileiro:

> **Bigamia**
>
> **Art. 235.** Contrair alguém, sendo casado, novo casamento:
>
> Pena – reclusão, de dois a seis anos.
>
> § 1º Aquele que, não sendo casado, contrai casamento com pessoa casada, conhecendo essa circunstância, é punido com reclusão ou detenção, de um a três anos.
>
> § 2º Anulado por qualquer motivo o primeiro casamento, ou o outro por motivo que não a bigamia, considera-se inexistente o crime.

Cumpre registrar, ainda, a proteção jurídica que alguns países, como Brasil e Portugal, concedem às relações duradouras entre casais não casados formalmente quando devidamente configurada a união estável (ou união de fato).

Natureza jurídica

A natureza jurídica do casamento mostra-se controvertida. Há, de um lado, uma corrente que o considera uma instituição; e de outro, a corrente que o considera simplesmente um contrato. Pothier (*apud* DANTAS, 1991, p. 125), citado por San Tiago Dantas como o velho jurista francês cuja obra é uma das raízes do Código de Napoleão, estabeleceu um direito *du contrat de mariage*, e não só defendeu a natureza contratual do ato como o chamou de *le plus excellent et le plus eminent de tous les contrats*, vendo nele a primeira forma de consentimento voluntário imposto à prática dos povos. Já para o alemão Savigny, todo ato jurídico bilateral é uma convenção ou um contrato. Nesse caso, é irrelevante que seu conteúdo seja uma obrigação ou um direito de família.

Partindo em defesa da teoria institucionalista, Washington Barros Monteiro (BARROS MONTEIRO, 1975, p. 10) sustenta que reduzi-lo a simples contrato seria

> equipará-lo a uma venda ou sociedade, relegando-se para segundo plano suas nobres e elevadas finalidades. Ademais, repousa o contrato, precipuamente, no acordo de vontades, ao passo que no casamento não basta o elemento volitivo, tornando-se igualmente necessária a intervenção da autoridade eclesiástica, se religioso, ou da autoridade civil, se meramente laico, para sancionar e homologar o acordo livremente manifestado pelos nubentes.

Para uma terceira corrente, denominada doutrina eclética ou mista, fundada na união do elemento volitivo ao elemento institucional, o casamento é um ato complexo, ou seja, concomitantemente contrato (na formação) e instituição (no conteúdo), sendo bem mais do que um contrato, embora não o deixe de ser também. Estaríamos, assim, diante de um ato jurídico bilateral, representado pelo consentimento dos contraentes e integrado pela atuação constitutiva do oficial de registro, com o fim de tornar efetivo um controle de legalidade e legitimidade em nome do Estado.

Requisitos do casamento civil

Diversidade de sexos

Conquanto o Código Civil não tenha sido tão explícito quanto o foi para a união estável – no art. 1.723 refere-se à "união estável entre o homem e a mulher"–, deixa antever esse requisito nos arts. 1.514 e 1.517. Como salienta Giovanni Bonilini (BONOLINI, 2005, p. 23), "é necessária a diversidade de sexo; embora a lei não estabeleça expressamente, o matrimônio não é concebível senão entre um homem e uma mulher: neste sentido é a tradição, assim exige a consciência social". Portanto, eventual casamento entre pessoas de mesmo sexo caracterizaria uma das hipóteses de casamento inexistente.[4]

Idade nupcial

Dispõe expressamente o art. 1.517, do Código Civil de 2002, que o homem e a mulher com 16 anos podem casar. Trata-se da idade mínima para a habilitação ao casamento (idade nupcial), a qual já foi 12 e 14 anos até 1890, quando, através do Decreto n. 181, foi aumentada para 14 e 16 anos, respectivamente. O Código Civil de 1916 alterou para 16 e 18 anos e, finalmente, o Código Civil de 2002 igualou a idade nupcial em 16 anos para ambos os sexos.

Ressalte-se, contudo, que em duas situações o Código admite, como exceção, o casamento de pessoas com idade inferior à mínima exigida, conforme consta do art. 1.520:

- quando o casamento tenha por escopo evitar a imposição de pena criminal. Lembramos que esta ressalva ficou prejudicada, pois foi revogada tacitamente em face da revogação promovida pela Lei n. 11.106, de 28.03.2005, dos incisos VII e VIII do art. 107, do Código Penal, que admitiam a extinção da punibilidade na hipótese do casamento do agente com a vítima, ou da vítima com terceiro, e a revogação do art. 217, de modo que a sedução não mais configura crime.[5]

---

4 Em que pese esse entendimento, em diversos países – como, por exemplo, Canadá, Holanda, Bélgica, Espanha e Estados Unidos da América, no Estado de Massachusetts –, o casamento civil de pessoas do mesmo sexo é reconhecido legalmente.

5 A Lei n. 11.106, de 28 de março de 2005, revogou expressamente os incisos VII e VIII do Código Penal, que eram assim redigidos: "Art. 107. Extingue-se a punibilidade: [...] VIII – pelo casamento do agente com a vítima nos crimes contra os costumes, definidos nos Capítulos I, II e III do Título VI da Parte Especial deste Código; VIII – pelo casamento da vítima com terceiro, nos crimes referidos no inciso anterior, se cometidos sem violência real ou grave ameaça e desde que a ofendida não requeira o prosseguimento do inquérito policial ou da ação penal no prazo de sessenta dias a contar da celebração".

"União estável não extingue punibilidade se vítima de estupro não tinha idade para casar. A alegação de união estável como motivo para extinção da punibilidade de estupro não é válida se a vítima, à época do crime, não tinha idade mínima legal para casamento (16 anos). Com esse entendimento, baseado em voto do Ministro Gilson Dipp, a 5ª Turma do Superior Tribunal de Justiça (STJ) atendeu a recurso do Ministério Público do Rio Grande do Sul, restabelecendo sentença de condenação de dez anos contra um homem acusado de estuprar sua enteada. De acordo com a acusação, entre os anos de 1998 e 2003, o homem praticou 'conjunções carnais e atos libidinosos diversos' com a adolescente, que tinha dez anos no início dos fatos. Em primeira instância, ele foi condenado a dez anos de reclusão em regime

• quando tratar-se de casamento em função de gravidez. Diz-se que o objetivo da lei, neste caso, é o de assegurar a paternidade do nascituro, evitando que a criança nasça sem pai conhecido, e a eventual propositura de futuro processo judicial destinado a investigar e reconhecer a paternidade.

Releva ainda acrescentar que, não obstante a exigência da idade mínima de 16 anos, se a menor com idade inferior a 16 anos estiver casada, o casamento não poderá ser anulado no caso de gravidez. Não sendo caso de gravidez, o casamento é anulável (art. 1.550, I, do CC), podendo, porém, ser confirmado com a autorização dos representantes legais quando a menor completar a idade mínima de 16 anos (art. 1.553 do CC).

Consentimento

O consentimento para o casamento deve ser analisado em suas duas modalidades: consentimento dos pais ou responsáveis e o dos próprios nubentes durante a cerimônia.

Consentimento dos pais ou responsáveis

A norma é clara ao dispor que, enquanto os nubentes não atingirem a maioridade civil (18 anos), é necessário o consentimento de ambos os pais, ou de seus representantes legais (art. 1.517 do CC). A inobservância do preceito consiste, portanto, em impedimento para o casamento das pessoas sujeitas a poder familiar, tutela ou curatela. Não havendo consenso entre os pais quanto ao consentimento, é facultado a qualquer deles recorrer a autoridade judiciária para solução da divergência, com fulcro na igualdade

---

inicial fechado. Tanto a defesa quanto o MP/RS apelaram. A acusação pretendia que fossem somados à condenação os crimes de atentado violento ao pudor e tortura. A defesa queria que o réu fosse absolvido ou tivesse a pena reduzida. O Tribunal de Justiça do Rio Grande do Sul acatou o argumento da defesa de que, estando demonstrada a união estável entre vítima e condenado, já que ambos seriam casados em âmbito religioso, seria aplicado o disposto no art. 107 [artigo revogado pela Lei n. 11.106/2005] do Código Penal, segundo o qual o casamento da vítima extingue a punibilidade para os crimes contra os costumes. Ao analisar o recurso do MP/RS, o relator do processo, Ministro Gilson Dipp, verificou que a ausência de idade mínima legal da vítima, que teria entre dez e quinze anos quando os abusos ocorreram, impede que se invoque a extinção da punibilidade do crime de estupro. Para o Ministro Dipp, já que o Código Civil estabelece a idade mínima de 16 anos para o casamento, desde que com autorização dos pais, não poderia ser reconhecida a união estável do condenado com a adolescente, menor de 16 anos e, por isso, legalmente incapaz." (Fonte: Notícias STJ, em 16 de junho de 2006)

de condições no exercício do poder familiar (art. 1.631, parágrafo único, do CC). Todavia, quando a denegação de ambos os pais for manifestamente injusta, pode o consentimento, a teor do art. 1.519, ser suprido pelo juiz, a pedido do nubente, mediante intervenção de curador.

Consentimento dos nubentes

Refere-se, evidentemente, ao consentimento manifestado mediante a palavra *sim*, ou gesto equivalente, que deve ser proferida de forma explícita e espontânea logo após serem perguntados se aceitam um ao outro como esposo ou esposa. Portanto, a ausência de aceitação explícita, o proferir o *não* e a coação (art. 1.558 do CC) conduzem à anulação do ato (art. 1.550, III, do CC). Permite-se afirmar, nesse caso, não ter aplicação o provérbio "quem cala consente" para o casamento. Nesse sentido, a dicção do art. 111 do Código Civil: "O silêncio importa anuência, quando as circunstâncias ou os usos o autorizarem, e não for necessária a declaração de vontade expressa".

De qualquer modo, a falta de consentimento para o casamento, segundo reconhece a doutrina, caracteriza *ato inexistente.* Ressalte-se que o Código Civil português contém regra específica a respeito, declarando expressamente, no art. 1.628, ser juridicamente inexistente o casamento em cuja celebração tenha faltado a declaração da vontade de um dos nubentes, de ambos ou do procurador de um deles.

Recentemente, a imprensa internacional noticiou que uma noiva austríaca resolveu dizer *não* em vez de *sim* ao ser perguntada se aceitava seu futuro marido. A brincadeira não agradou ao juiz de paz da cidade de Steyr, que imediatamente interrompeu a cerimônia. Nem os apelos da noiva conseguiram reverter a decisão, e o casal teve que esperar dois meses e meio para poder voltar ao altar e formalizar a união, segundo o jornal austríaco *Oberoesterreichischen Nachrichten.*

Celebração por autoridade competente

Na redação do art. 1.514 do Código Civil de 2002, o casamento se realiza no momento em que homem e mulher manifestam, perante o juiz, sua vontade de estabelecer vínculo conjugal, e o juiz os declara casados. Como se observa, em face de a lei não esclarecer de forma adequada de que juiz se trata, a primeira impressão é a de que poderia ser um juiz de direito e, ainda, qualquer juiz de direito. Não é assim, todavia.

Em que pese a referida incompletude legislativa, a autoridade competente para celebrar o casamento é, por tradição, o juiz de paz. Nesse caso, a única base legal que se pode utilizar fica adstrita à Constituição Federal, art. 98, II, que determina que a União, no Distrito Federal e nos Territórios, e os estados criarão

> a justiça de paz, remunerada, composta de cidadãos eleitos pelo voto direto, universal e secreto, com mandato de quatro anos e competência para, na forma da lei, *celebrar casamentos*, verificar, de ofício ou em face de impugnação apresentada, o processo de habilitação e exercer atribuições conciliatórias, sem caráter jurisdicional, além de outras previstas na legislação.

Cabe, portanto, à União e aos estados estabelecerem, através de lei específica, os critérios para a nomeação dos juízes de paz, como fez a Corregedoria-Geral do Estado de Santa Catarina através de seu Código de Divisão e Organização Judiciárias, Lei Complementar n. 339, de 8 de março de 2006:

> **Capítulo IX**
>
> **Justiça de Paz**
>
> **Art. 53.** A justiça de paz, composta de cidadãos eleitos pelo voto direto, universal e secreto, com mandato de quatro anos, remunerados na forma da lei, tem competência para verificar, de ofício ou em face de impugnação, o processo de habilitação de casamento, celebrar casamentos civis e exercer atribuições conciliatórias e outras, exceto quanto à matéria criminal, especificadas em resolução do Tribunal de Justiça ou previstas em legislação, sem caráter jurisdicional.
>
> § 1º Havendo irregularidade no processo de habilitação, o juiz de paz o submeterá ao juiz de direito competente.
>
> § 2º Os autos de habilitação de casamento tramitarão no Cartório do Registro Civil.
>
> § 3º As atribuições conciliatórias do juiz de paz somente podem ser efetivadas em relação a direitos disponíveis, sendo a conciliação reduzida a termo, que por ele e pelas partes acordantes será subscrito, o qual constituirá documento público para fins do art. 585, II, do Código de Processo Civil.

§ 4º Conforme determina o art. 16, I, do Ato das Disposições Constitucionais Transitórias da Constituição do Estado de Santa Catarina, será respeitado o estabelecido sobre o aproveitamento dos juízes de paz que adquiriram estabilidade nos termos do art. 6º da mesma Constituição.

Art. 54. Em cada sede de município haverá, no mínimo, um juiz de paz e um suplente que tenham os seguintes requisitos:

I – nacionalidade brasileira;

II – pleno exercício dos direitos políticos;

III – alistamento eleitoral e quitação com o serviço militar;

IV – maioridade civil;

V – escolaridade equivalente ao Ensino Médio;

VI – aptidão física e mental;

VII – domicílio eleitoral no município no qual existir a vaga e residência na sede do distrito para o qual concorrer;

VIII – bons antecedentes; e

IX – não-filiação a partido político nem exercício de atividade político-partidária.

Art. 55. Caberá ao Tribunal de Justiça regulamentar a eleição para juiz de paz até quatro meses antes da sua realização.

§ 1º A eleição dos juízes de paz não será simultânea com pleito para mandatos políticos e observará, naquilo que não for incompatível, a legislação federal específica e o Código Eleitoral.

§ 2º O prazo para a inscrição dos candidatos será fixado em edital expedido pelo juiz competente.

§ 3º A inscrição poderá ser requerida por procurador com poderes especiais.

§ 4º Cada juiz de paz será eleito com um suplente, que o sucederá ou o substituirá nas hipóteses de vacância ou de impedimento. Nos casos de falta, ausência ou impedimento do juiz de paz e de seu suplente, caberá ao juiz de direito competente nomear juiz de paz *ad hoc*.

§ 5º O suplente de juiz de paz poderá ser convocado para atuar como conciliador.

Art. 56. Os juízes de paz tomarão posse perante o diretor do foro da respectiva comarca.

Art. 57. O servidor público no exercício do mandato de juiz de paz ficará afastado de seu cargo, emprego ou função, mantido o regime previdenciário correspondente.

Parágrafo único. O período de afastamento é computável para todos os efeitos legais, exceto para promoção por merecimento.

Art. 58. A Corregedoria-Geral de Justiça e a Direção do Foro fiscalizarão os serviços da justiça de paz.

Parágrafo único. Compete ao diretor do foro processar e julgar os casos de perda de mandato de juiz de paz e ao tribunal pleno os recursos interpostos dessas decisões.

A simulação de autoridade para celebração de casamento constitui crime previsto no art. 238 do Código Penal brasileiro: "Art. 238. Atribuir-se falsamente autoridade para celebração de casamento: Pena – detenção, de um a três anos, se o fato não constitui crime mais grave".

Inexistência de impedimento

Impedimentos são circunstâncias de ordem legal que impossibilitam a celebração do matrimônio entre determinadas pessoas. Os impedimentos, na verdade, decorrem de fatos ou situações jurídicas preexistentes, que afetam um ou ambos os contraentes, impedindo-os de contrair casamento.

O relacionamento sexual entre parentes dá ensejo ao *incesto*, fato que a lei procura evitar ao vedar o casamento entre eles. Além das razões morais, existem outras, derivadas da eugenia, ciência que se ocupa da defesa da raça, pois é uma idéia mais ou menos aceita por quase todos os higienistas de a endogamia familiar favorecer a decadência das raças e estimular a transmissão de taras familiares (cf. DANTAS, 1991, p. 139). Defende-se, por essa forma, o regime da exogamia, pelo qual os casamentos devem realizar-se entre pessoas de clãs ou famílias diferentes.

Adotando uma postura mais moderada a respeito do tema, afirma o geneticista Oswaldo Frota Pessoa que referidas uniões não determinam de modo fatal o aparecimento de anormalidades na prole, apenas aumentam a probabilidade de surgirem certas anomalias hereditárias, chamadas recessivas, que também podem ocorrer nos filhos de qualquer casal. Entretanto, segundo ele, o risco é tanto maior quanto mais próximo é o parentesco entre marido e mulher (*apud* DINIZ, 1994, p. 55).

Em face do que dispõe o art. 1.521 do Código Civil, não podem casar, em razão da existência de impedimentos decorrentes, principalmente, do parentesco entre os nubentes:

> "I – os ascendentes com os descendentes, seja o parentesco natural ou civil;"

O parentesco é natural ou civil conforme resulte de consangüinidade ou outra origem (art. 1.593 do CC). Portanto, o parentesco é natural ou biológico quando resultante da relação de ascendência-descendência (pai-filho, mãe-filho), ou civil, decorrente de adoção, afinidade (art. 1.595) ou/e fertilização heteróloga (art. 1.597, V). Anote-se que a adoção, embora extinga os vínculos de parentesco com pais e parentes do adotado, não extingue os impedimentos matrimoniais (art. 41 do ECA). Funda-se a proibição não só na moral e nos bons costumes, como também nas questões genéticas que possam ocasionar gerações defeituosas.

> "II – os afins em linha reta;"

O parentesco por afinidade resulta do art. 1.595: "Cada cônjuge ou companheiro é aliado aos parentes do outro pelo vínculo da afinidade". Portanto, não podem casar genro com sogra, nora com sogro, enteado com madrasta, enteada com padrasto, por serem afins em linha reta. Observe-se que o impedimento persiste mesmo que ambas as partes sejam divorciadas ou viúvas, pois a afinidade não se extingue com a dissolução do casamento que a originou (art. 1.595, § 2º, do CC). Todavia, como o impedimento limita-se aos afins em linha reta, ele não se aplica em relação aos cunhados, por serem estes afins na linha colateral.

> "III – o adotante com quem foi cônjuge do adotado e o adotado com quem foi cônjuge do adotante;"

Equiparando-se aos afins em linha reta, ao adotando é vedado se casar com viúva ou ex-cônjuge do adotado, ou este se casar com viúva ou ex-cônjuge do adotante.

> "IV – os irmãos, unilaterais ou bilaterais, e demais colaterais, até o terceiro grau inclusive;"

São parentes na linha colateral, ou transversal, até o quarto grau:

		Linha colateral
Avô/Avó		
Pai/Mãe		Tia(o) (3º grau)
Eu	Irmã(o) (2º grau)	Prima(o)-irmã(o) (4º grau)
Filho(a)		Sobrinha(o) (3º grau)

A proibição de casamento entre irmãos inclui tanto os irmãos unilaterais (irmãos somente por parte de pai ou de mãe) como os bilaterais (filhos do mesmo pai e da mesma mãe). No entanto, há uma exceção em relação aos colaterais de terceiro grau: assim, embora o tio seja parente em terceiro grau da sobrinha, o Decreto-Lei n. 3.200/41 permite o casamento entre eles, mediante apresentação de exame pré-nupcial que ateste inexistir inconveniente sob o ponto de vista da saúde de qualquer deles e da prole. O art. 2º da referida lei dispõe:

> **Art. 2º** Os colaterais do terceiro grau, que pretendam casar-se, ou seus representantes legais, se forem menores, requererão ao juiz competente para a habilitação que nomeie dois médicos de reconhecida capacidade, isentos de suspeição, para examiná-los e atestar-lhes a sanidade, afirmando não haver inconveniente, sob o ponto de vista da sanidade, afirmando não haver inconveniente, sob o ponto de vista da saúde de qualquer deles e da prole, na realização do matrimônio.

Entendemos, porém, que, se o fato impeditivo do casamento reside exclusivamente nos riscos que poderão advir à saúde dos filhos, especialmente doenças genéticas ou de malformação, a comprovada esterilidade de qualquer dos nubentes superaria a questão, independentemente da realização de exame pré-nupcial.

Na Alemanha, as relações incestuosas são consideras crime. Naquele país, em 2007, Patrick Phill, de 30 anos de idade, foi condenado a três anos e meio de prisão por ter mantido relações incestuosas com sua irmã Susan, de 22 anos. A Corte Constitucional alemã, em Karlsruhe, no sul do país, autorizou a suspensão do cumprimento da condenação até que ocorra um julgamento sobre o recurso constitucional apresentado pelo condenado. No recurso, o casal de irmãos pede a descriminalização do incesto. Joachim Frömling, advogado do casal de irmãos, sustenta que "a proibição é uma violação dos direitos fundamentais e uma relíquia histórica". O advogado afirma, ainda, não compreender por que duas pessoas que se amam não podem viver juntas como marido e mulher. Patrick e Susan se conheceram apenas em 2000. Ele fora abandonado por sua mãe quando era pequeno e dado para adoção. Depois que cresceu, decidiu procurar sua família. Agora, os irmãos, que já têm quatro filhos juntos, lutam na justiça pela legalização da relação incestuosa. O primeiro filho do casal nasceu um ano depois de Patrick e Susan terem se encontrado, mesmo sabendo desde o início que eram irmãos de sangue. De acordo com a lei alemã, uma condenação por incesto entre irmãos resulta em pena de prisão de até três anos. As penas aplicadas contra Susan estão suspensas para que ela possa cuidar das crianças. A relação incestuosa entre filhos e pais resulta, no máximo, em dois anos de reclusão. Patrick já foi condenado, em 2002, quando nasceu seu primeiro filho, a um ano de prisão, mas obteve liberdade provisória. Em 2003, o casal teve outro filho, e, em 2004, o terceiro. Por esse novo crime, o alemão foi condenado a mais dois anos e meio de reclusão. Antes de seguir para a prisão em 2005, Patrick engravidou sua irmã pela quarta vez. Os filhos aparentam serem todos normais. Ao receber a liberdade provisória, Patrick foi submetido a uma vasectomia para que sua irmã Susan não volte a engravidar.[6]

A crença geral em relação ao casamento entre primos (parentes em quarto grau), embora não exista qualquer impedimento, é de que se trata de união de alto risco para os filhos. Não é isso, no entanto, o que demonstram os geneticistas. Veja-se, a propósito, o texto seguinte:

---

6 Fonte: URL: http://oglobo.globo.com/mundo/mat/2007/03/02/294771511.asp; acessado em 02.03.2007

O casamento entre primos de primeiro grau é considerado uma união de alto risco. Acredita-se que os filhos de casal de primos têm alta probabilidade de nascer com graves problemas de saúde. No que depende da ciência, o temor pode ao menos ser amenizado. Uma pesquisa divulgada na semana passada pelo Conselho Nacional da Sociedade de Genética, nos Estados Unidos, mostra que o risco de primos de primeiro grau gerarem crianças com algum tipo de irregularidade genética praticamente equivale ao de pessoas sem nenhum grau de parentesco. Casais sem consangüinidade têm 3% de possibilidade de ter um filho com alguma falha genética, valor que cresce para 4,7% nos casos de casamento entre primos de primeiro grau. "Isso é o mesmo que dizer que na imensa maioria dos casos nada de anormal acontecerá", diz o coordenador do trabalho, professor Arno Motulsky, da Universidade de Washington. O relatório foi baseado na revisão de seis grandes estudos realizados entre 1965 e 2000, envolvendo milhares de nascimentos. Segundo Motulsky, os geneticistas já sabiam que os riscos eram baixos, mas faltava a comprovação de uma exaustiva pesquisa como essa. O levantamento provocou um estardalhaço nos Estados Unidos, onde o casamento entre parentes é uma questão legal. Dos cinqüenta estados, vinte e quatro proíbem e sete impõem algum tipo de restrição à união entre primos de primeiro grau. Menos de 0,1% dos casamentos de americanos é realizado entre primos. No Brasil, cerca de 2% dos casais têm entre si esse grau de parentesco. Aqui, o casamento consangüíneo encontra resistência por parte da Igreja Católica. Só um bispo pode autorizá-lo. Na África e na Ásia, a união entre primos representa até 60% do total de matrimônios. Casamento entre parentes também era muito comum na Idade Média, quando nobres e reis preferiam a realização de enlaces consangüíneos, para evitar a dispersão do patrimônio da família. Nas sociedades modernas, o risco de doenças sempre foi um entrave para esse tipo de união. Os defensores do direito de os primos de primeiro grau se casarem usam exemplos como o de Charles Darwin para derrubar essa tese. Casado com sua prima Emma Wedgwood, Darwin teve dez filhos, todos saudáveis. Segundo o médico Sérgio Pena, diretor do Núcleo de Genética Médica, em Belo Horizonte, é preciso considerar o resultado do estudo sob dois critérios. Para noivos que vêm de famílias sem histórico de doenças genéticas, o risco é de fato baixo. No caso de famílias em que são comuns casos de doenças genéticas graves, como as que levam à surdez e a problemas neurológicos, o risco cresce muito. O aconselhável é o casal fazer pelo menos uma avaliação médica antes de decidir ter filhos.[7]

"V – o adotado com o filho do adotante;"

O adotado não pode se casar com o filho do adotante, quer este tenha nascido antes ou depois da adoção, pois filha ou filho do adotante se equipara a irmã ou irmão natural para efeito de impedimento em face do estabelecimento do parentesco civil. Nesse sentido, a norma do art. 1.628 do Código Civil assevera que "[...] As relações de parentesco se estabelecem não só entre o adotante e o adotado, como também entre aquele e os descendentes deste e entre o adotado e todos os parentes do adotante".

---

7 "Primos no altar. Risco de doenças em filhos de casais consangüíneos é menor do que se pensava", Veja on-line, ed. 1.746, de 10.04.2002. Disponível em: URL: http://publicacoes.gene.com.br/atuais/VEJA%206-4-2002.htm; acessado em 30.10.2006. Ainda a respeito do tema: "Ao contrário da crença amplamente difundida e dos antigos tabus nos Estados Unidos, primos em primeiro grau podem ter filhos juntos sem um grande risco de defeitos de nascença ou doenças genéticas, segundo divulgarão cientistas na quinta-feira (4). Eles dizem que não há razões biológicas para desencorajar o casamento entre primos. Primos em primeiro grau apresentam uma maior probabilidade do que pais sem parentesco de terem filhos com defeitos de nascença, retardo mental ou doença genética, mas tal risco é muito menor do que a maioria das pessoas acreditam, dizem os cientistas. Na população em geral, o risco de uma criança nascer com um problema sério como mielomeningocele ou fibrose cística é de 3 a 4%; no caso de primos em primeiro grau, acrescenta-se a este risco mais 1,7 a 2,8 pontos percentuais, disseram os pesquisadores. [...] Disse o Dr. Arno Motulsky, professor emérito de medicina e ciência do genoma da Universidade de Washington, e o principal autor do estudo, que os médicos geneticistas sabem há muito tempo que há pouco ou nenhum mal em primos casados terem filhos. 'De alguma forma, isto não se tornou de conhecimento geral', disse ele, até mesmo entre os médicos. Vinte e quatro estados possuem leis que proíbem o casamento entre primos em primeiro grau e sete estados apresentam exigências, como o aconselhamento genético. Mas nenhum país da Europa possui tais proibições, e em partes do Oriente Médio, África e Ásia, casamentos entre primos são considerados preferíveis. 'Em algumas partes do mundo', diz o estudo, 'entre 20 e 60% de todos os casamentos são entre parentes biológicos próximos'. Motulsky disse, ainda, que muitos imigrantes de culturas onde o casamento entre primos é comum esperam manter a tradição nos Estados Unidos, e os médicos e conselheiros genéticos devem respeitar a vontade deles. Ele disse que as leis americanas contra o casamento entre primos devem ser abolidas. Apesar de leis antigas refletirem a visão de que tais casamentos são 'realmente ruins', ele disse que 'os dados mostram que não são'". (cf. GRADY, Denise. "Geneticistas dizem que não há problema no casamento entre primos." Disponível em: URL: http://www1.unimed.com.br/nacional/bom_dia/saude_destaque.asp?nt=17222.; acessado em 25.10.2006)

"VI – as pessoas casadas;"

Conforme relatam Bossert e Zannonni (BOSSERT & ZANNONNI, 1995, p. 2-3) em uma primeira época o grupo familiar não se assentava sobre relações individuais, de caráter exclusivo entre determinados sujeitos. Ao contrário, a relação sexual, da qual em última instância deriva a organização da família, existia indiscriminadamente entre todos os varões e mulheres que compunham uma tribo. Isto determinava, forçosamente, que desde o nascimento da criança se sabia quem era a sua mãe, mas não quem era seu pai; o que permite afirmar que, em sua origem, a família tem caráter matriarcal, pois é exclusivamente junto à mãe, por ser ela conhecida, que seu filho cresce, se alimenta e educa. [...] Finalmente, a família evolui para sua organização atual fundada na relação monogâmica: um só homem e uma só mulher sustentam relações e deles deriva a prole que completará o núcleo familiar. Respeitando-se, pois, a natureza monogâmica como essência do casamento, no Brasil, como de resto em todos os países ocidentais, não pode uma pessoa casada contrair casamento com outra. São vedadas, portanto, a *bigamia* (casamento com duas pessoas) e a *poligamia* (casamento com mais de duas pessoas). Novo casamento somente é permitido após dissolução do vínculo conjugal por morte ou divórcio. Pode o casado, no entanto, constituir união estável desde que esteja simplesmente separado judicialmente ou de fato. A poligamia é denominada *poliginia* quando se refere ao homem casado com mais de uma mulher, e *poliandria* quando se refere à mulher casada com mais de um homem.

"VII – o cônjuge sobrevivente com o condenado por homicídio ou tentativa de homicídio contra o seu consorte."

Este impedimento, fundado em condutas éticas e morais, impede que o cônjuge sobrevivente possa se casar justamente com a pessoa que tenha sido condenada (sentença transitada em julgado) por homicídio de seu consorte ou tentativa. Repugna não só à moral como também ao bom direito aceitar, por exemplo, o cônjuge da vítima vir a se afeiçoar e casar com o autor do fato criminoso, quando, no mínimo, deveria demonstrar total desprezo e repugnância.

Os impedimentos podem ser opostos por qualquer pessoa que conheça os noivos até o momento da celebração do casamento (art. 1.522 do CC).

Causas restritivas do casamento

Não devem casar, em decorrência do que o Código Civil (art. 1.523) denomina de causas suspensivas:

> I – o viúvo ou a viúva que tiver filho do cônjuge falecido, enquanto não fizer inventário dos bens do casal e der partilha aos herdeiros;
>
> II – a viúva, ou a mulher cujo casamento se desfez por ser nulo ou ter sido anulado, até dez meses depois do começo da viuvez, ou da dissolução da sociedade conjugal;
>
> III – o divorciado, enquanto não houver sido homologada ou decidida a partilha dos bens do casal;
>
> IV – o tutor ou curador e os seus descendentes, ascendentes, irmãos, cunhados ou sobrinhos, com a pessoa tutelada ou curatelada, enquanto não cessar a tutela ou curatela, e não estiverem saldadas as respectivas contas.

As causas suspensivas, em nosso entender, nada mais são do que causas restritivas ao casamento, pois não conduzem à nulidade ou à anulabilidade do casamento. Elas somente sujeitam seus partícipes a uma sanção de natureza civil, ou seja, a obrigatoriedade de adotar o regime de separação de bens, como consta do art. 1.641, I, do CC. Todavia, conforme consta do parágrafo único do art. 1.523, podem os nubentes requerer ao juiz que não lhe seja aplicada a referida penalidade nas seguintes hipóteses:

a) na hipótese dos incisos I, III e IV, provando os nubentes a inexistência de prejuízo para o herdeiro, para o ex-cônjuge e para a pessoa tutelada ou curatelada, como, por exemplo, inexistência de bens a inventariar ou inexistência de bens em poder do tutelado ou curatelado;

b) na hipótese do inciso II, provando-se o nascimento de filho ou inexistência de gravidez na fluência do prazo de dez meses.

Habilitação para o casamento

Antes da celebração do casamento, a lei exige que certas formalidades sejam cumpridas com o fito de restar comprovada a inexistência de qualquer impedimento e demonstradas plenas condições dos nubentes para contraírem núpcias. Isso se dá através do processo de habilitação promovido perante o oficial do Registro Civil do domicílio dos noivos. Para esse efeito, os nubentes deverão apresentar requerimento subscrito por eles, ou por procurador, juntando os seguintes documentos (art. 1.525 do CC):

> I – certidão de idade ou documento equivalente;
>
> II – autorização das pessoas sob cuja dependência legal estiverem, ou ato judicial que a supra;
>
> III – declaração de duas testemunhas maiores, parentes ou não, que atestem conhecê-los e afirmem não existir impedimento que os iniba de casar;
>
> IV – declaração de estado civil, do domicílio e da residência atual dos contraentes e de seus pais, se forem conhecidos;
>
> V – certidão de óbito do cônjuge falecido, da anulação do casamento anterior ou do registro da sentença de divórcio.

Estando em ordem a documentação, o oficial extrairá edital de proclamas para efeito de conferir plena publicidade à pretensão dos nubentes, afixando-o durante quinze dias no domicílio de ambos os nubentes e publicando-o na imprensa local, onde houver (art. 1.527 do CC), ao mesmo tempo em que encaminhará o processo ao representante do Ministério Público.

Ainda no pertinente à exigência de publicação do edital de proclamas, mostra-se interessante a posição da Corregedoria-Geral do Estado de Santa Catarina o qual, no art. 623 do seu Código de Normas, consigna que "o oficial dispensará a publicação dos proclamas de casamento na imprensa local, somente a promovendo quando solicitada expressamente e às expensas dos nubentes".

Não havendo oposição de impedimento,[8] o oficial do registro, após a homologação pelo juiz de direito, expedirá o certificado de habilita-

8 Cumpre lembrar que, mesmo não ocorrendo oposição até esse momento, os impedimentos podem ser opostos até o momento da celebração do casamento, como aduz o art. 1.522.

ção, cujo prazo de validade será de noventa dias (arts. 1.531 e 1.532 do CC).

Dispensa da publicação do edital de proclamas. Na hipótese de casamento nuncupativo *(in articulo mortis)*, ou seja, quando um dos contraentes encontrar-se em iminente risco de vida (leia-se morte), ou, ainda, quando houver motivo urgente que justifique a imediata celebração do casamento, é permitida a dispensa da publicação do edital (art. 1.527, parágrafo único, do CC).

Celebração do casamento civil

Cumpridas as formalidade legais relativas à habilitação, o oficial do Registro Civil expedirá certidão, com validade de noventa dias (art. 1.532), que possibilitará aos nubentes requererem à autoridade competente (juiz de paz) a celebração do casamento, indicando dia, hora e local para a celebração.

Conquanto alguns párocos tenham por costume exigir dos nubentes que o casamento civil preceda o religioso, em nosso entender a exigência não procede. Convém esclarecer que essa é uma antiga exigência decorrente do Decreto n. 521, de 26 de junho de 1890, que não mais vigora. Basta mencionar hoje ser permitida a obtenção de efeitos civis ao casamento religioso (art. 1.515 do CC), conduzindo à presunção de o casamento religioso ter sido contraído antes do casamento civil que, no caso, sequer existiu.

A celebração do casamento exige as seguintes formalidades:

• publicidade: o ato deve ser formalizado com toda a publicidade, o que exige portas abertas e a presença de, pelo menos, duas testemunhas, parentes ou não dos contraentes (art. 1.534);

• presença dos contraentes, facultando-se que sejam representados por procurador, mediante procuração por instrumento público e com poderes especiais, com validade não superior a noventa dias (arts. 1.535 e 1.542): situações especiais, como impossibilidade de comparecer a casamento com data marcada em face de um dos noivos estar preso, encontrar-se no exterior ou em operações militares urgentes, justificariam a representação;

• consentimento: refere-se ao consentimento dos nubentes, o qual deve ser manifestado livre e espontaneamente através da expressão *sim*, ou de qualquer outra forma de expressão inequívoca, quando perguntados pelo celebrante se persistem no propósito de convolarem núpcias. Em reforço desse entendimento, colhe-se no art. 1.538 que a celebração do casamento será imediatamente suspensa se algum dos contraentes: "I – recusar a solene afirmação da sua vontade; II – declarar que esta não é livre e espontânea; III – manifestar-se arrependido". Considerando, pois, que a validade do casamento exige o consentimento expresso dos nubentes, a ele não se aplica a conhecida máxima "quem cala consente", pois, como adverte o art. 111 do Código Civil, o silêncio importa anuência somente quando as circunstâncias ou os usos o autorizarem e não for necessária a declaração de vontade expressa.

Local do casamento. Em regra, o casamento civil é realizado no Cartório de Registro Civil. Geralmente, os cartórios possuem uma saleta ou local especial onde noivos e testemunhas (no mínimo duas) são recebidos para a cerimônia de assinatura. Na oportunidade, alguns juízes de paz costumam proferir breves palavras a respeito do significado da cerimônia, concluindo com votos de felicidades ao casal. O traje é o social completo para ambos os noivos, uma vez que o vestido de noiva fica reservado apenas para a cerimônia religiosa. Em geral, os pais dos noivos comparecem, além de parentes próximos e amigos mais chegados.

Casamento civil fora do cartório. A lei (art. 1.534, § 1º, do CC) permite que, a pedido dos nubentes, o casamento civil se realize fora da sede do cartório, como, por exemplo, na própria igreja onde será realizado o casamento religioso. Caso os noivos desejarem fazer uma cerimônia mais solene, o casamento poderá ser na residência dos pais ou mesmo em um clube. O juiz de paz comparecerá ao local para efetuar o casamento mediante pagamento de uma taxa adicional. Tão logo concluída a celebração, o oficial lavrará o assento no livro de registro, assinado pelo presidente do ato, pelos cônjuges, pelas testemunhas e pelo oficial de registro, devendo constar (art. 1.536 do CC):

- prenomes, sobrenomes, datas de nascimento, profissão, domicílio e residência atual dos cônjuges;
- prenomes, sobrenomes, datas de nascimento ou morte, domicílio e residência atual dos pais;
- prenome e sobrenome do cônjuge precedente e data da dissolução do casamento anterior;

• data da publicação dos proclamas e da celebração do casamento;

• relação dos documentos apresentados ao oficial do registro;

• prenome, sobrenome, profissão, domicílio e residência atual das testemunhas;

• regime de casamento, com declaração da data e do cartório em cujas notas foi lavrada a escritura antenupcial, quando o regime não for o de comunhão parcial ou o obrigatoriamente estabelecido.

Esse último item tem a ver com o regime de bens que será adotado para o casamento, ou seja, se houve convenção, por escritura pública, adotando o regime de separação de bens, comunhão universal de bens ou participação final nos aquestos. Não havendo convenção escrita, presume-se adotado o regime de comunhão parcial de bens. Havendo nubente maior de 60 anos, suprimento judicial para casar ou inobservância das causas suspensivas da celebração do matrimônio do art. 1.523, é obrigatório o regime de separação de bens, consoante determina o art. 1.641 do Código Civil, independentemente de convenção.

Por último, cabe acrescentar que, a partir do casamento, o marido passa a ser conhecido como cônjuge *varão* e a mulher como cônjuge *virago*.

Invalidade ou ineficácia do casamento

A invalidade ou ineficácia do casamento pode resultar de ato inexistente e de ato nulo ou anulável, declarado expressamente por sentença.

Casamento inexistente

Conquanto uma parcela da doutrina se contente em avaliar o casamento defeituoso apenas no plano de nulidade ou anulabilidade, parte expressiva de autores defende, para certos casos, a aplicação da teoria do casamento inexistente com fundamento no Direito francês. Para esse efeito, considera inexistente o casamento contraído com ofensa aos requisitos de diversidade de sexo, consentimento dos nubentes e celebração por autoridade competente.

O Código Civil português é mais explícito nesse sentido, em relação ao Código Civil brasileiro, prevendo expressamente as hipóteses de casamentos inexistentes como se vê:

> **Art. 1.628.** É juridicamente inexistente:
>
> *a)* o casamento celebrado perante quem não tinha competência funcional para o acto, salvo tratando-se de casamento urgente;
>
> *b)* o casamento urgente que não tenha sido homologado;
>
> *c)* o casamento em cuja celebração tenha faltado a declaração da vontade de um ou ambos os nubentes, ou do procurador de um deles;
>
> *d)* o casamento contraído por intermédio de procurador, quando celebrado depois de terem cessado os efeitos da procuração [...];
>
> *e)* o casamento contraído por duas pessoas do mesmo sexo.

De qualquer sorte, segundo a doutrina majoritária no Brasil, são hipóteses de casamento inexistente: o casamento realizado entre duas pessoas de mesmo sexo; o casamento realizado sem o consentimento de um ou ambos os nubentes; e o casamento celebrado por autoridade incompetente em razão da matéria.

Relativamente ao ato jurídico inexistente, acentua Caio Mário da Silva Pereira (PEREIRA, 1980, p. 560) ser possível diferenciar, positivamente, nulidade e inexistência do ato. Se o ato é nulo, a ineficácia deve ser apurada. Quanto ao ato inexistente, não pode produzir qualquer efeito independentemente de um pronunciamento de inexistência. Um contrato de compra e venda de um imóvel de valor superior à taxa legal é nulo se não revestir a forma pública, mas o juiz deverá proferir um decreto de nulidade. Faltando, porém, a própria realização do contrato, o juiz poderá, pura e simplesmente, isentar o pseudocomprador de uma prestação. Outro exemplo, citado pelo autor: será nulo o casamento celebrado por juiz incompetente, nulidade que fica, porém, sanada pelo decurso de dois anos. Se os nubentes, entretanto, fizerem uma farsa de casamento, perante juiz incompetente *ratione materiae*, como o presidente de uma sociedade anônima, não há casamento. Cita-se, ainda, como hipótese de ato legalmente inexistente, o casamento entre duas pessoas do mesmo sexo. Para ser declarada tal inexistência, independe de ato judicial. Nenhuma lei declara que o casamento de duas pessoas do mesmo sexo é ineficaz, porém a natureza mesma da instituição, afirmada pela doutrina e pela jurisprudência, consagra a inexistência do ato. Da própria lei, diga-se de passagem, depreende-se uma exigência natural de que a união seja entre homem e mulher.

Diferentes do casamento inexistente, em suas formações e seus efeitos, são o casamento nulo e o casamento anulável, como se verá a seguir.

Casamento nulo

Para o Código Civil brasileiro, o casamento é nulo quando contraído pelo enfermo mental, sem o necessário discernimento para os atos da vida civil, ou quando contraído por pessoas que não observarem os impedimentos elencados no art. 1.521 consoante preceitua o art. 1.548. Trata-se de casos de nulidade absoluta, não sendo, portanto, passíveis de qualquer ratificação posterior.

Qualquer pessoa interessada pode pleitear a decretação da nulidade do casamento, inclusive o Ministério Público (art. 1.549 do CC).

Casamento anulável

De outra parte, considera-se anulável o casamento convolado nas situações arroladas no art. 1.550, a saber:

> I – de quem não completou a idade mínima para casar;
>
> II – do menor em idade núbil, quando não autorizado por seu representante legal;
>
> III – por vício da vontade, nos termos dos arts. 1.556 a 1.558 [erro essencial quanto à pessoa do outro cônjuge e coação];
>
> IV – do incapaz de consentir ou manifestar, de modo inequívoco, o consentimento;
>
> V – realizado pelo mandatário, sem que ele ou o outro contraente soubesse da revogação do mandato, e não sobrevindo coabitação entre os cônjuges;
>
> VI – por incompetência da autoridade celebrante.

No referente ao inciso VI, que reporta ao casamento celebrado por "autoridade incompetente", diante da falta de especificidade do Código, que se limita a consignar ser anulável o casamento "por incompetência da autoridade celebrante", a controvérsia gira em torno da modalidade de incompetência que pode produzir a anulabilidade, ou seja, se incompetência funcional ou territorial. Diante disso, expressiva doutrina entende o casamento ser anulável somente quando a autoridade for incompetente *ratione loci* (em razão do território), pois quando a autoridade for incompetente *ratione materiae* (em razão da matéria ou funcional), isto é, quando casar não figura entre as atribuições da autoridade celebrante, se considera o casamento inexistente. Em resumo, haverá incompetência territorial quando, por exemplo, o juiz de paz com jurisdição para atuar em Porto Alegre vem a celebrar casamento em Florianópolis; e haverá incompetência funcional na hipótese de celebração por qualquer outra autoridade que não seja o juiz de paz, ainda que seja o juiz da vara de família.

Outra hipótese de ato anulável é o casamento no qual tiver havido erro essencial quanto à pessoa de um dos cônjuges consoante assevera o art. 1.556. Para esse efeito, o Código Civil (art. 1.557) considera erro essencial:

> I – o que diz respeito à identidade do outro cônjuge, sua honra e boa fama, sendo esse erro tal, que o seu conhecimento ulterior torne insuportável a vida em comum ao cônjuge enganado;
>
> II – a ignorância de crime anterior ao casamento, que, por sua natureza torne insuportável a vida conjugal;
>
> III – a ignorância, anterior ao casamento, de defeito físico irremediável, ou de moléstia grave e transmissível, pelo contágio ou herança, capaz de pôr em risco a saúde do outro cônjuge ou de sua descendência;
>
> IV – a ignorância, anterior ao casamento, de doença mental grave que, por sua natureza, torne insuportável a vida em comum ao cônjuge enganado.

Em relação ao erro sobre a identidade do cônjuge, decorrente da recusa ao relacionamento sexual, assim decidiu o Tribunal de Justiça do Rio Grande do Sul:

> A recusa permanente ao relacionamento sexual, após as núpcias e durante o prazo expressivo, revela desconhecimento sobre a identidade psicofísica do outro cônjuge, tornando insuportável o convívio conjugal. A reiteração da conduta, de forma imotivada, viola deveres de coabitação e consideração com o consorte, afetando o princípio solar da dignidade da pessoa humana e de sua imagem. Apelação provida, por maioria, para decretar

a nulidade do casamento. (TJRS, Ap. cível n. 70.010.485.381, rel. Des. José Carlos Teixeira Giorgis, j. 13.07.2005)

Em outro julgamento, o mesmo tribunal (8ª Câmara Cível) repetiu a decisão, determinando a anulação de casamento entre dois jovens porque a esposa também se negou a manter relações sexuais. A existência de relacionamento sexual entre cônjuges é normal, esperada e previsível no casamento, porque o sexo faz parte dos usos e costumes tradicionais em nossa sociedade, tanto que – ainda que haja exagero na expressão – se costuma falar em *débito conjugal*. Em ação, iniciada em março de 2005, o autor narra que, após o matrimônio, sua jovem esposa negou-se a manter relações sexuais, e tal situação perdurou por vários meses até que ele resolveu sair de casa. Na contestação, a ré admite que eles ficaram sem se tocar intimamente e afirma que "o marido sabia, antes de casar, que, após a celebração do matrimônio, não haveria relações sexuais".

A sentença da juíza da Vara de Família de Passo Fundo, deu pela improcedência do pedido, entendendo que o caso seria de separação judicial litigiosa e não de anulação do vínculo matrimonial. Houve recurso do marido ao TJRS. Em objetivo voto, o desembargador Rui Portanova lembra que "quem casa tem uma lícita, legítima e justa expectativa de que, após o casamento, manterá conjunção carnal com o cônjuge". O magistrado registra que "se trata de uma expectativa normal e saudável, porque a relação sexual é um dentre vários outros elementos que compõem um matrimônio".

Os três integrantes da 8ª Câmara fecharam em outro ponto: "quando o outro cônjuge não tem e nunca teve intenção de manter conjunção carnal após o casamento – mas não informa e nem exterioriza essa intenção antes da celebração do matrimônio – ocorre uma desarrazoada frustração de uma legítima expectativa". Os julgadores entenderam ser da mulher o ônus de provar judicialmente de ter dado prévia ciência ao homem de que, casados, não teriam vida sexual. Tal prova não foi feita. "O fato de que o cônjuge desconhecia completamente que, após o casamento, não obteria do outro cônjuge anuência para realização de conjunção carnal demonstra a ocorrência de erro essencial, o que autoriza a anulação do casamento".

O julgado aborda aspectos contratuais e legais:

a existência de um padrão previsível e esperado de comportamento (existência de relações sexuais no casamento) e a frustração desarrazoada de uma expectativa legítima (negativa do cônjuge de manter relações sexuais) dizem diretamente com um princípio informador básico do nosso ordenamento jurídico: o princípio da boa-fé objetiva.

Com a decisão, foi expedido ofício mandamental ao Registro Civil de Passo Fundo para averbar a anulação do casamento e para que os ex-marido e mulher voltem ao estado de solteiros (Ap. cível n. 70.016.807.315, j. 23.11.2006).

Cabe salientar, por último, que o induzimento a erro essencial e ocultação de impedimento constituem crime previsto no Código Penal: "Art. 236. Contrair casamento, induzindo em erro essencial o outro contraente, ou ocultando-lhe impedimento que não seja casamento anterior: Pena – detenção, de seis meses a dois anos".

Prazos para promover a ação de anulação

O casamento anulável (e não o nulo), dependendo da causa que fundamentar o pedido, pode ser anulado nos seguintes prazos (art. 1.560 do CC):

> I – cento e oitenta dias, no caso do inciso IV do art. 1.550 [na hipótese de incapacidade de consentir];
>
> II – dois anos, se incompetente a autoridade celebrante;
>
> III – três anos, nos casos dos incisos I a IV do art. 1.557 [erro essencial];
>
> IV – quatro anos, se houver coação.

Todavia, considerando que todo ato anulável pode vir a ser sanado, não se promovendo a anulação nos prazos previstos em lei, a conseqüência será a convalidação do casamento. Já o casamento nulo não é passível de convalidação, pois sua nulidade pode ser requerida a qualquer tempo.

Efeitos decorrentes da anulabilidade do casamento

Efeitos no casamento putativo

As hipóteses do art. 1.561, ou seja, a boa-fé de um cônjuge ou dos dois, configuram o casamento putativo, que se caracteriza pela ignorância da existência de impedimentos à realização do casamento, como, por exemplo, a suposição de um deles estar viúvo em razão do prolongado desaparecimento do ex-cônjuge (vide morte presumida, no Cap. V), ou o desconhecimento de que o ex-genro não pode casar com a ex-sogra (vide art. 1.595, § 2º).

Conforme consta do art. 1.561, o casamento produz todos os efeitos civis até o dia da sentença anulatória em favor de ambos os cônjuges, quando contraído de boa-fé por ambos os cônjuges; ou em favor de um só dos cônjuges, quando só um deles tenha agido de boa-fé. Portanto, nas hipóteses citadas, a eficácia da sentença anulatória manifesta-se *ex nunc* (não retroage), de modo a não afetar os direitos de um cônjuge ou dos dois em relação a alimentos, direitos sucessórios, validade do regime de bens, por exemplo. Ademais, quando for caso de boa-fé de apenas um dos cônjuges, além dos efeitos civis citados, o cônjuge de má-fé, por força do art. 1.564, incorrerá na perda de todas as vantagens havidas do cônjuge inocente e na obrigação de cumprir as promessas que lhe fez no contrato antenupcial.

Em relação aos filhos havidos na constância do casamento contraído nessas condições, permite-se assertir, em conclusão, que terão seus direitos preservados em qualquer hipótese, quer em relação a alimentos, quer em relação aos direitos sucessórios, porquanto os filhos, havidos ou não da relação de casamento, terão os mesmos direitos e qualificações (art. 1.596 do CC).

Efeitos decorrentes da nulidade do casamento

Como mencionado no art. 1.561, § 2º, se ambos os cônjuges estavam de má-fé ao celebrar o casamento, seus efeitos civis só aos filhos aproveitarão. Nesse caso, portanto, aplica-se a regra do art. 1.563, o qual determina que a sentença anulatória terá efeito *ex tunc*, pois retroagirá à data da celebração do casamento, sem, no entanto, prejudicar os direitos de terceiros de boa-fé (fiança prestada pelo casal, por exemplo), nem os resultantes de sentença transitada em julgado.

Como se observa, não se há que falar em casamento putativo quando ambos os cônjuges agiram de má-fé (por exempo: um dos cônjuges já era casado e o outro tinha ciência disso). Conseqüentemente, nenhum proveito terá qualquer deles em relação ao casamento anulado por força dos efeitos retroativos da sentença que decretar a nulidade. Assim, por exemplo, se um deles falecer antes de ser proferida a sentença, ao outro descabe qualquer direito sucessório.

Efeitos jurídicos do casamento

Os nubentes, ao contraírem casamento, além de passarem a ser conhecidos por cônjuge varão (o marido) e cônjuge virago (a mulher), adquirem *status* de pessoas casadas e, evidentemente, passam a vivenciar uma nova situação jurídica que, em muitos aspectos, diferencia-se da que desfrutavam na condição de pessoas solteiras. Destarte, a partir de então, passam os consortes a sujeitar-se a efeitos de natureza pessoal e patrimonial produzidos pelo casamento em decorrência das normas imperativas que predominam no Direito de Família.

Efeitos pessoais

A desigualdade jurídica dos cônjuges hoje não mais prevalece, não só em face da Constituição de 1988 (§ 5º do art. 226) que prescreve que "os direitos e deveres referentes à sociedade conjugal serão exercidos igualmente pelo homem e pela mulher", como também do art. 1.567 do Código Civil: "A direção da sociedade conjugal será exercida, em colaboração, pelo marido e pela mulher, sempre no interesse do casal e dos filhos. Parágrafo único. Havendo divergência, qualquer dos cônjuges poderá recorrer ao juiz, que decidirá tendo em consideração aqueles interesses".

No tocante às relações dos cônjuges entre si, os efeitos de maior relevância encontram-se elencados no art. 1.566 do Código Civil:

Art. 1.566. São deveres de ambos os cônjuges:

I – fidelidade recíproca;

II – vida em comum, no domicílio conjugal;

III – mútua assistência;

IV – sustento, guarda e educação dos filhos;

V – respeito e consideração mútuos.

Consiste o dever de fidelidade em abster-se cada consorte de praticar relações sexuais ou de ter intimidades com terceiro, independentemente de sexo. A infidelidade pode ser *material*, quando ocorre o adultério mediante ato sexual voluntário, ou *moral*, decorrente de conduta que excede a mera amizade ou o trato social (namoro com terceiro). Também se inclui na categoria de ato de infidelidade moral a inseminação artificial feita pela mulher com sêmen de doador (inseminação heteróloga) sem o consentimento do marido, também denominado adultério branco ou adultério casto, e a infidelidade virtual. Ressalte-se que o adultério, previsto no art. 240 do Código Penal, deixou de ser considerado crime depois da revogação do citado dispositivo pela Lei n. 11.106, de 28 de março de 2005.

O dever de fidelidade cessa não só com a separação judicial (art. 1.576 do CC), mas igualmente com a separação de fato, conforme entendimento de expressiva doutrina, uma vez que o dever de fidelidade pressupõe, por evidente, vida em comum.

A vida em comum, no domicílio conjugal, refere-se, a princípio, na obrigatoriedade dos cônjuges conviverem sob o mesmo teto. Tanto é assim, que ao cônjuge recalcitrante pode ser imputado o abandono do lar, podendo originar sérias conseqüências jurídicas, como separação judicial e perda do direito a alimentos integrais. No entanto, considerando-se já se ter tornado comum o fato de cônjuges, por razões profissionais (representantes comerciais, atores, caminhoneiros, políticos, magistrados e outros), permanecerem por longos períodos afastados ou residindo em locais diferentes sem que esse procedimento possa caracterizar separação de fato ou o abandono do lar, o atual Código Civil passou a mitigar o rigor da exigência de vida em comum sob o mesmo teto, consignando que "[...] um e outro podem ausentar-se do domicílio conjugal para atender a encargos públicos, ao exercício de sua profissão, ou a interesses particulares relevantes" (art. 1.569 do CC).

Na exigência de convivência no domicílio conjugal, encontra-se também implícito o direito-dever de coabitação, que não é outra coisa senão a convivência sexual entre os cônjuges, decorrente do *debito conjugale*. A satisfação sexual, como sustenta José Carlos Teixeira Giorgis (GIORGIS, 2006, p. 50),

> é uma necessidade e prazer, que alguns entendem parte da fisiologia, e como o sistema brasileiro é adepto da monogamia, há entre os consortes os deveres de fidelidade e lealdade; daí a recusa reiterada e sem motivo inscrever-se entre as transgressões do casamento que afetam a integridade psicológica e auto-estima.

Sobre esse tema, principalmente sobre a obrigação de o cônjuge manter relações sexuais, o entendimento jurisprudencial é o de que, se o marido força a mulher a uma relação sexual indesejável, ele, na verdade, não está exercitando um direito, e sim abusando desse mesmo direito. Ademais, a Lei n. 11.340, de 7 de agosto de 2006, destinada a coibir a violência doméstica, considera a violência sexual como uma das formas de violência doméstica e familiar praticadas contra a mulher:

> **Art. 7º** São formas de violência doméstica e familiar contra a mulher, entre outras:
>
> [....]
>
> III – a violência sexual, entendida como qualquer conduta que a constranja a presenciar, a manter ou a participar de relação sexual não desejada, mediante intimidação, ameaça, coação ou uso da força; que a induza a comercializar ou a utilizar, de qualquer modo, a sua sexualidade, que a impeça de usar qualquer método contraceptivo ou que a force ao matrimônio, à gravidez, ao aborto ou à prostituição, mediante coação, chantagem, suborno ou manipulação; ou que limite ou anule o exercício de seus direitos sexuais e reprodutivos;

Tratando-se do homem, a inaptidão para a prática do ato sexual é denominada impotência *coeundi* ou instrumental; a inaptidão para procriar ou esterilidade denomina-se impotência *generandi*, isto é, de gerar ou funcional, sendo a impotência funcional da mulher denominada *concipiendi*. É imprescindível ressaltar que as impotências *generandi* ou *concipiendi* não implicam a possibilidade de anulação do casamento ou da separação judicial, mas tão-somente a impotência meramente *coeundi*.

A mútua assistência deve ser entendida, antes de tudo, como um ato de solidariedade conjugal. A mútua assistência comporta, de um lado, um conceito *específico* no qual se inserem os alimentos, ou seja, valores pecuniários que asseguram a subsistência material (alimentos, vestuário, medicamentos etc.); de outro lado, um conceito *genérico*, que compreende cuidados pessoais nas moléstias, socorro nas desventuras, apoio na adversidade e auxílio constante em todas as vicissitudes da vida.

O abandono material do cônjuge ou dos filhos constitui crime previsto no Código Penal:

> **Art. 244.** Deixar, sem justa causa, de prover a subsistência do cônjuge, ou de filho menor de 18 (dezoito) anos ou inapto para o trabalho, ou de ascendente inválido ou maior de 60 (sessenta) anos, não lhes proporcionando os recursos necessários ou faltando ao pagamento de pensão alimentícia judicialmente acordada, fixada ou majorada; deixar, sem justa causa, de socorrer descendente ou ascendente, gravemente enfermo: Pena – detenção, de 1 (um) a 4 (quatro) anos e multa, de uma a dez vezes o maior salário mínimo vigente no País.

Também incidem em crime de abandono intelectual os pais que, sem justa causa, deixarem de prover a instrução primária de filho em idade escolar, como consta do art. 246 do Código Penal (pena: detenção de quinze dias a um mês ou multa).

A controvérsia a respeito da indenização por abandono afetivo

Um novo e controverso tema passou a ser objeto de discussão no âmbito do Direito de Família. Refere-se à possibilidade ou não de se pleitear direito à indenização por abandono afetivo do pai que, ainda que cumpra a obrigação alimentar após a separação do casal, eventualmente tenha se afastado do filho rompendo os laços de afetividade existentes antes da separação. Para efeito de melhor entendimento do tema, cita-se a seguinte situação fática:

O filho mantinha contato com o pai até os seis anos de maneira regular. Após o nascimento de sua irmã, fruto de novo relacionamento com outra mulher, ocorreu um afastamento definitivo do pai. O filho, hoje maior, afirmou que, apesar de sempre receber pensão alimentícia (20% dos rendimentos líquidos do pai), tentou várias vezes uma aproximação com o pai, pretendendo apenas amor e reconhecimento como filho, porém recebeu apenas "abandono, rejeição e frieza", inclusive em datas importantes, como aniversários, formatura no ensino médio e por ocasião da aprovação no vestibular.

Ajuizada ação requerendo indenização por danos morais, a ação foi julgada improcedente em primeira instância, tendo o juiz considerado que não houve comprovação dos danos supostamente causados ao filho. Na apelação julgada pela 7ª Câmara Cível do Tribunal de Alçada de Minas Gerais, o tribunal reconheceu o direito à indenização por dano moral e psíquico causado pelo abandono do pai: "A responsabilidade (pelo filho) não se pauta tão-somente no dever de alimentar, mas se insere no dever de possibilitar desenvolvimento humano dos filhos, baseado no princípio da dignidade da pessoa humana". A indenização foi fixada em duzentos salários-mínimos (hoje, R$ 60 mil) atualizados monetariamente. Entretanto, no recurso do pai para o STJ, a 4ª Turma, por maioria, deu provimento ao recurso do pai, considerando que a lei apenas prevê, como punição, a perda do poder familiar, antigo pátrio poder. Como observou o Ministro Fernando Gonçalves em seu voto,

> A determinação da perda do poder familiar, a mais grave pena civil a ser imputada a um pai, já se encarrega da função punitiva e, principalmente, dissuasória, mostrando eficientemente aos indivíduos que o Direito e a sociedade não se compadecem com a conduta do abandono, com o que cai por terra a justificativa mais pungente dos que defendem a indenização por dano moral.

Ao ser provido o recurso, foi considerado ainda que, por maior que seja o sofrimento do filho e a dor do afastamento, o Direito de Família tem princípios próprios, que não podem ser contaminados por outros, com significações de ordem material e patrimonial. "O que se questiona aqui é a ausência de amor", afirmou o Ministro Jorge Scartezzini. "Na verdade, a ação poderia também ser do pai, constrangido pela acusação de abandono [...]. É uma busca de dinheiro indevida", acrescentou.

Por quatro votos a um, a decisão afastou a indenização a ser paga pelo pai determinada pelo tribunal mineiro. "Inexistindo a possibilidade de reparação a que alude o art. 159 do Código Civil de 1916, não há como reconhecer o abandono afetivo como passível de indenização", reiterou o relator. "Diante do exposto, conheço do recurso e lhe dou provimento para afastar a possibilidade de indenização nos casos de abandono moral", concluiu o Ministro Fernando Gonçalves (REsp n. 757.411/MG, j. 29.11.2005).

Também com fundamento na inexistência de ato ilícito praticado pelo pai, o Tribunal de Justiça do Rio Grande do Sul decidiu no mesmo sentido:

> Apelação cível. Danos morais. Falta de amparo afetivo e rejeição paterna. Reconhecimetno espontâneo da paternidade. Desconhecimento do pai quanto à existência da filha. Convivência harmônica após o reconhecimento. A responsabilidade civil, no Direito de Família, é subjetiva, somente surgindo o dever de indenizar quando evidenciado o agir com dolo ou culpa, restando caracterizada a ilicitude da conduta, bem como o nexo de causalidade entre a conduta e o dano sofrido. Ausente um dos elementos ensejadores da responsabilidade civil, qual seja, o ato ilícito, inexiste o dever de indenizar. Recurso improvido. (Segredo de justiça) (TJRS, 8ª Câm., Ap. cível n. 70.020.676.631, rel. Claudir Fidelis Faccenda, j. 06.09.2007)

Frise-se, porém, que não se conformando com a decisão do STJ, no primeiro caso citado, a defesa do filho quer que a questão seja reavaliada, agora sob o enfoque constitucional. Ela alega ofensa ao direito de receber indenização por danos morais e ao princípio da dignidade da pessoa humana. A admissão do recurso extraordinário, dirigido ao STF, passa sempre pela presidência do STJ. Em março de 2007, o vice-presidente do Superior Tribunal, Ministro Francisco Peçanha Martins, não admitiu a ida do recurso em questão à Corte Constitucional porque, em seu entender, ao decidir a matéria em debate, a 4ª Turma embasou-se unicamente na interpretação de normas infraconstitucionais e no entendimento firmado no próprio STJ. Assim, não se poderia falar em ofensa direta à

Constituição, o que inviabiliza o recurso ao STF. Dessa decisão, a defesa do jovem interpôs agravo de instrumento, um recurso que submeterá a admissão do recurso extraordinário diretamente ao próprio STF (Ag. no RE n. 22.995).

Efeitos patrimoniais

Da escolha ou da imposição do regime de bens feita pelos cônjuges, surge, por convenção ou disposição expressa da lei, um regime patrimonial com regras específicas a respeito da forma de adquirir e transferir bens do casal de molde a, em certos casos, limitar a liberdade dos cônjuges na contratação com terceiros. Salvo no regime da separação absoluta de bens (art. 1.647 do CC), nenhum cônjuge pode, sem o consentimento (autorização) do outro, praticar atos que possam vir a comprometer o patrimônio familiar. Tal consentimento nada mais é do que se convencionou denominar *vênia conjugal*, representada pela outorga uxória (relativamente à mulher) e pela outorga marital (relativamente ao marido).

Segundo o art. 1.647, um cônjuge necessita da autorização do outro (quando não possa ser suprida judicialmente) para a prática dos seguintes atos:

> I – alienar ou gravar de ônus real os bens imóveis;
>
> II – pleitear, como autor ou réu, acerca desses bens ou direitos;
>
> III – prestar fiança ou aval;
>
> IV – fazer doação, não sendo remuneratória, de bens comuns, ou dos que possam integrar futura meação.

No referente ao inciso III, que trata da fiança e do aval, a exigência da outorga conjugal para validade desse último é uma inovação do Código Civil de 2002. Assim, na hipótese de o marido avalizar título de crédito de sociedade da qual é diretor, em decorrência de financiamento bancário, essa obrigação cambial só terá validade se a mulher também avalizar a responsabilidade contraída. Frise-se que, ao conceder a outorga a mulher, estará implicitamente renunciando à proteção de sua meação assegurada pelo art. 3º do Estatuto da Mulher Casada (Lei n. 4.121/62), que estabelece: "Pelos títulos de dívida de qualquer natureza, firmados por um só dos cônjuges, ainda que casado pelo regime de comunhão universal, somente responderão os bens particulares do signatário e os comuns até o limite de sua meação". Conseqüentemente, se ambos avalizarem título, o casal corre o risco de que todo seu patrimônio, no caso de inadimplemento, seja alcançado, embora se trate de mera operação bancária.

Só a mulher pode contestar a fiança sem sua anuência

A 5ª Turma do Superior Tribunal de Justiça decidiu que, para que a fiança subscrita pelo marido sem a anuência da mulher seja considerada nula, é necessário que ela a conteste na Justiça, não podendo o marido que dá a fiança invocar a nulidade do ato que praticou e valer-se da própria ilicitude para desfazer o negócio. Ao decidir, o relator, Ministro Arnaldo Esteves Lima, destacou ser pacífica a jurisprudência do STJ no sentido de ser nula a fiança prestada sem a necessária outorga uxória. No entanto, no caso, o marido não pode beneficiar-se com a nulidade de ato que ele mesmo praticou. Segundo o relator, a nulidade da fiança também não pode ser declarada de ofício por não se tratar de nulidade absoluta.

> Ao contrário, trata-se de nulidade relativa, válida e eficaz entre o cônjuge que a concedeu, o afiançado e o credor da obrigação, sobrevindo sua invalidade quando e se, legitimamente suscitada, por quem de direito, vier a ser reconhecida judicialmente, quando, então, em sua totalidade será desconstituído tal contrato acessório. (REsp n. 772.419)

A anulação da fiança implica a ineficácia total da garantia

Tinha-se como certo, anteriormente, que, no caso de fiança prestada sem a anuência do cônjuge, no caso de cobrança ou execução da dívida, o cônjuge que não houvesse autorizado poderia defender sua meação no patrimônio do casal. Entretanto, a Súmula n. 332 do STJ veio trazer novas luzes ao tema ao prescrever que "A fiança prestada sem autorização de um dos cônjuges implica a ineficácia total da garantia". Diante disso, resta pacificado o cônjuge que não anuiu ter o direito de pleitear a nulidade da fiança e, com isso, livrar todo o patrimônio do casal de eventual execução.

Já, contraditoriamente, o art. 978 do Código Civil dispõe que "O empresário casado pode, sem necessidade de outorga conjugal, qualquer que seja o regime de bens, alienar os imóveis que integrem o patrimônio da empresa ou gravá-los de ônus real".

De qualquer sorte, diante da atual legislação, quando qualquer dos cônjuges negar o assentimento, sem motivo justo ou por impossibilidade, poderá o outro recorrer ao judiciário para obter o suprimento judicial da outorga, nos precisos termos do art. 1.648 do CC.

Defesa da meação em dívida que não beneficiou a família

O cônjuge casado pelo regime da comunhão universal de bens, e que é detentor de metade do patrimônio do casal, pode isentar sua meação de penhora executada em cobrança de dívida contraída pelo esposo desde que comprove que a dívida não foi contraída em benefício da família, ou seja, que o débito foi feito em exclusivo interesse do esposo. Mencionado direito é assegurado pelo art. 3º do Estatuto da Mulher Casada (Lei n. 4.121/62): "Pelos títulos de dívida de qualquer natureza, firmados por um só dos cônjuges, ainda que casado pelo regime de comunhão universal, somente responderão os bens particulares do signatário e os comuns até o limite de sua meação".

Assim, como demonstrado, não cabe o direito de defesa da meação quando provado que a dívida foi contraída em proveito de ambos os cônjuges e de sua família, conforme confirmado pela 3ª Turma do Superior Tribunal de Justiça. O relator do processo, Ministro Castro Filho, rejeitou o pedido do esposo de B.C. para ter a parte dele, no patrimônio do casal, livre da penhora executada em cobrança contra a mulher B.C. O processo teve início quando dois advogados entraram com ação contra B.C. para cobrar por serviços prestados. A ação gerou, em fase de execução, a penhora de imóveis pertencentes a B.C. e seu marido M.C. para a garantia do pagamento da dívida. Eles são casados em regime de comunhão total de bens. Para afastar a penhora sobre sua metade do patrimônio do casal, M.C. entrou com embargos de terceiro (ação que visa a excluir bens de terceiro de apreensão judicial). O juízo de primeiro grau acolheu, em parte, os embargos para "excluir da constrição [penhora] a meação do aqui embargante [marido de B.C.], sobre cada imóvel penhorado". O juízo entendeu que a responsabilidade seria só de B.C., pois foi a única que integrou o processo movido pelos advogados. Ainda na decisão, o juízo negou o pedido de assistência judiciária. Diante do julgamento, as partes – B.C. e os advogados – apelaram. O Tribunal de Justiça do Rio Grande do Sul (TJRS) manteve a sentença quanto à recusa à assistência judiciária, mas reconheceu o direito dos advogados de executar a penhora sobre o patrimônio do casal e não apenas da parte de B.C. "Não há de se falar em preservação da meação do embargante, ora apelado, uma vez que a dívida contraída por sua esposa foi tida em proveito de ambos e de sua família", concluiu o colegiado gaúcho. M.C. recorreu ao STJ reiterando os argumentos de direito à assistência judiciária e à preservação de sua metade patrimonial. A defesa de M.C. afirmou ser dos credores (no caso, os advogados) e não dele (meeiro do patrimônio) a obrigação de comprovar, no processo de execução, que ele também não foi beneficiado pela dívida contraída por sua esposa. O Ministro Castro Filho rejeitou o recurso e manteve a penhora também sobre a parte do patrimônio pertencente a M.C. O relator lembrou a jurisprudência do STJ sobre o tema. Segundo os julgados citados, "a meação da mulher casada [no caso do esposo] não responde pela dívida contraída exclusivamente pelo marido [no caso, pela mulher], exceto quando em benefício da família". No entanto, ainda de acordo com os julgados, "é da mulher [no caso, do esposo] o ônus de provar que a dívida contraída pelo marido [no caso, pela mulher] não veio em benefício do casal, não se tratando, na espécie, de aval".[9]

Sociedade entre cônjuges

O atual Código Civil permite expressamente que pessoas casadas possam constituir sociedade empresária ou sociedade simples entre si, desde que não tenham casado no regime de comunhão universal de bens ou da separação obrigatória. Assim, por exclusão ao previsto no art. 977, podem constituir sociedade entre si ou com terceiros, os cônjuges que estejam em uma das seguintes situações:

• casados sob o regime de comunhão parcial (art. 1.658 do CC);

• casados sob o regime de participação final nos aquestos (art. 1.672 do CC);

• casados sob o regime de separação de bens (separação voluntária) (art. 1.687 do CC).

9 Fonte: Notícias do STJ, em 24.08.2007.

Frise-se que, tão logo entrou em vigência o Código Civil de 2002, os contabilistas, de modo geral, passaram a recomendar aos clientes casados no regime de comunhão universal ou no de separação obrigatória, que mantinham sociedade entre si, que alterassem o contrato social de suas empresas a fim de adaptarem-se à norma do art. 977. No entanto, pouco tempo depois, pacificou-se o entendimento[10] de a referida exigência não se aplicar às sociedades já existentes e sim às constituídas após a vigência do atual Código, como demonstra o seguinte enunciado elaborado pelo Conselho de Justiça Federal: "Enunciado n. 204 – Art. 977: A proibição de sociedade entre pessoas casadas sob o regime da comunhão universal ou da separação obrigatória só atinge as sociedades constituídas após a vigência do Código Civil de 2002".

O mesmo Conselho de Justiça Federal recomenda, ainda, adotar as seguintes interpretações ao art. 977:

> **Enunciado 205** – Art. 977: Adotar as seguintes interpretações ao art. 977: (1) a vedação à participação de cônjuges casados nas condições previstas no artigo refere-se unicamente a uma mesma sociedade; (2) o artigo abrange tanto a participação originária (na constituição da sociedade) quanto a derivada, isto é, fica vedado o ingresso de sócio casado em sociedade de que já participa o outro cônjuge.

---

10 Em parecer emitido em 4 de agosto de 2003, o Departamento Nacional de Registro de Comércio concluiu: "De outro lado, em respeito ao ato jurídico perfeito, essa proibição não atinge as sociedades entre cônjuges já constituídas quando da entrada em vigor do Código, alcançando, tão-somente, as que viessem a ser constituídas posteriormente. Desse modo, não há necessidade de se promover alteração do quadro societário ou mesmo da modificação do regime de casamento dos sócios-cônjuges, em tal hipótese".

4 Dissolução da sociedade conjugal

Generalidades

Segundo dados divulgados pelo IBGE, a média de duração dos casamentos no país, em 2004, foi de 11,5 anos. O destaque positivo ficou com o Rio Grande do Sul e com Santa Catarina, cujas médias de duração das uniões legais atingiram 13 e 12,7 anos, respectivamente. Por outro lado, o Amazonas (8,8 anos) e o Acre (9,8 anos) ficaram com as médias mais baixas.

As causas da dissolução do casamento, conforme se constata na realidade, são as mais diversas, não se resumindo apenas na tradicional e conhecida incompatibilidade de gênios. Assim, em que pese ser considerado *para a vida toda* ou *até que a morte vos separe*, não raro o cotidiano revela casos de casamentos que não chegaram a completar nem mesmo um ano de duração, muitas vezes pela precipitação dos noivos ou em razão da infidelidade de um dos cônjuges, como revelam as seguintes situações:

• F.C., 27 anos, dentista e residente no Rio de Janeiro, mudou-se para Porto Alegre, em 2002, movida por uma paixão surgida em uma viagem. Depois de quatro reencontros com o gaúcho F, casaram-se. Oito meses depois se separaram.

• E.S.F., 28 anos, em 2002, casou-se após um rápido namoro, mesmo sem a aprovação da família. Menos de doze meses depois se separou alegando incompatibilidade de gênios.

• L.S., 23 anos, de Porto Alegre, casou-se após dois anos e meio de um namoro *morno*. Três meses depois descobriu que estava sendo traída. Por isso, resolveu se separar.

Mediação familiar

Mediação familiar é uma forma de resolução de conflitos familiares entre as partes mediante intervenção confidencial de uma terceira pessoa, imparcial e qualificada (o mediador). Visa, sobretudo, ao atendimento de conflitos relacionados a separação, divórcio, guarda de filhos, regulamentação de visitas e outros de uma forma mais acessível e menos traumática. Tribunais de diversos estados possuem serviço de mediação familiar, como no caso de Santa Catarina, que possui uma equipe de atendimento composta por assistentes sociais, psicólogos, advogados e estagiários das respectivas áreas, disponível em algumas comarcas e Casas da Cidadania.

A separação judicial é, sabidamente, um processo desgastante para a família que a vivencia, sujeita a fatores de ordem emocional, relacional, psicológica e social. Além disso, costuma envolver divergências e discussões a respeito de alimentos, guarda de filhos e partilha de bens, o que exige aconselhamento de profissionais especializados para efeito de se elaborar um acordo que atenda ao melhor interesse do casal e dos filhos. Para esse efeito, entende-se que o serviço de mediação proporciona melhores resultados do que o próprio judiciário. É importante frisar que, nesse procedimento, o mediador não toma partido nem decisões pelo casal, apenas sugere alternativas para o casal decidir o que for melhor para seu interesse e de seus filhos.

O serviço de mediação familiar pode acontecer em dois momentos: antes ou depois do ajuizamento da ação de separação judicial. No entanto, depende de o juiz de cada comarca optar por um ou outro momento, ou ainda contemplar ambos os casos. Nos casos ainda não ajuizados, o serviço de mediação familiar conta com a presença de um advogado para dar todas as informações jurídicas necessárias. O advogado revisa, ainda, o aspecto jurídico dos acordos efetuados e solicita ao juiz sua homologação. De qualquer modo, por ser um projeto de caráter social, é destinado, sobretudo, àqueles cujo poder aquisitivo não permite o pagamento de honorários a profissionais da rede privada.

Formas de dissolução do casamento

O casamento ou a sociedade conjugal, segundo emana do art. 1.571 do Código Civil, termina: "I – pela morte de um dos cônjuges; II – pela nulidade ou anulação do casamento; III – pela separação judicial; IV – pelo divórcio". Entendemos, no entanto, que a referida previsão restou prejudicada em face da Lei n. 11.441/2007, que, ao acrescentar o art. 1.124-A ao Código de Processo Civil, introduziu a separação e o divórcio consensuais extrajudiciais no ordenamento jurídico. Em nosso sentir, o legislador laborou em equívoco, pois, em vez de proceder à modificação no CPC, deveria ter introduzido a nova regra no Código Civil como art. 1.573-A ou art. 1.574-A, tendo em conta que trata-se de matéria exclusivamente extrajudicial. Consideramos, ademais, que, no mínimo, o art. 1.571 do Código Civil deveria ser modificado, acrescentando-se a nova modalidade de separação e divórcio. Desse modo, em face da referida alteração legislativa, a leitura que hoje se permite razoavelmente fazer do art. 1.571 é a seguinte: A sociedade conjugal termina: I – pela morte de um dos cônjuges; II – pela nulidade ou anulação do casamento; III – pela separação extrajudicial e judicial; IV – pelo divórcio extrajudicial e judicial.

Impende, contudo, apontar a diferença existente entre dissolução da sociedade conjugal (incisos I a IV) e a dissolução do vínculo conjugal ("§ 1º O casamento válido somente se dissolve pela morte de um dos cônjuges ou pelo divórcio, aplicando-se a presunção estabelecida neste Código quanto ao ausente"). A diferença, nesse caso, é quanto aos efeitos: enquanto na nulidade e na anulação de casamento o vínculo não se aperfeiçoou, na separação judicial opera-se apenas a dissolução da sociedade conjugal, sem romper o vínculo; já a morte de um dos cônjuges e o divórcio produzem efeitos mais amplos, porquanto, além de dissolverem a sociedade conjugal, também dissolvem o vínculo conjugal, de modo a possibilitar às partes a convolação de novas núpcias. Por conseguinte, todos os casos de dissolução do vínculo (morte e divórcio) acarretam obrigatoriamente a dissolução da sociedade conjugal, porém nem todos os casos de dissolução da sociedade conjugal conduzem à dissolução do vínculo.

Dissolução pela morte de um dos cônjuges

A morte não só dissolve a sociedade conjugal como extingue o vínculo, ensejando ao cônjuge supérstite contrair novo casamento.

A morte pode ser *real* ou *presumida*. É real, ou de corpo presente, quando comprovada oficialmente por meio de certidão de óbito emitida por oficial de Registros Públicos, à vista de atestado médico, se houver no lugar, ou, em caso contrário, de duas pessoas qualificadas que tiverem presenciado ou verificado a morte (art. 77 da Lei n. 6.015/73). É morte presumida quando, embora não se tenha acesso ao corpo, supõe-se morta a pessoa em determinados casos especificados em lei. Por exemplo: nas hipóteses do art. 7º do Código Civil, que admite a declaração da morte presumida, sem decretação de ausência, se for extremamente provável a morte de quem estava em perigo de vida, e se alguém, desaparecido em campanha ou feito prisioneiro, não for encontrado até dois anos após o término da guerra.

Alerte-se, porém, que, conforme é extraído em Carlos Roberto Gonçalves (GONÇALVES, 2005, p. 188-9), se, com fundamento no art. 7º, o cônjuge presumidamente viúvo vier a casar-se novamente, e o cônjuge declarado presumidamente morto aparecer, o primeiro casamento permanece válido e o segundo é declarado nulo (com efeitos putativos), pois as decisões proferidas no processo de jurisdição voluntária não fazem coisa julgada material. Nesse caso, restaria à ex-cônjuge, caso não pretendesse reatar o casamento anterior, a possibilidade de requerer o divórcio com fundamento na separação de fato por mais de dois anos e, aí sim, casar legalmente com quem havia contraído o casamento anulado.

Ademais, como percucientemente destacado por Rolf Madaleno (MADALENO, 2008, p. 174), quando já constituído um novo relacionamento do cônjuge presente, talvez até envolvendo filhos dessa nova relação, não seria de todo equivocado o reconhecimento de uma união estável: "No mínimo teria de ser reconhecida a existência de uma união estável nesse segundo relacionamento surgido no vácuo da ausência do cônjuge havido como morto, o que é perfeitamente admissível e tem previsão legal, nos termos do §1º do artigo 1.723 do Código Civil".

No concernente à morte presumida decorrente da ausência prolongada de uma pessoa casada, como consta do § 1º do art. 1.571, combinado com a parte final do art. 6º e art. 37 do Código Civil, pode ela ser declarada nos casos em que a lei autoriza a abertura de sucessão definitiva, ou seja, dez anos após passada em julgado a sentença que concede a abertura da sucessão provisória ou provando-se que o ausente conta com 80 anos de idade e que as últimas notícias dele datam de cinco anos (art. 38 do CC). Qualquer que seja a situação, a declaração da morte presumida se mostra relevante, pois a sentença assim obtida possibilita aos familiares não só promoverem a abertura de inventário desde logo, mas também requerer pensões por morte junto ao INSS, requerer pagamento de seguros e, eventualmente, rescisão de contrato de trabalho.

Dissolução pela separação extrajudicial

O art. 1.124-A do CPC, acrescentado pela Lei n. 11.441/2007, passou a admitir o procedimento extrajudicial, permitindo que a separação e o divórcio consensuais possam ser feitos por escritura pública desde que preenchidos certos requisitos:

> **Art. 1.124-A.** A separação consensual e o divórcio consensual, não havendo filhos menores ou incapazes do casal e observados os requisitos legais quanto aos prazos, poderão ser realizados por escritura pública, da qual constarão as disposições relativas à descrição e à partilha dos bens comuns e à pensão alimentícia e, ainda, ao acordo quanto à retomada pelo cônjuge de seu nome de solteiro ou à manutenção do nome adotado quando se deu o casamento.
>
> § 1º A escritura não depende de homologação judicial e constitui título hábil para o registro civil e o registro de imóveis.
>
> § 2º O tabelião somente lavrará a escritura se os contratantes estiverem assistidos por advogado comum ou advogados de cada um deles, cuja qualificação e assinatura constarão do ato notarial.
>
> § 3º A escritura e demais atos notariais serão gratuitos àqueles que se declararem pobres sob as penas da lei.

Como se pode concluir da análise do dispositivo reproduzido, os requisitos para que a separação possa ser feita mediante escritura pública são: período mínimo de um ano de casamento, inexistência de filhos menores ou incapazes, consenso das partes e assistência de advogado. Da escritura deverão constar as disposições relativas a descrição e partilha dos bens comuns, pensão alimentícia e retomada ou não do nome de solteiro. Requisito indispensável à validade da escritura é a participação de advogado comum ou dos advogados de cada parte, cuja qualificação e assinatura constarão do ato notarial. Consta ainda da norma que a escritura não depende de homologação judicial e constitui título hábil para o registro civil e o registro de imóveis.

Posteriormente à edição da Lei n. 11.441/2007, o Conselho Nacional de Justiça editou a Resolução n. 35,[11] de 24 de abril de 2007, com vistas à regulamentação da matéria. As principais regras contidas na Resolução são as seguintes:

1. É livre a escolha do tabelião de notas, não se aplicando as regras de competência do Código de Processo Civil.
2. É facultada aos interessados a opção pela via judicial ou extrajudicial; podendo ser solicitada, a qualquer momento, a suspensão, pelo prazo de trinta dias, ou a desistência da via judicial, para promoção da via extrajudicial.
3. As escrituras públicas de separação e divórcio consensuais não dependem de homologação judicial e são títulos hábeis para registro civil e o imobiliário, para transferência de bens e direitos, bem como para promoção de todos os atos necessários à materialização das transferências de bens e levantamento de valores (Detran, Junta Comercial, Registro Civil de Pessoas Jurídicas, instituições financeiras, companhias telefônicas etc.).
4. O valor dos emolumentos deverá corresponder ao efetivo custo e à adequada e suficiente remuneração dos serviços prestados conforme estabelecido no parágrafo único do art. 1º da Lei n. 10.169/2000, sendo vedada a fixação em percentual incidente sobre o valor do negócio jurídico objeto dos serviços notariais e de registro (art. 3º, II, da Lei n. 10.169/2000).
5. A gratuidade prevista na Lei n. 11.441/2007 compreende as escrituras de inventário, partilha, separação e divórcio consensuais e pode ser obtida mediante simples declaração dos interessados de que não possuem condições de arcar com os emolumentos ainda que as partes estejam assistidas por advogado constituído.
6. É necessária a presença do advogado, dispensada a procuração, ou do defensor público, na lavratura das escrituras decorrentes da Lei n. 11.441/2007, nelas constando seu nome e registro na OAB.

11 Vide a Resolução na íntegra em Legislação ao final da obra.

7. É vedada ao tabelião a indicação de advogado às partes, que deverão comparecer para o ato notarial acompanhadas de profissional de sua confiança. Se as partes não dispuserem de condições econômicas para contratar advogado, o tabelião deverá recomendar-lhes a Defensoria Pública, onde houver, ou, em sua falta, a Seccional da Ordem dos Advogados do Brasil.

8. É desnecessário o registro de escritura pública decorrente da Lei n. 11.441/2007 no Livro "E" de Ofício de Registro Civil das Pessoas Naturais. Entretanto, o Tribunal de Justiça deverá promover, no prazo de 180 dias, medidas adequadas para a unificação dos dados que concentrem as informações dessas escrituras no âmbito estadual, possibilitando as buscas, preferencialmente, sem ônus para o interessado.

9. O restabelecimento de sociedade conjugal pode ser feito por escritura pública, ainda que a separação tenha sido judicial, porém sem modificações. Neste caso, é necessária e suficiente a apresentação de certidão da sentença de separação ou da averbação da separação no assento de casamento.

10. Em escritura pública de restabelecimento de sociedade conjugal, o tabelião deve:

a) fazer constar que as partes foram orientadas sobre a necessidade de apresentação de seu traslado no registro civil do assento de casamento para a averbação devida;

b) anotar o restabelecimento à margem da escritura pública de separação consensual, quando esta for de sua serventia, ou, quando de outra, comunicar o restabelecimento, para a anotação necessária na serventia competente;

c) comunicar o restabelecimento ao juízo da separação judicial, se for o caso.

11. A averbação do restabelecimento da sociedade conjugal somente poderá ser efetivada depois da averbação da separação no registro civil, podendo ser simultâneas.

Em 7 de maio de 2007, o Conselho Federal da OAB editou o Provimento n. 118/2007 disciplinando as atividades dos advogados em escrituras públicas de inventários, separações e divórcios. O Provimento, além de reforçar a indispensabilidade da intervenção do advogado, observa que constitui infração disciplinar valer-se de agenciador de causas, mediante participação nos honorários a receber, angariar ou captar causas, com ou sem intervenção de terceiros, e assinar qualquer escrito para fim extrajudicial que não tenha feito, ou em que não tenha colaborado, sendo vedada a atuação de advogado que esteja direta ou indiretamente vinculado ao cartório respectivo, ou a serviço deste, e lícita a advocacia em causa própria. Proíbe, ainda, indicação ou recomendação de nomes e a publicidade específica de advogados nos recintos dos serviços delegados.

Com fundamento no art. 1.124-A do CPC, na Resolução n. 35 do CNJ e no Provimento n. 118/2007 do Conselho Federal da OAB, permite-se equacionar o procedimento extrajudicial relativo às separações e aos divórcios, segundo os itens a seguir explicitados.

Facultatividade do uso do procedimento

Consta do art. 1.124-A do CPC a expressão *poderão ser realizados por escritura pública*. Logo, como também reforçado pela Resolução n. 35 do CNJ, é facultada aos interessados a opção pela via judicial ou extrajudicial (art. 2º). Tratando-se de processo judicial em andamento, caso as partes pretendam inclinar-se pela via extrajudicial, poderão requerer ao juízo competente suspensão pelo prazo de trinta dias ou desistência da ação.

Portanto, resta desde logo pacificado que, ao teor da nova lei, não se permite aos juízes procederem ao arquivamento de ações de separação e divórcio consensuais de casais sem filho em trâmite, como inicialmente vinham fazendo alguns juízes de São Paulo. Tendo em vista tal procedimento, a Corregedoria-Geral do Tribunal de Justiça de São Paulo, a pedido da OAB-SP, publicou mensagem aos magistrados paulistas alertando sobre a possibilidade das partes optarem pela via judicial nos feitos previstos pela Lei n. 11.441/2007. A corregedoria alertou os juízes de que o interesse dos cônjuges em recorrer à via judicial "pode consistir na preservação do segredo de justiça". Esclareceu, também, que a Lei n. 11.441, de 4 de janeiro de 2007, trouxe a faculdade das partes de optarem pela via extrajudicial, o que não constitui uma obrigação.

Inexistência de filhos menores ou incapazes

Um dos requisitos exigidos pela nova norma é não haver filhos menores ou maiores incapazes, uma vez que, nesses casos, seria indispensável a intervenção do Ministério Público para zelar a respeito de seus interesses, fato que certamente impossibilitaria o procedimento extrajudicial. As partes devem declarar ao tabelião (notário), no ato da lavratura da escritura, não terem filhos comuns ou, havendo-os, que são absolutamente capazes, indicando seus nomes e datas de nascimento, bem como apresentando suas certidões de nascimento ou outro documento de identidade oficial.

Observância dos prazos legais

Refere-se a regra ao cumprimento dos mesmos prazos exigidos pelo Código Civil para propositura de ações judiciais referentes a separação, conversão da separação em divórcio, divórcio direto e restabelecimento da sociedade conjugal, a saber:

a) prazo para separação judicial consensual: mais de um ano de casamento, conforme determina o art. 1.574 do Código Civil, comprovado mediante apresentação da certidão de casamento;

b) prazo para conversão da separação judicial ou da separação extrajudicial em divórcio: um ano do trânsito em julgado da sentença que decretou a separação, comprovado mediante apresentação da certidão de averbação da separação no assento de casamento;

c) prazo para divórcio direto: mais de dois anos de separação de fato. Não basta declaração pura e simples dos cônjuges, é necessária prova documental da separação, se houver, ou declaração de pelo menos uma testemunha. Não podem servir de testemunhas as pessoas elencadas no art. 228 do Código Civil. Testemunha que seja parente de uma das partes somente será admitida se não houver outra (art. 228 do CC c/c art. 405, §§ 2º, I, e 4º, do CPC). Cumpre às partes, neste caso, declarar não haver outra testemunha disponível;

d) prazo para restabelecimento da sociedade conjugal: a sociedade conjugal, dissolvida pela separação judicial, poderá ser restabelecida a qualquer tempo, sem qualquer alteração, mediante iniciativa de ambas as partes (art. 1.577 do CC), desde que ainda não tenha sido decretado o divórcio. O restabelecimento pode ser feito por escritura pública ainda que a separação tenha sido judicial (art. 49 da Resolução n. 35). Neste caso, é necessária e suficiente apresentação de certidão da sentença de separação ou da averbação da separação no assento de casamento.

Em relação a este último procedimento, a Resolução n. 35 do CNJ determina, no art. 49, que o tabelião (notário) deve: fazer constar que as partes foram orientadas sobre a necessidade de apresentação de seu traslado no registro civil do assento de casamento, para a averbação devida; anotar o restabelecimento à margem da escritura pública de separação consensual, quando esta for de sua serventia, ou, quando de outra, comunicar o restabelecimento, para a anotação necessária na serventia competente; e comunicar o restabelecimento ao juízo da separação judicial, se for o caso.

Consenso das partes

Separação, divórcio e restabelecimento da sociedade conjugal deverão ser feitos mediante consenso ou por mútuo consentimento como exige a nova regra. Não se admite, pois, que as partes compareçam em cartório demonstrando dúvidas ou discutindo questões ainda pendentes. O consenso das partes, evidentemente, refere-se às três restritas matérias possíveis de serem decididas no âmbito do procedimento extrajudicial: partilha de bens, pensão alimentícia e manutenção ou não, pela mulher, do sobrenome do marido.

Partilha. Haverá partilha, por evidente, somente na hipótese de existência de bens imóveis ou de bens móveis de valor expressivo. Nesse caso, cumpre aos cônjuges apresentar certidão de propriedade dos bens imóveis e os documentos necessários à comprovação da titularidade dos bens móveis e outros direitos (conta bancária, poupança etc.) se houver. Havendo bens a serem partilhados, distinguir-se-á o que é do patrimônio individual de cada cônjuge, se houver, do que é do patrimônio comum do casal conforme o regime de bens (art. 37 da Resolução n. 35).

A partilha deve, em princípio, ater-se às regras do regime de bens convencionado (comunhão universal, comunhão parcial, separação e participação final nos aquestos). Nada impede, porém, que ela seja feita de forma desigual ou contrarie o regime ajustado desde que demonstrada ausência de prejuízo ao cônjuge ao qual toca a quota menor do patrimônio ou que procedeu à eventual doação. Havendo transmissão de patrimônio individual de um cônjuge ao outro, ou a partilha desigual do patrimônio comum, deverá ser comprovado o recolhimento do tributo devido sobre fração transferida (art. 38 da Resolução n. 35).

Ressalte-se, por último, que o tabelião (notário) poderá se negar a lavrar a escritura de separação ou divórcio se houver fundados indícios de prejuízo a um dos cônjuges ou em caso de dúvidas sobre a declaração de vontade, fundamentando a recusa por escrito (art. 46 da Resolução n. 35).

Pensão alimentícia. As partes consignarão se haverá ou não pagamento de alimentos de um cônjuge ao outro. Convencionado que caberá pagamento, determina-se com precisão qual o montante mensal, se será fixo ou corresponde a percentual ou parcela dos salários do alimentante (30%, um terço etc.) e, ainda, se haverá critério para redução, majoração ou exoneração. De qualquer modo, é admissível, por consenso das partes, escritura pública de retificação de cláusulas de obrigações alimentares anteriormente ajustadas (art. 44 da Resolução n. 35).

Nome da mulher. As partes deverão decidir, ainda, a respeito da continuidade ou não do uso do sobrenome do marido pela mulher. Ressalve-se que, mesmo na hipótese da continuidade, a mulher poderá posteriormente, mesmo que de forma unilateral, solicitar a exclusão do sobrenome do marido mediante nova escritura, denominada *escritura pública de retificação*, com assistência de advogado (art. 45 da Resolução n. 35).

Havendo alteração do nome de algum cônjuge em razão de escritura de separação, restabelecimento da sociedade conjugal ou divórcio consensual, o oficial de Registro Civil que averbar o ato no assento de casamento também anotará a alteração no respectivo assento de nascimento, se de sua unidade, ou, se de outra, comunicará ao oficial competente para a necessária anotação.

Assistência por advogado

É imprescindível a participação de advogado ou defensor público nos atos extrajudiciais de separação e divórcio e atos afins. As partes poderão ser assistidas por advogado comum ou advogados de cada uma delas. Será dispensado o instrumento de procuração na hipótese de o advogado comparecer juntamente com as partes ao ato de assinatura da escritura. Não comparecendo as partes, uma vez que o comparecimento é dispensável, exige-se do advogado procuração por instrumento público com poderes específicos com descrição das cláusulas essenciais do acordo em relação à partilha de bens, pensão alimentícia e continuidade ou não do uso do sobrenome do marido pela mulher. O prazo de validade da procuração será de, no máximo, trinta dias. É importante salientar que, da escritura pública, deverá constar nome, número de inscrição na OAB e assinatura do advogado.

Comparecendo as partes sem advogado, compete ao tabelião (notário) alertá-las a respeito da necessidade de sua intervenção, sendo vedada a indicação de advogado. Caso as partes não dispuserem de condições econômicas para contratar advogado, o tabelião deverá recomendar-lhes a Defensoria Pública, onde houver, ou, em sua falta, a Seccional da Ordem dos Advogados do Brasil (art. 9º da Resolução n. 35). Ainda em relação à participação do advogado, consta do Provimento n. 118/2007 do Conselho Federal da OAB ser vedada a atuação de advogado que esteja direta ou indiretamente vinculado ao cartório respectivo ou a serviço dele, e proibido indicação ou recomendação de nomes e a publicidade específica de advogados nos recintos dos mesmos cartórios.

Valor da escritura

É vedada a fixação de emolumentos em percentual incidente sobre o valor do negócio jurídico objeto dos serviços notariais e de registro (art. 3º, III, da Lei n. 10.169/2000). Nesse caso, o valor dos emolumentos deverá corresponder ao efetivo custo e à adequada e suficiente remuneração dos serviços prestados conforme estabelecido no art. 1º, parágrafo único, da Lei n. 10.169/2000, observando-se, quanto a sua fixação, as regras previstas no art. 3º da citada lei (arts. 4º e 5º da Resolução n. 35). Caso as partes não dispuserem de condições econômicas para o pagamento do valor da escritura, terão direito à gratuidade prevista na Lei n. 11.441/2007, bastando, para tanto, simples declaração de não possuírem condições de arcar com os emolumentos, ainda que sejam assistidas por advogado constituído (art. 7º da Resolução n. 35).

Responsabilidade do tabelião (notário)

Em primeiro lugar, cabe ao tabelião negar-se a lavrar escritura de separação ou divórcio se houver fundados indícios de prejuízos a um dos cônjuges ou em caso de dúvidas sobre a declaração de vontade, fundamentando o recurso (art. 46 da Resolução n. 35). A par disso, sendo hipótese de restabelecimento da sociedade conjugal, cumpre-lhe: fazer constar que as partes foram orientadas sobre a necessidade de apresentação de seu traslado no registro civil do assento de casamento para a averbação devida; anotar o restabelecimento à margem da escritura pública de separação consensual quando for de sua serventia, ou, quando de outra, comunicar o restabelecimento para anotação necessária na serventia competente; e comunicar o restabelecimento ao juízo da separação judicial se for o caso (art. 49 da Resolução n. 35). Por último, os tabeliães deverão fazer constar da escritura a declaração das partes de que estão cientes das conseqüências da separação e do divórcio, firmes no propósito de pôr fim à sociedade conjugal ou ao vínculo matrimonial, respectivamente, sem hesitação, com recusa de reconciliação (art. 35 da Resolução n. 35).

Validade da escritura

O recomendável é que o tabelião expeça três traslados (cópias) da escritura. Nesse caso, dois destinam-se às partes (um para cada uma) e um para o oficial de registro civil de casamento.

As escrituras públicas de separação e divórcio consensuais não dependem de homologação judicial e são títulos hábeis para o registro civil e o registro imobiliário, para a transferência de bens e direitos, bem como para promoção de todos os atos necessários à materialização das transferências de bens e levantamento de valores (Detran, Junta Comercial, Registro Civil de Pessoas Jurídicas, instituições financeiras, companhias telefônicas etc.).

Cumpre às partes, porém, proporcionar plena eficácia ao ato de dissolução do casamento ou do restabelecimento da sociedade conjugal, providenciando a averbação do ato junto ao Cartório de Registro Civil. Para esse efeito, qualquer deles poderá apresentar seu traslado (cópia da escritura) para que se proceda à devida averbação.

Considerações conclusivas

Em síntese, os requisitos para a lavratura da escritura de separação, divórcio (direto ou conversão) e restabelecimento da sociedade conjugal, considerados cada qual isoladamente, estão a seguir.

Separação sem partilha de bens

Inexistindo bens a partilhar, o advogado das partes deverá encaminhar ao cartório os seguintes documentos:

a) certidão de casamento atualizada (noventa dias) para comprovação da duração do casamento por mais de um ano;

b) carteira de identidade e número do CPF das partes;

c) certidão do pacto antenupcial, se houver;

d) carteira da OAB do advogado.

Separação com partilha de bens

Neste caso, os documentos a serem encaminhados são:

a) certidão de casamento atualizada (noventa dias) para comprovação da duração do casamento por mais de um ano;

b) carteira de identidade e número do CPF das partes;

c) certidão do pacto antenupcial se houver;

d) certidão de propriedade dos imóveis;

e) documentos que comprovem domínio e preço de bens móveis (p. ex., veículos), contas em caderneta de poupança e outros direitos se houver;

f) carteira da OAB do advogado.

Conversão de separação em divórcio

Para a efetivação da conversão da separação judicial em divórcio extrajudicial, cumpre ao advogado apresentar em cartório:

a) carteira de identidade e número do CPF das partes;

b) certidão de averbação da separação judicial no assento de casamento;

c) carteira da OAB do advogado.

Caso não haja partilha anterior, devem ser acrescidos mais os seguintes documentos:

a) certidão do pacto antenupcial se houver;

b) certidão de propriedade de imóveis;

c) documentos que comprovem domínio e preço de bens móveis (p. ex., veículos), contas em caderneta de poupança e outros direitos se houver.

Divórcio direto

Sendo hipótese de divórcio direto, são requeridos os documentos a seguir relacionados:

a) carteira de identidade e número do CPF das partes;

b) nome e qualificação de pelo menos uma testemunha que não seja parente nem esteja relacionada entre as pessoas citadas no art. 228 do CC para comprovação do tempo de separação de fato;

c) documentos que comprovem a separação de fato se houver;

d) carteira da OAB do advogado.

Havendo bens a partilhar, cumpre apresentar, também, os seguintes documentos:

a) certidão do pacto antenupcial se houver;

b) certidão de propriedade dos imóveis;

c) documentos que comprovem domínio e preço de bens móveis (p. ex., veículos), contas em caderneta de poupança e outros direitos se houver.

Restabelecimento da sociedade conjugal

Para a formalização da escritura de restabelecimento da sociedade conjugal, ainda que a separação tenha sido judicial, exige-se:

a) carteiras de identidades e número do CPF das partes;

b) certidão da sentença de separação ou certidão da averbação da separação no assento de casamento;

c) carteira da OAB do advogado.

Ressalte-se que a averbação do restabelecimento da sociedade conjugal somente poderá ser efetivada depois da averbação da separação no registro civil, podendo ser simultâneas (art. 51 da Resolução n. 35).

Dissolução pela separação judicial

Separação judicial, denominação que substituiu o antigo desquite a partir da Constituição de 1988, é o processo judicial que visa a dissolver a sociedade conjugal sem, no entanto, acarretar-lhe a extinção do vínculo.

Segundo dados do IBGE, divulgados em 5 de dezembro de 2007, no Brasil, o número de separações judiciais cresceu 1,4% em 2006 em relação ao ano anterior, enquanto o número de divórcios aumentou 7,7% no mesmo período. O número de casamentos também subiu: 6,5% em comparação com 2005, mas em menor grau em relação ao número de divórcios. A pesquisa revela, no relativo à faixa etária dos casais em separações judiciais e divórcios, que as médias de idade foram mais altas para os divórcios. Para os homens, a idade média foi 38,6 anos na separação judicial, e 43,1 anos no divórcio. A idade média das mulheres foi 35,2 anos na separação e 39,8 anos no divórcio. A análise das dissoluções dos casamentos por divórcio segundo o tipo de família mostrou que, em 2006, a proporção dos casais que tinham somente filhos menores de 18 anos de idade foi de 38,8%, seguida dos casais sem filhos com 31,1%.

Já há algum tempo, avulta a idéia de eliminar a separação judicial de nosso ordenamento com o objetivo de se evitar não só a duplicidade de processos como também a de despesas. Há, inclusive, proposta de emenda à Constituição visando a alterar o § 6º do art. 226, que passaria a vigorar com a seguinte redação: "§ 6º O casamento civil pode ser dissolvido pelo divórcio consensual ou litigioso, na forma da lei".[12] Não obstante, enquanto a alteração não se concretiza, permite-se afirmar que a separação judicial pode efetivar-se de duas formas: consensual e litigiosa.

---

12 A justificativa para a alteração é a seguinte: A presente Proposta de Emenda Constitucional foi sugerida pelo Instituto Brasileiro de Direito de Família, entidade que congrega magistrados, advogados, promotores de justiça, psicólogos, psicanalistas, sociólogos e outros profissionais que atuam no âmbito das relações de família e na resolução de seus conflitos. Não mais se justifica a sobrevivência da separação judicial, em que se converteu o antigo desquite. Criou-se, desde 1977, com o advento da legislação do divórcio, uma duplicidade artificial entre dissolução da sociedade conjugal e dissolução do casamento, como solução de compromisso entre divorcistas e antidivorcistas, o que não mais se sustenta. Impõe-se a unificação no divórcio de todas as hipóteses de separação dos cônjuges, sejam litigiosos ou consensuais. A submissão a dois processos judiciais (separação judicial e divórcio por conversão) resulta em acréscimos de despesas para o casal, além de prolongar sofrimentos evitáveis. Por outro lado, essa providência salutar, de acordo com valores da sociedade brasileira atual, evitará que a intimidade e a vida privada dos cônjuges e de suas famílias sejam revelados e trazidos ao espaço público dos tribunais, com todo o caudal de constrangimentos que provocam, contribuindo para o agravamento de suas crises e dificultando o entendimento necessário para a melhor solução dos problemas decorrentes da separação. Levantamentos feitos das separações judiciais demonstram que a grande maioria dos processos é iniciada ou concluída amigavelmente, sendo insignificantes os que resultaram em julgamentos de causas culposas imputáveis ao cônjuge vencido. Por outro lado, a preferência dos casais é nitidamente para o divórcio que apenas prevê a causa objetiva da separação de fato, sem imiscuir-se nos dramas íntimos. Afinal, qual o interesse público relevante em se investigar a causa ou causas do desaparecimento do afeto ou do desamor? O que importa é que a lei regule os efeitos jurídicos da separação, quando o casal não se entender amigavelmente, máxime em relação à guarda dos filhos, aos alimentos e ao patrimônio familiar. Para tal, não é necessário que haja dois processos judiciais, bastando o divórcio amigável ou judicial.

Separação judicial consensual

Consensual, amigável ou por mútuo consentimento é a separação que nasce do consenso ou da livre disposição de ambos os cônjuges em darem por finda a união. A principal característica é que tal separação funda-se no silêncio sobre causas ou motivos determinantes da separação. Não há, assim, obrigação de os cônjuges revelarem a causa da separação. Não obstante, cumpre-lhes acordar sobre partilha de bens, prestação de alimentos ao cônjuge que deles necessite, guarda dos filhos, regime de visitas do cônjuge que não detiver a guarda dos filhos e, ainda, manutenção ou não do sobrenome do marido pela mulher.

Não se aplica o art. 1.124-A, acrescido pela Lei n. 11.441/2007, às hipóteses de separação em que haja filhos menores de idade ou incapazes. Ou seja, havendo filhos menores ou incapazes, não se permite a separação por escritura pública, sendo obrigatória a propositura de ação judicial. Nesse caso, é necessária a participação do Ministério Público para zelar pelos interesses dos menores.

Consta do art. 1.574 do Código Civil que dar-se-á a separação judicial por mútuo consentimento se os cônjuges forem casados por mais de um ano e o manifestarem perante o juiz, sendo por ele devidamente homologada a convenção. Tem-se, assim, que os requisitos para a propositura da ação de separação consensual são: livre disposição das partes, lapso temporal de mais de um ano e nenhum prejuízo aos interesses dos filhos ou de qualquer dos cônjuges (parágrafo único do art. 1.574).

No referente à exigência de mais de um ano de casamento, cumpre frisar que já existe proposta de alteração do art. 1.574, com a finalidade de eliminar aquele requisito. Com a pretendida alteração, a redação passaria a ser a seguinte: "Art. 1.574. Dar-se-á a separação judicial por mútuo consentimento dos cônjuges, manifestado perante o juiz, sendo por ele devidamente homologada a convenção".

Quanto ao requisito relativo à inexistência de prejuízo aos filhos e ao cônjuge, configurariam prejuízo, por exemplo, redução da pensão alimentícia, proibição de visitas aos filhos, agravamento da doença ou a idade avançada de um dos cônjuges. Configurado, pois, o prejuízo, detectado pelo Ministério Público ou pelo próprio juiz, cabe ao magistrado alertar as partes no sentido de retificarem o acordo, visando a adequá-lo ao que for mais conveniente às partes ou aos filhos. Como, aliás, determina o Código Civil português:

Art. 1.776. 1. [...]. 2. O juiz deve apreciar na conferência os acordos a que se refere o n. 2 do artigo anterior [alimentos ao cônjuge que deles careça, poder paternal e o destino da casa de moradia], convidando os cônjuges a alterá-los se esses acordos não acautelarem suficientemente os interesses de algum deles ou dos filhos; deve ainda homologar os acordos provisórios previstos no n. 3 do mesmo artigo, podendo alterá-los, ouvidos os cônjuges, quando o interesse dos filhos o exigir.

Petição inicial. Segundo consta do art. 1.121 do Código de Processo Civil, a petição, instruída com a certidão de casamento e o contrato antenupcial se houver, conterá:

I – a descrição dos bens do casal e a respectiva partilha;

II – o acordo relativo à guarda dos filhos menores e ao regime de visitas;

III – o valor da contribuição para criar e educar os filhos;

IV – a pensão alimentícia do marido à mulher, se esta não possuir bens suficientes para se manter.

Embora não haja referência no dispositivo mencionado, mostra-se também indispensável que, da petição inicial, conste o acordo relativo à continuidade ou não do uso do sobrenome do marido pela mulher. Cumpre aos requerentes, ainda, firmarem a petição inicial, juntamente com advogado comum ou advogados de ambos. No referente à pensão alimentícia destinada ao cônjuge, caso do acordo conste a renúncia à pensão, descabe o pedido feito posteriormente, no entendimento do Tribunal de Justiça do Rio Grande do Sul:

Apelação cível. Ação de alimentos. Renúncia. Os alimentos se transmitem aos herdeiros do devedor, dentro das forças da herança, nos termos do art. 1.700 do Código Civil. Descabe pedido de alimentos quando o casal, em acordo homologado de separação judicial consensual, renuncia expressamente ao pensionamento. Precedentes jurisprudenciais. (TJRS, 8ª Câm., Ap. cível n. 70.020.180.147, rel. Claudir Fidelis Faccenda, j. 23.08.2007)

Todavia, embora não possa pleitear alimentos ulteriores, a mulher que renunciou aos alimentos na separação judicial tem direito à pensão previdenciária por morte do ex-marido, comprovada a necessidade econômica superveniente, como dispõe a Súmula n. 336 do STJ ("A mulher que renunciou aos alimentos na separação judicial tem direito à pensão previdenciária por morte do ex-marido, comprovada a necessidade econômica superveniente").

Apresentada a petição ao juiz, este verificará se ela preenche os requisitos exigidos; em seguida, ouvirá os cônjuges sobre os motivos da separação consensual, esclarecendo-lhes as conseqüências da manifestação de vontade (art. 1.122 do CPC). Convencendo-se o juiz de que ambos, livremente e sem hesitações, desejam a separação consensual, mandará reduzir a termo as declarações e, depois de ouvir o Ministério Público no prazo de cinco dias, fará sua homologação; em caso contrário, marcará dia e hora, com quinze a trinta dias de intervalo, para que voltem a fim de ratificar o pedido de separação consensual. Se qualquer dos cônjuges não comparecer à audiência designada ou não ratificar o pedido, o juiz mandará autuar a petição e os documentos e arquivar o processo. Como salienta Petry Júnior (PETRY JÚNIOR, 2007, p. 52), caberá ao juiz e ao membro do Ministério Público a fiscalização dos termos do consenso voltada para a ausência de prejuízo a qualquer dos cônjuges e, especialmente, aos filhos se ainda incapazes.

Caso os cônjuges não cheguem a um consenso sobre a partilha dos bens, faculta-se que ela seja feita depois de homologada a separação consensual na forma estabelecida nos arts. 982 e seguintes do CPC (art. 1.120, § 1º). Assim, em que pese o art. 1.575 do Código Civil consignar que a sentença de separação judicial importa a separação de corpos e a partilha de bens, o Conselho da Justiça Federal concluiu, através do Enunciado n. 255, não ser obrigatória a partilha de bens na separação judicial.

Homologada a separação consensual, averbar-se-á a sentença no registro civil e, havendo bens imóveis, na circunscrição onde se acham registrados (art. 1.124 do CPC).

Separação judicial litigiosa

A separação judicial litigiosa, ou contenciosa, é a decorrente da iniciativa de um só dos cônjuges em face da impossibilidade de chegarem a um acordo a respeito da separação consensual. A litigiosidade processual pode decorrer de fatos os mais diversos, tais como: ruptura da vida em comum sem possibilidade de restabelecimento; não-concordância de um dos cônjuges com a separação; falta de consenso em relação à prestação de alimentos, guarda dos filhos ou partilha dos bens; e quando um cônjuge pretende provar a culpa do outro para efeito de pagamento de pensão alimentar em valor reduzido às necessidades de subsistência (parágrafo único do art. 1.704). No entanto, para que a separação litigiosa possa ser processada, diferentemente do que ocorre com a separação consensual, é necessário o cônjuge demandante motivar expressamente sua denúncia, dando ciência ao juiz da existência de um motivo ou mais para o pedido de separação.

Assim, na previsão do art. 1.572 do Código Civil, a separação litigiosa tem como pressuposto a imputação ao cônjuge de qualquer ato que revele grave violação dos deveres do casamento e torne insuportável a vida em comum, conforme consta do *caput*, a ruptura da vida em comum há mais de um ano (§ 1º) ou a superveniência de doença mental grave do outro cônjuge (§ 2º).

Separação fundada na culpa

Também denominada *separação-sanção*, a separação fundada na culpa depende da alegação, por parte de um dos cônjuges, de grave violação dos deveres do casamento, previstos no art. 1.566 (culpa), por parte do outro, tornando insuportável a vida em comum.

Expressivo número de doutrinadores condena a necessidade de se identificar um culpado pela separação. Para eles, bastaria a simples alegação da impossibilidade da continuidade da vida em comum e, conseqüentemente, da extinção do vínculo afetivo entre os cônjuges, como revela o seguinte julgado do STJ:

> Direito Civil. Direito de Família. Separação por conduta desonrosa do marido. Prova não realizada. Irrelevância. Insuportabilidade da vida em comum manifestada por ambos os cônjuges. Possibilidade da decretação da separação. Nova orientação. Código Civil de 2002 (art. 1.573). Recurso desacolhido. Na linha de entendimento mais recente e em atenção às diretrizes do novo Código Civil, evidenciado o desejo de ambos os cônjuges em extinguir a sociedade conjugal, a separação deve ser decretada, mesmo

que a pretensão posta em juízo tenha como causa de pedir a existência da conduta desonrosa. (4ª T., REsp n. 433.206, rel. Min. Sálvio de Figueiredo Teixeira, j. 07.04.2003)

Com objetivo de recepcionar tais argumentos, já se encontra em tramitação o Projeto de Lei n. 507/2007, do deputado federal Sérgio Barradas Carneiro, propondo a alteração da redação do art. 1.572 do Código Civil para: "Art. 1.572. Qualquer dos cônjuges poderá propor a ação de separação judicial, quando cessar a comunhão de vida".[13]

---

13 Justificativa para a proposta de alteração: o presente projeto de lei foi sugerido pelo Instituto Brasileiro de Direito de Família, entidade que congrega magistrados, advogados, promotores de justiça, psicólogos, psicanalistas, sociólogos e outros profissionais que atuam no âmbito das relações de família e na resolução de seus conflitos, idéia também defendida pelo ilustre Deputado Antonio Carlos Biscaia. Com efeito, a averiguação e a identificação de um culpado tem significado quando o agir de uma pessoa coloca em risco a vida ou a integridade física, moral, psíquica ou patrimonial de outrem ou de algum bem jurídico tutelado pelo Direito. Assim, a segregação de quem comete um ato que pode ameaçar a segurança da sociedade é a maneira eleita pelo Estado para assegurar a organização social. No entanto, migrar o instituto da culpa para obter-se o desenlace do matrimônio não tem qualquer justificativa. Revela-se de nítido caráter punitivo vedar ao *culpado* a iniciativa do processo de separação, assegurando legitimidade somente ao *inocente* para buscar a desconstituição do casamento (art. 1.572). Ou seja, quem não tem motivo, quem nada tem a imputar contra o par simplesmente precisa aguardar o prazo de um ano para buscar a separação (art. 1.572, § 1º) ou o decurso de dois anos para obter o divórcio (art. 1.580, § 2º). De outro lado, se o autor não logra provar a responsabilidade do réu pelo fim do casamento, o pedido de separação é desacolhido, ele perde a ação, e as partes continuam casadas mesmo depois de todo o desgaste de um processo judicial. Não são exclusivamente esses os motivos que evidenciam o absurdo de o novo Código Civil ter mantido e até tornado mais severa a necessidade de identificar um culpado pela separação, impondo conseqüências de várias ordens. A Constituição Federal é chamada Constituição cidadã por priorizar a dignidade da pessoa humana, consagrando como fundamentais os direitos à privacidade e à intimidade, sendo a liberdade o pressuposto do Estado Democrático de Direito. Há que reconhecer que não é somente paradoxal, mas é nitidamente inconstitucional impor a quem busca a separação que invada a privacidade e desnude a intimidade do outro, sem que se possa atinar a razão de o Estado se imiscuir na vida privada de um casal e condicionar a desconstituição do casamento à identificação de um culpado. Cresce a perplexidade ao se perceber que tal exigência existe somente por diminuto tempo. É que somente se impõe a comprovação da causa do fim do vínculo matrimonial pelo período de um ano, pois, após decorrido esse lapso temporal, qualquer um pode pedir a separação pelo só decurso desse interstício. Mas, se o casal esperar mais um ano, é possível a qualquer um pedir o divórcio, sem que caiba identificar a causa do desenlace do matrimônio. Há outra hipótese em que a causa da separação perde a razão de ser. Quando da conversão da separação em divórcio, o culpado é absolvido, pois é vedado que a sentença revele o motivo da separação (art. 1.580, § 1º). No entanto, a lei não contempla a única causa que pode

Cite-se, ademais, que, visando ao mesmo objetivo, o Conselho da Justiça Federal editou o seguinte Enunciado n. 254, em relação ao art. 1.573:

> Formulado o pedido de separação judicial com fundamento na culpa (art. 1.572 e/ou art. 1.573 e incisos), o juiz poderá decretar a separação do casal diante da constatação da insubsistência da comunhão plena de vida (art. 1.511) – que caracteriza hipótese de "outros fatos que tornem evidente a impossibilidade da vida em comum" – sem atribuir culpa a nenhum dos cônjuges.

Seguindo a mesma linha de entendimento, a 27ª Conclusão do Centro de Estudos do Tribunal de Justiça do Rio Grande do Sul:

> Desde que completado o lapso temporal de separação fática exigido para o pedido de separação judicial litigiosa com causa objetiva ou para o pedido de divórcio descabe postular separação com causa culposa, por falta de legítimo interesse.

A justificativa para a referida conclusão é a seguinte:

---

tornar insuportável a vida em comum. Nenhuma das diversas hipóteses ressuscitadas pelo atual Código Civil permite a identificação de um culpado. O que elenca a lei são meras conseqüências de uma única causa. Somente comete adultério ou tenta matar quem não ama mais. O exaurimento do vínculo de afetividade é a única causa que leva alguém a agredir, abandonar, manter conduta desonrosa. Tais atitudes são meros reflexos do fim do amor. A perquirição da culpa, além de ser de todo impertinente, tem seqüelas perversas, que evidenciam que o interesse do legislador é simplesmente a mantença dos sagrados laços do matrimônio, punindo quem dele quer se afastar. O culpado perde a própria identidade, pois o uso do nome depende da benemerência do inocente (art. 1.578). Ainda que não mais seja condenado a morrer de fome (art. 19 da Lei n. 6.515/77), o responsável pela separação receberá alimentos tão-só para assegurar a sobrevivência (art. 1.704, parágrafo único). Afora tal, a inocência do sobrevivente garante-lhe direitos sucessórios ainda que separado de fato há dois anos (art. 1.830). Não bastasse tudo isso, não deixa de causar estranheza que toda essa averiguação só cabe no processo de separação, sendo absolutamente despicienda quando se tratar de união estável. Nada mais é preciso além da identificação do termo final do período de convívio para a declaração do desfazimento da entidade familiar extramatrimonial. Ainda que seja dolorido ver o sonho do amor eterno desfeito, ninguém manda no coração e ninguém pode ser condenado por deixar de amar. Portanto, de todo descabida a mantença do instituto da culpa para se chancelar a desconstituição do casamento, devendo ser respeitada a vontade de cada um dos cônjuges. Sem o amor descabe impor prejuízos e perdas ou proclamar culpados [...].

A culpa como fundamento do pedido de separação judicial somente se justifica quando não preenchidos os requisitos para a obtenção da separação com causa objetiva ou para o divórcio. Uma vez estando o casal já separado de fato por tempo superior a um ano, sem que qualquer dos cônjuges tenha tomado a iniciativa do pedido com base na culpa, resta evidenciado o desinteresse em promover a ação sob tal fundamento. Desta forma, com o decurso do prazo, ficando implementado o requisito para idêntica postulação fundada em causa objetiva, resta inteiramente esvaziada de sentido a pretensão à desconstituição do matrimônio com base na culpa, eis que idêntico resultado poderá ser obtido de forma muito mais singela e menos gravosa para ambas as partes e a possível prole. Por fim, não é demasia lembrar que o entendimento que aqui se propõe é coerente com a tendência que se verifica no Direito de Família – com evidentes reflexos nas reformas da lei divorcista –, no sentido da objetivação das causas de pedir da separação e do divórcio, privilegiando-se o princípio da ruptura, com o conseqüente desprestígio do princípio da culpa, que reconhecidamente não passa de mera ficção jurídica.

Como já referido, a grave violação aos deveres do casamento é pertinente às infrações aos deveres conjugais expressos no art. 1.566 do Código Civil: fidelidade recíproca; vida em comum no domicílio conjugal; mútua assistência; sustento; guarda e educação dos filhos; e respeito e consideração mútuos. Conseqüentemente, constituem violação a tais deveres, entre outros, os seguintes atos praticados por qualquer dos cônjuges: infidelidade, caracterizada pelo adultério material ou moral; negativa injustificada de coabitar; impotência *coeundi*; abandono injustificado do lar; falta de assistência alimentar ou moral; violência doméstica; e tentativa de homicídio.

Infidelidade

Reputa-se a infidelidade, evidentemente, como grave infração ao dever de fidelidade. Consiste o dever de fidelidade em abster-se, cada consorte, de praticar relações sexuais ou ter intimidades com terceiro, independentemente do sexo. Nesse contexto, a infidelidade pode ser considerada material, quando ocorre o adultério, mediante ato sexual voluntário; ou moral, decorrente de conduta que excede a mera amizade ou o trato social (namoro com terceiro). Também se inclui na categoria de ato de infidelidade moral a inseminação artificial feita pela mulher com sêmen de doador (inseminação heteróloga) sem consentimento do marido, também denominado adultério branco ou adultério casto, e a infidelidade virtual. Ressalte-se que o adultério, previsto no art. 240 do Código Penal, deixou de ser considerado crime depois da revogação do citado dispositivo pela Lei n. 11.106, de 28 de março de 2005.

Se, de um lado, o dever de fidelidade implica a negativa de qualquer dos cônjuges relacionarem-se sexualmente com terceiro; de outro, está implícito o direito-dever de coabitação, que não é outra coisa senão a convivência sexual entre os cônjuges decorrente do *debito conjugale*. A satisfação sexual, como sustenta José Carlos Teixeira Giorgis (GIORGIS, 2006, p. 50),

> é uma necessidade e prazer, que alguns entendem parte da fisiologia, e como o sistema brasileiro é adepto da monogamia, há entre os consortes os deveres de fidelidade e lealdade; daí a recusa reiterada e sem motivo inscrever-se entre as transgressões do casamento que afetam a integridade psicológica e auto-estima.

Em prosseguimento, diz o citado jurista, em relação à infração ao *debito conjugale* (negativa de coabitar), que

> a recusa permanente ao relacionamento sexual, após as núpcias e durante prazo expressivo, revela desconhecimento sobre a identidade psicofísica do outro cônjuge, tornando insuportável o convívio familiar, pois a reiteração da conduta, de forma imotivada, viola os deveres da coabitação e consideração do outro consorte, afetando o princípio da dignidade da pessoa humana e de sua imagem.

No âmbito do judiciário, já se decidiu, inclusive, que a negativa no relacionamento sexual pode motivar a anulação do casamento com fundamento em erro essencial em relação ao cônjuge:

> Apelação. Anulação de casamento. Erro essencial em relação à pessoa do cônjuge. Ocorrência. A existência de relacionamento sexual entre cônjuges é normal no casamento. É o esperado, o previsível. O sexo den-

> tro do casamento faz parte dos usos e costumes tradicionais em nossa sociedade. Quem casa tem uma lícita, legítima e justa expectativa de que, após o casamento, manterá conjunção carnal com o cônjuge. Quando o outro cônjuge não tem e nunca teve intenção de manter conjunção carnal após o casamento, mas não informa e nem exterioriza essa intenção antes da celebração do matrimônio, ocorre uma desarrazoada frustração de uma legítima expectativa. O fato de que o cônjuge desconhecia completamente que, após o casamento, não obteria do outro cônjuge anuência para realização de conjunção carnal demonstra a ocorrência de erro essencial. E isso autoriza a anulação do casamento. Deram provimento. (Segredo de justiça) (TJRS, 8ª Câm., Ap. cível n. 70.016.807.315, rel. Rui Portanova, j. 23.11.2006)

De qualquer modo, a recusa, para caracterizar-se, deve ser persistente e voluntária da parte do cônjuge contra quem é invocada. De fato, se a abstração provém de uma causa absolutamente estranha à vontade do cônjuge, como, por exemplo, idade, doença, defeito de conformação física, ela perde todo o caráter de violação daqueles deveres.

Sobre esse tema, principalmente sobre a obrigação de o cônjuge manter relações sexuais, o entendimento jurisprudencial é o de que, se o marido força a mulher a uma relação sexual indesejável, ele, na verdade, não está exercitando um direito, e sim abusando desse mesmo direito. Ademais, a Lei n. 11.340, de 7 de agosto de 2006, destinada a coibir a violência doméstica, considera a violência sexual como uma das formas de violência doméstica e familiar praticadas contra a mulher:

> **Art. 7º** São formas de violência doméstica e familiar contra a mulher, entre outras:
>
> [....]
>
> III – a violência sexual, entendida como qualquer conduta que a constranja a presenciar, a manter ou a participar de relação sexual não desejada, mediante intimidação, ameaça, coação ou uso da força; que a induza a comercializar ou a utilizar, de qualquer modo, a sua sexualidade, que a impeça de usar qualquer método contraceptivo ou que a force ao matrimônio, à gravidez, ao aborto ou à prostituição, mediante coação, chantagem, suborno ou manipulação; ou que limite ou anule o exercício de seus direitos sexuais e reprodutivos;

Frise-se, contudo, que a impotência *coeundi*, dita impotência instrumental para a realização do ato sexual, pode ser causa de separação. Não o é, entretanto, consoante consenso doutrinário, a impotência *generandi*, como é conhecida a incapacidade procriatória decorrente da infertilidade do homem ou a impotência *concepiendi* (impossibilidade de conceber) da mulher.

O dever de fidelidade é permanente, somente cessando com a separação judicial (art. 1.576 do CC) ou com a separação de fato, esta conforme entendimento de expressiva doutrina, considerando que o dever de fidelidade pressupõe, por evidente, vida em comum.

Abandono do lar

A vida em comum, no domicílio conjugal, refere-se, a princípio, à obrigatoriedade dos cônjuges conviverem sob o mesmo teto. Tanto é assim que, ao cônjuge recalcitrante, pode ser imputado o abandono do lar, o qual poderá originar sérias conseqüências jurídicas como a separação judicial e a perda do direito à pensão alimentar de forma integral. De qualquer sorte, o prazo conferido pelo Código Civil para caracterizar o abandono do lar como impossibilidade de comunhão de vida é de um ano contínuo (art. 1.573, IV).

No entanto, considerando-se que já se tornou comum o fato de cônjuges, por razões profissionais (representantes comerciais, atores, caminhoneiros, políticos, magistrados, pessoas que exercem a profissão em outro país e outros), permanecerem por longos períodos afastados ou residindo em locais diferentes sem que esse procedimento possa caracterizar separação de fato ou abandono do lar, o atual Código Civil passou a mitigar o rigor da exigência de vida em comum sob o mesmo teto, consignando que "um e outro podem ausentar-se do domicílio conjugal para atender a encargos públicos, ao exercício de sua profissão, ou a interesses particulares relevantes" (art. 1.569 do CC).

Desde essa perspectiva, cumpre diferenciar afastamento do lar de abandono do lar (art. 1.573, IV). Assim, para caracterizar-se o abandono do lar para efeito de fundamentação do pedido de separação judicial, devem ser atendidos os seguintes requisitos: voluntariedade (abandono voluntário do lar durante um ano contínuo),[14] ausência de consentimento do outro cônjuge e intenção de romper a vida em comum. Desse juízo, resulta evidente não incorrer em abandono do lar, mas sim em afastamento do lar, por ausência de voluntariedade, a mulher que, após violenta agressão e ameaças de repetição, transfere-se para a casa de seus pais, embora aja com intenção de romper o casamento. Da mesma forma, não constitui abandono do lar a saída do cônjuge do lar conjugal, com plena anuência do outro, após acordarem com a separação de fato.

Por último, como já frisado, não caracteriza abandono do lar o afastamento do domicílio conjugal, autorizado pelo art. 1.569 do Código Civil, para atender a encargos públicos (atividade política), ao exercício da profissão (representantes comerciais, caminhoneiros, exercício da profissão em outro país) ou a interesses particulares relevantes (freqüentar curso de pós-graduação, atender a familiar doente).

No pertinente, especificamente, a atos de violência praticados no âmbito familiar, para o art. 5º da Lei n. 11.340, de 7 de agosto de 2006, configura violência doméstica e familiar contra a mulher qualquer ação ou omissão baseada no gênero, que lhe cause morte, lesão, sofrimentos físico, sexual ou psicológico, e danos moral ou patrimonial:

> I – no âmbito da unidade doméstica, compreendida como o espaço de convívio permanente de pessoas, com ou sem vínculo familiar, inclusive as esporadicamente agregadas;
>
> II – no âmbito da família, compreendida como a comunidade formada por indivíduos que são ou se consideram aparentados, unidos por laços naturais, por afinidade ou por vontade expressa;
>
> III – em qualquer relação íntima de afeto, na qual o agressor conviva ou tenha convivido com a ofendida, independentemente de coabitação.

---

14 O Código, no inciso IV do art. 1.573, inexplicável e desastrosamente, considera o abandono do lar durante um ano contínuo como caracterizador da impossibilidade da comunhão de vida, para efeito de fundamento ao pedido de separação judicial. Entendemos, porém, que o abandono por prazo mais exíguo, ou seja, prazo superior a trinta dias, seria bastante para fundamentar o pedido de separação judicial litigiosa com fulcro na violação dos deveres do casamento (vida em comum no domicílio conjugal). Menos mal que, também, já há proposta para modificar a redação do inciso, suprimindo-se a parte final referente ao lapso temporal de um ano.

Ainda segundo o art. 7º da citada lei, são formas de violência doméstica e familiar contra a mulher, entre outras:

> I – a violência física, entendida como qualquer conduta que ofenda sua integridade ou saúde corporal;
>
> II – a violência psicológica, entendida como qualquer conduta que lhe cause dano emocional e diminuição da auto-estima ou que lhe prejudique e perturbe o pleno desenvolvimento ou que vise degradar ou controlar suas ações, comportamentos, crenças e decisões, mediante ameaça, constrangimento, humilhação, manipulação, isolamento, vigilância constante, perseguição contumaz, insulto, chantagem, ridicularização, exploração e limitação do direito de ir e vir ou qualquer outro meio que lhe cause prejuízo à saúde psicológica e à autodeterminação;
>
> III – a violência sexual, entendida como qualquer conduta que a constranja a presenciar, a manter ou a participar de relação sexual não desejada, mediante intimidação, ameaça, coação ou uso da força; que a induza a comercializar ou a utilizar, de qualquer modo, a sua sexualidade, que a impeça de usar qualquer método contraceptivo ou que a force ao matrimônio, à gravidez, ao aborto ou à prostituição, mediante coação, chantagem, suborno ou manipulação; ou que limite ou anule o exercício de seus direitos sexuais e reprodutivos;
>
> IV – a violência patrimonial, entendida como qualquer conduta que configure retenção, subtração, destruição parcial ou total de seus objetos, instrumentos de trabalho, documentos pessoais, bens, valores e direitos ou recursos econômicos, incluindo os destinados a satisfazer suas necessidades;
>
> V – a violência moral, entendida como qualquer conduta que configure calúnia, difamação ou injúria.

Constatada, pois, a prática de violência doméstica e familiar contra a mulher, nos termos da mencionada lei, o juiz poderá aplicar, de imediato, ao agressor, em conjunto ou separadamente, as seguintes medidas protetivas de urgência, entre outras (art. 22): a) afastamento do lar, domicílio ou local de convivência com a ofendida; e b) prestação de alimentos provisionais ou provisórios.

Não sendo, porém, hipótese de violência doméstica, mostra-se de todo conveniente que o cônjuge confira juridicidade ao afastamento do lar mediante o pedido antecipado da medida cautelar de separação de corpos prevista no art. 1.562, em face do qual o juiz concederá alvará judicial que autorize o referido ato de afastamento.

Acrescente-se, por derradeiro, que além de motivar o pedido de separação, o abandono injustificado do lar acarreta ao cônjuge faltoso a perda do direito a alimentos compatíveis com sua condição social, consoante diretriz do art. 1.694, § 2º, e do art. 1.704, parágrafo único, do Código Civil; pois, neste caso, os alimentos serão fixados em valor indispensável à sobrevivência.

Falta de assistência

A mútua assistência deve ser entendida, antes de tudo, como ato de solidariedade conjugal. Dessa forma, a mútua assistência comporta, de um lado, um conceito específico nos quais se inserem os alimentos, ou seja, valores pecuniários que asseguram a subsistência material (alimentos, vestuário, medicamentos etc.); e de outro, um conceito genérico que compreende cuidados pessoais nas moléstias, socorro nas desventuras, apoio na adversidade e auxílio constante em todas as vicissitudes da vida. A falta de assistência, pois, acarreta grave violação aos deveres do casamento.

Desamparo ou abandono dos filhos

Aos pais incumbe o dever de sustento, guarda e educação dos filhos menores, cabendo-lhes, ainda, no interesse destes, a obrigação de cumprir e fazer cumprir as determinações judiciais (art. 22 do ECA). Assim, qualquer que seja o regime de bens adotado para o casamento, os cônjuges são obrigados a concorrer, na proporção de seus rendimentos, para sustento da família e educação dos filhos (art. 1.568 do CC).

Ressalte-se, ainda, que, dependendo da gravidade da situação, a infração ao dever de sustento, guarda e educação pode configurar um dos seguintes crimes previstos pelo Código Penal:

> **Abandono material**
>
> **Art. 244.** Deixar, sem justa causa, de prover a subsistência do cônjuge, ou de filho menor de 18 (dezoito) anos ou inapto para o trabalho, ou de ascendente inválido ou maior de 60 (sessenta) anos, não lhes proporcionando os recursos necessários ou faltando ao pagamento de pensão

alimentícia judicialmente acordada, fixada ou majorada; deixar, sem justa causa, de socorrer descendente ou ascendente, gravemente enfermo:

[...]

Entrega de filho menor a pessoa inidônea

Art. 245. Entregar filho menor de 18 (dezoito) anos a pessoa em cuja companhia saiba ou deva saber que o menor fica moral ou materialmente em perigo:

[...]

Abandono intelectual

Art. 246. Deixar, sem justa causa, de prover à instrução primária de filho em idade escolar.

Ressalve-se, porém, que a falta ou carência de recursos materiais para cumprir de maneira satisfatória o seu mister, não constitui motivo suficiente para a perda ou a suspensão do poder familiar, conforme o comando do art. 23 do Estatuto da Criança e do Adolescente.

Falta de respeito e consideração

Ressalvadas eventuais opiniões em contrário, permitem-se considerar, para efeito de violação ao dever de respeito e considerações mútuos, os mesmos atos descritos pela Lei de violência contra as mulheres (Lei n. 11.340/2006) no art. 7º, II (violência psicológica, entendida como qualquer conduta que lhe cause dano emocional e diminuição da auto-estima ou prejudique e perturbe o pleno desenvolvimento ou vise a degradar ou controlar suas ações, comportamentos, crenças e decisões, mediante ameaça, constrangimento, humilhação, manipulação, isolamento, vigilância constante, perseguição contumaz, insulto, chantagem, ridicularização, exploração e limitação do direito de ir e vir ou qualquer outro meio que cause prejuízo à saúde psicológica e à autodeterminação) e V (violência moral, entendida como qualquer conduta que configure calúnia, difamação ou injúria).

Separação fundada na ruptura da vida em comum

A separação fundada na ruptura da vida em comum, denominada pela doutrina *separação-falência*, exige comprovação de prazo superior a um ano e da impossibilidade de sua reconstituição (art. 1.572, § 1º). O mais comum é a ruptura decorrente da separação de fato do casal por abandono unilateral, por afastamento com fundamento em separação de corpos ou por afastamento consentido de um dos cônjuges. A ruptura pode também ocorrer sem que obrigatoriamente encontrem-se os cônjuges residindo em locais diferentes, como já decidido por tribunais (cf. LUZ, 2007, p. 46).

Não obstante o ingresso de ação de separação com fundamento na culpa, mostra-se viável a decretação da separação judicial mediante simples comprovação da separação de fato por mais de um ano. Esse entendimento consta da 27ª Conclusão do Centro de Estudos do Tribunal de Justiça do Rio Grande do Sul:

> Desde que completado o lapso temporal de separação fática exigido para o pedido de separação judicial litigiosa com causa objetiva ou para o pedido de divórcio descabe postular separação com causa culposa, por falta de legítimo interesse.

Separação fundada em grave doença mental

Conhecida como *separação-remédio*, esta modalidade de separação judicial tem fundamento na doença mental do cônjuge, como faculta o art. 1.572, § 2º, desde que presentes os seguintes requisitos: manifestação após o casamento; duração de pelo menos dois anos; improbabilidade de cura; e impossibilidade da vida em comum. Nesse caso, conforme consta do Código, reverterão ao cônjuge enfermo, que não houver pedido a separação judicial, os remanescentes dos bens que levou para o casamento; e, se o regime adotado o permitir, a meação dos adquiridos na constância da sociedade conjugal (art. 1.572, § 3º), independentemente da pensão alimentícia, que deverá ser fixada em conformidade com a possibilidade do cônjuge requerente e a necessidade do enfermo.

Observe-se, por fim, ser lícito às partes, a qualquer tempo, no curso da separação judicial litigiosa, requerer a conversão em separação consensual, caso em que será observado o disposto no art. 1.121 e no art. 1.122, primeira parte do § 1º, do CPC (art. 1.123 do CPC).

Dissolução pelo divórcio

O divórcio somente ingressou em nosso ordenamento em 28 de junho de 1977, através da Emenda Constitucional n. 9, de autoria do Deputado Nelson Carneiro. Posteriormente, a Lei n. 6.515, de 26 de dezembro de 1977 (Lei do Divórcio), regulou de forma detalhada o instituto do divórcio nos termos da emenda constitucional. O divórcio é, portanto, o processo pelo qual se visa a obter dissolução do vínculo conjugal ou, sendo hipótese de divórcio direto, dissolução da sociedade e do vínculo conjugal.

Repetindo o que foi afirmado a respeito da separação judicial, convém lembrar que o art. 1.124-A do CPC, acrescido pela Lei n. 11.441/2007, não se aplica às hipóteses de divórcio consensual no qual haja filhos menores de idade ou incapazes, sendo obrigatória a propositura de ação judicial.

Há duas formas de se promover o divórcio: após prévia separação judicial (divórcio indireto) e após prévia separação de fato (divórcio direto), também nas modalidades consensual e litigiosa.

Interessante providência consta do Código Civil português quando, no art. 1.776, exige dos cônjuges a renovação do pedido de divórcio consensual após um período de três meses de reflexão contados da data de tentativa de reconciliação:

> **Art. 1.776.** 1. Recebido o requerimento, o juiz convocará os cônjuges para uma conferência em que tentará conciliá-los; se a conciliação não for possível, adverti-los-á de que deverão renovar o pedido de divórcio após um período de reflexão de três meses, a contar da data da conferência, e dentro do ano subseqüente à mesma data, sob pena de o pedido ficar sem efeito.

Divórcio indireto

O divórcio indireto, também denominado *divórcio-conversão*, é a medida judicial destinada a converter a separação judicial em divórcio após transcorrido um ano da referida separação (art. 1.580). Portanto, o único requisito para a concessão dessa modalidade de divórcio é o transcurso do prazo de um ano contado da data do trânsito em julgado da decisão que decretou a separação ou da que concedeu a medida cautelar de separação de corpos.

Divórcio direto

Denomina-se divórcio direto aquele que independe de prévia separação judicial, ou seja, a medida judicial que pode ser requerida após simples comprovação da separação de fato por mais de dois anos (art. 1.580, § 2º). Para a viabilidade do divórcio direto, é suficiente o prazo de dois anos de separação de fato. Essa é a única causa para um dos cônjuges pleitear o divórcio contra o outro, dispensada a prova da causa do pedido.

A prova a ser produzida, para efeito de comprovação da separação de fato, poderá ser documental (concessão da medida cautelar de separação de corpos, prova de os cônjuges residirem em locais diferentes) ou testemunhal (duas testemunhas). Convém assinalar que, nas questões de Direito de Família, mormente nas causas relativas ao estado da pessoa, quando não se puder obter de outro modo a prova, é permitido que parentes das partes, em qualquer grau, deponham como testemunhas (art. 405, § 2º, I, do CPC).

Acrescente-se, ainda, que o divórcio, à semelhança do que ocorre com a separação judicial, pode ser ajuizado de forma consensual ou litigiosa. Para a forma consensual, o procedimento é o mesmo usado para a separação, ou seja, petição conjunta, assinada por ambos os cônjuges e pelo advogado escolhido de comum acordo, ou advogados das partes. Quando utilizada a forma litigiosa, somente será admitido, como argumento de contestação, a falta de prazo. Pode o divórcio litigioso tornar-se consensual diante da ausência de contestação ou por acordo das partes. No primeiro caso, como já decidido pelos tribunais, a revelia não condena em honorários.

Divórcio extrajudicial

Como mencionado no tema referente à separação extrajudicial, o art. 1.124-A do CPC, acrescentado pela Lei n. 11.441/2007, passou a admitir o procedimento extrajudicial, permitindo que, além da separação consensual, o divórcio consensual possa ser feito por escritura pública desde que não haja filhos menores ou incapazes e sejam observados os prazos de dois anos para o divórcio direto e um ano para o divórcio-conversão.

Na modalidade de divórcio direto, como consta da Resolução n. 35, de 24 de abril de 2007, do Conselho Nacional de Justiça, a declaração dos cônjuges não basta para a comprovação do implemento do lapso de dois anos de separação no divórcio direto. Deve o tabelião observar se o casamento foi realizado há mais de dois anos e a prova documental da separação, se houver, podendo colher declaração de testemunha que consignará na própria escritura pública. Caso o notário se recuse a lavrar a escritura, deverá formalizar a respectiva nota desde que haja pedido das partes nesse sentido. Sendo caso de conversão de separação em divórcio, é dispensável a apresentação de certidão atualizada do processo judicial, bastando a certidão da averbação da separação no assento de casamento (cf. LUZ, 2007, p. 50).

Em síntese, para a efetivação da conversão da separação judicial em divórcio extrajudicial, cumpre ao advogado apresentar em cartório os seguintes documentos:

a) carteira de identidade e número do CPF das partes;

b) certidão de averbação da separação judicial no assento de nascimento;

c) carteira da OAB do advogado.

Caso não haja partilha anterior, devem ser acrescidos mais os seguintes documentos:

a) certidão do pacto antenupcial se houver;

b) certidão de propriedade dos imóveis;

c) documentos que comprovem domínio e preço de bens móveis (p. ex., veículos), contas em caderneta de poupança e outros direitos se houver.

Sendo hipótese de divórcio direto, são requeridos os documentos a seguir relacionados:

a) carteira de identidade e número do CPF das partes;

b) nome e qualificação de pelo menos uma testemunha que não seja parente nem esteja relacionada entre as pessoas citadas no art. 228 do CC, para comprovação do tempo de separação de fato;

c) documentos que comprovem a separação de fato se houver;

d) carteira da OAB do advogado.

Havendo bens a partilhar, cumpre apresentar mais os seguintes documentos:

a) certidão do pacto antenupcial se houver;

b) certidão de propriedade dos imóveis;

c) documentos que comprovem domínio e preço de bens móveis (p. ex., veículos), contas em caderneta de poupança e outros direitos se houver.

Efeitos da separação judicial

A decisão judicial que homologar ou decretar a separação produz os efeitos descritos no art. 1.576 do Código Civil: elimina os deveres de coabitação e fidelidade e extingue o regime de bens. Permite-se ainda acrescentar, como efeito, a extinção da sociedade conjugal, ainda que não dissolva o casamento (art. 1.571 do CC).

Extinção do dever de fidelidade

Por outras palavras, permite-se dizer que, dissolvida a sociedade conjugal por força da separação judicial, descabe a qualquer dos cônjuges passar a fiscalizar comportamento e, principalmente, relacionamento amoroso do outro com terceiro, mesmo no caso de pagamento da verba alimentar. Somente justificaria o pedido de exoneração à obrigação de prestar alimentos o procedimento indigno do cônjuge beneficiado como, por exemplo, calúnia, ofensa contra à honra, homicídio ou tentativa de homicídio praticado contra o cônjuge alimentante, mesmas hipóteses que justificam a exclusão dos herdeiros da sucessão (art. 1.814 do CC).[15]

Extinção do regime de bens

A extinção do regime de bens também se verifica na hipótese de separação de fato, justificada não só nos casos de prolongada separação, como, também, pela possibilidade de o separado de fato estar autorizado a manter união estável com terceiro. Ora, iniciada a união estável, passa a vigorar um novo regime de bens entre o cônjuge separado de fato e sua companheira (art. 1.725 do CC), razão pela qual não se concebe a existência de dois regimes de bens simultâneos. Em relação à extinção pela separação de fato, assim decidiu o TJRS:

> Divórcio direto. Partilha. Bens adquiridos após a separação de fato do casal. Incomunicabilidade. 1 – A aquisição de bens depois da separação de fato não enseja comunicabilidade, ainda que o casamento esteja submetido ao regime da comunhão universal. 2 – Constitui orientação jurispru-

---

15 Enunciado n. 264, do Conselho da Justiça Federal: "Art. 1.708: Na interpretação do que seja procedimento indigno do credor, apto a fazer cessar o direito a alimentos, aplicam-se, por analogia, as hipóteses dos incisos I e II do art. 1.814 do Código Civil".

dencial pacífica hoje que a ruptura efetiva da vida em comum põe termo ao regime de bens do casamento. 3 – Ficando comprovado que o desenlace se deu há mais de vinte anos, não há falar em partição das terras herdadas pela mulher por ocasião da morte da genitora. Recurso desprovido. (TJRS, 7ª Câm., Ap. cível n. 70.014.479.554, rel. Sérgio Fernando de Vasconcellos Chaves, j. 12.07.2006)

Apelação cível. Separação judicial. Partilha de bem em nome de terceiros. Impossibilidade. 1 – No âmbito da ação de separação judicial impossível proceder à partilha igualitária de imóvel em cujos registros, além do cônjuge varão, terceiros figuram como proprietários. 2 – A separação de fato faz findar o regime de bens e afasta a comunicação daqueles havidos por herança, ainda que o casamento esteja submetido ao regime da comunhão universal. Proveram em parte, à unanimidade. (Segredo de justiça) (TJRS, 7ª Câm., Ap. cível n. 70.016.073.942, rel. Luiz Felipe Brasil Santos, j. 13.09.2006)

Partilha de bens

Por último, na dicção do art. 1.575, a sentença de separação judicial importa a separação de corpos e a partilha de bens. A exigência da partilha tem sido motivo de controvérsias, máxime em consideração ao teor do art. 1.581, que dispensa a partilha de bens por ocasião da concessão do divórcio. Ademais, é sabido que, a teor do art. 1.121, § 1º, do CPC, caso os cônjuges não acordarem sobre a partilha dos bens, far-se-á esta, depois de homologada a separação consensual, perante o juízo sucessivo, permanecendo os bens, até então, em comunhão. Parte da doutrina defende, inclusive, a revogação do art. 1.575. De qualquer sorte, o Conselho da Justiça Federal se manifestou a respeito através do Enunciado n. 255: "Art. 1.575: Não é obrigatória a partilha de bens na separação judicial".

Não obstante, decidindo-se pela partilha dos bens, na separação consensual, será observado o que os cônjuges convencionarem, não havendo obrigatoriedade da divisão dos bens por igual quando haja direito à meação nos regimes de comunhão universal e de comunhão parcial de bens. Já na separação judicial litigiosa, o juiz observará o direito de meação no que couber.

Na hipótese de descumprimento do acordo homologado em juízo (separação consensual), mostra-se viável ação de obrigação de fazer, como consta de decisão do Tribunal de Justiça do Rio Grande do Sul:

> Acordo de partilha de bens em separação judicial. Descumprimento. Manejo de ação própria. Execução de obrigação de fazer. O acordo homologado em juízo é título executivo judicial e, como tal, reclama ação de execução para compelir a parte inadimplente cumprir sua parte na avença. Negado seguimento. (TJRS, 8ª Câm., AI n. 70.016.328.114, rel. Claudir Fidelis Faccenda, j. 14.09.2006)

A questão do dano moral na separação

O direito à eventual indenização por dano moral e material, em face do descumprimento de dever do casamento, não encontra consenso no Direito pátrio. Os que adotam posição favorável sustentam que deve ser indenizado o dano moral na constância do casamento e da união estável nos casos de crimes de homicídio, contra a honra e lesões corporais; contaminação pelo vírus da AIDS; falta do dever de assistência material, tentativa de morte e injúrias graves; lesão deformante, abandono injustificado da família, adultério, maus tratos e transmissão de doença venérea; incapacidade física; negligência ao estado de saúde da mulher, permitindo que ela desenvolva moléstia; e sevícias, difamação e injúria.

Relativizando a questão enfocada, Belmiro Pedro Welter (WELTER, "A secularização da culpa no direito de família") aduz que o dano que se reclama não é, na verdade, em razão da desobediência aos deveres conjugais, e sim porque tipifica conduta delituosa a um dos cônjuges ou companheiros. E esse dano material e moral à incolumidade física não se indeniza pela singela razão de ter ocorrido na constância do casamento ou da união estável, visto que, mesmo fora dessas entidades familiares, estará justificada a indenização pelo ato ilícito delituoso.

Entendendo indevida a referida indenização, Maria Berenice Dias (DIAS, 2007, p. 117) sustenta que o simples fim do amor ou do afeto entre os cônjuges não gera dever de indenizar:

> Essa linha de sustentação não encontra ressonância na jurisprudência. Ninguém pode ser considerado culpado por deixar de amar. O sonho do

amor eterno, quando acaba, certamente traz dor e sofrimento, e a tendência sempre é culpar o outro pelo fim de um amor jurado eterno. O desamor, a solidão, a frustração da expectativa de vida a dois não são indenizáveis. Para a configuração do dever de indenizar não é suficiente o ofendido demonstrar a sua dor. Somente ocorrerá a responsabilidade civil se presentes todos os seus elementos essenciais: dano, ilicitude e nexo causal.

Na mesma linha, o seguinte julgado:

Agravo de instrumento. Separação litigiosa. Pedido de atribuição de culpa à mulher pela separação. Pretensão de ressarcimento de dano moral por denúncia caluniosa e difamatória em boletim de ocorrência. 1 – Na falência das relações conjugais não se pode atribuir, de forma simplista, culpa a quem quer que seja, porque a corrosão dos relacionamentos se dá a partir de uma série de complexos fatores comportamentais que não cabem na singela divisão maniqueísta entre inocentes e culpados. 2 – O fim do casamento, qualquer que seja o motivo, gera intensos e profundos sentimentos. Todavia, não há reparação possível, de ordem econômica, para curar estas dores. 3 – O fato gerador da obrigação indenizatória há que ser a prática de uma ilicitude que gera lesão ao outro e o registro policial representa o exercício de um direito. Além disso, o fato em si da comunicação não gera, por si só, lesão a ser indenizada. Negaram provimento, à unanimidade. (Segredo de justiça) (TJRS, 7ª Câm., AI n. 70.018.415.737, rel. Luiz Felipe Brasil Santos, j. 11.04.2007)

Por derradeiro, defende o magistrado Henry Petry Júnior (PETRY JÚNIOR, 2007, p. 129) que a concepção institucionalista não se harmoniza com a indenização por culpa, ao contrário do que parece ocorrer com a concepção contratualista. Nesta, originária do Direito canônico, o matrimônio é um contrato civil, regido pelas normas comuns aos contratos e, por isso, tem como uma de suas características a culpa, mais compatível com a noção de impedimento. Logo, a indenização seria mais adequada se o Brasil tivesse adotado a concepção contratualista, o que, como visto, não ocorre.

No entanto, releva observar que o STJ reconheceu o direito à indenização por dano moral requerida pelo marido contra a ex-mulher que, por mais de vinte anos, enganou-o sobre a verdadeira paternidade biológica dos dois filhos nascidos durante seu casamento. Por três votos a dois, a 3ª Turma do STJ, acompanhando o voto da relatora Ministra Nancy Andrighi, rejeitou todos os pedidos formulados pelas partes e manteve o valor da indenização de R$ 200 mil fixado pela Justiça fluminense. Segundo a relatora, o desconhecimento do fato de não ser o pai biológico dos filhos gerados durante o casamento atinge a dignidade e a honra subjetiva do cônjuge, justificando a reparação pelos danos morais suportados. Para a ministra, a ex-mulher transgrediu o dever da lealdade e da sinceridade ao omitir do cônjuge, deliberadamente, a verdadeira paternidade biológica dos filhos gerados na constância do casamento, mantendo-o na ignorância.[16]

Nome da mulher após a separação judicial

Em regra, a mulher, após a separação, conserva o direito de continuar usando o sobrenome do marido. A afirmação procede na medida em que a perda do uso do nome depende dos seguintes fatores: haja separação judicial litigiosa, a mulher seja vencida na ação e haja pedido expresso do cônjuge-varão vencedor da ação (art. 1.578 do CC). No entanto, ainda que esses fatores ocorram, permite-se à mulher conservar o sobrenome do ex-cônjuge nas hipóteses descritas no art. 1.578, ou seja, quando a perda do nome pela mulher acarretar:

I – "evidente prejuízo para a sua identificação": é o que ocorre quando a mulher tenha incorporado de tal forma o nome do marido, que passe a ser conhecida mais por este do que por seu nome de solteira, como, por exemplo, aconteceria com uma escritora, uma atriz ou uma mulher que exercesse cargo eletivo;

II – "manifesta distinção entre o seu nome de família e o dos filhos havidos da união dissolvida": verifica-se na hipótese de não ter sido aposto ao nome dos filhos o sobrenome da mãe, mas somente o do pai;

III – "dano grave reconhecido na decisão judicial": entendemos, s.m.j., que se circunscreve este caso a prejuízos de ordem patrimonial (marca ou nome de empresa) que poderá vir sofrer a mulher.

16 Fonte: Notícias STJ, em 17.09.2007.

Guarda dos filhos menores

A existência de filhos menores de 18 anos acarreta a necessidade de se atribuir a guarda deles a um ou outro dos pais. No caso de separação judicial consensual, nenhuma dificuldade se apresenta; pois, nesse caso, observar-se-á o que os cônjuges acordarem sobre a guarda (art. 1.584 do CC). Portanto, desde que preservem os interesses dos filhos, é lícito aos cônjuges estabelecerem livremente a respeito de sua guarda e quanto ao regime de visitas, pois os pais em cuja guarda não esteja os filhos poderão visitá-los e tê-los em sua companhia, bem como fiscalizar sua manutenção e educação (art. 1.589 do CC). Entende-se por regime de visitas a forma pela qual os cônjuges ajustarão a permanência dos filhos em companhia daquele que não ficar com a guarda, compreendendo encontros periódicos regularmente estabelecidos, repartição das férias escolares e dias festivos (art. 1.121, IV, e § 2º, do CPC).

Quando resultante de acordo, a guarda poderá ser *unilateral*, se conferida a um dos pais, ou *compartilhada*, se exercida por ambos os pais (art. 1.583, § 1º, do CC). Em que pese a anterior omissão do Código Civil, a guarda compartilhada já vinha sendo prestigiada pela doutrina e até mesmo pelos tribunais.

Com a vigência da Lei n. 11.698, de 13 de junho de 2008, o instituto da guarda compartilhada passou a integrar o nosso ordenamento jurídico ao prever que essa modalidade de guarda seja adotada preferencialmente, reservando-se as demais modalidades apenas se as partes de forma expressa assim o desejarem ou se isso não corresponder ao melhor interesse da criança. Segundo a mencionada lei, os arts. 1.583 e 1.584 do Código Civil passaram a vigorar com a seguinte redação.

> **Art. 1.583.** A guarda será unilateral ou compartilhada.
>
> § 1º Compreende-se por guarda unilateral a atribuída a um só dos genitores ou a alguém que o substitua (art. 1.584, § 5º) e, por guarda compartilhada a responsabilização conjunta e o excercício de direitos e deveres do pai e da mãe que não vivam sob o mesmo teto, concernentes ao poder familiar dos filhos comuns.
>
> § 2º A guarda unilateral será atribuída ao genitor que revele melhores condições para exercê-la e, objetivamente, mais aptidão para propiciar aos filhos os seguintes fatores:

I – afeto nas relações com o genitor e com o grupo familiar;

II – saúde e segurança;

III – educação.

§ 3º A guarda unilateral obriga o pai ou a mãe que não a detenha a supervisionar os interesses dos filhos.

Art. 1.584. A guarda, unilateral ou compartilhada, poderá ser:

I – requerida, por consenso, pelo pai e pela mãe, ou por qualquer deles, em ação autônoma de separação, de divórcio, de dissolução de união estável ou em medida cautelar;

II – decretada pelo juiz, em atenção a necessidades específicas do filho, ou em razão da distribuição de tempo necessário ao convívio deste com o pai e com a mãe.

§ 1º Na audiência de conciliação, o juiz informará ao pai e à mãe o significado da guarda compartilhada, a sua importância, a similitude de deveres e direitos atribuídos aos genitores e as sanções pelo descumprimento de suas cláusulas.

§ 2º Quando não houver acordo entre a mãe e o pai quanto à guarda do filho, será aplicada, sempre que possível, a guarda compartilhada.

§ 3º Para estabelecer as atribuições do pai e da mãe e os períodos de convivência sob guarda compartilhada, o juiz, de ofício ou a requerimento do Ministério Público, poderá basear-se em orientação técnico-profissional ou de equipe interdisciplinar.

§ 4º A alteração não autorizada ou o descumprimento imotivado de cláusula de guarda, unilateral ou compatilhada, poderá implicar a redução de prerrogativas atribuídas ao seu detentor, inclusive quanto ao número de horas de convivência com o filho.

§ 5º Se o juiz verificar que o filho não deve permanecer sob a guarda do pai ou da mãe, deferirá a guarda à pessoa que revele compatibilidade com a natureza da medida, considerados, de preferência, o grau de parentesco e as relações de afinidade e afetividade.

Por intermédio dessa modalidade de guarda, os pais, embora separados, exercem a guarda simultânea do filho, dividindo as responsabilidades na criação deste sem que haja supremacia de um sobre o outro. De qualquer modo, nessa modalidade de guarda, é necessário estabelecer uma residência fixa para os filhos a fim de que não percam a referência de lar. Não obstante, permite-se aos menores transitarem livremente entre as casas dos pais de acordo com sua preferência e disponibilidade de tempo. Na guarda compartilhada, mostra-se imprescindível que o relacionamento entre os pais seja de tal forma harmonioso que se mostre adequado e receptivo à adoção da medida, como revela o seguinte julgado:

> Apelação cível. Guarda de filho. Alteração. Improcedência. Se o melhor interesse do filho é que permaneça sob a guarda materna, já que a estabilidade, continuidade e permanência dele no âmbito familiar onde está inserido devem ser priorizadas, mormente considerando-se que a mãe está cumprindo a contento seu papel parental, mantém-se a improcedência da alteração da guarda pretendida pelo pai. Descabe também a guarda compartilhada, se os litigantes apresentam elevado grau de animosidade e divergências. Apelação desprovida. (TJRS, 8ª Câm. Cível, Ap. cível n. 70.008.688.988, rel. José Ataídes Siqueira Trindade, j. 24.06.2004)

Diante do fato que descabe a guarda compartilhada quando os litigantes apresentarem elevado grau de animosidade, como consta da decisão, entendemos que resta prejudicada a aplicação do inciso II resultante da nova redação do art. 1.584, cujo comando é de que a guarda compartilhada poderá ser "decretada pelo juiz, em atenção a necessidades específicas do filho, ou em razão da distribuição de tempo necessário ao convívio deste com o pai e com a mãe". Nesse caso, pergunta-se: seria razoável o juiz decretar a obrigatoriedade da adoção da guarda compartilhada mesmo havendo comprovada ausência de harmonia entre os pais da criança?

Em uma outra modalidade de guarda, denominada *guarda alternada*, os filhos dividem a residência dos pais, permanecendo na residência de um e de outro por igual período, como, por exemplo, uma semana na casa da mãe e outra semana na casa do pai. Frise-se, porém, que esse modelo de guarda não tem se mostrado aconselhável, uma vez que a duplicidade de residências pode provocar instabilidade emocional e psíquica no menor, consoante entendimento dos tribunais:

> Guarda alternada. O instituto da guarda alternada não é admissível em nosso Direito, porque afronta o princípio basilar do bem-estar do menor,

> uma vez que compromete a formação da criança, em virtude da instabilidade de seu cotidiano. (TJMG, Ap. cível n. 1.0.000.00.328.063-3/00, rel. Des. Lamberto Sant'Anna, j. 11.09.2003)

> Guarda alternada. Indeferimento. Nos casos que envolvem guarda de filho e direito de visita, é imperioso ater-se sempre ao interesse do menor. A guarda alternada, permanecendo o filho uma semana com cada um dos pais não é aconselhável, pois "as repetidas quebras na continuidade das relações e ambiência afetiva, o elevado número de separações e reaproximações provocam no menor instabilidade emocional e psíquica, prejudicando seu normal desenvolvimento, por vezes retrocessos irrecuperáveis, a não recomendar o modelo alternado, uma caricata divisão pela metade em que os pais são obrigados por lei a dividir pela metade o tempo passado com os filhos". (TJSC, AI n. 00.000.236-4/Capital, rel. Des. Alcides Aguiar, j. 26.06.2000). (*RJ* 268/28)

Na separação litigiosa, não havendo acordo entre as partes, a guarda será atribuída a quem revelar melhores condições para exercê-la (art. 1.583, § 2º, CC). Ressalte-se que a expressão *melhores condições* não significa, por óbvio, melhores condições econômicas, e sim melhor ambiente para educação e crescimento do menor, um ambiente que lhe assegure bem-estar moral e material. Tem a ver, inclusive, com a disponibilidade que cada um dos pais possui para se dedicar e conviver com os filhos. Em síntese, a guarda competirá ao genitor que demonstrar mais aptidão para propiciar aos filhos: I – afeto nas relações com o genitor e com o grupo familiar; II – saúde e segurança; e III – educação.

Poderá o juiz, ainda, deferir a guarda à pessoa que revele compatibilidade, considerando o grau de parentesco, afinidade e afetividade, como, por exemplo, os avós, caso verifique que os filhos não devem permanecer com nenhum dos pais (art. 1.584, § 5º). Reconhecendo essa possibilidade, o STJ, ao julgar recurso no qual o pai pretendia a guarda do filho de 10 anos, que desde os seis meses de vida vivia com os avós maternos, em razão do falecimento da mãe, concluiu que a retirada do menor do ambiente onde viveu praticamente durante toda sua existência seria causa de transtornos e dificuldades, talvez insuperáveis para sua formação (REsp n. 280.228). Em outra decisão, em 3 de julho de 2006, o mesmo STJ conferiu a guarda da neta à avó, com quem convivia desde o nascimento, mediante pedido da avó e sem oposição dos pais:

> Nas decisões sobre a guarda de menores, deve ser preservado o interesse da criança, e sua manutenção em ambiente capaz de assegurar seu bem-estar, físico e moral, sob a guarda dos pais ou de terceiros. Com esse entendimento, a 3ª Turma do Superior Tribunal de Justiça (STJ) concedeu, por maioria, a O.A.S.S. a guarda de sua neta M.C.S.T, mesmo estando seus pais vivos e vivendo juntos. No caso, a avó entrou com uma ação pedindo a guarda da neta de nove anos, afirmando que convive com a menor desde o nascimento, mantendo com ela um relacionamento de carinho, amor e dedicação. Assegurou, também, ter condições físicas e econômicas para sustentá-la. O juízo de primeiro grau julgou improcedente o pedido, porque, embora os pais atravessem dificuldades financeiras, eles podem criar e sustentar a menor, não se configurando a situação peculiar exigida. Em apelação, a avó voltou a sustentar que devem prevalecer os interesses da menor, seu bem-estar, educação, saúde, moradia e lazer. Entretanto, o Tribunal de Justiça do Piauí não acolheu o recurso. No STJ, O.A.S.S afirmou que a lei não exige situação irregular para deferimento da guarda. A única exigência que faz, prosseguiu a avó, é que se preserve o interesse da menor, "este já demonstrado fartamente nos autos". Ao decidir, o relator, Ministro Humberto Gomes de Barros, destacou que há, nos autos, notícia de que os pais não se opõem ao pedido e que, embora vivam juntos, sustentam outro filho com parcos recursos financeiros. Ressaltou, também, que a menor recebe assistência material, moral e educacional, bem como vive com a avó desde os primeiros dias de vida. "Não vejo como recusar a guarda da menor à avó, pois os interesses da criança, leia-se bem-estar, devem ser preservados. A menor é criada em um ambiente que lhe assegura bem-estar moral, material, atestado por estudo social e prova testemunhal", disse o ministro. Os Ministros Nancy Andrighi e Castro Filho votaram com o relator. Os Ministros Ari Pargendler e Carlos Alberto Menezes Direito divergiram do entendimento do Ministro Humberto Gomes de Barros. (Processo: REsp n. 686.709).

Em ambos os casos citados, o STJ admitiu restrição ao poder familiar quando se demonstre necessário preservar o verdadeiro interesse do menor.

Concessão de alimentos. No concernente aos alimentos, é inarredável a obrigação dos pais em relação a filhos menores, filhos maiores incapazes (art. 1.590) e filhos maiores universitários. Deve-se lembrar, no entanto, que, para a manutenção dos filhos, os cônjuges separados judicialmente contribuirão na proporção de seus recursos (art. 1.703). Portanto, se tanto o pai quanto a mãe exercerem profissão remunerada, ambos deverão contribuir para a referida manutenção. Não poderia ser diferente, porquanto é a própria Constituição Federal que estabelece que "os direitos e deveres referentes à sociedade conjugal são exercidos igualmente pelo homem e pela mulher" (art. 226, § 5º). Na fixação do *quantum*, há que se considerar, contudo, as condições do cônjuge-alimentante e as necessidades dos filhos-alimentandos (art. 1.694, § 1º).

Acrescente-se, por fim, que nem a separação judicial nem o divórcio modificarão os direitos e deveres dos pais em relação aos filhos, de modo a conservar a integralidade do poder familiar: "Art. 1.588. O pai ou a mãe que contrair novas núpcias não perde o direito de ter consigo os filhos, que só lhe poderão ser retirados por mandado judicial, provado que não são tratados convenientemente".

Restabelecimento da sociedade conjugal

Em face de a separação judicial não acarretar a extinção do vínculo conjugal, é possível, a qualquer tempo, os cônjuges restabelecerem a sociedade conjugal mediante simples requerimento nos autos da separação, conforme regra emanada do art. 1.577 do Código Civil. Tratando-se de divórcio, o restabelecimento somente é viável mediante novo casamento.

Ainda que a separação tenha sido feita judicialmente, permite-se às partes que o restabelecimento da sociedade conjugal seja feito extrajudicialmente (por escritura pública), nos termos do art. 1.124-A do CPC. Para esse efeito, cumpre às partes apresentarem os seguintes documentos:

a) carteira de identidade e número do CPF das partes;

b) certidão da sentença de separação ou certidão da averbação da separação no assento de casamento;

c) carteira da OAB do advogado.

Ressalte-se que a averbação do restabelecimento da sociedade conjugal somente poderá ser efetivada depois da averbação da separação no registro civil, podendo ser simultâneas (art. 51 da Resolução n. 35 do CNJ).

União estável 5

Introdução

O primeiro passo para que se pudesse conferir direitos aos companheiros, decorrentes da união de fato entre um homem e uma mulher, foi dado pela Constituição Federal de 1988 ao estabelecer, no art. 226, § 3º, que "para efeito da proteção do Estado, é reconhecida a união estável entre o homem e a mulher como entidade familiar, devendo a lei facilitar sua conversão em casamento". Depois, a primeira tentativa de regular a união estável, ou seja, a relação duradoura entre um homem e uma mulher, fora do casamento, inclusive concedendo aos companheiros direito a alimentos e à sucessão, deu-se através da Lei n. 8.971, de 29 de dezembro de 1994. A segunda surgiu com a Lei n. 9.278, de 10 de maio de 1996, editada com o objetivo de regular o § 3º do art. 226 da Constituição Federal.

De qualquer sorte, cumpre relembrar que, a teor da Lei n. 8.971/94, consistia a união estável na convivência comprovada, por mais de cinco anos, ou por tempo inferior, havendo prole, entre pessoas de sexo diferente, solteiras, separadas judicialmente, divorciadas ou viúvas. Já a Lei n. 9.278/96 dispôs diversamente: "Art. 1º É reconhecida como entidade familiar a convivência duradoura, pública e contínua, de um homem e uma mulher, estabelecida com objetivo de constituição de família". Constata-se, nesse particular, que o Código Civil de 2002 praticamente repete o mencionado dispositivo: "Art. 1.723. É reconhecida como entidade familiar a união estável entre o homem e a mulher, configurada na convivência pública, contínua e duradoura e estabelecida com o objetivo de constituição de família".

Requisitos da união estável

Cumpre observar, em primeiro lugar, que nem a Lei n. 9.278/96 nem o art. 1.723 do Código Civil de 2002 repetiram as exigências de tempo (cinco anos) e de prole feitas pela Lei n. 8.971/94. Conseguintemente, é lícito concluir que, hoje, os requisitos básicos para caracterizar a união estável são os seguintes:

a) *convivência entre pessoas de sexo diferente:* de molde a excluir as pretensões das pessoas que mantêm uniões homossexuais, ressalvado, todavia, a estas, o direito à partilha de bens em caso de comprovada existência de sociedade de fato, como se verá adiante;

b) *convivência entre pessoas solteiras, separadas judicialmente, separadas de fato, divorciadas ou viúvas:* conquanto a lei não se refira expressamente ao estado civil exigido para as pessoas que integram a relação, é forçoso concluir que, em face do que dispõe o art. 1.723, § 1º (não se aplicando a incidência do inciso VI quanto aos impedimentos do art. 1.521), os separados de fato e os separados judicialmente também se incluem no rol daqueles a quem a lei permite obter o reconhecimento da união estável;

c) *convivência duradoura*: por duradoura, há de se entender a convivência prolongada no tempo e por um razoável período de tempo, diga-se de passagem.

Não poderá ser, portanto, qualquer relação fugaz ou transitória, ou um único encontro seguido de relação sexual da qual resulte gravidez. Assim, diante da inexistência de disposição expressa ou de outros parâmetros relativamente ao tempo de convivência mínima necessária para a aplicação do preceito, ou seja, se são dois, três, quatro ou mais anos, induvidosamente a matéria se prestará a longas discussões, cabendo à jurisprudência, em última instância, elucidar em definitivo a questão. A propósito dessas premissas, cumpre ressaltar inclusive que o Tribunal de Justiça do Rio Grande do Sul, reconheceu como união estável a convivência de apenas um ano:

> Cabe registrar que a lei não prevê um tempo mínimo de duração para a caracterização da união estável, até porque a inconstitucionalidade de eventual disposição nesse sentido seria manifesta. Uma vez conferido o

> *status* de entidade familiar à união estável pela Constituição Federal, não se pode fazer diferença entre a célula familiar formada pela união estável daquela formada pelo casamento, cuja existência e validade certamente não seriam objeto de indagação por ter durado apenas doze meses. Assim, verificado que, na constância de um ano, o casal viveu sob o mesmo teto, assumindo uma vida em comum como se casados fossem, revela-se impositiva a declaração do envolvimento afetivo mantido entre E. e A.M. com a conseqüente extração de efeitos no âmbito do Direito. (TJRS, 7ª Câm. de Direito Civil, Ap. cível n. 70.015.324.247, rel. Maria Berenice Dias, j. 13.09.2006)

O próprio STJ (REsp n. 264.736/RS, rel. Min. Humberto de Gomes de Barros, j. 06.09.2005), ainda que por decisão por maioria, já havia reconhecido igual lapso temporal, ao argumento de que

> embora o art. 226 da CF/1988 não tenha definido nenhum tempo de duração para caracterizar uma *relação estável* entre homem e mulher, houve união estável na relação em que a mulher conviveu um ano com o parceiro no final da vida, cabendo-lhe o direito à moradia e pensão pela mútua colaboração e negando o pedido de indenização por serviços domésticos prestados.

d) *convivência pública*: será pública quando não seja clandestina, isto é, quando não resulte de encontros furtivos ou às escondidas. Deverão os consortes, portanto, agirem e se apresentarem perante a sociedade como se casados fossem *(more uxorio)*;

e) *convivência contínua*: diz respeito à convivência sem interrupções. Desse modo, o requisito deixaria de ser preenchido em caso da existência de períodos de convivência alternados com períodos de separação, decorrentes de desavenças entre o casal, fato que somente comprovaria a instabilidade da relação;

f) *objetivo de constituição de família*: configura-se na existência de coabitação, ou seja, comprovação de que os conviventes desfrutam de residência em comum. Nesse contexto, e segundo iterativa jurisprudência, a coabitação se mostra relevante indício da intenção de constituir uma família, e só excepcionalmente pode ser dispensada, pois contribui para distinguir namoros e relações fortuitas de uniões estáveis, especialmente diante do afrouxamento dos costumes e da rápida intimidade sexual entre os pares:

> [...] se nos dias atuais é sutil a identificação da natureza dos relacionamentos, em face do afrouxamento dos costumes que faz com que já nos namoros as pessoas compartilhem de maior intimidade – inclusive sexual –, a residência comum se revela como requisito essencial que expõe o intuito de entrega a uma vida diária de comunhão de horas boas e más, de dificuldades e alegrias cotidianas. Somente excepcionalmente, como em casos de exercício profissional em diferentes cidades, vejo como possível a residência em endereços separados. (TJRS, 7ª Câm. Cível, Ap. cível n. 70.013.787.536, rel. Luiz Felipe Brasil Santos, j. 29.03.2006)

Pode-se também recepcionar, como requisito da união estável, a observância dos mesmos impedimentos para o casamento, consoante comando do art. 1.723, § 1º, do atual Código Civil, salvo em relação às pessoas separadas de fato e separadas judicialmente: "A união estável não se constituirá se ocorrerem os impedimentos do art. 1.521; não se aplicando a incidência do inciso VI no caso de a pessoa casada se achar separada de fato ou judicialmente".

Do referido enunciado se permite afirmar que é vedado o reconhecimento de união estável paralela ao casamento, pois a Justiça consagra a monogamia e não tolera a manutenção simultânea de relações afetivas. Esse foi o entendimento unânime da 7ª Câmara Cível do TJRS ao negar provimento de reconhecimento de união estável:

> Não se pode reconhecer união estável simultaneamente à hígida existência de casamento, se não restar cabalmente provada a alegada separação de fato. Só assim estará afastado o impedimento legal à constituição da união estável previsto no § 1º do art. 1.723. Isso porque o Direito pátrio consagra o princípio da monogamia e não tolera a concomitância de entidades familiares. Igualmente, não há falar em união estável putativa, pois ausente a boa-fé da recorrente, que conhecia a situação conjugal do *de cujus*. (TJRS, 7ª Câm. Cível, Ap. cível n. 70.010.479.046, rel. Luiz Felipe Brasil Santos, j. 13.04.2005)

Por outro lado, embora aparentemente contraditório, o mesmo tribunal, em câmara diversa (8ª Câmara Cível), reconheceu a possibilidade de existência de união estável simultânea ao casamento, quando a convivência se haja verificado em período anterior à vigência do art. 1.723 do Código Civil de 2002: "Aliás, o presente feito é a prova cabal de que uma pessoa pode manter duas famílias concomitantemente, e com as duas evidenciar a *affectio maritalis*, parecendo até que algumas pessoas têm a capacidade de se dividir entre tais famílias como se fossem duas pessoas, e não uma só".[17] Ressalte-se, porém, que, em data posterior, o STJ fulmi-

---

17 Voto do relator na íntegra: "Busca a autora ver reconhecida a união estável havida entre ela e o falecido pelo período de 16 anos, da qual adveio prole, com o nascimento de duas filhas. Afirma que, embora ele fosse judicialmente casado, estava separado de fato da esposa. Aduziu na petição inicial, ainda, que ela e o alegado companheiro residiam sob o mesmo teto, até o falecimento dele ocorrido em 20.06.1996; trabalhavam juntos na lancheria/restaurante de propriedade dela, sendo que sua condição de companheira foi reconhecida pelo INSS, sendo pensionista do companheiro. Os réus, por sua vez, não negam a existência do relacionamento. Contudo, sustentam que não passou de um concubinato adulterino, já que A., até a sua morte, jamais se separou ou se afastou definitivamente da esposa, com quem teve dois filhos. Por conseguinte, projetou-se além do início da vigência da Constituição Federal de 1988, que, por seu art. 226, § 3º, outorgou a condição de entidade familiar à união estável. Desse modo, como o relacionamento em pauta teve parte de sua vigência e o seu término sob o pálio da Constituição Federal de 1988, a ele se aplica pacificamente o texto constitucional; por outro lado, iniciou e findou sob o comando do Código Civil de 1916, não sendo atingido pela Lei n. 10.406, de 10 de janeiro de 2002, que instituiu o novo Código Civil. Em face disso, não se está, aqui, diante de caso de reconhecimento do concubinato previsto no art. 1.727 do novo Código Civil, tampouco de aplicação dos artigos elencados pelos apelantes do novo Código Civil, o que leva a examinar o presente feito com base no instituto da união estável reconhecido pela Constituição Federal de 1988. O relacionamento havido entre N. e A. preenche os requisitos para a identificação de uma união estável, inclusive com os efeitos patrimoniais reconhecidos na sentença, ainda que tenha sido paralelo ao casamento de A. com M. Aliás, o presente feito é a prova cabal de que uma pessoa pode manter duas famílias concomitantemente, e com as duas evidenciar a *affectio maritalis*, parecendo até que algumas pessoas têm a capacidade de se dividir entre tais famílias como se fossem duas pessoas, e não uma só. A verdade é que, assim como mantinha endereço comum com a esposa, inclusive perante órgãos oficiais (fl.), A. também mantinha endereço comum com a autora, também perante órgãos oficiais, conforme se vê dos documentos colacionados com a petição inicial. A família de A. oriunda do casamento arcou com as despesas do funeral dele (fls.), mas a autora acompanhou e se responsabilizou pela internação hospitalar dele, em pelo menos uma oportunidade (fls.). Com ambas, ou seja, com a autora e a esposa, ele teve dois filhos. E ambas recebem do INSS pensão por morte de A. Mais impressionante ainda, é que a prova oral ampara ambas as teses. Assim como confirma a existência de união estável entre a autora e o falecido, confirma também que ele nunca se separou de fato ou se afastou definitivamente da esposa. Como se vê, a robusta prova testemunhal favorável à pretensão da autora, corroborada pela farta prova documental, é o quanto basta para a configuração

nou a referida decisão ao dar provimento ao recurso especial interposto pela viúva, que alegou não ser possível reconhecer a união estável em relação simultânea ao casamento, que nunca foi dissolvido, nem mesmo havendo a separação de fato. No acórdão, a Ministra relatora Nancy Andrighi declarou que "a existência de impedimento para se casar por parte de um dos companheiros, como, por exemplo, na hipótese de a pessoa ser casada, mas não separada de fato ou judicialmente, obsta a constituição de união estável" (STJ, 3ª T., REsp n. 931.155, j. 07.08.2007).

Comprovação da união estável

Permite-se razoavelmente admitir como provas da existência de união estável, além de testemunhas, demonstração da residência comum, prova de prole em comum, conta bancária conjunta, certidão de casamento religioso, certidão de filhos em comum, escritura pública declaratória de existência de união estável, escrito particular dispondo a respeito do regime de bens e prova de dependência previdenciária,

---

da união estável pretendida, ainda que paralela ao casamento do companheiro, porque, na verdade, está-se diante de uma entidade familiar concomitante ao casamento que merece proteção do Estado, porque o falecido publicamente convivia maritalmente também com a companheira, a qual também apresentava como esposa perante os amigos. Os autos retratam verdadeiramente situação em que há união estável e o casamento concomitantemente. E a união estável que foi delineada nos autos não pode deixar de produzir efeitos no mundo jurídico, já que perfeitamente caracterizada como entidade familiar. O falecido tinha *affectio maritalis* e comunhão de vida com a autora, ainda que seu casamento estivesse hígido. Está-se diante, pois, daquelas situações de fato excepcionais que autorizam o reconhecimento da união estável paralela ao casamento, sob pena, inclusive, de enriquecimento ilícito de uma das partes, *ex vi* de precedentes deste tribunal. Contudo, assiste razão aos apelantes quando sustentam que nos bens que serão partilhados entre as partes, por metade, deve ser preservada a 'meação' da viúva (que na verdade, especificamente sobre os bens adquiridos durante a vigência da união estável, não pode ser denominado o direito da viúva de meação). Com efeito, conforme foi referido na precitada Apelação cível n. 70.009.786.419, pelo relator, Des. Portanova, 'reconhecida a união dúplice ou paralela, por óbvio, não se pode mais conceber a divisão clássica de patrimônio pela metade entre duas. Na união dúplice do homem, por exemplo, não foram dois que construíram o patrimônio. Foram três: o homem, a esposa e a companheira'. Assim, atendendo ao pedido expresso dos apelantes, daquele patrimônio adquirido durante a vigência da união estável, terá direito a autora não a sua metade, mas sim, a 25%, sendo que os outros 25% pertencem à esposa do falecido" (8ª Câm. Cível, Ap. cível n. 70.015.693.476/Porto Alegre: Deram parcial provimento ao apelo, e deram provimento do recurso adesivo, unânime. Rel. José S. Trindade, Porto Alegre, 20 de julho de 2006).

autorização para efetivação de despesa, dependência em clube social ou em plano de saúde, entre outras.

Frise-se que, em sede de pedido de uniformização de jurisprudência, formulado pelo INSS, em face de decisões contraditórias proferidas pelas Turmas Recursais dos Juizados Especiais Federais de Tocantins (que não admitiu a prova exclusivamente testemunhal, exigindo início de prova documental) e de Pernambuco (que admitiu prova exclusivamente testemunhal), para fins de comprovação de união estável, a Turma Nacional de Uniformização de Jurisprudência decidiu não ser admissível a prova exclusivamente testemunhal e, ainda que se admitisse, ela deveria ser coerente e precisa, capaz de servir de elemento de convicção para o juiz (Processo n. 20.038.320.007.772-8/PE).

Estado civil dos companheiros na união estável

Muito se tem questionado a respeito do estado civil que se permite atribuir aos companheiros em união estável, notadamente quando um deles, ou ambos, tenha que participar de uma atividade negocial. Para dirimir de vez a questão, atualmente tramita o Projeto de Lei n. 1.779/2003 com o objetivo de dispor especificamente a respeito. De acordo com o referido projeto, seria acrescentado o § 3º ao art. 1.723 do Código Civil com a seguinte redação: "§ 3º Os companheiros adotarão o estado civil de conviventes".[18]

---

18 A justificativa para o projeto de lei é a seguinte: "A Constituição da República Federativa do Brasil de 1988, ao garantir à família especial proteção do Estado, pluralizou as entidades familiares, reconhecendo dignidade jurídica à união estável, isto é, à união entre homem e mulher sem casamento (art. 226, § 3º, CF/88). Atualmente, a união estável, embora tenha origem exclusivamente no mundo dos fatos, encontra-se regulamentada nos arts. 1.723 a 1.727 do Código Civil (Lei n. 10.406/2002). Tal regulamentação envolve tanto as relações pessoais entre os companheiros, 'configurada na convivência pública, contínua e duradoura e estabelecida com o objetivo de constituição de família' (art. 1.723, *caput*, CC), quanto as relações patrimoniais, instituindo o art. 1.725 que 'salvo contrato escrito entre os companheiros, aplica-se às relações patrimoniais, no que couber, o regime da comunhão parcial de bens'. Isto significa que a união estável caracteriza a constituição de uma família, análoga à oriunda do casamento, no que diz respeito ao relacionamento entre o casal e no que tange aos seus deveres para com os eventuais filhos. Significa, também, no plano patrimonial que, em face do regime de bens instituído para a união estável, mediante contrato escrito firmado pelo casal ou por determinação legal – neste último caso equivalente ao regime da comunhão parcial –, terceiros que com os companheiros tratam ou contratam, para proteção de seus interesses, devem ter ciência do *status* familiar destes. Não obstante a previsão destes

Em uma tentativa de resguardar eventuais violações dos direitos dos companheiros, notadamente na alienação de imóveis, a Corregedoria-Geral do Tribunal de Justiça de Santa Catarina passou a exigir que, quando pessoa não casada pretender alienar ou gravar de ônus real bens imóveis, os notários façam constar no corpo da escritura declaração do alienante de que não vive em união estável. A referida medida consta do seguinte provimento:

PROVIMENTO N. 15/2003

Dispõe sobre a utilização de procurações outorgadas em data anterior à vigência do Provimento n. 06/2003.

O Desembargador João Eduardo Souza Varella, Vice-Corregedor-Geral da Justiça do Estado de Santa Catarina, no uso de suas atribuições e,

Considerando que o Provimento n. 06/2003 determina que o delegado notarial, quando pessoa não casada (solteira, separada judicialmente, divorciada ou viúva) pretender alienar ou gravar de ônus real bens imóveis, faça constar no corpo da escritura declaração do alienante de que não vive em união estável;

Considerando os termos do parecer exarado no Processo n. CGJ 0.310/2003, que analisou as conseqüências que poderiam advir da utilização de procurações para o fim de alienar ou gravar de ônus real bens imóveis, outorgadas antes da vigência daquela norma administrativa;

Resolve:

---

efeitos, atinentes não apenas à vida do casal, mas também e especialmente aos terceiros e instituições que com eles se relacionam, no plano pessoal e econômico, *inexiste um estado civil específico para designar as situações que envolvam companheirato*, de onde continuarem os conviventes a serem indevidamente referidos como solteiros, viúvos, divorciados, separados judicialmente, embora devam, em determinados contratos e relações jurídicas, declinar sua condição de conviventes, no interesse de cada um do casal e/ou de terceiros. Tal circunstância tem determinado a preocupação dos partícipes de uniões estáveis e dos terceiros que com eles tratam no sentido de que seja atribuído aos companheiros um *estado civil específico*, de sorte a tornar claro, no plano jurídico, qual sua efetiva situação pessoal. Este parlamento não pode permanecer indiferente a tal realidade, mormente quando se sabe que um considerável número de pessoas encontra-se vivendo sob o regime da união estável, à margem das formalidades legais inerentes ao casamento. E, por estar atento aos reclames de nossa sociedade, a demandar constante aperfeiçoamento legislativo para acompanhar a dinâmica das transformações de nosso tempo, é que conclamo meus ilustres pares a me apoiarem nessa jornada".

Art. 1º As procurações outorgadas anteriormente à edição do Provimento n. 06/2003 – que entrou em vigor ao ser publicado no Diário da Justiça do estado n. 11.209, de 11 de junho de 2003 – com alienação ou gravame ainda não realizados, deverão, por aplicação do princípio *tempus regit actum*, ser atualizadas, devendo o mandante comparecer na serventia para declarar que não vive em união estável, ou outorgar ao mandatário poderes especiais para tal fim.

Art. 2º Na impossibilidade de se proceder na forma estabelecida no artigo anterior, fica autorizada, excepcionalmente, a dispensa da declaração do(a) outorgante vendedor(a), desde que o comprador declare estar ciente daquela omissão e que a mesma pode implicar em anulação, ainda que parcial, do negócio celebrado, no caso de prejuízo a eventual companheira(o) do(a) alienante.

Parágrafo único. A declaração referida no *caput* deverá, obrigatoriamente, ficar arquivada no Registro de Imóveis.

Art. 3º Este Provimento entra em vigor na data da sua publicação no Diário da Justiça do estado.

Registre-se. Publique-se. Cumpra-se.

Florianópolis, 08 de outubro de 2003.

Des. João Eduardo Souza Varella

Vice-Corregedor-Geral da Justiça

Direitos e deveres dos conviventes

São direitos e deveres dos conviventes na união estável, consoante prescreve o art. 1.724 do Código Civil: a) lealdade; b) respeito e assistência moral e material; e c) guarda, sustento e educação dos filhos comuns. Observa-se, pois, que os direitos e os deveres dos conviventes em muito se equiparam àqueles relativos às pessoas casadas (art. 1.566 do CC). Todavia, há que se fazer uma ressalva: a lei não exige para os conviventes, como faz expressamente o Código Civil para as pessoas casadas, fidelidade recíproca, salvo se, na expressão *lealdade*, estiver ínsita a presunção de fidelidade. Dessa forma, em nosso sentir, incorreu em grave equívoco o legislador ao atribuir mais direitos aos conviventes do que aqueles conferidos às pessoas casadas.

Regime de bens entre os conviventes

Consoante norma imperativa emanada do art. 1.725 do Código Civil, salvo convenção válida entre companheiros, aplica-se às relações patrimoniais, no que couber, o regime da comunhão parcial de bens. Portanto, a princípio, as partes, no início da relação, poderão estipular por escrito o que lhes aprouver em termos de regime de bens, ou seja, de separação, de comunhão universal ou de participação final nos aquestos. Todavia, não o fazendo, presume-se avençado o regime de comunhão parcial de bens ou de comunhão de aquestos. Nesse caso, somente os bens adquiridos onerosamente por qualquer dos conviventes após o início da união pertencerão aos dois em condomínio e em partes iguais. Cumpre anotar que o regime de bens do conviventes pode ser convencionado por escrito particular, com firmas reconhecidas em cartório, ao contrário das pessoas casadas, para as quais se exige a escritura pública.

Inaplicabilidade do regime de separação obrigatória para os conviventes maiores de 60 anos. O TJRS, afastando a aplicação analógica para restringir direitos, considerou que os conviventes, na união estável, não estão sujeitos aos efeitos do art. 1.641, II, do Código Civil:

> Apelação cível. União estável. 1 – Reconhecimento. Havendo prova documental e oral robusta e uníssona a respeito da união estável nos moldes do art. 1.723 do CC/2002, mantém-se o seu reconhecimento. 2 – Meação. Regime de bens. Separação obrigatória. Inaplicabilidade do art. 1.641, II, CC/2002. Não se aplica à união estável o art. 1.641, II, CC/2002, por afronta ao princípio constitucional da dignidade da pessoa humana, e pelo descabimento de aplicação analógica para restringir direitos. O regime de bens na união estável é o da comunhão parcial, estando correto o reconhecimento do direito à meação à autora. Apelação cível do réu desprovida. (TJRS, 8ª Câm., Ap. cível n. 70.019.235.043, rel. José Ataídes Siqueira Trindade, j. 04.10.2007)

Conversão em casamento

A união estável poderá converter-se em casamento mediante pedido dos companheiros perante o oficial de Registro Civil, ouvido o Ministério Público (art. 1.726 do CC). Ressalve-se, contudo, que, conquanto as pessoas separadas judicialmente e de fato possam contrair união estável, é-lhes vedado o direito de obter a conversão da união estável em casamento antes de darem por rompidos os vínculos matrimoniais pelo divórcio ou pela viuvez; pois, por evidente, não pode uma pessoa que ainda mantém o vínculo do casamento estabelecer dois casamentos de forma simultânea.

Como se infere da leitura do art. 1.726, o Código Civil traça apenas regras gerais a respeito da conversão da união estável em casamento, de modo que se fez necessário que as corregedorias-gerais de justiça dos estados formulassem regras específicas para o pedido de conversão. Em face disso, reproduzimos abaixo normas extraídas do Código de Normas dos Estados do Paraná, Rio Grande do Sul e Santa Catarina, que dispõem a respeito da conversão:

CÓDIGO DE NORMAS
CORREGEDORIA-GERAL DO PARANÁ

[...]

Conversão da União Estável em Casamento

15.7.1. A conversão da união estável em casamento deverá ser requerida pelos conviventes ao oficial do Registro Civil das Pessoas Naturais de seu domicílio.

15.7.1.1. Cumpre aos conviventes apresentar requerimento acompanhado de declaração de que mantêm união estável e de inexistência de impedimentos para o matrimônio.

15.7.1.2. No requerimento será indispensável a indicação da data do início da união estável.

15.7.2. O requerimento e os documentos serão autuados como habilitação, observando o disposto na seção 5 deste capítulo, devendo constar dos editais que se trata de conversão de união estável em casamento.

15.7.3. Após a expedição dos editais de proclamas e certificadas as circunstâncias, abrir-se-á vista da habilitação ao Ministério Público, para análise do aspecto formal, com posterior encaminhamento ao juiz da vara de registros públicos, para homologação.

15.7.4. Decorrido o prazo legal do edital e observadas as disposições do item anterior, será lavrado o assento da conversão da união estável em casamento, independentemente de qualquer solenidade, prescindindo o ato da celebração do matrimônio.

15.7.5. O assento da conversão da união estável em casamento será lavrado no Livro "B", exarando-se o determinado no art. 70, 1º ao 8º e 10, da Lei de Registros Públicos, sem a indicação do nome e assinatura do presidente do ato, cujos espaços próprios deverão ser inutilizados, anotando-se no respectivo termo que se trata de conversão de união estável em casamento, tal como regulada no art. 8º da Lei n. 9.278, de 10.05.1996.

15.7.6. A conversão da união estável dependerá da superação dos impedimentos legais para o casamento, sujeitando-se à adoção do regime matrimonial de bens, na forma e segundo os preceitos da lei civil, bem como ficarão sujeitos a todas as normas de ordem pública pertinentes ao casamento.

15.7.6.1. O regime de bens será indicado na respectiva declaração dos companheiros e, se não houver prévia estipulação, prevalecerá, no que couber, o regime da comunhão parcial.

15.7.7. Não constará da certidão de casamento, oriundo da conversão da união estável, a data do início desta.

15.7.8. As questões litigiosas relativas à união estável devem ser resolvidas pelo juiz de direito da vara da família, observado o segredo de justiça.

CONSOLIDAÇÃO NORMATIVA JUDICIAL CORREGEDORIA-GERAL DO RIO GRANDE DO SUL

[...]

Art. 1.006a. A transformação da união estável em casamento será procedida mediante pedido ao juiz, que designará audiência para ouvir os requerentes e duas testemunhas – não impedidas ou suspeitas.

Art. 1.006b. O juiz indagará sobre os requisitos do *caput* do art. 1.723 do CC/2002 e ainda sobre os impedimentos referidos no § 3º do mesmo dispositivo.

Art. 1.006c. A audiência oral não poderá ser dispensada, mesmo que os requerentes comprovem documentalmente a união estável.

Art. 1.006d. A petição inicial será instruída com a certidão de nascimento ou documento equivalente (art. 1.525, I) e se for o caso com o documento referido no art. 1.525, II. Deverá constar a opção quanto ao regime de bens e referência ao sobrenome.

Art. 1.006e. O juiz deverá fixar o prazo a partir do qual a união estável restou caracterizada.

Art. 1.006f. O Ministério Público será obrigatoriamente intimado, sob pena de nulidade absoluta.

Art. 1.006g. É facultada a intervenção no processo a quem conhecer de algum dos impedimentos elencados no art. 1.521 ou para noticiar que um ou os dois requerentes sejam casados ou separados judicialmente.

Art. 1.006h. Os proclamas e os editais ficam dispensados.

Art. 1.006i. Homologada a conversão (art. 1.726 do CC/2002), o juiz ordenará o registro para que o oficial proceda ao assento no Livro "B-Auxiliar".

CÓDIGO DE NORMAS
CORREGEDORIA-GERAL DE SANTA CATARINA

[...]

Seção IX
Conversão de União Estável em Casamento

Art. 640. A união estável poderá converter-se em casamento a pedido dos conviventes ao oficial do Registro Civil da circunscrição de seu domicílio.

Art. 641. Recebido o requerimento, será iniciado o processo de habilitação previsto em lei, devendo constar dos editais que se trata de conversão de união estável em casamento.

§ 1º No requerimento, os conviventes declararão que mantêm convivência duradoura, pública e contínua, estabelecida com objetivo de constituição de família, bem como que não possuem impedimentos para casar.

§ 2º Será dispensável a indicação da data do início da união estável, não cabendo ao oficial perquirir acerca do seu prazo.

§ 3º As testemunhas, além de atestarem a inexistência de impedimentos para o casamento, comprovarão a união estável.

Art. 642. A conversão da união estável dependerá da superação dos impedimentos legais para o casamento, sujeitando-se à adoção do regime matrimonial de bens, na forma e segundo os preceitos da lei civil e às regras de ordem públicas pertinentes ao casamento.

Parágrafo único. Os efeitos do regime de bens adotado não serão retroativos.

Art. 643. Após a homologação pelo juiz e decorrido o prazo de quinze dias a contar da afixação do edital em cartório, se não aparecer quem oponha impedimento nem constar algum dos que de ofício deva declarar, ou se tiver sido rejeitada a impugnação do órgão do Ministério Público, o oficial certificará a circunstância e, no "Livro B", lavrará o assento da conversão da união estável em casamento, independentemente de qualquer solenidade.

§ 1º O assento conterá os requisitos do art. 1.536 do Código Civil e os espaços próprios para a data da celebração e o nome e a assinatura do presidente do ato deverão ser inutilizados, anotando-se no respectivo termo que se trata de conversão de união estável em casamento.

§ 2º Não constará do assento a data do início da união estável.

Dissolução da união estável

A dissolução da união estável não se opera judicialmente. Em regra, a dissolução opera-se apenas de fato, em face da morte de um dos conviventes ou pela separação de fato decorrente de ato unilateral ou bilateral. Assim, na hipótese de a dissolução ser bilateral ou de consenso, os conviventes geralmente entram em acordo a respeito da divisão de eventuais bens, prestação de alimentos e guarda de filhos. Já na hipótese de dissolução unilateral, ou seja, por iniciativa de um só dos conviventes, embora não se possa descartar a possibilidade de posteriormente também haver acordo, o mais usual é a negativa do convivente-varão em reconhecer os direitos da companheira (alimentos, partilha de bens). Nesse caso, e havendo bens comuns, será imprescindível o ajuizamento de ação declaratória de reconhecimento de união estável cumulada com pedido de partilha de bens não só para efeito de concretização da partilha dos bens, mas também para se decidir sobre eventual pedido de verba alimentar e guarda de filhos.[19]

---

19 Conforme já decidido pelo STJ, "o companheiro tem legítimo interesse de promover ação declaratória (art. 3º do CPC) da existência e da extinção da relação jurídica resultante da convivência durante quase dois anos, ainda que inexistam bens a partilhar. Igualmente, pode cumular seu pedido com a oferta de alimentos, nos termos do art. 24 da Lei n. 5.478/68" (STJ, 4ª T., REsp n. 285.961/DF, rel. Min. Ruy Rosado de Aguiar, j. 06.02.2001).

Direitos do companheiro na dissolução

Considerando a hipótese de dissolução judicial litigiosa por ato de vontade unilateral, o companheiro terá direito: a prestação de pensão alimentar, comprovada a necessidade, e partilha dos bens adquiridos após o início da união, salvo disposição escrita em contrário (art. 1.725 do CC). Todavia, entendemos, *permissa venia*, que a concessão da verba alimentar, além da prova da necessidade, requer a comprovação da ausência de culpa do requerente como ocorre no casamento. Essa exigência resulta naturalmente da interpretação analógica que se permite fazer do art. 1.702 do Código Civil: "Na separação judicial litigiosa, sendo um dos cônjuges inocente e desprovido de recursos, prestar-lhe-á o outro a pensão alimentícia que o juiz fixar". Portanto, a exemplo da situação dos cônjuges, também se torna necessária a discussão da culpa de um dos companheiros pela separação, especificamente para apuração da obrigação alimentar. Trata-se de medida imperiosa a ser adotada sob pena de se vir a conferir aos companheiros mais direitos do que os dispensados às pessoas casadas. De qualquer sorte, concedidos os alimentos, à semelhança do que ocorre na dissolução do casamento (art. 1.708), a obrigação do alimentante de prestar pensão alimentícia cessará quando o alimentando constituir nova união, seja união estável, seja casamento.

No pertinente à partilha de bens, eventual pedido de meação poderá ser admitido em duas hipóteses: inexistência de contrato escrito estipulando regime diferente do da comunhão parcial de bens; ou existência de contrato escrito estipulando o regime da comunhão universal de bens. O direito à meação, como consabido, não se funda no direito sucessório, e sim no direito à partilha, por metade, dos bens resultantes do regime de comunhão parcial ou comunhão universal de bens. Contudo, impende ressaltar que, sendo hipótese de comunhão parcial de bens, não farão parte da meação os bens que o convivente falecido tiver adquirido antes da união, os que tiver adquirido após a união com o produto da alienação desses bens e os que tiver recebido a título de herança ou doação, estes últimos por serem considerados adquiridos por título gratuito ou não oneroso.

Em relação aos direitos sucessórios, o companheiro sobrevivente somente terá direito à totalidade da herança do companheiro falecido na hipótese de inexistência de descendentes e ascendentes. Não obstante, ainda que existam aqueles herdeiros, o art. 1.790 assegura a participação do companheiro na sucessão do companheiro falecido relativamente aos bens adquiridos na vigência da união estável na seguinte proporção:

> I – se concorrer com filhos comuns, terá direito a uma cota equivalente à que por lei for atribuída ao filho;
>
> II – se concorrer com descendentes só do autor da herança, tocar-lhe-á a metade do que couber a cada um daqueles;
>
> III – se concorrer com outros parentes sucessíveis, terá direito a um terço da herança;
>
> IV – não havendo parentes sucessíveis, terá direito à totalidade da herança.

Demonstrando sua inconformidade com a aparente contradição entre o *caput* do art. 1.790 e seu inciso IV, Luiz Felipe Brasil Santos (SANTOS, "A sucessão dos companheiros no novo Código Civil"), desembargador do TJRS, adita que:

> Para evitar tal situação de flagrante injustiça, creio que a interpretação deverá aproveitar-se de uma antinomia do dispositivo em exame. Ocorre que, enquanto o *caput* do art. 1.790 diz que o companheiro terá direito de herdar apenas os bens adquiridos no curso do relacionamento, o seu inciso IV dispõe que, não havendo parentes sucessíveis, terá direito à totalidade da herança. Ora, a expressão *totalidade da herança* não deixa dúvida de que abrange todos os bens deixados, sem a limitação contida no *caput*. Evidente a antinomia entre a cabeça do artigo e seu inciso. Entretanto, uma interpretação construtiva, que objetive fazer acima de tudo justiça, pode extrair daí a solução que evite a injustiça e o absurdo de deixar um companheiro, em dadas situações, no total desamparo. Portanto, não havendo outros herdeiros, o companheiro, por força do claro comando do inciso IV, deverá receber não apenas os bens havidos na constância da relação, mas a totalidade da herança.[20]

---

20 Também se manifestando a respeito do tema, Maria Helena Diniz sustenta: "Há quem ache que, na falta de parente sucessível, o companheiro sobrevivente teria direito apenas à totalidade da herança no que atina aos bens onerosamente adquiridos na vigência da união estável, pois o restante seria do Poder Público, por força do art. 1.844 do Código Civil. Se o

O Enunciado n. 266, aprovado na Jornada de Direito Civil promovida pelo CJF, consagra o entendimento anterior expendido: "Art. 1.790: Aplica-se o inciso I do art. 1.790 também na hipótese de concorrência do companheiro sobrevivente com outros descendentes comuns, e não apenas na concorrência com filhos comuns".

Todavia, no relativo à aplicação no caso concreto da regra prevista no art. 1.790, III, do Código Civil ("III – se concorrer com outros parentes sucessíveis, terá direito a um terço da herança"), o tema foi objeto de recurso de agravo de instrumento interposto junto ao TJRS, o qual reconheceu o direito da companheira herdar a totalidade dos bens do companheiro falecido, afastando a pretensão sucessória do irmão do falecido:

> Agravo de instrumento. Inventário. Sucessão da companheira. Abertura da sucessão ocorrida sob a égida do novo Código Civil. Aplicabilidade da nova lei, nos termos do art. 1.787. Habilitação em autos de irmão da falecida. Caso concreto, em que merece afastada a sucessão do irmão, não incidindo a regra prevista no art. 1.790, III, do CCB, que confere tratamento diferenciado entre companheiro e cônjuge. Observância do princípio de eqüidade. Não se pode negar que tanto à família de direito, ou formalmente constituída, como também àquela que se constituiu por simples fato, há que se outorgar a mesma proteção legal, em observância ao princípio da eqüidade, assegurando-se igualdade de tratamento entre cônjuge e companheiro, inclusive no plano sucessório. Ademais, a própria Cons-

Município, o Distrito Federal ou a União só é sucessor irregular de pessoa que falece sem deixar herdeiro, como se poderia admitir que receba parte do acervo hereditário concorrendo com herdeiro, que, no artigo *sub examine*, seria o companheiro? Na herança vacante configura-se uma situação de fato em que ocorre a abertura da sucessão, porém não existe quem se intitule herdeiro. Por não existir herdeiro é que o Poder Público entra como sucessor. Se houver herdeiro, afasta-se o Poder Público da condição de beneficiário dos bens do *de cujus*, na qualidade de sucessor. Daí o nosso entendimento de que, não havendo parentes sucessíveis, receberá a totalidade da herança no que atina aos adquiridos onerosa e gratuitamente antes ou durante a união estável, recebendo, inclusive, bens particulares do *de cujus*, que não irão ao Município, Distrito Federal ou à União, por força do disposto no art. 1.844, primeira parte, do Código Civil, que é uma norma especial. Isto seria mais justo, pois seria inadmissível a exclusão do companheiro sobrevivente, que possuía laços de afetividade com o *de cujus*, do direito à totalidade da herança dando prevalência à entidade pública. Se assim não fosse, instaurar-se-ia no sistema jurídico uma lacuna axiológica. Aplicando-se o art. 5º da Lei de Introdução ao Código Civil, procura-se a solução mais justa, amparando o companheiro sobrevivente" (DINIZ, 2004, p. 133-4).

tituição Federal não confere tratamento iníquo aos cônjuges e companheiros, tampouco o faziam as leis que regulamentavam a união estável antes do advento do novo Código Civil, não podendo, assim, prevalecer a interpretação literal do artigo em questão, sob pena de se incorrer na odiosa diferenciação, deixando ao desamparo a família constituída pela união estável, e conferindo proteção legal privilegiada à família constituída de acordo com as formalidades da lei. (TJRS, 7ª Câm. Cível, AI n. 70.020.389.284, rel. Des. Ricardo Raupp Ruschel, j. 12.09.2007)

Reserva de bens em inventário. É assegurado à companheira, no inventário do companheiro, quando eventualmente aberto por iniciativa dos familiares do falecido, requerer a reserva de bens enquanto aguarda o desfecho da ação na qual pleiteia o reconhecimento da união estável como posto por autorizada doutrina. Nesse caso, entendemos que a ação apropriada será a ação declaratória de reconhecimento de união de fato cumulada com pedido de reserva de bens em inventário. Verificando-se referida pretensão, convém atentar para julgado do Tribunal de Justiça do Paraná que decidiu que

> a controvérsia instaurada em inventário sobre a existência ou não de união estável demanda produção de provas em ação distinta, com ampla cognição, sendo mister a remessa das partes às vias ordinárias, porém, sem prejuízo da reserva do quinhão cabível à provável ex-companheira, quando o início de prova documental por ela apresentado informa, *prima facie*, a verossimilhança de suas alegações (7ª Câm. Cível, AI n. 4.400, rel. Mário Rau, j. 28.06.2005).

No mesmo sentido é a decisão do TJRS:

> Sucessões. Inventário. Pretensão da companheira em concorrer no inventário, assumindo a condição de inventariante. União estável não demonstrada, indispensabilidade de ação própria. Reserva de bens determinada, garantia assegurada para eventual direito à meação. Agravo desprovido, por maioria. (TJRS, 8ª Câm. Cível, AI n. 70.018.968.347, rel. Luiz Ari Azambuja Ramos, j. 17.05.2007)

Direito à pensão por morte. O direito dos conviventes decorre do art. 14, *caput*, do Decreto n. 77.077, de 24 de janeiro de 1976, que exige a convivência de pelo menos cinco anos. Consoante decidiu o Tribunal Regional Federal da 5ª Região,

> o direito da companheira mantida há mais de cinco anos ao benefício de pensão por morte decorre do reconhecimento da natureza familiar da relação entre homem e mulher, podendo o juiz firmar sua convicção, independentemente da exigência legal inserta no art. 14, § 1º, do Decreto n. 77.077. Nesse caso, a dependência econômica da companheira é presumida. Inteligência do art. 13, I, combinado com o art. 15 do Dec. n. 77.077/76. Por unanimidade. (Ap. cível n. 79.140/PE, rel. Juiz Manoel Erhardt, j. 13.11.1997)

No atinente à exigência de início de prova material visando a comprovação da convivência de ex-segurado e companheira, para fins de concessão de pensão por morte, as decisões dos tribunais são no sentido de que o art. 14 do Decreto n. 77.077/76 em nenhum momento exigiu a referida prova, conforme se extrai dos seguintes julgados do STJ:

> Previdenciário. Pensão por morte. Companheira de segurado falecido. Condição de beneficiária. Comprovação. Início de prova material. Desnecessidade. Decreto n. 77.077/76. O art. 14 do Decreto n. 77.077/76 em nenhum momento exigiu o início de prova material para fins de comprovação da convivência conjugal do ex-segurado e companheira para fins de concessão de pensão por morte à última. Na disciplina da matéria, há ressalva expressa (§ 1º do artigo em análise) no sentido de que qualquer prova "capaz de constituir elemento de convicção" será suficiente à certificação da vida em comum. Recurso especial não conhecido. (6ª T., REsp n. 326.717/GO, rel. Min. Vicente Leal, j. 29.10.2002, DJ 18.11.2002, p. 300)

> Previdenciário. Pensão por morte. Comprovação da união estável reconhecida pelo tribunal de origem. Desnecessidade de início de prova material. Impossibilidade de reapreciação. Incidência do verbete sumular n. 7/STJ. Recurso especial a que se nega seguimento. 1 – O art. 14 do De-

creto n. 77.077/76, antes mesmo da edição da Lei n. 9.278/96, assegurava o direito dos companheiros à concessão de benefício previdenciário decorrente do reconhecimento da união estável, desde que configurada a vida em comum superior a cinco anos. 2 – Em nenhum momento a legislação previdenciária impôs restrições à comprovação da união estável entre o homem e a mulher mediante início de prova material; pelo contrário, deixou ao arbítrio do julgador a análise de todas as provas legais que pudessem formar a sua convicção acerca da existência da vida em comum entre os companheiros. 3 – A 3ª Seção deste Superior Tribunal, no âmbito da 5ª e da 6ª Turma, já consolidou entendimento no sentido da não-exigência de início de prova material para comprovação da união estável, para fins de obtenção do benefício de pensão por morte, uma vez que não cabe ao julgador restringir quando a legislação assim não o fez. 4 – A comprovação da união estável entre o autor e a segurada falecida, que reconheceu a sua condição de companheiro, é matéria insuscetível de reapreciação pela via do recurso especial, tendo em vista que o tribunal *a quo* proferiu seu julgado com base na análise do conjunto fático-probatório carreado aos autos. Incidente, à espécie, o verbete sumular n. 7/STJ. 5 – Recurso especial a que se nega provimento. (5ª T., REsp n. 778.384/GO, rel. Min. Arnaldo Esteves Lima, j. 17.08.2006, DJ 18.09.2006, p. 357)

Ações decorrentes das uniões estáveis

Ação declaratória de reconhecimento

No período que antecedeu à Constituição Federal de 1988, não havia possibilidade de reconhecimento da união estável, pois ainda não era reconhecida por entidade familiar. Unicamente o que se permitia era a dissolução da sociedade de fato com fundamento na Súmula n. 380 do STF de seguinte teor: "Comprovada a existência de sociedade de fato entre os concubinos, é cabível a sua dissolução judicial, com a partilha do patrimônio adquirido pelo esforço comum". Hoje, todavia, é facultado ao convivente, mediante prova dos requisitos elencados pelo art. 1.723 do Código Civil, promover ação declaratória de reconhecimento e de dissolução de união estável para efeito de não só obter o reconhecimento da união estável como também requerer alimentos e eventual partilha de bens, esta de conformidade com o art. 1.725 do Código Civil.

O direito de ação, como se observa, cabe, em princípio, aos conviventes em união estável. Todavia, entendemos não ser lícito deixar ao desamparo da lei, e, conseqüentemente, destituir de qualquer direito, as pessoas solteiras, separadas, divorciadas ou viúvas que, conquanto convivam como se casadas fossem, não preenchem integralmente os requisitos exigidos por lei para a configuração da união estável. Assim, ainda que não se possa conceder-lhes direito a alimentos e à sucessão do companheiro, é razoável deduzir que as pessoas que convivam nessas condições poderão pleitear a dissolução da sociedade de fato com fundamento no Direito das Obrigações (art. 981 do CC) e na Súmula n. 380 do STF, com a respectiva partilha de bens que eventualmente tenham adquirido em comum ou a indenização por serviços domésticos prestados perante a vara cível.

Ação de alimentos

O direito a alimentos, como mencionado, resulta do art. 1.694 do Código Civil ("Podem os parentes, os cônjuges ou conviventes pedir uns aos outros os alimentos de que necessitem para viver de modo compatível com a sua condição social, inclusive para atender às necessidades de sua educação"). Impede considerar, no entanto, que, ao teor da Lei n. 5.478/68 (Lei de Alimentos), a concessão de alimentos depende, além da prova da necessidade, de prova pré-constituida da obrigação alimentar, implicando, pois, na prévia comprovação da existência da união estável entre o alimentando e o alimentante, uma vez que a ação de alimentos não se presta para discussão da relação familiar. Assim, como bem elucida Yussef Said Cahali (CAHALI, *Dos alimentos*), o que se tem como certo, a teor do próprio sistema da lei, é que, afora a ressalva do citado art. 2º, § 1º, o pedido deve ser instruído com a prova do parentesco ou da obrigação alimentar; não se prestando a ação especial de alimentos para o reconhecimento *incidenter tantum* da relação familiar.

No pertinente ao foro competente para o ajuizamento do pedido alimentar, forte na equiparação da união estável com o casamento, os precedentes pretorianos são no sentido de que deve recair no foro da residência do alimentando, como revela a seguinte decisão do Tribunal de Justiça de Santa Catarina:

> É competente o foro do domicílio ou da residência do alimentando, para a ação em que se pedem alimentos (art. 100, II, CPC). As medidas cautelares serão requeridas ao juiz da causa, e, quando preparatórias, ao juiz competente para conhecer da ação principal (art. 800, CPC). A previsão do art. 100, II, do CPC, busca propiciar melhor oportunidade à parte hipossuficiente para provar o que está alegando, de forma a facilitar a propositura da ação de alimentos. A controvérsia gira em torno da competência para conhecimento e julgamento da ação cautelar de alimentos provisionais. Ora, a ação cautelar, por tratar-se de ação subsidiária da principal, deverá tramitar no mesmo foro desta, segundo inteligência do art. 800 do CPC. Assim, tendo sido manejada a exceção de incompetência em face à cautelar de alimentos provisionais, tanto faz se a ação principal a ser movida for de dissolução de união estável ou de alimentos, conquanto o desfecho será o mesmo, ou seja, se interposta a primeira, a competência será o foro da residência da mulher, conforme inciso I do art. 100 do CPC, que regula competência para a ação de separação dos cônjuges, estendendo-se o dispositivo à ação de dissolução de união estável. Se interposta a segunda, prescreve o inciso II, do citado artigo, a competência do domicílio ou da residência do(a) alimentando(a). (TJSC, 1ª Câm. Cível, AI n. 00.013.053-2, rel. Des. Ruy Pedro Schneider, j. 20.02.2001)

Ação de habilitação em inventário e ação de inventário

Cumpre, desde logo, apontar a diferença existente entre essas duas ações. Assim, enquanto a ação de habilitação em inventário pode ser utilizada para um companheiro habilitar-se no inventário do outro, ou reivindicar sua parte na herança após encerramento do mesmo inventário na qualidade de meeiro dos bens adquiridos na constância da união estável (art. 1.725 do CC), a ação de inventário é a indicada para requerer a totalidade da herança, na qualidade de herdeiro legítimo, na hipótese de inexistência de descendentes e ascendentes do companheiro falecido. Havendo descendentes ou ascendentes, o companheiro sobrevivente com eles concorrerá na proporção estipulada pelo art. 1.790 do Código Civil (vide item "Direitos do companheiro na dissolução").

De qualquer sorte, parece fora de dúvida, em ambas as ações será necessária produção de prova pré-constituída da existência da união estável. Em outras palavras, como o reconhecimento da união constitui matéria estranha ao inventário, obstativa de ser apreciada de forma incidental, é necessário que o companheiro supérstite obtenha o reconhecimento judicial da união estável através de ação de justificação ou de ação declaratória de reconhecimento de união estável antes de pleitear direito sucessório.[21] Permite-se, ainda, segundo decisões de alguns tribunais, na própria ação declaratória, requerer a suspensão do processo de inventário ou reserva de bens caso o processo de inventário já tenha sido iniciado por outra pessoa.

Não discrepa desse raciocínio o entendimento segundo o qual pode a companheira, no próprio inventário do convivente falecido, requerer a reserva de bens enquanto aguarda o desfecho da ação na qual pleiteia o reconhecimento da ação declaratória de reconhecimento de união estável ou, se for o caso, da ação de dissolução de sociedade de fato. É o que se recolhe do ensinamento de Hamilton de Moraes e Barros (BARROS, 1977, p. 310):

> Os direitos da concubina não são de reconhecer dentro do inventário. Os problemas da existência da sociedade de fato, das contribuições da companheira na formação do patrimônio comum, da parte a que tem direito, na divisão desse patrimônio, tudo isso é estranho ao procedimento de inventário e deve ter a discussão nele proibida, sob pena de tumulto. O que no inventário pode e deve ser feito é a reserva de bens, para atender à eventual execução da ação da concubina, se procedente a ação em que pleitear o reconhecimento de sua participação na formação do patrimônio do inventariado.

Nesse caso, a nosso ver, a ação cabível será a ação declaratória de reconhecimento de união estável cumulada com pedido de reserva de bens em inventário, posto que o direito à referida reserva de bens decorre da analogia ao art. 1.001 do Código de Processo Civil, que tem a seguinte redação:

---

21 Cabível a suspensão do processo de inventário até decisão final da ação da companheira reivindicando meação (TJRJ, *RT* 560/221). No mesmo sentido: "O inventário não é a via própria para a concubina postular o reconhecimento da sua condição de meeira do espólio" (STJ, 4ª T., RO em MS n. 32, 1989.00095146/SP, rel. Min. Sálvio de Figueiredo, j. 19.09.1989, *DJU* 10.10.1989).

Aquele que se julgar preterido poderá demandar a sua admissão no inventário, requerendo-o antes da partilha. Ouvidas as partes no prazo de 10 (dez) dias, o juiz decidirá. Se não acolher o pedido, remeterá o requerente para os meios ordinários, mandando reservar, em poder do inventariante, o quinhão do herdeiro excluído até que se decida o litígio.

Ademais disso, após o advento da Constituição Federal de 1988, mesmo diante do silêncio do Código de Processo Civil, restou possível ao companheiro supérstite ser nomeado inventariante e, conseqüentemente, requerer a abertura de inventário, consoante demonstra o seguinte julgado do Tribunal de Justiça de Santa Catarina:

> Ante o disposto no § 3º do art. 226 da Constituição Federal, de que a união estável entre homem e mulher será reconhecida como entidade familiar, para efeito de proteção do Estado, cabendo à lei ordinária e à jurisprudência traçar os contornos desta proteção (Teresa de Arruda Alvim, *RT* 680/69), o fato de o concubino supérstite não estar incluído no rol dos que podem ser nomeados inventariantes do espólio da pessoa com a qual viveu em união estável, *more uxorio*, não é impedimento à sua designação para o encargo. Precedentes jurisprudenciais. (TJSC, 4ª Câm. Civ., Ap. cível n. 43.019, rel. Des. João José Schaefer, j. 20.10.1994, *DJ* 14.11.94, p. 9-10)

Na mesma esteira de pensamento, equiparando a companheira ao cônjuge supérstite, o Tribunal de Justiça de São Paulo proferiu julgado assinalando que:

> Desde que a concubina, em ação ordinária viu reconhecido o seu direito à meação dos bens deixados pelo *de cujus*, pelo fato de haver se estabelecido uma sociedade de fato entre ambos, resultante de longo concubinato, deve ser nomeada para o cargo de inventariante; está ela na posse dos bens inventariados, em melhor condição para dar rápido andamento ao feito. A concubina, com o fato de ser meeira dos bens inventariados, por força de uma decisão judicial, está na mesma situação do cônjuge supérstite, que o CPC coloca em primeiro lugar dentre os concorrentes ao cargo de inventariante, desde que estivesse convivendo com o *de cujus* ao

tempo da morte deste. (TJSP, 1ª Câm. Cível, rel. Des. Humberto de Andrade Junqueira)

Por derradeiro, não pode ser nomeada herdeira nem legatária a concubina do testador casado, salvo se este, sem culpa sua, estiver separado de fato do cônjuge há mais de cinco anos (art. 1.801, III, do CC).

Medida cautelar de separação de corpos

Os pedidos de separação de corpos e de afastamento do lar, anteriormente de aplicação restrita aos cônjuges, pois nas uniões de fato somente se permitia o pedido como cautelar inominada,[22] podem hoje, a teor do art. 1.562 do Código Civil, ser pleiteados com a mesma denominação, ainda que no âmbito das uniões estáveis.[23]

22 Em face do novo sistema constitucional, que, além dos princípios da igualdade jurídica dos cônjuges e dos filhos, prestigia a união estável como entidade familiar, protegendo-a expressamente – Constituição, art. 226, § 3º – não pode o Judiciário negar aos que a constituem os instrumentos processuais que o ordenamento legal contempla. Assim sendo, a cautelar inominada – CPC, art. 798 – apresenta-se hábil para determinar o afastamento do concubino do imóvel da sua companheira quando ocorrentes os seus pressupostos (TEIXEIRA, 1993, p. 387). *Ipso facto*, harmonizando-se o depoimento do parente de um dos litigantes com as demais provas existentes nos autos, reveste-se de inegável valor e pode ser considerado pelo juiz para determinar o afastamento do concubino do teto comum, prevenindo o clima de atrito e até a violência entre os companheiros, decorrente do ambiente doméstico hostil e contumelioso que se formou em face das desavenças do casal. (TJSC, AI n. 96.004.416-7, rel. Des. Eder Graf, j. 22.10.1996)

23 "Art. 1.562. Antes de mover a ação de nulidade do casamento, a de anulação, a de separação judicial, a de divórcio direito ou a de dissolução de união estável, poderá requerer a parte, comprovando sua necessidade, a separação de corpos, que será concedida pelo juiz com a possível brevidade".

6 Outras modalidades de uniões de fato

União semi-estável

A união semi-estável, ou quase estável, em nosso sentir, envolve as hipóteses de uniões de fato que, conquanto os conviventes preencham o requisito pessoal (relação entre pessoas desimpedidas), não cumprem um ou mais dos demais requisitos relativos a durabilidade, publicidade, continuidade e objetivo de constituir família exigidos pelo art. 1.723 do Código Civil para caracterizar a união estável.

Prosseguindo nessa linha de raciocínio, entendemos, *data venia*, que, em que pese a lei não ter contemplado as referidas modalidades de uniões, não se pode considerar desprovidas de qualquer direito as pessoas que convivam nessas condições. Conseguintemente, parece-nos de todo razoável que se confira ao caso, no mínimo, o mesmo tratamento que a jurisprudência (Súmula n. 380 do STF), antes da Lei n. 8.971/94, vinha dispensando às hipóteses de uniões de fato quando, sem exigir qualquer prazo de convivência, concedia uma das seguintes alternativas: dissolução da sociedade de fato, com a partilha de bens, mediante alegação de existência de sociedade de fato, com fundamento no Direito das Obrigações (art. 981 do CC) e na Súmula n. 380 do STF; ou indenização por serviços prestados pela companheira. Neste caso, a ação cabível seria ação de dissolução de sociedade fato, com pedido alternativo de indenização por serviços prestados, a ser promovida perante a vara cível.

A falta de coabitação e de *affectio maritalis*, por exemplo, descaracteriza a união estável, sendo considerado apenas um simples namoro entre as partes envolvidas, como entendeu o Tribunal de Justiça do Rio Grande do Sul:

> Embora, no caso, o relacionamento tenha sido duradouro, a falta de coabitação e de *affectio maritalis* evidencia que houve apenas um mero namoro entre os litigantes. Inexistindo união estável não há que se falar em partilha de bens com amparo na Lei n. 9.278/96 (art. 5º). Assim, o direito aos bens adquiridos nesse período, depende da prova de contribuição efetiva, tal como exigia a jurisprudência ao tratar da dissolução da sociedade de fato (Súmula n. 380, STF). (7ª Câm., Ap. cível n. 70.001.365.048, rel. Luiz Felipe Brasil Santos, j. 06.09.2000)

No mesmo sentido, assim julgou o Tribunal de Justiça de Santa Catarina:

> Civil. Família. Dissolução de sociedade de fato cumulada com pretensão alimentar. Concubinato impuro. Não-caracterização de união estável. Recurso desprovido. As relações despidas da intenção de formar família, como ocorre nas adulterinas ou em simples namoro, ainda que prolongado, não se confundem com união estável e, por isso, não geram direito a alimentos. (TJSC, 2ª Câm. de Direito Civil, Ap. cível n. 2002.023.451-1, rel. Des. Luiz Carlos Freyesleben, j. 28.10.2004)

Portanto, não se configurando união estável, em face do não-cumprimento de todos seus requisitos, restaria ao convivente o direito de pleitear, perante a vara cível, eventual reconhecimento e dissolução da sociedade de fato. Releva esclarecer que – embora a partilha de bens na união estável prescinda de comprovação de contribuição efetiva (art. 1.725) –, para caracterização da sociedade de fato (Direito das Obrigações, art. 981 do CC), exige-se a comprovação da contribuição com fundamento na Súmula n. 380 do Supremo Tribunal Federal: "Comprovada a existência de sociedade de fato entre os concubinos, é cabível a sua dissolução judicial, com a partilha do patrimônio adquirido pelo esforço comum".

Já a pretensão ao reconhecimento da sociedade de fato funda-se no direito obrigacional com fulcro no art. 981 do Código Civil: "Art. 981.

Celebram contrato de sociedade as pessoas que reciprocamente se obrigam a contribuir, com bens ou serviços, para o exercício de atividade econômica e a partilha, entre si, dos resultados". Em outras palavras, o convivente-demandante deverá comprovar documentalmente a efetiva contribuição pecuniária, mediante prova de que exercia atividade remunerada e que, em razão disso, possuía recursos para a referida contribuição.

Luiz Felipe Brasil Santos, desembargador do TJRS, chama a atenção para a confusão conceitual decorrente do uso indiscriminado e equivocado da denominação *dissolução de sociedade de fato*, com vistas tanto a obter o reconhecimento da união estável quanto à da própria sociedade de fato:

> É certo que os conceitos de sociedade de fato e de união estável são distintos. O primeiro é de direito obrigacional, encontrando seu fundamento no art. 1.363 e seguintes do Código Civil de 1916, e no Enunciado n. 380, da súmula do STF. O segundo, de Direito de Família, criado que foi com a Constituição de 1988, e posteriormente regulamentado pelas Leis ns. 8.971/94 e 9.278/96. Entretanto, é indispensável lembrar que até a edição da norma constitucional de regência (art. 226, § 3º), toda a matéria atinente às relações fáticas entre homem e mulher era versada na perspectiva da sociedade de fato, o que acabou por gerar a edição do Enunciado sumular n. 380/STF. Mesmo após o regramento constitucional da união estável, que trouxe a matéria para o âmbito do Direito de Família (o que neste tribunal foi afirmado a partir da Súmula n. 14) sob a denominação de *União Estável*, a antiga praxe forense de denominar tais ações como de *dissolução de sociedade de fato* persistiu, e ainda hoje se mantém, na imensa maioria das ações dessa espécie. O que ocorre é uma mera confusão conceitual, que não prejudica, de nenhum modo, a clareza da prestação jurisdicional reclamada. Os antigos romanos proclamavam: *da mihi factum, dabo tibi jus*. Assim e, com efeito, ainda hoje: à parte cumpre expor os fatos, ao juiz cabe dizer o direito aplicável. E, no caso, os fatos estão suficientemente explanados, e foram objeto de ampla dilação probatória, onde em nenhum momento se estampou perplexidade quanto a real pretensão em jogo. Acolheram em parte os embargos (fls.). (Segredo de justiça). (TJRS, 4º Grupo de Câmaras Cíveis, Embargos infringentes n. 70.004.159.406, rel. Luiz Felipe Brasil Santos, j. 11.10.2002)

Concubinato

É indiscutível, hoje, não se poder mais conceber o uso generalizado da expressão *concubinato* para efeito de abarcar todas as hipóteses de uniões de fato, em que pese, no passado, a doutrina ter tentado abrandar seu sentido pejorativo diferenciando as hipóteses em concubinato puro e concubinato impuro. Assim, em face do art. 1.727, do Código Civil de 2002, bem como de iterativa jurisprudência, concubina é a amante, a mulher do lar clandestino, que se relaciona com o homem casado.[24] Portanto, é inegável que, quando em um dos pólos da relação figurar uma pessoa casada (ainda não separada de fato ou de direito), configura-se o verdadeiro concubinato (antes denominado concubinato impuro), ficando essa relação adulterina ou de concubinato impuro evidentemente ao desabrigo das normas que regem a união estável. Nesse norte, seguramente orientaram-se os elaboradores do atual Código Civil ao declararem expressamente, no art. 1.727, que "as relações não eventuais entre o homem e a mulher, impedidos de casar, constituem concubinato". Referido impedimento à caracterização da união estável é reconhecido no seguinte julgado:

> Apelação cível. União estável. Existência controvertida. Varão casado. Separação de fato que não restou induvidosamente provada. 1 – Há nos autos indícios de que houve relacionamento afetivo e íntimo entre os litigantes. 2 – Todavia, além de ser frágil a prova, a pretensão de reconhecimento de união estável esbarra em óbice intransponível: o fato de o varão ser casado e não restar induvidosamente comprovada a sua separação fática. Negaram provimento, à unanimidade. (TJRS, 7ª Câm. Cível, Ap. cível n. 70.015.794.761, rel. Des. Luiz Felipe Brasil Santos, j. 23.08.2006)

Ocorrendo o mencionado relacionamento adulterino, entende-se que, à mulher, não se confere qualquer direito, salvo, em última instân-

24 Antes da Constituição de 1988, a doutrina classificava o concubinato em duas categorias, como esclarece Álvaro Villaça Azevedo: "é puro o concubinato quando se constitui a família de fato, sem qualquer detrimento da família legítima ou de outra família de fato [...]. Assim ocorre, por exemplo, quando coabitam solteiros, viúvos e separados judicialmente, sob essa forma familiar. Impuro é o concubinato se for adulterino, incestuoso ou desleal, como, respectivamente, o de um homem casado, que mantenha, paralelamente a de seu lar, outro de fato; o de um pai com sua filha; e o de um concubino formando outro concubinato" (AZEVEDO, 1995, p. 29).

cia, eventual partilha de bens através de ação de dissolução de sociedade de fato a ser ajuizada perante a vara cível, no caso de prova inconteste de ter contribuído para aquisição de certo patrimônio que se encontra em nome exclusivo do cônjuge adúltero, com fundamento no Direito das Obrigações (art. 981 do CC) e na Súmula n. 380 do STF. Nesse sentido:[25]

> A sociedade de fato mantida com a concubina rege-se pelo Direito das Obrigações e não pelo de Família. Inexiste impedimento a que o homem casado, além da sociedade conjugal, mantenha outra, de fato ou de direito, com terceiro. Não há cogitar de pretensa dupla meação. A censurabilidade do adultério não haverá de conduzir a que se locuplete, com o esforço alheio, exatamente aquele que o pratica. (STJ, 3ª T., REsp n. 47.103-6/SP, rel. Min. Eduardo Ribeiro, decisão unânime, j. 29.11.1994)

> Em sede doutrinária, são muito ponderáveis os argumentos no sentido de que o concubinato por longos anos, convivência *more uxorio*, e proclamada a efetiva colaboração da companheira na formação do patrimônio, conduzirá ao reconhecimento da sociedade de fato, e em tese à partilha dos bens, considerando-se irrelevante o fato de o companheiro ser legalmente casado sob regime de comunhão. (STJ, 3ª T., REsp n. 13.785, rel. Min. Athos G. Carneiro, j. 10.12.1991)

No mesmo sentido, decisões mais recentes:

> O concubinato adulterino é insuscetível de gerar outros efeitos que não o meramente patrimonial, sendo admissível sociedade de fato, pois o Direito de Família pátrio não admite a bigamia. Doutrina e jurisprudência têm se manifestado no sentido de que mesmo no caso de concubinato impuro este poderá gerar efeitos, com a ressalva de que a parte que propõe a ação deve comprovar que ajudou para a formação do patrimônio em comum. Nos casos de concubinato impuro (sociedade de fato) devem ser

25 Edgard de Moura Bittencourt (BITTENCOURT, 2005, p. 158) ensina que "se do trabalho e da atividade de duas pessoas em conjunto surge um patrimônio já preexistente de uma delas, é evidente que no plano do Direito das Obrigações e do Direito das Coisas resultou um condomínio sobre o patrimônio surgido, ou sobre a parceria acrescida, pouco importando se um dos partícipes na formação do patrimônio já é casado, e pouco importando se os partícipes mantêm ou não convivência *more uxorio*".

aplicados os dispositivos do Código Civil brasileiro (arts. 918 e seguintes), além do entendimento contido na Súmula n. 380 do STF, de que: "comprovada a existência de sociedade de fato entre os concubinos, é cabível a sua dissolução judicial, com a partilha do patrimônio adquirido pelo esforço comum". (TJRS, 7ª Câm. Cível Ap. cível n. 70.003.337.508, rel. Des. Maria Berenice Dias, j. 27.02.2002)

Relacionamento afetivo. União estável. Sociedade de fato. Reconhecimento. Distinção. Requisitos evidenciadores. Prova. Duplo leito. A sociedade de fato pertence ao direito obrigacional; enquanto a união estável, ao Direito de Família, criada que foi pela Constituição Federal de 1988 e regulamentada pelas Leis ns. 8.971/94 e 9.278/96, agora pelo Código Civil. Para o reconhecimento desta, faz-se necessária a comprovação da convivência pública, contínua e duradoura, com intenção de constituir família (art. 1º da Lei n. 9.278/96 e art. 1.723 do CC/2002), decorrendo daí as seqüelas patrimonial e assistencial. Para aquela, há de ser comprovada a contribuição da mulher para acréscimo patrimonial do parceiro. Hipótese em que não se reconhece a união estável, eis que indemonstrados os requisitos evidenciadores e comprovado que o varão mantinha íntegro o vínculo do matrimônio, residindo com a esposa e os filhos na capital. Também não se há falar em sociedade de fato, porque não constatada a contribuição da mulher para aquisição de patrimônio. Apelo desprovido. (TJRS, 7ª Câm., Ap. cível n. 70.009.416.256, rel. José Carlos Teixeira Giorgis, j. 20.10.2004)

Em que pese esse entendimento, o mesmo TJRS, por sua 8ª Câmara Cível, em julgamento aparentemente contraditório às decisões da 7ª Câmara, admitiu a existência de união estável paralela ao casamento, como demonstra a seguinte ementa:

Apelação cível. União estável. Relacionamento paralelo ao casamento. Se, mesmo não estando separado de fato da esposa, vivia o falecido em união estável com a autora/companheira, entidade familiar perfeitamente caracterizada nos autos, deve ser mantida a procedência da ação que reconheceu a sua existência, paralela ao casamento. A esposa, contudo, tem direito sobre parcela dos bens adquiridos durante a vigência da união estável. (Ap. cível n. 70.015.693.476, rel. Des. José S. Trindade, j. 20.07.2006)

Extrai-se do mencionado acórdão a seguinte situação fática: a princípio, salienta-se que o relacionamento amoroso entre N. e A. iniciou, conforme se depreende da prova dos autos – testemunhal e nascimento da primeira filha – em julho de 1980 (conforme reconhecido na sentença), findando com o falecimento dele, em 20 de junho de 1996 (fl.). Por conseguinte, projetou-se além do início da vigência da Constituição Federal de 1988, que, por seu art. 226, § 3º, outorgou a condição de entidade familiar à união estável. Desse modo, como o relacionamento em pauta teve parte de sua vigência e seu término sob o pálio da Constituição Federal de 1988, a ele se aplica pacificamente o texto constitucional. Por outro lado, iniciou e findou sob o comando do Código Civil de 1916, não sendo atingido pela Lei n. 10.406, de 10 de janeiro de 2002, que instituiu o atual Código Civil. Portanto, não se está, aqui, diante de caso de reconhecimento do concubinato previsto no art. 1.727 do atual Código Civil, tampouco de aplicação dos artigos elencados pelos apelantes do atual Código Civil, o que leva a examinar o presente feito com base no instituto da união estável reconhecido pela Constituição Federal de 1988. E conclui:

> Com efeito, conforme foi referido na precitada Apelação cível n. 70.009.786.419, pelo relator, Des. Portanova, reconhecida a união dúplice ou paralela, por óbvio, não se pode mais conceber a divisão clássica de patrimônio pela metade entre duas. Na união dúplice do homem, por exemplo, não foram dois que construíram o patrimônio. Foram três: o homem, a esposa e a companheira.

Assim, atendendo ao pedido expresso dos apelantes, daquele patrimônio adquirido durante a vigência da união estável, terá direito a autora não a sua metade, mas a 25%, sendo que os outros 25% pertencem à esposa do falecido. No entanto, quando a mencionada questão foi submetida à reexame no STJ, aquele Superior tribunal houve por bem, e em nome da segurança jurídica, dar provimento ao recurso especial interposto pela viúva, que alegou não ser possível reconhecer a união estável em relação simultânea ao casamento, que nunca foi dissolvido nem mesmo havendo separação de fato. A relatora Ministra Nancy Andrighi declarou que "A existência de impedimento para se casar por parte de um dos companheiros, como, por exemplo, na hipótese de a pessoa ser casada, mas não separada de fato ou judicialmente, obsta a constituição de união estável" (STJ, 3ª T., REsp n. 931.155, j. 07.08.2007).

É do mesmo TJRS, inclusive, a decisão que, em condições especialíssimas, conferiu à concubina o direito a alimentos:

> Face à induvidosa situação de dependência financeira, mostra-se adequada a fixação de alimentos em favor da concubina, mesmo quando seu companheiro encontra-se casado. Configuração de situação análoga à união estável, que merece a proteção estatal, em nome do princípio da dignidade da pessoa humana. O Direito não há de proteger aquele que se vale de situação à margem da lei, à qual deu causa, em detrimento da parte adversa. Comprovada a necessidade alimentar da filha maior de idade, em razão de problemas psicológicos, e demonstrada sua dependência econômica do genitor, imperiosa a manutenção do pensionamento. A possibilidade financeira do alimentante está consideravelmente acima do valor estabelecido pelo juízo *a quo*, ao passo que as necessidades das alimentandas não restam supridas com tal pensionamento, merecendo este, portanto, majoração. Recurso provido em parte, por maioria. (TJRS, AI n. 70.010.698.074, rel. Des. Catarina Rita Kreiger Martins, j. 07.04.2005)

Direito da concubina à pensão por morte

Referido direito vem sendo reiteradamente concedido pelos tribunais mediante prova inconteste da dependência econômica em relação ao cônjuge adúltero falecido, durante o período de convivência, em concorrência com a esposa legítima, como demonstram as seguintes decisões:

> Apelação cível. União estável. Por mais duradoura que tenha sido a relação afetiva, o sistema jurídico brasileiro está ordenado pelo princípio da monogamia. Logo, inviável reconhecer a concomitância de duas entidades familiares. Entretanto, comprovada a dependência econômica da concubina, viável a concessão do benefício previdenciário. Negaram provimento a ambos os apelos, vencida a relatora. (TJRS, Ap. cível n. 70.014.692.917, rel. Des. Maria Berenice Dias, j. 28.06.2006)

> Concubinato. Sociedade de fato. Direito das Obrigações. Segundo entendimento pretoriano, "a sociedade de fato entre concubinos é, para as con-

seqüências jurídicas que lhe decorram das relações obrigacionais, irrelevante o casamento de qualquer deles, sobretudo, porque a censurabilidade do adultério não pode justificar que se locuplete com o esforço alheio, exatamente aquele que o pratica". Recurso não conhecido. (STJ, 4ª T., REsp n. 229.069/SP, rel. Min. Fernando Gonçalves, j. 26.04.2005)

Pensão previdenciária. Partilha da pensão entre a viúva e a concubina. Coexistência de vínculo conjugal e a não-separação de fato da esposa. Concubinato impuro de longa duração. Circunstâncias especiais reconhecidas em juízo. Possibilidade de geração de direitos e obrigações, máxime, no plano da assistência social. Recurso especial não conhecido. (STJ, 4ª T., REsp n. 742.685/RJ, rel. Min. José Arnaldo da Fonseca, j. 04.08.2005)[26]

Direito à indenização por serviços prestados

Esse direito da concubina também já foi reconhecido pelo STJ, conforme demonstra o seguinte julgado:

Concubinato. Relação extraconjugal mantida por longos anos. Vida em comum configurada ainda que não exclusivamente. Indenização serviços domésticos. Pacífica é a orientação das turmas da 2ª Seção do STJ no sentido de indenizar os serviços domésticos prestados pela concubina ao companheiro durante o período da relação, direito que não é esvaziado pela circunstância de ser o concubino casado, se possível, como no caso, identificar a existência de dupla vida em comum, com a esposa e companheira, por período superior a trinta anos. Pensão devida durante o período do concubinato até o óbito do concubino. (STJ, 4ª T., REsp n. 303.604/SP, rel. Min. Aldir Passarinho Junior, *DJU* 23.06.2003)

---

26 Extrai-se ainda do acórdão: "A configuração do domicílio dos conviventes restou provada nos autos através de diversas contas de luz em nome do instituidor da pensão com o endereço do imóvel no qual, até hoje, reside a apelante, e que servia de residência para os conviventes. Há nos autos inúmeras notas fiscais em nome do falecido com o mesmo endereço da apelante. Essas mesmas notas provam a aquisição de objetos que guarneciam a residência do casal. Existe ainda uma conta conjunta no Banco [...] em nome do casal de concubinos. Há também apólice de seguro de vida feita pelo instituidor da pensão em favor da apelante. Não há dúvida de que restaram comprovadas nos autos as relações íntimas, a familiaridade, o convívio e o trato diário entre o falecido e a ora apelante, de modo a que se possa reconhecer neste convívio a entidade familiar que se desenvolveu ao longo de 30 (trinta) anos".

Direito ao recebimento de seguro de vida

Não obstante o art. 793 do Código Civil restringir a validade do seguro quando instituído em favor do companheiro, o STJ criou um precedente em favor da concubina como beneficiária:

> Seguro de vida em favor de concubina. Homem casado. Situação peculiar de coexistência duradoura do *de cujus* com duas famílias e prole concomitante advinda de ambas as relações. Indicação da concubina como beneficiária do benefício. Fracionamento. Inobstante a regra protetora da família, impedindo a concubina de ser instituída como beneficiária de seguro de vida, porque casado o *de cujus*, a particular situação dos autos, que demonstra *bigamia*, em que o extinto mantinha-se ligado à família e concubinária, tendo prole concomitante com ambas, demanda solução isonômica, atendendo-se à melhor aplicação do Direito. Recurso conhecido e provido em parte para determinar o fracionamento, por igual, da indenização secundária. (STJ, REsp n. 100.888/BA, rel. Min. Aldir Passarinho Junior, j. 12.03.2000)

União estável putativa

Por último, cumpre destacar que a aplicação da tese da união estável putativa nessa modalidade de união de fato, tal como passível de ocorrer com o casamento, exige que a companheira demonstre boa-fé, ou seja, o desconhecimento da situação de casado do parceiro (TJRS, 7ª Câm. Cível, Ap. cível n. 70.005.563.200, rel. José Carlos Teixeira Giorgis, j. 12.03.2003). No mesmo sentido:

> União estável. Situação putativa. Comprovação. O fato de o *de cujus* não ter rompido definitivamente o relacionamento com a companheira com quem viveu longo tempo, mas com quem já não convivia diariamente, mantendo às ocultas essa sua vida afetiva dupla, não afasta a possibilidade de se reconhecer em favor da segunda companheira uma união estável putativa desde que esta ignore o fato e fique comprovada a *affectio maritalis* e o *fato animo* do varão de constituir família com ela, sendo o relacionamento público e notório e havendo prova consistente nesse sentido. Embargos infringentes desacolhidos. (TJRS, 4º Grupo de Câmaras Cíveis, Embargos Infringentes n. 599.469.202, rel. Sérgio Fernando de Vasconcellos Chaves, j. 12.11.1999)

Impossibilidade de uniões estáveis simultâneas

A aplicação da tese de união estável putativa, conforme referido no item anterior ("União estável putativa"), é de restrita aplicação à hipótese de casamento e união estável concomitantes, não se aplicando à hipótese de duas uniões estáveis. Nesse sentido, em decisão unânime, o STJ decidiu que um homem não pode ter uniões estáveis com duas mulheres ao mesmo tempo:

> União estável. Reconhecimento de duas uniões concomitantes. Equiparação ao casamento putativo. Lei n. 9.278/96. 1 – Mantendo o autor da herança união estável com uma mulher, o posterior relacionamento com outra, sem que se haja desvinculado da primeira, com quem continuou a viver como se fossem marido e mulher, não há como configurar união estável concomitante, incabível a equiparação ao casamento putativo. (REsp n. 789.293/RJ, 2005/0.165.379-8, rel. Carlos Alberto Menezes Direito, j. 16.02.2006)

A ação, objeto de recurso especial, havia sido declarada improcedente pelo juízo de primeiro grau. Já o TJRJ decidira pela procedência, deduzindo:

> União estável putativa. Sua possibilidade, se a companheira desconhece que seu companheiro mantém vida dupla e se relaciona com outra mulher anterior e com ela mantém a vida marital, sem desfazê-la, para estabelecer a união posterior com exclusividade. Aplicação por analogia do art. 221 do Código Civil de 1916. Prova dos autos a denotar que o finado mantinha união concomitante com duas mulheres, a ensejar o reconhecimento da união estável, com os efeitos jurídicos daí decorrentes, em favor das duas. Recurso provido.

Do texto do acórdão do STJ, extrai-se do voto do relator:

> Ora, com o maior respeito à interpretação acolhida no acórdão, não enxergo possível admitir a prova de múltipla convivência com a mesma natureza de união estável, isto é, "convivência pública, contínua e duradoura

e estabelecida com o objetivo de constituição de família". O objetivo do reconhecimento da união estável e o reconhecimento de que essa união é entidade familiar, na minha concepção, não autoriza que se identifiquem várias uniões estáveis sob a capa de que haveria também uma união estável putativa. Seria, na verdade, reconhecer o impossível, ou seja, a existência de várias convivências com o objetivo de constituir família. Isso levaria, necessariamente, à possibilidade absurda de se reconhecer entidades familiares múltiplas e concomitantes.

União homossexual (homoafetiva)

Generalidades

Consiste a união homossexual, como a própria expressão indica, na relação ou convivência entre pessoas de mesmo sexo. Embora não reconhecida legalmente nem pacificamente pela jurisprudência no Brasil como união estável, a união homossexual já foi reconhecida em diversos países como Holanda, Bélgica, Canadá, Suíça, Islândia, Espanha e Inglaterra.

Na Islândia, no dia 2 de junho de 2006, o parlamento aprovou a Lei sobre Coabitação Estável, que passa a conferir, em condições de igualdade, o direito a adotar e recorrer à inseminação artificial. A coabitação estável passa, a partir de então, na prática, a estar associada a todos os direitos decorrentes do casamento. Os companheiros do mesmo sexo passam também a ter o direito a registrar suas uniões junto às autoridades sem necessidade de qualquer confirmação ou celebração de um casamento – um direito que os casais de pessoas de sexo diferente já gozavam há muitos anos. O país voltou a ocupar um lugar junto aos países pioneiros nesta área, garantindo os direitos decorrentes do casamento e da família a gays. Os gays pretendem, agora, que seja aprovada legislação permitindo o casamento religioso, embora haja oposição da Igreja de Estado Luterana.[27]

Já no Reino Unido, um casal de lésbicas teve negado seu pedido de reconhecimento do casamento que celebraram no Canadá. O tribunal considerou que seu direito à vida privada não obriga o Estado a reconhecer o casamento que celebraram. Embora o tribunal tenha entendido que o casal tinha sido vítima de discriminação no tocante a seu

---

27 Fonte: Comunicado de imprensa da *Liberty*, em 31.07.2006 (URL: http://www.liberty-human-rights.org.uk).

direito a contrair matrimônio com pessoa de sua escolha, considerou, contudo, que a discriminação se justificava para proteger a noção tradicional do casamento como a união entre um homem e uma mulher com intuito de, primariamente, gerar filhos.[28]

No Brasil, o fato impeditivo do reconhecimento como união estável é a exigência que a lei faz de convivência entre homem e mulher (art. 1.723 do CC), embora haja oposição de alguns doutrinadores que não aceitam a restrição com fundamento de não haver proibição expressa da lei.

Assim, ao reverso do casamento e da união estável, previstos em lei como institutos destinados a regular, formal e informalmente, as relações entre pessoas declaradamente de sexos diferentes, a convivência entre pessoas de mesmo sexo ainda não encontra previsão em nosso ordenamento jurídico. Nesse passo, como preleciona Luiz Edson Fachin (cf. FACHIN, 1996),

> Valendo-se da analogia inaplicável com o casamento, a convivência estável de pessoas de mesmo sexo tem encontrado as portas praticamente fechadas pela sintomatologia da manutenção de princípios cujos resultados não são equidosos nem justos. No vazio jurídico da lei expressa, a consciência histórica do Judiciário continua ancorada no século XVIII e de costas para o presente.

Posicionamentos contrários ao reconhecimento

No contexto atual, ou seja, com fundamento na ausência de amparo legal para as referidas uniões e, portanto, repelindo o reconhecimento das uniões homossexuais, já se decidiu:

> Ainda que evidenciada, por longo tempo, a relação homossexual entre dois homens, a ela não se aplica as disposições da Lei n. 8.971/94, sob alegação de existência de união estável. Sobretudo porque, a Carta Magna, em seu art. 226, estabelece que a família, base da sociedade, tem especial proteção do Estado, consignando no § 3º que, para efeito da proteção do Estado, é reconhecida a união estável entre o homem e a mulher como entidade familiar, devendo a lei facilitar sua conversão em casamento. Esse preceito

28 Fonte: UPI, em 08.08.2006 (URL: http://www.upi.com/NewsTrack/view.php?StoryID=20060808-122208-9714r).

> constitucional, pois, tem por escopo a união entre pessoas do sexo oposto e não elementos do mesmo sexo. Logo, nesse contexto, o reconhecimento e a dissolução de sociedade de fato, cujo pleito objetiva a integralidade dos bens do espólio do companheiro, que faleceu sem deixar descendentes, ou ascendentes, exibe-se incabível quando se verifica que não restou demonstrado a contribuição ou o esforço na formação do patrimônio que se afirma comum. (TJRJ, 3ª Câm. Cível, Ap. cível n. 2000.001.10.704, rel. Des. Antônio Eduardo Duarte, j. 07.11.2000)

Seguindo a mesma linha, a 12ª Câmara Cível do TJMG decidiu que somente uma entidade familiar, formada por um homem e uma mulher, pode constituir união estável, extinguindo ação movida pelo ex-companheiro de um dentista morto pretendendo que fosse declarada a existência da união homoafetiva estável entre os dois. Segundo consta do processo, os dois tiveram relacionamento afetivo que durou dezesseis anos até a morte do dentista em fevereiro de 2004. Na inicial, o ex-companheiro afirmou que viveu com o dentista, com quem adquiriu um apartamento, um veículo e diversas obras de arte, razão pela qual pleiteava o reconhecimento da união estável para ver reconhecido seu direito sobre referidos bens. Na primeira instância, o juiz da 2ª Vara Cível de Belo Horizonte extinguiu o processo, por impossibilidade jurídica do pedido, considerando que "o ordenamento jurídico pátrio não prevê união estável entre pessoas do mesmo sexo".

No recurso ao tribunal, a decisão foi confirmada pelos desembargadores Domingos Coelho (relator), José Flávio de Almeida e Nilo Lacerda. Segundo o desembargador Domingos Coelho, a Constituição Federal, quando menciona a união estável como entidade familiar, para efeito de proteção do Estado, "também expressamente impõe como requisito que a relação se dê entre um homem e uma mulher, não deixando margem para outras interpretações possíveis". O relator citou projeto de lei que tramita no Congresso Nacional, visando a permitir o reconhecimento de tal direito, "que, no entanto, tem recebido da sociedade (em geral, e não de seus grupos intelectualmente mais avançados) fria acolhida, o que repercute inclusive nos membros do Legislativo, que não parecem dispostos a levar adiante a iniciativa". Afirmou o relator, em conclusão, que se o próprio Legislativo não se definiu acerca da possibilidade de reconhecimento de união estável entre pessoas do mesmo sexo e não existe norma jurídica que permita tal união, "não pode o julgador – cuja tarefa primeira é aplicar a norma posta, e não criá-la – ignorar tais limites e buscar, como se fora onipotente, tutelar um suposto direito, ao arrepio da lei" (Ap. cível n. 1.0.024.04.537.121-8/002(1), j. 24.05.2006).

O TJRJ também tem se mostrado contrário ao reconhecimento da união homoafetiva como união estável, assegurando apenas o direito à dissolução da sociedade de fato:

> Apelação. Relação homoafetiva entre mulheres, supostamente mantida por 53 anos, pode caracterizar sociedade de fato, extinta pelo óbito de uma delas, mas não configura união estável. Se a Constituição da República apenas reconhece união estável entre o homem e a mulher (art. 226, § 3º), não é possível estender o conceito às relações homossexuais, para o fim de atribuir à parceira sobreviva direito à meação; agravo retido que se rejeita, com o fim de manter-se a competência do juízo cível para conhecer e julgar o pleito sucessivo, de natureza obrigacional, não de família, que almejava o reconhecimento da sociedade de fato e a partilha do patrimônio que a falecida houvesse adquirido com a colaboração da parceira. A prova produzida não sustenta a contribuição desta, decoradora, para a formação do conglomerado de estabelecimentos de ensino constituído por aquela, notória educadora, com recursos próprios ou obtidos mediante empréstimos bancários, inclusive com garantia hipotecária incidente sobre bens da família. A presença da primeira como titular de cotas de sociedades comerciais das quais a segunda era sócia majoritária garante-lhe, apenas, a participação que resultar da apuração de haveres, no âmbito da liquidação comercial dessas sociedades. Em termos de sociedade de fato, seria imperioso que a decoradora provasse haver contribuído, com dinheiro ou trabalho, para a formação do patrimônio privado da indigitada companheira, o que não se encontra nos autos. Improcedência do pedido. Honorários advocatícios fixados com razoabilidade, nos termos do art. 20, § 4º, do CPC. Desprovimento de ambos os recursos. (Ap. cível n. 2007.001.08.140, rel. Des. Jessé Torres, j. 11.04.2007)

O TJSP segue a mesma linha:

> União estável. Reconhecimento pretendido de união homossexual. Impossibilidade em face de tal instituto somente se referir à convivência en-

tre pessoas de sexos opostos. Sentença mantida. Recurso improvido. (1ª Câm. de Direito Privado, Ap. cível n. 368.426-4/3/Monte Azul Paulista, rel. De Santi Ribeiro, j. 06.09.2005)

União estável. Ação declaratória de sociedade de fato c/c indenização. Relação homossexual. Não-reconhecimento. Pretensão de indenização que por vias transversas visa, reconhecida a sociedade de fato entre o recorrente e o *de cujus*, atribuir parte do patrimônio deste ao apelante. Impossibilidade. Simples sociedade de afeto mantida entre parceiros do mesmo sexo que não induz efeitos patrimoniais. Ausência de prova a justificar a indenização reclamada e a normatização específica. Inadmissibilidade à hipótese da aplicação analógica das regras da Constituição Federal que regulam a união estável. Sucumbência corretamente fixada, por conta do provimento parcial dos pleitos deduzidos na exordial e correta aplicação da Súmula n. 306 do C. Superior Tribunal de Justiça, com relação à compensação da verba honorária. Recurso improvido. (8ª Câm. de Direito Privado, Ap. cível com Revisão n. 402.384-4/7-00/São Paulo, rel. Des. Salles Rossi, j. 26.01.2006)

Posições a favor do reconhecimento

Na ação direta de inconstitucionalidade (ADIn n. 3.300), proposta por duas entidades paulistas – a Associação da Parada do Orgulho dos Gays, Lésbicas, Bissexuais e Transgêneros de São Paulo e a Associação de Incentivo à Educação e Saúde de São Paulo –, requereu-se a declaração de inconstitucionalidade do art. 1º da Lei n. 9.278/96 que, ao regular dispositivo da Constituição Federal (art. 226, § 3º), reconheceu como entidade familiar, unicamente, "a união estável entre o homem e a mulher". Alegaram que tal artigo era discriminatório e excluía, da proteção que a Constituição dispensa às famílias, as uniões afetivas entre pessoas do mesmo sexo. A ação, no entanto, foi arquivada pelo Ministro Celso de Mello em decisão proferida em 3 de fevereiro de 2006. Segundo o ministro, contestava-se a norma legal que já não estava mais em vigor, sendo extinta, portanto, por razões técnicas:

União civil entre pessoas do mesmo sexo. Alta relevância social e jurídico-constitucional da questão pertinente às uniões homoafetivas. Pretendida qualificação de tais uniões como entidades familiares. Doutrina. Alegada inconstitucionalidade do art. 1º da Lei n. 9.278/96. Norma legal derrogada pela superveniência do art. 1.723 do atual Código Civil (2002), que não foi objeto de impugnação nesta sede de controle abstrato. Inviabilidade por tal razão da ação direta. Impossibilidade jurídica, de outro lado, de se proceder à fiscalização normativa abstrata de normas constitucionais originárias (CF, art. 226, § 3º, no caso). Doutrina. Jurisprudência (STF). Necessidade, contudo, de se discutir o tema das uniões estáveis homoafetivas, inclusive para efeito de sua subsunção ao conceito de identidade familiar: Matéria a ser veiculada em sede de ADPF?

Ao analisar o pedido, Celso de Mello lembrou que o Código Civil de 2002 revogou a lei impugnada. O art. 1.723 do Código reproduziu o art. 1º da Lei n. 9.278/96, reconhecendo que a família é formada pela união estável entre homem e mulher. Como o dispositivo impugnado já não estava em vigor quando a ação foi ajuizada, esta se tornou inviável e, por isso, teve de ser arquivada, conforme a jurisprudência do Supremo. Na decisão, no entanto, o ministro afirmou tratar-se de relevante questão constitucional e entendeu caber ao Supremo discutir e julgar a legitimidade constitucional do tema, em novo processo, como a argüição de descumprimento de preceito fundamental – ADPF.

Superada a questão técnica que determinou o arquivamento da ADIn, o ministro passou a discorrer sobre a "extrema importância jurídico-social da matéria". Registrou que a doutrina, com base em princípios fundamentais como os de dignidade da pessoa humana, liberdade, autodeterminação, igualdade, pluralismo, intimidade e não-discriminação,

> tem revelado admirável percepção do alto significado de que se revestem tanto o reconhecimento do direito personalíssimo à orientação sexual, de um lado, quanto à proclamação da legitimidade ético-jurídica da união homoafetiva como entidade familiar, de outro, em ordem a permitir que se extraiam, em favor de parceiros homossexuais, relevantes conseqüências no plano do Direito e na esfera das relações sociais.

> Essa visão do tema, que tem a virtude de superar, neste início de terceiro milênio, incompreensíveis resistências sociais e institucionais fundadas em fórmulas preconceituosas inadmissíveis, vem sendo externada, como anteriormente enfatizado, por eminentes autores, cuja análise de tão sig-

nificativas questões tem colocado em evidência, com absoluta correção, a necessidade de se atribuir verdadeiro estatuto de cidadania às uniões estáveis homoafetivas.

Dessa forma afirmou o ministro, declarando extinta a ADIn, pela "ocorrência de insuperável razão de ordem formal", deixando claro, no entanto, que a questão pode ser discutida por "meio processual adequado". Tal meio processual seria, conforme o ministro deixa antever, a argüição de descumprimento de preceito constitucional. Pois é isso justamente o que pretende um grupo de membros do Ministério Público Federal, ao encaminhar representação ao procurador-geral da República para que ingresse no STF com uma argüição de descumprimento de preceito constitucional, com o objetivo de obter o reconhecimento da união estável de pessoas do mesmo sexo.

A representação, encaminhada pelo grupo de trabalho dos Direitos Sexuais e Reprodutivos da Procuradoria Federal dos Direitos do Cidadão, baseia-se em pareceres técnicos elaborados pelo professor Gustavo Tepedino e pelo constitucionalista Luís Roberto Barroso. Além disso, é assinada por quatro ONGs que defendem os direitos dos homossexuais. O pedido está sendo analisado pela PGR desde dezembro.

Os procuradores defendem que a união entre casal homossexual pode ser reconhecida quando preenche os mesmos requisitos exigidos para o reconhecimento da união estável entre homem e mulher. Para eles, o não-reconhecimento desse tipo de união estável como entidade familiar priva os homossexuais de uma série de direitos patrimoniais – como pensão alimentícia, direito à herança e declaração conjunta de renda –, além dos direitos extrapatrimoniais – como abalo à auto-estima, desvalorização pública e homofobia. Segundo eles, o não-reconhecimento afronta diversos princípios previstos pela Constituição Federal: igualdade, dignidade da pessoa humana, proibição de discriminações odiosas e liberdade. A simples aplicação desses princípios resolveria a questão sem a necessidade de mudanças na atual legislação, argumentam os procuradores.

De acordo com a representação, o dispositivo constitucional que prevê a união estável entre homem e mulher (art. 226, § 3º) não é um obstáculo para o reconhecimento da família composta por pessoas do mesmo sexo, pois o texto não veda a união entre pessoas do mesmo sexo. Diante da falta de uma lei que regulamente a união civil entre pessoas do mesmo sexo, a união deve ser regida, por analogia, pelas regras que disciplinam a união estável entre homem e mulher, afirmam.

Afirma Barroso:

> O que cabe discutir aqui – e rejeitar – é a imposição autoritária da moral dominante à minoria, sobretudo quando a conduta desta não afeta terceiros. Em uma sociedade democrática e pluralista, deve-se reconhecer a legitimidade de identidades alternativas ao padrão majoritário.

Também defendendo com veemência a regulamentação dessa modalidade de união de fato, lembra com percuciência Maria Berenice Dias (DIAS, "Efeitos patrimoniais das relações de afeto") que:

> A Lei Maior, rastreando os fatos da vida, viu a necessidade de reconhecer a existência de relações afetivas fora do casamento, mas se restringiu a emprestar juridicidade à relação entre um homem e uma mulher. Melhor que não tivesse previsto essa limitação, pois o afeto, por mais que não se queira ver, não tem como pressuposto a diversidade de sexos. Necessário é encarar essa realidade sem preconceitos, pois, como lembra Marilene Guimarães, a homossexualidade é considerada um distúrbio de identidade e, sendo um determinismo psicológico inconsciente, não é uma doença, nem uma opção livre. Assim, descabe estigmatizar quem exerce orientação sexual diferente, eis que, negando-se a realidade, não se irá solucionar as questões que emergem quando do rompimento de tal espécie de relação. Não se pode negar a ocorrência de enriquecimento injustificado em proveito dos familiares – que normalmente estigmatizaram tal opção sexual – em detrimento de quem dedicou a vida a um companheiro, ajudou a amealhar um patrimônio e se vê sozinho, abandonado e sem nada.

Reconheça-se, no entanto, que existem diversos projetos de lei nesse sentido. Além do projeto da então deputada Marta Suplicy, de 1995,[29] tra-

---

29 Tramita no Câmara dos Deputados, desde 1995, o Projeto de Lei n. 1.151/95, com substitutivo adotado pela Comissão Especial, que disciplina a parceria civil registrada entre pessoas do mesmo sexo, cujo objetivo, de acordo com seu texto, é a proteção dos direitos a propriedade, sucessão e benefícios previdenciários. Confere também aos contratantes direito à composição de renda para aquisição de casa própria; planos de saúde e seguro de grupos; inscri-

mita o de n. 6.874/2006, da deputada Iara Bernardi, que trata da alteração do atual Código Civil em relação a uniões formadas por duas pessoas do mesmo sexo, às quais deverá o Código nomear uniões homoafetivas. Esse projeto visa a inserir na lei que "duas pessoas do mesmo sexo poderão constituir união homoafetiva por meio de contrato em que disponham sobre suas relações patrimoniais" e que as questões relativas às cláusulas desse contrato, no juízo cível, correrão em segredo de justiça. Ou seja, apenas os interessados ou seus procuradores terão acesso ao processo. Visa, ademais, a alterar as questões relativas à herança deixada por companheiro falecido, no sentido de tudo aplicável aos companheiros heterossexuais poder ser aplicável aos casais formados por duas pessoas do mesmo sexo.

Existe, ainda, a Proposta de Emenda à Constituição n. 70, de 2003, que visa a alterar o § 3º do art. 226 da Constituição Federal, que passaria a ter a seguinte redação: "Para efeito da proteção do Estado, reconhecida a união estável entre casais heterossexuais ou homossexuais como entidade familiar, devendo a lei facilitar a sua conversão em casamento quando existente entre o homem e a mulher".

Reconhecimento pelos tribunais

Não obstante a lacuna legislativa, o TJRS vêm reiteradamente reconhecendo a união estável homoafetiva:

> Apelação cível. União homoafetiva. Reconhecimento. Princípio da dignidade da pessoa humana e da igualdade. É de ser reconhecida judicialmente a união homoafetiva mantida entre duas mulheres de forma pública e ininterrupta pelo período de dezesseis anos. A homossexualidade é um fato social que se perpetua através dos séculos, não mais podendo o Judiciário se

ção como dependente para efeitos de legislação tributária; redução do prazo de residência no Brasil para contratante estrangeiro obter a naturalização; impenhorabilidade do imóvel próprio e comum dos contratantes. O projeto de lei em questão estabelece que a parceria se constitui com o registro no Cartório do Registro Civil das Pessoas Naturais e se extingue pela morte de um dos contratantes, por decretação judicial mediante pedido de um deles ou de forma consensual homologada pelo juiz. Para ser registrada, é necessário que os contratantes apresentem: declaração de serem solteiros, viúvos ou divorciados; prova da capacidade civil absoluta; contrato público de parceria civil lavrado por tabelião versando sobre disposições patrimoniais, deveres, impedimentos e obrigações mútuas, vedada, entretanto, disposição sobre adoção, tutela ou guarda de adolescentes em conjunto, mesmo que filho de um dos parceiros. Na vigência da parceria civil registrada, os parceiros não poderão alterar o estado civil.

> olvidar de emprestar a tutela jurisdicional a uniões que, enlaçadas pelo afeto, assumem feição de família. A união pelo amor é que caracteriza a entidade familiar e não apenas a diversidade de sexos. É o afeto a mais pura exteriorização do ser e do viver, de forma que a marginalização das relações homoafetivas constitui afronta aos direitos humanos por ser forma de privação do direito à vida, violando os princípios da dignidade da pessoa humana e da igualdade. (TJRS, 7ª Câm. Cível, Ap. cível n. 70.012.836.755, j. 21.12.2005)

Recentemente, a 7ª Câmara Cível do Tribunal de Justiça de Minas Gerais houve por bem contrariar decisão da 12ª Câmara do mesmo tribunal, a qual não admite a união estável homoafetiva, e acompanhar o entendimento esposado pelo TJRS:

> Ação ordinária. União homoafetiva. Analogia com a união estável protegida pela Constituição Federal. Princípio da igualdade (não-discriminação) e da dignidade da pessoa humana. Reconhecimento da relação de dependência de um parceiro em relação ao outro, para todos os fins de direito. Requisitos preenchidos. Pedido procedente. À união homoafetiva, que preenche os requisitos da união estável entre casais heterossexuais, deve ser conferido o caráter de entidade familiar, impondo-se reconhecer os direitos decorrentes desse vínculo, sob pena de ofensa aos princípios da igualdade e da dignidade da pessoa humana. O art. 226 da Constituição Federal não pode ser analisado isoladamente, restritivamente, devendo observar-se os princípios constitucionais da igualdade e da dignidade da pessoa humana. Referido dispositivo, ao declarar a proteção do Estado à união estável entre o homem e a mulher, não pretendeu excluir dessa proteção a união homoafetiva, até porque, à época em que entrou em vigor a atual Carta Política, há quase vinte anos, não teve o legislador essa preocupação, o que cede espaço para a aplicação analógica da norma a situações atuais, antes não pensadas. A lacuna existente na legislação não pode servir como obstáculo para o reconhecimento de um direito. (TJMG, 7ª Câm. Cível, Ap. cível/Reexame Necessário n. 1.0.024.06.930.324-6/001, rel. Des. Heloísa Combat, j. 22.05.2007)

Acrescente-se, ainda, que, em fevereiro de 2007, a juíza Sirlei Martins da Costa, da 3ª Vara de Família, Sucessões e Cível de Goiânia (GO), também reconheceu a união estável de um casal de homossexuais. Na decisão, ela afirma que os dois homens envolvidos no processo formam uma entidade familiar com "todas as conseqüências legais advindas das uniões estáveis". De acordo com o TJGO, a juíza entendeu que "existe uma tranqüilidade, em termos de jurisprudência, quanto à possibilidade jurídica do reconhecimento da união homoafetiva, vez que os princípios da Constituição Federal vedam qualquer discriminação, inclusive quanto ao sexo". A juíza afirma, ainda, que "a consagração do princípio da dignidade da pessoa como norte principal para o julgador permitiu ao juiz brasileiro a possibilidade de suprir a lacuna existente na legislação sobre o tema". "Há julgados recentes reconhecendo uma série de direitos em prol de homossexuais".

Insta acrescer que, atualmente, encontra-se tramitando junto à 4ª Turma do STJ, recurso especial no qual um casal homossexual tenta obter reconhecimento de união estável. Em primeiro grau, a ação foi extinta sem análise do mérito ao entendimento de ser impossível juridicamente atender o pedido, uma vez que não existe previsão legal para reconhecimento de união estável entre pessoas do mesmo sexo. A decisão foi mantida pelo TJRJ. No STJ, o Ministro Antônio de Pádua Ribeiro, relator do caso, votou pelo provimento do recurso. Para ele, só existe impossibilidade jurídica de um pedido quando há expressa proibição legal. Depois de analisar diversos dispositivos, o relator disse não ter encontrado nenhuma vedação ao reconhecimento de união estável entre pessoas do mesmo sexo. A legislação só se refere a casais de sexo oposto. Por isso, deu provimento ao recurso para que o juízo de primeiro grau analise o mérito do pedido de reconhecimento da união. Posteriormente, o Ministro Fernando Gonçalves, depois de pedir vistas ao processo, entendeu em seu voto tratar-se de matéria constitucional, não cabendo ao STJ, portanto, a análise da questão. Para o Ministro Fernando Gonçalves, a Constituição Federal é bem clara ao tratar do assunto quando se refere ao reconhecimento da união estável entre homem e mulher como entidade familiar. O entendimento foi seguido pelo Ministro Aldir Passarinho Junior. O julgamento foi suspenso em razão de novo pedido de vista do Ministro Massami Uyeda o qual, ao depois, acompanhando o voto do relator, se manifestou em favor do provimento do recurso, empatando o julgamento em dois votos.

Retomando o julgamento na data de 2 de setembro de 2008, o Ministro Luís Felipe Salomão proferiu o voto de desempate, acompanhando o entendimento do relator, de modo que a turma, por maioria, afastou o impedimento jurídico para que o mérito do pedido de reconhecimento seja analisado, determinando que a Justiça fluminense de primeira instância retome o julgamento. Luis Felipe Salomão ressaltou, em seu voto, que a impossibilidade jurídica de um pedido só ocorre quando há expressa proibição legal e, no caso em questão, não existe nenhuma vedação para o prosseguimento da demanda que busca o reconhecimento da união estável entre pessoas do mesmo sexo (REsp n. 820.475).

Direitos dos parceiros

Conquanto ainda não haja reconhecimento expresso da união homoafetiva como união estável, é inquestionável que seria injusto deixar os partícipes dessa relação ao desabrigo de certos direitos, inclusive já reconhecidos pelos tribunais, como se demonstra a seguir.

Direito à partilha de bens

O direito à partilha de bens com a divisão proporcional à participação de cada um encontra fundamento no Direito das Obrigações desde que configurada a sociedade de fato (Súmula n. 380 do STF e art. 981 do CC). Ou seja, desde que comprovada a efetiva colaboração de ambos os companheiros, ou companheiras, na aquisição de referidos bens. Nesse norte, assim decidiu o STJ (4ª T., REsp n. 148.897/MG, rel. Min. Ruy Rosado de Aguiar, j. 10.10.1998): "O parceiro tem o direito de receber a metade do patrimônio adquirido pelo esforço comum, reconhecida a existência de sociedade de fato com os requisitos do art. 1.363 do Código Civil".[30] Cumpre lembrar, no entanto, que a partilha deve ser requerida mediante ação de dissolução de sociedade de fato a ser promovida perante a vara cível, uma vez que não se trata de questão de Direito de Família.

Em outro processo no STJ, o mesmo reconhecimento da possibilidade da existência e da dissolução da sociedade de fato:

> Apelação cível. Ação de homologação de dissolução de sociedade de fato. União entre homossexuais. Divisão do patrimônio comum. Direito das Obrigações. Tramitação do feito na vara da família. Competência da vara cível. Sentença cassada. Recurso prejudicado. "A primeira condição que se

---

30 Atual art. 981 do Código Civil de 2002.

impõe à existência da união estável é a dualidade de sexos. A união entre homossexuais juridicamente não existe nem pelo casamento, nem pela união estável, mas pode configurar sociedade de fato, cuja dissolução assume contornos econômicos, resultantes da divisão do patrimônio comum, com incidência do Direito das Obrigações. [...] Neste caso, porque não violados os dispositivos invocados – arts. 1º e 9º da Lei n. 9.278 de 1996, a homologação está afeta à vara cível e não à vara de família". (STJ, REsp n. 502.995/RN, rel. Min. Fernando Gonçalves, j. 26.04.2005, *DJU* 16.05.2005, p. 353)

No mesmo sentido, acórdão do TJSC também consignando expressamente a competência da vara cível para dirimir a questão:

União entre homossexuais. Homologação de dissolução de sociedade de fato. Divisão do patrimônio comum. Aplicação do art. 981 do CC/2002. Competência da vara cível. Nas uniões mantidas por pessoas do mesmo sexo, o que efetivamente deve ser considerada e reconhecida é a configuração de sociedade de fato – art. 981 do atual Código Civil e Súmula n. 380 do STF, assim redigida: "Comprovada a existência de sociedade de fato entre os concubinos, é cabível a sua dissolução judicial, com a partilha do patrimônio adquirido pelo esforço comum" – ficando a homologação da dissolução da sociedade e a respectiva partilha de bens sob a competência da vara cível e não da vara de família. Conheça, abaixo, o recente posicionamento do Tribunal de Justiça do Estado de Santa Catarina no que se refere à união entre homossexuais, cujo v. acórdão traz as lições de Rolf Madaleno, Ana Cristina Brenner et al. e Rainer Czajkowski, o artigo "União Homossexual – Reflexões Jurídicas", Revista dos Tribunais, n.807, p. 82-102, 2003, p. 95 e precedentes jurisprudenciais do Colendo Superior Tribunal de Justiça. (Ap. cível n. 2006.035.584-8, rel. Des. Fernando Carioni, j. 28.11.2006)

Indenização por serviços prestados

Considerando que, mesmo no concubinato, os tribunais vêm reconhecendo o direito à indenização por serviços prestados, nada mais razoável do que o mesmo direito também ser estendido à relação homoafetiva quando não se configure a existência da sociedade de fato, mormente quando um dos companheiros não exerça profissão, tendo se dedicado exclusivamente às atividades domésticas.

Pensão previdenciária por morte do(a) companheiro(a)[31]

Em julgamento inédito no STJ, um homossexual teve garantido o direito a receber pensão pela morte do companheiro com quem viveu por dezoito anos. A decisão considerou discriminatório pretender excluir parte da sociedade – aqueles que têm relações homoafetivas – da

---

31 Consta do acórdão que o INSS alegou que a Lei n. 8.213/91 foi afrontada pela decisão do TRF, uma vez que a lei considera companheira ou companheiro a pessoa que, mesmo sem ser casada, mantém união estável com segurado ou segurada. Dessa forma, no entender do Instituto, a lei não contemplaria os homossexuais. O INSS argumentou, também, que faltaria legitimidade ao Ministério Público para atuar como parte na ação. No entanto, o relator do recurso especial, Ministro Hélio Quaglia Barbosa, admitiu a legitimidade do MP porque o processo trata da busca por tratamento igualitário quanto a direitos fundamentais. O ministro relator destacou que são beneficiários do segurado aqueles que, quando de seu falecimento, eram seus dependentes, sendo que o benefício visa a suprir as necessidades econômicas desses dependentes. Quanto à Lei n. 8.213/91, o Ministro Hélio Quaglia manteve o entendimento da segunda instância de que essa norma se preocupou em desenhar o conceito de entidade familiar, contemplando a união estável, sem excluir as relações homoafetivas. Também a própria Constituição Federal, conforme lembrou o relator, não excluiu tais relacionamentos, deixando uma lacuna que deve ser preenchida a partir de outras fontes do Direito. Concluindo, o Ministro Hélio Quaglia revelou que o próprio INSS regulou a concessão de benefício a companheiro ou companheira homossexual (Instrução Normativa n. 25, de 7 de junho de 2000). A regulação visava a atender determinação judicial da juíza federal Simone Barbasin Fortes, da 3ª Vara Previdenciária de Porto Alegre, que concedeu uma liminar em ação civil pública sobre o tema cujo efeito não se limitou às partes do processo (*efeito erga omnes*), atingindo todo o território nacional. O voto do relator do recurso especial foi seguido por unanimidade na 6ª Turma. O Ministro Paulo Gallotti, presidente da turma, e o Ministro Paulo Medina acompanharam o entendimento. Tribunais Regionais Federais, bem como órgãos administrativos, já vêm reconhecendo a possibilidade de extensão dos benefícios previdenciários aos parceiros homossexuais conviventes. Por meio de uma ação judicial contra o INSS, o companheiro do beneficiário falecido pediu o recebimento da pensão previdenciária por morte, bem como o complemento da Caixa de Previdência dos Funcionários do Banco do Brasil (Previ). Ele argumentou que o relacionamento com o companheiro, além de ter durado duas décadas, era semelhante às relações heterossexuais, como nos casamentos, "dividindo despesas, pactuando alegrias e tristezas". Sua defesa invocou a própria Constituição, que assegura a liberdade e a igualdade (sexual, inclusive), além do art. 16, I, da Lei n. 8.213/91, que define os dependentes beneficiários do Regime Geral da Previdência Social. O INSS contestou, alegando que o companheiro do beneficiário não se enquadraria como dependente e, em primeiro grau, a Justiça federal julgou o pedido improcedente. No entanto, o Ministério Público Federal apelou da sentença, sustentando que o art. 226, § 3º, da Constituição, que garante a proteção do Estado à família, não exclui a união estável homossexual. O companheiro também apelou ao TRF, obtendo o reconhecimento de seu direito ao recebimento da pensão, que deverá ser paga desde o ajuizamento da ação. O acórdão ainda determinou que as parcelas vencidas deverão ser corrigidas pelo IGP-DI, com juros de mora de 6% ao ano, a contar da citação. Já os honorários advocatícios foram fixados em 10% sobre o valor das parcelas vencidas até a execução do julgado. Com o julgamento no STJ, essa é a decisão que ficou mantida (REsp n. 395.904).

tutela do Poder Judiciário sob o argumento de não haver previsão legal para a hipótese. O caso em questão não trata de Direito de Família, mas de Direito Previdenciário. A 6ª Turma do STJ não atendeu a recurso do INSS, que pretendia reformar decisão de segunda instância da Justiça federal gaúcha. Acórdão do Tribunal Regional Federal da 4ª Região (Porto Alegre) considerou que o vácuo na legislação a respeito da relação de dependência entre pessoas do mesmo sexo que convivem como em um casamento não poderia ser um obstáculo para o reconhecimento dessa relação jurídica. A síntese da ementa é a seguinte:

> Recurso especial. Direito Previdenciário. Pensão por morte. Relacionamento homoafetivo. Possibilidade de concessão do benefício. Ministério Público. Parte legítima. [...] 5 – Diante do § 3º do art. 16 da Lei n. 8.213/91, verifica-se que o que o legislador pretendeu foi, em verdade, ali gizar o conceito de entidade familiar, a partir do modelo da união estável, com vista ao Direito Previdenciário, sem exclusão, porém, da relação homoafetiva. 6 – Por ser a pensão por morte um benefício previdenciário, que visa suprir as necessidades básicas dos dependentes do segurado, no sentido de lhes assegurar a subsistência, há que interpretar os respectivos preceitos partindo da própria Carta Política de 1988 que assim estabeleceu em comando específico: "Art. 201. Os planos de previdência social, mediante contribuição, atenderão, nos termos da lei, a: [...] V – pensão por morte de segurado, homem ou mulher, ao cônjuge ou companheiro e dependentes, obedecido o disposto no § 2º". 7 – Não houve, pois, de parte do constituinte, exclusão dos relacionamentos homoafetivos, com vista à produção de efeitos no campo do Direito Previdenciário, configurando-se mera lacuna, que deverá ser preenchida a partir de outras fontes do Direito. 8 – Outrossim, o próprio INSS, tratando da matéria, regulou, através da Instrução Normativa n. 25, de 07.06.2000, os procedimentos com vista à concessão de benefício ao companheiro ou companheira homossexual, para atender a determinação judicial expedida pela juíza Simone Barbasin Fortes, da 3ª Vara Previdenciária de Porto Alegre, ao deferir medida liminar na Ação Civil Pública n. 2000.71.00.009.347-0, com eficácia *erga omnes*. Mais do que razoável, pois, estender-se tal orientação, para alcançar situações. (STJ, 6ª T., REsp n. 395.904, rel. Min. Hélio Quaglia Barbosa, j. 13.12.2005)

Na mencionada Ação Cível Pública n. 2000.71.00.009.347-0/RS, proposta pelo Ministério Público Federal, a sentença proferida pela Justiça federal do Rio Grande do Sul e com abrangência nacional determinou ao INSS as seguintes providências:

> a) considerar companheiro ou companheira homossexual dependente preferencial dos segurados do Regime Geral de Previdência Social (art. 16, I, da Lei n. 8.213/91);
>
> b) possibilitar inscrição de companheiro ou companheira homossexual, como dependente, no próprio INSS, a ser feita pelo(a) segurado(a) empregado(a) ou trabalhador(a) avulso(a);
>
> c) possibilitar que inscrição de companheiro ou companheira seja feita *post mortem* do(a) segurado(a), diretamente pelo dependente, em conformidade com o art. 23, I, do Decreto n. 3.048/99;[32]
>
> d) passar a processar e deferir pedidos de pensão por morte e auxílio-reclusão realizados por companheiros(as) do mesmo sexo desde que cumpridos pelos requerentes, no que couber, os requisitos exigidos dos companheiros heterossexuais (arts. 74 a 80 da Lei n. 8.213/91), sem exigir nenhuma prova de dependência econômica;
>
> e) possibilitar comprovação da união entre companheiros(as) homossexuais pela apresentação dos documentos elencados no art. 22, § 3º, III a XV e XVII do Decreto n. 3.048/99, bem como por meio de justificação administrativa (arts. 142 a 151 do mesmo decreto), sem exigir qualquer prova de dependência econômica.

Dada sua relevância, cumpre reproduzir alguns dos fundamentos que o desembargador federal João Batista Pinto Silveira, prolator da sentença da mencionada ação cível pública, usou como forma de decidir:

> [...]
>
> 5 – O princípio da dignidade humana veicula parâmetros essenciais que devem ser necessariamente observados por todos os órgãos estatais em suas respectivas esferas de atuação, atuando como elemento estrutural dos próprios direitos fundamentais assegurados na Constituição. 6 – A exclusão dos benefícios previdenciários, em razão da orientação sexual, além de discriminatória, retira da proteção estatal pessoas que, por imperativo constitucional, deveriam encontrar-se por ela abrangidas. 7 – Ventilar-se

32 O inciso I do art. 23 do Decreto n. 3.048/99 foi revogado pelo Decreto n. 4.032/2001.

a possibilidade de desrespeito ou prejuízo a alguém, em função de sua orientação sexual, seria dispensar tratamento indigno ao ser humano. Não se pode, simplesmente, ignorar a condição pessoal do indivíduo, legitimamente constitutiva de sua identidade pessoal (na qual, sem sombra de dúvida, se inclui a orientação sexual), como se tal aspecto não tivesse relação com a dignidade humana. 8 – As noções de casamento e amor vêm mudando ao longo da história ocidental, assumindo contornos e formas de manifestação e institucionalização plurívocos e multifacetados, que num movimento de transformação permanente colocam homens e mulheres em face de distintas possibilidades de materialização das trocas afetivas e sexuais. 9 – A aceitação das uniões homossexuais é um fenômeno mundial – em alguns países de forma mais implícita – com o alargamento da compreensão do conceito de família dentro das regras já existentes; em outros de maneira explícita, com a modificação do ordenamento jurídico feita de modo a abarcar legalmente a união afetiva entre pessoas do mesmo sexo. 10 – O Poder Judiciário não pode se fechar às transformações sociais, que, pela sua própria dinâmica, muitas vezes se antecipam às modificações legislativas. 11 – Uma vez reconhecida, numa interpretação dos princípios norteadores da Constituição pátria, a união entre homossexuais como possível de ser abarcada dentro do conceito de entidade familiar e afastados quaisquer impedimentos de natureza atuarial, deve a relação da Previdência para com os casais de mesmo sexo darse nos mesmos moldes das uniões estáveis entre heterossexuais, devendo ser exigido dos primeiros o mesmo que se exige dos segundos para fins de comprovação do vínculo afetivo e dependência econômica presumida entre os casais (art. 16, I, da Lei n. 8.213/91), quando do processamento dos pedidos de pensão por morte e auxílio-reclusão.

Em face de referida decisão, o INSS houve por bem emitir a Instrução Normativa n. 15, de março de 2007, determinando a alteração dos arts. 30 e 52, § 4º, da Instrução Normativa n. 11, de 20 de setembro de 2006, os quais passaram a ter as seguintes redações:

Art. 30. O companheiro ou companheira homossexual de segurado inscrito no RGPS passa a integrar o rol dos dependentes e, desde que comprovada a vida em comum, concorre, para fins de pensão por morte e de auxílio-reclusão, com os dependentes preferenciais de que trata o inciso I do art. 16 da Lei n. 8.213, de 1991, para óbito ou reclusão ocorrido a partir de 5 de abril de 1991, ou seja, mesmo anterior à data da decisão judicial proferida na Ação Civil Pública n. 2000.71.00.009.347-0.

Art. 52. [...]

§ 4º Para o(a) companheiro(a) homossexual, deve ser exigida apenas a comprovação de vida em comum, conforme disposto na Ação Civil Pública n. 2000.71.00.009.347-0.

Guarda de filho de companheiro(a) falecido(a)

A Justiça do Rio de Janeiro decidiu, em 2002, conceder a guarda do filho da cantora Cássia Eller, que morreu no dia 29 de dezembro de 2001 de infarto do miocárdio resultante de quatro paradas cardiorrespiratórias, à sua companheira Maria Eugênia Martins. A audiência resultou em acordo com Altair Eller, pai de Cássia, que também pretendia a guarda do menino Francisco Eller, de 8 anos. Conforme constou do acordo, o avô tem o direito de continuar a visitar o neto.[33]

33 "Na semana passada, numa decisão inédita, a Justiça concedeu a guarda provisória do filho da cantora Cássia Eller, Francisco, de 8 anos, a sua companheira, Maria Eugênia Vieira Martins, com quem viveu por catorze anos. Desde a morte da cantora, há duas semanas, travou-se um debate acalorado sobre o futuro do menino. Nunca um caso de tutela de crianças por homossexuais havia sido tratado com tanta franqueza. E o mais impressionante: sob um consenso quase absoluto. Não houve polêmica da Igreja, nem de advogados conservadores, nem mesmo dos inflexíveis defensores dos bons costumes. Não se levantou uma voz para afirmar, por exemplo, que uma homossexual não poderia educar a criança. Ao contrário. O que se viu foi um coro de testemunhos favoráveis à permanência de Chicão ao lado de Eugênia. Nas ruas, a opinião pública corroborava a expectativa. Um jornal popular do Rio de Janeiro chegou a fazer um levantamento mostrando que 83,3% dos leitores concordavam com a decisão. Como é sentença de primeira instância, comporta recurso. Nada é definitivo, portanto. Mas, ao que tudo indica, a situação deve ser mantida. Chicão vai ser criado pela companheira de sua mãe. O episódio confirma o que já se vinha observando de forma fragmentária no Brasil. A estrutura familiar brasileira, especialmente nos grandes centros urbanos, não comporta mais apenas o modelo tradicional. São freqüentes os casos de mães de casamentos interrompidos que abdicam da guarda dos filhos em favor dos pais, situação impensável há alguns anos. Casais homossexuais estão conseguindo adotar crianças e fazer testamentos deixando aos companheiros ou companheiras parte de sua herança – mesmo que ao desamparo da lei. Essa vanguarda comportamental reflete uma mudança social que se deu silenciosamente, mas que foi bastante profunda. Há poucos anos situações hoje tidas como absolutamente normais, como mulheres separadas, eram encaradas com estranheza. Só para citar separações, sobre as quais se tem estatísticas confiáveis, há cerca de 14 milhões de famílias de cônjuges separados no país. No colégio *Andrews*, um dos mais tradicionais do

Direito de sucessão no caso de falecimento de um deles

Referido direito foi reconhecido pelo TJRS, segundo se pode deduzir da seguinte decisão:

> União estável homoafetiva. Direito sucessório. Analogia. Incontrovertida a convivência duradoura, pública e contínua entre parceiros do mesmo sexo, impositivo que seja reconhecida a existência de uma união estável, assegurando ao companheiro sobrevivente a totalidade do acervo hereditário, afastada a declaração de vacância da herança. A omissão do constituinte e do legislador em reconhecer efeitos jurídicos às uniões homoafetivas impõe que a Justiça colmate a lacuna legal fazendo uso da analogia. O elo afetivo que identifica as entidades familiares impõe seja feita analogia com a união estável, que se encontra devidamente regulamentada. Embargos infringentes acolhidos por maioria (TJRS, 4º Grupo Cível, Embargos Infringentes n. 70.003.967.676, rel. Des. Maria Berenice Dias, j. 09.05.2003)

Com referência ao pedido de suspensão do inventário do companheiro falecido enquanto tramita a ação em que pleiteia o reconhecimento de união estável, na visão do Tribunal de Justiça do Paraná referida providência não é viável, conforme demonstra o seguinte julgado:

> A ora agravante pleiteia o reconhecimento da sua união com A. Z., bem como de sua participação na aquisição dos bens deixados por esta e de seu direito a concorrer com os ascendentes da *de cujus* na sucessão, razão pela qual requereu a suspensão do inventário. Porém, todos estes fatos alegados, por ora, são uma mera expectativa de direito, situação que poderá perdurar, até decisão judicial definitiva, um longo período de tempo, o que acarretaria certos prejuízos ao devido processamento do inventário, contrariando o direito de herança dos ascendentes da falecida, bem como

---

Rio, 65% dos alunos vivem apenas com um dos pais. Outro fenômeno recente diz respeito à quantidade de brasileiros que vivem em casas onde moram um homem sem a mulher, mas com filhos. Segundo dados do IBGE, o percentual praticamente triplicou nas duas últimas décadas. Nos Estados Unidos, houve um aumento de 62% no número de homens que cuidam sozinhos dos filhos. 'A sociedade tem-se adaptado muito bem às mudanças no padrão familiar. Sem dúvida, é um dos fenômenos mais radicais e mais bem resolvidos de que se tem notícia', comenta a psicóloga Ceres Alves de Araújo, professora da Pontifícia Universidade Católica de São Paulo." (Fonte: *Revista Veja*, de 16.01.2002).

o tempo previsto no artigo acima citado. A jurisprudência até tem se mostrado favorável à suspensão do processo de inventário, porém apenas quando evidente o prejuízo à parte. Todavia, este não é o caso dos autos, visto que a magistrada singular já deferiu a reserva de 50% (cinqüenta por cento) dos bens do espólio. Já em relação ao pleito de que sejam reservados 75% (setenta e cinco por cento) dos bens, igualmente sem razão a recorrente. Não comprovou a agravante, para a concessão da tutela antecipada da reserva de 75% (setenta e cinco por cento) dos bens do espólio, um de seus requisitos autorizadores, o *fumus boni iuris*, visto que não há em nossa legislação vigente a figura da união de pessoas do mesmo sexo. Portanto, não teria como se deferir a reserva de bens com fundamento em eventual reconhecimento de união estável entre a recorrente e a *de cujus*. Porém, há a possibilidade de ser reconhecida uma sociedade de fato, em que ambas contribuíram para a aquisição de determinados bens. Assim, entendo como razoável que sejam separados 50% (cinqüenta por cento) dos bens, e não mais, assim como decidido pela magistrada singular. (TJPR, 11ª Câm. Cível, AI n. 411.848-5, rel. Des. Eraclés Messias, j. 18.07.2007)

Direito de adotar

Em que pese o art. 1.622 do Código Civil vedar a adoção por duas pessoas que não sejam marido e mulher ou vivam em união estável, alguns tribunais brasileiros vêm concedendo o direito de adoção por casal homossexual, como se demonstra a seguir:

Apelação cível. Adoção. Casal formado por duas pessoas de mesmo sexo. Possibilidade. Reconhecida como entidade familiar, merecedora da proteção estatal, a união formada por pessoas do mesmo sexo, com características de duração, publicidade, continuidade e intenção de constituir família, decorrência inafastável é a possibilidade de que seus componentes possam adotar. Os estudos especializados não apontam qualquer inconveniente em que crianças sejam adotadas por casais homossexuais, mais importando a qualidade do vínculo e do afeto que permeia o meio familiar em que serão inseridas e que as liga aos seus cuidadores. É hora de abandonar de vez preconceitos e atitudes hipócritas desprovidas de base científica, adotando-se uma postura de firme defesa da absoluta prioridade que constitucionalmente é assegurada aos direitos das crianças e dos adolescentes (art. 227 da Constituição Federal). Caso em que o laudo especializado comprova o saudável vínculo existente entre as crianças e as adotantes. Negaram provimento. Unânime. (TJRS, 7ª Câm. Cível, Ap. cível n. 70.013.801.592, rel. Des. Luiz Felipe Brasil Santos, j. 05.04.2006)

Idêntica decisão foi proferida por uma juíza do interior de São Paulo, que concedeu a um casal de homens homossexuais o direito de adotar uma menina de 5 anos. Essa é a primeira vez que um casal de homens é autorizado a adotar oficialmente uma criança, seguindo a mesma orientação do TJRS, que concedeu o direito a duas mulheres lésbicas residentes na cidade de Bagé. A sentença em Catanduva foi dada no dia 30 de outubro de 2006 pela juíza Sueli Alonso. No julgamento, não houve nenhum pedido de cancelamento ou contestação. Os nomes dos cabeleireiros V. P. G. e J. C. vão aparecer na certidão da menina que já vivia com o casal desde dezembro de 2005. A adoção foi aprovada depois de avaliações feitas por psicólogos e assistentes sociais. No ano passado, V. e J. já haviam comemorado o direito de entrar na lista para tornarem-se candidatos a pais adotivos. Os dois estão juntos há quase quinze anos. Em 1998, tiveram o pedido de adoção negado sob a alegação de não possuírem imóvel próprio.

Inclusão em plano de saúde

A 6ª Turma do TRF da 1ª Região determinou a inclusão de um companheiro homossexual como dependente em plano de saúde do companheiro titular. Para o relator do caso, Antônio Souza Prudente, existem dispositivos na Constituição que asseguram os princípios de igualdade, dignidade da pessoa humana e promoção do bem de todos, sem preconceitos ou formas de discriminação. Segundo o desembargador federal, esses princípios constituem os fundamentos do Estado Democrático de Direito. A decisão foi ementada nos seguintes termos:

> Constitucional, administrativo e civil. Mandado de segurança. Servidor público federal. Relação homoafetiva. Entidade familiar entre pessoas do mesmo sexo. Reconhecimento como dependente/beneficiário de plano de assistência à saúde. Garantia de formação do meio ambiente cultural brasileiro, ecologicamente equilibrado. I – Afigura-se odiosa a negativa do reconhecimento dos direitos concedidos às pessoas de sexos diferentes aos do

mesmo sexo, inclusive aos relacionados com a inclusão como dependente/beneficiário de plano de assistência médica, porque tal discriminação preconceituosa afronta os objetivos da República Federativa do Brasil, entre eles, o da construção de uma sociedade livre, justa e solidária, da erradicação da marginalização e da redução das desigualdades sociais, e, também, o da promoção do bem de todos, sem preconceitos de origem, raça, sexo, cor, idade e quaisquer outras formas de discriminação. II – O reconhecimento de vínculos entre pessoas do mesmo sexo atende, também, a defesa constitucional da unidade familiar, da promoção do bem-estar e da dignidade da pessoa humana, da igualdade e da legalidade, e, especificamente na espécie dos autos, da saúde, que é direito de todos e dever do Estado, garantido mediante políticas sociais e econômicas que visem à redução do risco de doença e de outros agravos e ao acesso universal igualitário às ações e serviços para sua promoção, proteção e recuperação (art. 196 da Constituição Federal). III – Se o homossexual não é cidadão de segunda categoria e sua opção ou condição sexual não lhe diminui direitos, muito menos, a dignidade de pessoa humana (STJ, 3ª T., REsp. n. 238.715/RS, *DJ* 02.10.2006, p. 263) e, se todos são iguais perante a lei, sem distinção de qualquer natureza (CF, art. 5º, *caput*), não há de se admitir a submissão de qualquer pessoa a tratamento discriminatório e marginalizador ou degradante, garantindo-se o desenvolvimento sustentável do patrimônio cultural do povo brasileiro, constituído dos bens de natureza material e imaterial, tomados individualmente ou em conjunto, como portadores de referência à identidade à ação, à memória dos diferentes grupos formadores da sociedade brasileira, nos quais se incluem as formas de expressão e os modos de criar, fazer e viver (CF, art. 216, I e II), essenciais à sadia qualidade de vida das presentes e futuras gerações (CF, art. 225, *caput*). IV – Apelação e remessa oficial desprovidas. Sentença confirmada. (Ap. em MS n. 2005.34.00.013.248-1/DF, rel. Des. Souza Prudente, j. 03.09.2007)

O recurso especial no STJ, citado no acórdão anterior, possui a seguinte ementa:

União homoafetiva. Inscrição de parceiro em plano de assistência médica. Possibilidade. Divergência jurisprudencial não configurada. Se o dispositivo legal supostamente violado não foi discutido na formação do acórdão, não se conhece do recurso especial, à míngua de prequestionamento. A re-

> lação homoafetiva gera direitos e, analogicamente à união estável, permite a inclusão do companheiro dependente em plano de assistência médica. O homossexual não é cidadão de segunda categoria. A opção ou condição sexual não diminui direitos e, muito menos, a dignidade da pessoa humana. Para configuração da divergência jurisprudencial é necessário confronto analítico, para evidenciar semelhança e simetria entre os arestos confrontados. Simples transcrição de ementas não basta. (STJ, 3ª T., REsp n. 238.715, rel. Min. Humberto Gomes de Barros, j. 07.03.2006)

Ademais disso, o TJRS já consolidou que a competência para julgar as causas que envolvam interesses de homossexuais é da vara de família:[34]

> A competência para julgamento de separação de sociedade de fato de casais formados por pessoas do mesmo sexo, é das varas de família, conforme precedentes desta câmara, por não ser possível qualquer discriminação por se tratar de união entre homossexuais, pois é certo que a Constituição Federal, consagrando princípios democráticos de direito, proíbe discriminação de qualquer espécie, principalmente quanto à opção sexual, sendo incabível, assim, quanto à sociedade de fato homossexual. Conflito de competência acolhido. (TJRS, 8ª Câm. Cível, Conflito de Competência n. 70.000.992.156, rel. Des. José Ataides Siqueira Trindade, j. 29.06.2000)

Ainda no Rio Grande do Sul, visando a oferecer um instrumento legal com fundamento exclusivo na vontade das partes, a Corregedoria-Geral de Justiça abriu a possibilidade de casais homossexuais registrarem o que lhes aprouver a respeito de sua relação, conforme dispõe o parágrafo único do art. 215 da Consolidação Normativa Notarial e Registral da Corregedoria-Geral de Justiça do Rio Grande do Sul:

---

34 Em outro julgado, a mesma 8ª Câmara já havia decidido, por unanimidade, em 17 de junho de 1999, que um casal de lésbicas poderia resolver a partilha do patrimônio em uma vara de família. A decisão desfez entendimento anterior de que varas de famílias deveriam tratar apenas de questões envolvendo uniões estáveis entre marido e mulher. As duas mulheres homossexuais conviveram de 1994 a 1998. Uma delas entrou com ação na 5ª Vara de Família de Porto Alegre para resolver a divisão do patrimônio. O juiz entendeu que o caso deveria ser julgado por uma vara cível, argumentando que a Constituição Federal prevê como união estável apenas relacionamentos entre homem e mulher. A autora da ação recorreu da decisão e o desembargador Breno Mussi, da 8ª Câmara Cível, concedeu medida liminar e devolveu ação à vara de família.

> As pessoas plenamente capazes, independente da identidade ou oposição de sexo, que vivam uma relação de fato duradoura, em comunhão afetiva, com ou sem compromisso patrimonial, poderão registrar documentos que digam respeito a tal relação. As pessoas que pretendam constituir uma união afetiva na forma anteriormente referida também poderão registrar os documentos que a isso digam respeito.

O mesmo Tribunal de Justiça, que vem reiteradamente decidindo em favor da causa homoafetiva, não só reconheceu o direito de um casal de homossexuais adotarem, como também reconheceu a própria união estável homoafetiva:

> Apelação cível. União homoafetiva. Reconhecimento. Princípio da dignidade da pessoa humana e da igualdade. É de ser reconhecida judicialmente a união homoafetiva mantida entre duas mulheres de forma pública e ininterrupta pelo período de dezesseis anos. A homossexualidade é um fato social que se perpetua através dos séculos, não mais podendo o Judiciário se olvidar de emprestar a tutela jurisdicional a uniões que, enlaçadas pelo afeto, assumem feição de família. A união pelo amor é que caracteriza a entidade familiar e não apenas a diversidade de sexos. É o afeto a mais pura exteriorização do ser e do viver, de forma que a marginalização das relações homoafetivas constitui afronta aos direitos humanos por ser forma de privação do direito à vida, violando os princípios da dignidade da pessoa humana e da igualdade. (7ª Câm. Cível, Ap. cível n. 70.012.836.755, rel. Des. Maria Berenice Dias, j. 21.12.2005)

Em uma demonstração de que o Judiciário gaúcho não está só no trato das questões homoafetivas, no início de fevereiro de 2007, a juíza Sirley Martins da Costa, da 3ª Vara de Família e Sucessões de Goiânia/GO, também reconheceu a união entre duas pessoas do mesmo sexo como uma entidade familiar, com "todas as conseqüências legais advindas da união estável", asseverando que a jurisprudência (decisões reiteradas dos tribunais sobre um mesmo assunto) é tranqüila em relação à possibilidade jurídica do reconhecimento da união homoafetiva, já que os princípios presentes na Constituição Federal vedam qualquer discriminação, inclusive quanto ao sexo. Sobre a inexistência de lei específica, ponderou:

> A consagração do princípio da dignidade da pessoa, como norte principal para o julgador, permitiu ao juiz brasileiro a possibilidade de suprir a lacuna existente na legislação sobre o tema. Há julgados recentes reconhecendo uma série de direitos em prol dos homossexuais, dentre eles o reconhecimento da união homoafetiva como verdadeira entidade familiar.

Todavia, cumpre não confundir a união estável de pessoas do mesmo sexo, com o instituto do casamento. A própria exposição de motivos do Projeto de Lei n. 1.151/95, de autoria da então Deputada Marta Suplicy, refere que o projeto procura disciplinar as uniões estáveis, não se propondo a dar às parcerias homossexuais um *status* igual ao do casamento, porquanto os termos matrimônio e casamento são reservados para o casamento heterossexual, com suas implicações ideológicas e religiosas. No mesmo sentido é a proposta de emenda à Constituição com finalidade de alterar a redação do art. 226, § 3º: "Para efeito da proteção do Estado, reconhecida a união estável entre casais heterossexuais ou homossexuais como entidade familiar, devendo a lei facilitar a sua conversão em casamento **quando existente entre o homem e a mulher**" (grifamos).

7 Parentesco

Generalidades

O parentesco é natural ou civil, conforme resulte de consangüinidade ou outra origem (art. 1.593 do CC). Desse modo, o que se permite concluir é que o parentesco natural equivale ao genético ou biológico; e parentesco civil é o que resulta de outra origem, ou seja, de adoção, afinidade e parentesco socioafetivo.

Parentesco natural

Parentesco natural, consangüíneo ou biológico (art. 1.593 do CC) é o que se origina entre pessoas que descendem de um tronco comum, a saber:

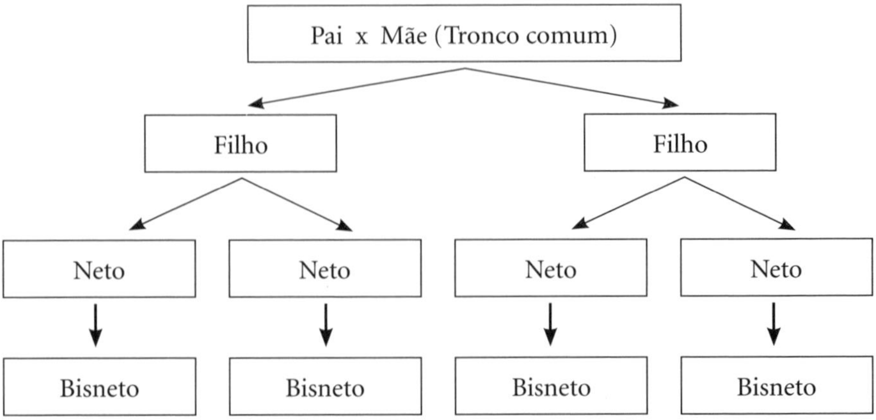

O parentesco natural estabelece-se tanto pelo lado masculino (parentesco por agnação) quanto pelo lado feminino (parentesco por cognação). Os graus de parentesco sangüíneo são estabelecidos em linha reta e em linha colateral, como se verá a seguir.

Parentesco natural na linha reta

O parentesco natural na linha reta verifica-se entre pessoas que estão umas para com as outras na relação de ascendentes e descendentes (art. 1.591 do CC). Por outras palavras, é o parentesco existente entre pessoas que, além de descenderem de um tronco comum, descendem umas das outras.

(Meu parente em 3º grau) Bisavô (Meu parente em 2º grau) Avô (Meu parente em 1º grau) Pai	Linha ascendente
Eu	
(Meu parente em 1º grau) Filho (Meu parente em 2º grau) Neto (Meu parente em 3º grau) Bisneto	Linha descendente

Grau de parentesco é a distância existente entre uma geração e a geração seguinte. Nesse caso, cada geração representa um grau, porquanto se contam os graus de parentesco pelo número de gerações (art. 1.594 do CC).

Parentesco natural na linha colateral

São parentes na linha colateral, ou transversal, até o quarto grau, as pessoas que, conquanto provenham de um tronco comum, não descendem umas das outras (art. 1.592 do CC).

			Linha colateral
	Avô		
	Pai		Tio (3º grau)
Eu	Irmão (2º grau)		Primo-irmão (4º grau)
	Filho		Sobrinho (3º grau)

Na linha colateral, a contagem do número de gerações (graus) é feita partindo-se de um dos parentes, subindo até o tronco comum (ascendente comum) e descendo até chegar ao parente pretendido (art. 1.594 do CC) da seguinte forma:

Eu em relação a meu irmão:

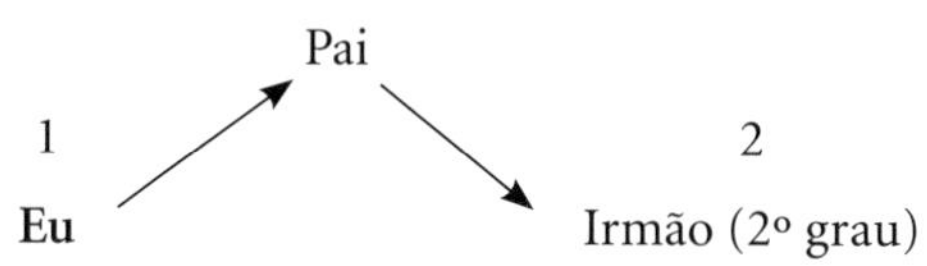

Observe-se que, na linha colateral, inexiste parentesco em primeiro grau, iniciando-se a contagem pelo segundo grau.

Eu em relação a meu tio:

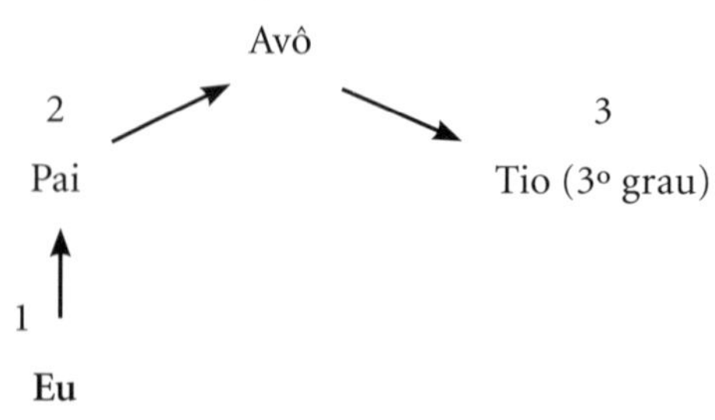

Eu em relação a meu sobrinho:

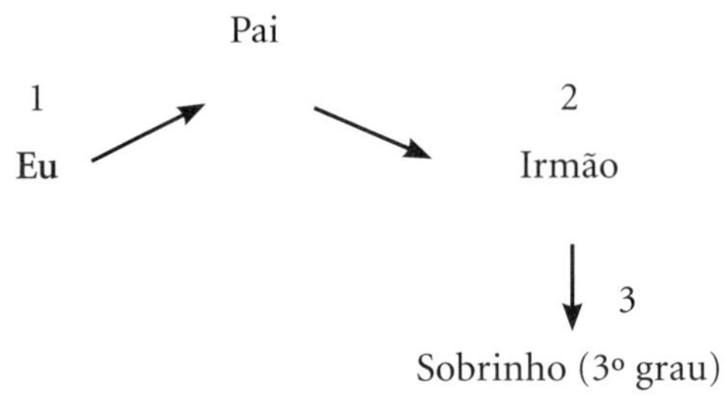

Eu em relação a meu primo-irmão:

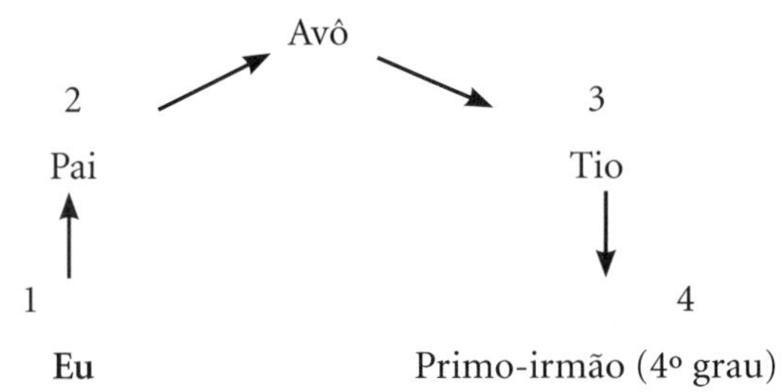

Parentesco por afinidade

Parentesco por afinidade na linha reta

Parentesco por afinidade é o vínculo que se estabelece entre um cônjuge e os parentes do outro cônjuge (art. 1.595 do CC). Tal como ocorre com o parentesco natural, também no parentesco por afinidade contam-se os graus na linha reta e na linha colateral.

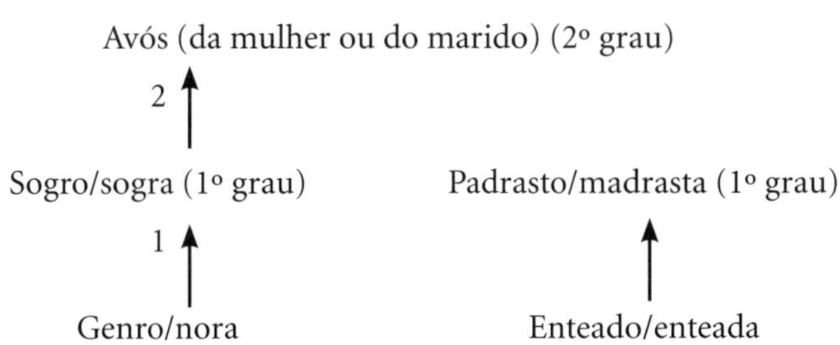

A afinidade, na linha reta, não se extingue com a dissolução do casamento, que a originou (art. 1.595, § 2º, do CC). De onde resulta que, se algum deles ficar viúvo, não poderá contrair casamento com seu sogro ou sua sogra em razão da existência de impedimento (1.521, II, do CC). Logo, por exclusão, é permitido o casamento entre cunhados, porquanto estes são afins na linha colateral, conforme se pode constatar a seguir.

Parentesco por afinidade na linha colateral

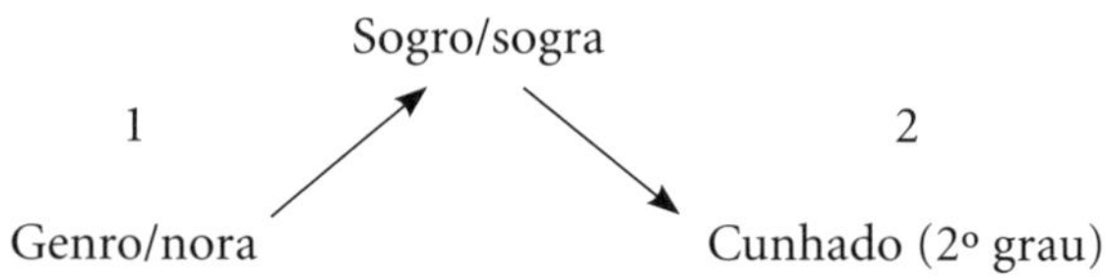

Considerando-se a linha reta, vindo um indivíduo a casar-se com uma mulher que já tenha filho, será o mesmo considerado afim em primeiro grau, tanto em relação ao filho (enteado) quanto em relação à sogra (mãe de sua mulher).

Parentesco civil

Parentesco civil é o que se origina de outra origem que não seja a da consangüinidade ("Art. 1.593. O parentesco é natural ou civil, conforme resulte de consangüinidade ou outra origem").

O Enunciado n. 103, aprovado na Jornada de Direito Civil promovida pelo Centro de Estudos Judiciários, do Conselho da Justiça Federal, sustenta que

> o Código Civil reconhece, no art. 1.593, outras espécies de parentesco civil além daquele decorrente da adoção, acolhendo, assim, a noção de que há também parentesco civil no vínculo parental proveniente quer das técnicas de reprodução assistida heteróloga relativamente ao pai (ou a mãe) que não contribuiu com seu material fecundante, quer da paternidade socioafetiva, fundada na posse do estado de filho.

Portanto, na expressão *outra origem*, incluem-se o parentesco decorrente da adoção, o parentesco por afinidade, o proveniente das técnicas de reprodução assistida heteróloga e o decorrente da paternidade socioafetiva, fundada na posse do estado de filho. O Centro de Estudos Judiciários da Justiça Federal também concluiu que "a posse do estado de filho (parentalidade socioafetiva) constitui modalidade de parentesco civil" (Enunciado n. 256).

A adoção atribui a situação de filho ao adotado, desligando-o de qualquer vínculo com os pais e parentes consangüíneos, salvo quanto aos impedimentos matrimoniais (art. 1.626 do CC). Concretizada a adoção, as relações de parentesco se estabelecem não só entre adotante e adotado, como também entre aquele e os descendentes deste e entre o adotado e todos os parentes do adotante (art. 1.628 do CC). A exceção fica por conta do parágrafo único, no qual consta que os vínculos de filiação se mantêm no caso de o adotante adotar o filho do cônjuge ou companheiro. Embora haja omissão do Código Civil, consta do art. 49 do Estatuto da Criança e do Adolescente que a morte dos adotantes não restabelece o poder familiar dos pais naturais.

8 Filiação

Generalidades

Na ensinança de Washington de Barros Monteiro, filiação "é a relação existente entre o filho e as pessoas que o geraram". Trata-se, nesse caso, da filiação natural, decorrente do *jus sanguinis*. Partindo desse conceito, permite-se concluir que, na adoção, não se opera a verdadeira e pura filiação, embora, costumeiramente, ela receba a denominação *filiação adotiva*. A doutrina vem propugnando e defendendo a teoria da socioafetividade com o fundamento de que o elemento material da filiação não é somente o vínculo de sangue, pois, atrás disso, existe também uma verdade socioafetiva, como será abordado ao final deste capítulo.

Filiação antes da Constituição de 1988

Em data anterior à promulgação da atual Constituição, a filiação encontrava-se sob a égide exclusiva do Código Civil, o qual apresentava as seguintes distinções:

• filhos legítimos: os concebidos na constância do casamento, *ex vi* do art. 338 do Código Civil de 1916.

• filhos ilegítimos: os concebidos em relação extramatrimonial, desdobrando-se em duas subespécies:

• filhos naturais: filhos nascidos de pessoas sem impedimento para casar (pessoas solteiras, sem vínculo de parentesco). No tocante ao direito hereditário, os filhos naturais somente tinham direito à metade do quinhão que coubesse ao filho legítimo;

• filhos espúrios: filhos nascidos de pessoas com impedimento para casar.

Por outro lado, eram considerados *adulterinos* os filhos concebidos de uma pessoa casada com outra que não fosse seu cônjuge; e *incestuosos* quando concebidos de relação entre pessoas impedidas de casar entre si em razão do parentesco.

Filiação após a Constituição de 1988

A atual Constituição, por seu art. 227, § 6º, depois repetido no art. 20 do ECA e no art. 1.596 do atual Código Civil, consagrou o princípio da igualdade jurídica para todos os filhos, independentemente de suas origens: "Art. 1.596. Os filhos havidos ou não da relação de casamento, ou por adoção, terão os mesmos direitos e qualificações, proibidas quaisquer designações discriminatórias relativas à filiação". Diante disso, hoje apenas se permite distinguir os filhos entre os havidos na constância do casamento e os havido fora do casamento.

Filiação e planejamento familiar

É preciso dizer que as taxas médias de natalidade brasileiras têm caído gradativamente nos últimos cinqüenta anos. Para esse efeito, releva registrar que, em 1940, a média de filhos por família era de 6,2 filhos; já em 2000, era de 2,3 filhos por família. Da mesma forma, a taxa de natalidade, que era 44% em 1940, passou para 22% em 2001.[35] No en-

35 Segundo noticia a imprensa internacional, o desequilíbrio de gêneros na China, onde nascem 118 meninos para cada cem meninas, vai atingir graves proporções em 2020, quando o número de homens em idade de se casar será 30 milhões maior do que o de mulheres, segundo um relatório publicado pelo jornal *China Daily*. "A discriminação contra o sexo feminino continua sendo a causa primordial do desequilíbrio crescente", comentou Liu Bohong, subdiretora do Instituto de Estudos sobre a Mulher da Federação de Mulheres da China. O desequilíbrio é mais forte nas regiões rurais. Mas Liu observou que o fenômeno também é cada vez mais visível nas cidades. Em Pequim, nasceram 109 meninos para cada cem meninas nos primeiros onze meses de 2006. Na opinião de Liu Bohong, a causa não

tanto, como observa o médico Dráuzio Varella (VARELLA, "Planejamento familiar"),

> não há necessidade de consultar os números do IBGE para constatarmos que a queda foi muito mais acentuada nas classes média e alta: basta ver a fila de adolescentes grávidas à espera de atendimento nos hospitais públicos ou o número de crianças pequenas nos bairros mais pobres.

O médico mencionado associa a gravidez indesejada e a falta de planejamento familiar à violência urbana:

> Há pouco tempo, afirmei numa entrevista ao jornal *O Globo* que a falta de planejamento familiar era uma das causas mais importantes da explosão de violência urbana ocorrida nos últimos vinte anos em nosso país. A afirmação era baseada em minha experiência na Casa de Detenção de São Paulo: é difícil achar na cadeia um preso criado por pai e mãe. A maioria é fruto de lares desfeitos ou que nunca chegaram a existir. O número daqueles que têm muitos irmãos, dos que não conheceram o pai e dos que foram concebidos por mães solteiras, ainda adolescentes, é impressionante.

Paradoxalmente, a realidade demonstra que os casais que possuem mais condições econômicas de criar e educar os filhos fazem uso do planejamento familiar com o objetivo de reduzi-los a um, dois ou, no máximo, três, ao passo que os casais de baixa ou nenhuma renda não conseguem reduzir o número de filhos a esse patamar, seja por ignorância, seja por falta de acesso aos meios contraceptivos ou de esterilização voluntária. Diante desse contexto, o que se permite deduzir é que o planejamento familiar, instituído pela Lei n. 9.263/96, embora possua cará-

---

é a política de um só filho, e sim "a noção profundamente arraigada na cultura chinesa de que os homens são superiores às mulheres". Isso leva muitos casais a optar pelo aborto quando comprovam que o bebê será uma menina, apesar de a prática ser proibida no país. As medidas adotadas pelo governo, em 2000, para tentar combater o desequilíbrio têm sido insuficientes. Elas incluem incentivos para famílias rurais que têm só uma filha. O relatório, elaborado pela Comissão Estatal de Planejamento Familiar e População, alerta também que mais de 300 milhões de camponeses chineses emigrarão das zonas rurais para as cidades nos próximos vinte anos, devido ao excesso de mão-de-obra num setor que cada vez perde mais força na economia chinesa.

ter universal, tem como principais destinatários justamente as famílias de menor poder aquisitivo.

Planejamento familiar é, no sentido da lei (art. 2º), o conjunto de ações de regulação da fecundidade que garanta direitos iguais de constituição, limitação ou aumento da prole pela mulher, pelo homem ou pelo casal. É dever do Estado, através do Sistema Único de Saúde, em associação, no que couber, às instâncias componentes do sistema educacional, promover condições e recursos informativos, educacionais, técnicos e científicos que assegurem o livre exercício do planejamento familiar (art. 5º).

Um dos procedimentos destinados à viabilizar o planejamento familiar consiste na esterilização voluntária, normatizada na Portaria n. 48/99 do Ministério da Saúde. Segundo referida portaria, somente é permitida a esterilização voluntária sob as seguintes condições:

> I – em homens e mulheres com capacidade civil plena e maiores de 25 anos de idade ou, pelo menos, com dois filhos vivos, desde que observado o prazo mínimo de sessenta dias entre a manifestação da vontade e o ato cirúrgico, período no qual será propiciado, à pessoa interessada, acesso ao serviço de regulação da fecundidade, incluindo aconselhamento por equipe multidisciplinar, visando a desencorajar a esterilização precoce;
>
> II – em caso de risco à vida ou à saúde da mulher ou do futuro concepto, testemunhado em relatório escrito e assinado por dois médicos;
>
> III – a esterilização cirúrgica como método contraceptivo somente será executada por laqueadura tubária, vasectomia ou de outro método cientificamente aceito, sendo vedada por meio de histerectomia e ooforectomia;
>
> IV – será obrigatório constar no prontuário médico o registro de expressa manifestação da vontade em documento escrito e firmado, após a informação dos riscos da cirurgia, possíveis efeitos colaterais, dificuldade de reversão e opções de contracepção reversíveis existentes.

Filiação natural

Filiação natural é a que decorre do ato de procriação, ou seja, do *jus sanguinis* existente entre pais e filhos. A filiação natural resulta de relações sexuais ou inseminação artificial entre homem e mulher, diferentemente da filiação decorrente de outra origem, como adoção e filiação socioafetiva.

Filhos havidos na constância do casamento

Presunção da paternidade

A paternidade presume-se em relação ao marido ou companheiro da mãe, na constância do casamento ou da união estável, com fundamento no princípio *pater is est quem justae nuptiae demonstrant*, ou seja, o marido ou o companheiro é o pai dos filhos concebidos por sua mulher ou companheira. Para esse efeito, prescreve o art. 1.597 do Código Civil que presumem-se concebidos na constância do casamento:

> I – os filhos nascidos 180 dias, pelo menos, depois de estabelecida a convivência conjugal;
>
> II – os nascidos dentro dos 300 dias subseqüentes à dissolução da sociedade conjugal por morte, separação judicial, nulidade e anulação do casamento;
>
> III – havidos por fecundação artificial homóloga, mesmo que falecido o marido;
>
> IV – havidos, a qualquer tempo, quando se tratar de embriões excedentários, decorrentes de concepção artificial homóloga;
>
> V – havidos por inseminação artificial heteróloga, desde que tenha prévia autorização do marido.

São esses, pois, os requisitos relativos à época ou ao modo de concepção, ou de nascimento de filhos, para efeito não só de presunção de filho havido na constância do casamento, como também para que se opere a presunção de paternidade do marido com fundamento no brocardo *pater is est quem justae nuptiae demonstrant*. O inciso I, *contrario sensu*, considera que a presunção da paternidade não se aplica aos filhos nascidos antes dos 180 dias, salvo evidentemente se o marido, antes de casar, tinha ciência da gravidez da mulher, embora não previsto expressamente pelo Código Civil atual, como fazia o Código de 1916, no art. 339. Já o inciso II visa, precipuamente, a evitar eventuais controvérsias a respeito da paternidade do filho nascido dentro dos trezentos dias que se seguirem à dissolução da sociedade conjugal: se nascido dentro do período, o pai é o primeiro marido; se nascido após, o pai é o segundo marido ou companheiro. Por último, os incisos III, IV e V são hipóteses de reprodução assistida abordadas a seguir.

Paternidade dos filhos concebidos de reprodução assistida

Reprodução assistida é um conjunto de técnicas, utilizadas por médicos especializados, que tem como principal objetivo tentar viabilizar a gestação em mulheres com dificuldades de engravidar, seja em decorrência de dificuldades de ovulação, seja por problemas de infertilidade do cônjuge ou companheiro. Segundo estudos especializados, das causas de infertilidade, 30% são femininas (problema ovulatório ou uterino), 30% são masculinas, pela não-produção (aspermia) ou produção insuficiente (oligospermia) de espermatozóides, 30% são de causas femininas e masculinas e 10% de causas indeterminadas. Após a identificação das causas, costuma ser proposto ao casal um plano de tratamento em uma tentativa de solucionar o problema. Evidentemente, a busca das causas e da determinação de quem está com o problema exige consenso do casal, sob pena de o relacionamento conjugal restar prejudicado.

O Código Civil de 2002, acompanhando a evolução tecnológica também no campo conceptivo, incluiu, no art. 1.597, entre as diversas hipóteses de filhos presumidamente concebidos na constância do casamento, os filhos havidos por fecundação artificial: os havidos por fecundação artificial homóloga, mesmo que falecido o marido; os havidos, a qualquer tempo, quando se tratar de embriões excedentários, decorrentes de concepção artificial homóloga; e os havidos por inseminação artificial heteróloga desde que com prévia autorização do marido.

Para efeito do art. 1.597, III e V, cumpre entender fecundação artificial *homóloga* como a fecundação na qual a mulher utiliza material genético do próprio marido; fecundação artificial *heteróloga*, a fecundação promovida mediante o emprego de material genético de terceiro. Nessa última modalidade, inexistindo prévia autorização do marido, é facultado a ele negar o reconhecimento, uma vez que não se configura a presunção de paternidade. Havendo autorização, relativamente a pai (ou mãe) que não contribuiu com seu material fecundante, configura-se uma modalidade de parentesco civil perfeitamente enquadrada na expressão *outra origem* constante do art. 1.593 do Código Civil, ao lado da adoção e da própria filiação socioafetiva.

Técnicas de reprodução assistida

A reprodução assistida comporta os seguintes procedimentos: inseminação artificial e fertilização *in vitro*.

Fecundação ou inseminação artificial

Inseminação artificial, ou fertilização *in vivo*, é a técnica mais antiga e mais simples, na qual a fecundação se dá dentro do corpo da mulher. É utilizada em casos de incapacidade do marido ou parceiro ejacular no interior da vagina da sua parceira; distúrbios ovulatórios e alterações no muco cervical que vão impedir a livre penetração dos espermatozóides no útero; e determinadas alterações na qualidade do sêmen e alterações nas trompas uterinas.

Trata-se da utilização da técnica de inseminação artificial intra-uterina, que consiste na injeção de espermatozóides vivos (aptos a fertilizar, após tratamento do sêmen em laboratório) dentro do útero geralmente 36 horas após a ovulação induzida. Pode ser utilizada em casos de distúrbios da ovulação. Para que tenha resultado, é imprescindível que as trompas estejam permeáveis e que número e qualidade dos espermatozóides sejam razoáveis. O mínimo exigido são 5 milhões de espermatozóides selecionados ao final do preparo do sêmen no laboratório.

Fecundação ou inseminação artificial homóloga

Inseminação artificial homóloga, como consta do Código Civil, ocorre quando o sêmen utilizado para inseminação é do próprio marido ou companheiro. Nesta situação, o pai e a mãe biológicos são também considerados pais jurídicos para todos os efeitos.

Inclui-se, ainda, no conceito de fecundação homóloga, a hipótese de fecundação *in vitro*, do óvulo da mulher com esperma do marido, mas em que a gestação vai se operar implantando o óvulo fecundado no útero de outra mulher, que apenas providencia o componente gestação, originando as expressões *mãe hospedeira*, *mãe substituta* e, em determinados casos, *barriga de aluguel*.

Fecundação ou inseminação artificial heteróloga

Fecundação artificial heteróloga é a modalidade de fecundação para a qual se recorre ao sêmen de doador anônimo. Destina-se à fecundação da mulher fértil cujo marido ou companheiro apresente problemas de esterilidade (impotência *generandi*). Neste caso, o mais comum é a utilização do sêmen de um homem cuja identidade não é dada a conhecer, geralmente fornecido por um banco de esperma. Para efeito do Código Civil, somente o filho nascido da inseminação homóloga gera a presunção da paternidade. Portanto, a regra não se aplica à inseminação heteróloga, salvo se efetivada com o consentimento do marido ou companheiro.

Ainda com relação ao consentimento do marido ou do companheiro para que a mulher proceda a inseminação, a Lei espanhola de n. 35/88, que dispõe sobre técnicas de reprodução assistida, estabelece o seguinte:

a) nem o marido nem a mulher poderão impugnar a filiação, se tiverem consentido na fecundação com sêmen de terceiro doador (art. 8º, I);

b) o marido poderá, por testamento ou escritura pública, autorizar a fecundação de sua mulher com sêmen congelado, no prazo de seis meses após sua morte (neste caso, será tida como filiação matrimonial, art. 9º, II).[36]

Fertilização in vitro

A fertilização *in vitro*, também chamada F.I.V. ou bebê de proveta, foi uma das grandes conquistas no tratamento da infertilidade. A primeira criança gerada por esse processo foi Louise, filha de Lesley John Brown, no ano de 1978, em Londres, por obra do Dr. Patrick Steptoe e do Dr. Robert Edwards. A denominação deve-se ao fato da fecundação do óvulo pelo espermatozóide ocorrer fora do corpo, em laboratório, ou seja, em um tubo de ensaio – por isso a denominação *in vitro*. Os embriões resultantes da fertilização *in vitro* são transferidos para o útero aproximadamente 72 horas após a captação de óvulos.

A fertilização *in vitro* destina-se a, principalmente, solucionar o problema de infertilidade da mulher, que pode resultar tanto da incapacidade de ovular, natural ou decorrente dos efeitos de radio ou quimio-

36 "Até agora, os casos mais comuns são os de homens que retiram o sêmen prevendo operações ou doenças que poderiam determinar sua esterilidade; e da pretensão da mulher, depois da morte do homem, de ainda poder utilizar aquele sêmen para ter um filho do morto." (VERCELLONE, 1993, p. 30)

terapia, quanto da ruptura ou extirpação do útero. Mesmo na última hipótese, a mulher pode continuar a produzir óvulos aptos à fecundação. Informações científicas demonstram que a mulher, com o passar dos anos, vai reduzindo sua capacidade ovulatória, tanto que o recomendável é a gravidez até, no máximo, os 32 anos (o ideal é aos 28 anos). Após essa idade, mais precisamente após os 35 anos, as dificuldades para engravidar passam a ser maiores. Assim, para as mulheres que adiam a gravidez, muitas delas em benefício exclusivo da carreira profissional, o recomendável é que procurem uma clínica especializada para congelarem seus óvulos, os quais poderão ser utilizados em uma gestação futura, ainda que após os 35 anos.

Existe uma discussão ética a respeito desse procedimento médico. O primeiro grande questionamento é quanto à ocorrência da fecundação fora do corpo da mãe, o que, para alguns, contraria a lei natural da reprodução. Tal fato tem provocado oposição da Igreja Católica. Para a Igreja, o ato conjugal é formado por dois momentos que se implicam, completam-se e se permitem reciprocamente: os momentos da união e da procriação. Assim, apenas no amor espiritual de dois seres sexualmente opostos e unidos no indissolúvel matrimônio se torna legítima a prática procriadora. Portanto, como, nesta técnica, o embrião não nasce do amor carnal e espiritual dos cônjuges unidos pelo casamento sagrado, e sim por meio da mão do cientista e de um vidro inerte, este fato, na visão católica, quebraria a intimidade inviolável do casal, de acordo com Alexandre Gonçalves Frazão (FRAZÃO, "A fertilização *in vitro:* uma nova problemática jurídica").

De qualquer sorte, a técnica da fertilização *in vitro* é destinada a casais que já tentaram outras formas de tratamento ou para aqueles que têm impossibilidade de obterem uma gravidez por métodos naturais ou assistidos. Originalmente, a fertilização *in vitro* seguida de transferência de embriões foi proposta para o tratamento dos casos de infertilidade tubária, ou seja, para as mulheres nas quais as trompas estavam ausentes ou irreparavelmente obstruídas. O aprimoramento das técnicas de fertilização *in vitro* ampliou suas indicações e permitiu o uso para tratamento da infertilidade de outras etiologias.

Em poucas palavras, a fertilização *in vitro* é indicada quando a mulher ou o homem sofre de infertilidade grave e outras técnicas mais simples, como a inseminação artificial, não podem resolver.

Essa infertilidade ocorre na mulher principalmente quando ela sofre de esterilidade de origem tubária. O óvulo, por não poder atravessar as trompas, não pode ser fecundado por um espermatozóide, nem mesmo se esse tiver sido introduzido por meio artificial (como acontece com a inseminação artificial). No caso da infertilidade masculina, as grandes causas da impotência reprodutora são aspermia (o indivíduo não produz espermatozóides) e oligospermia (produção de esperma insuficiente).

Na fecundação *in vitro* denominada homóloga, utiliza-se óvulo e esperma provenientes do próprio casal de quem o embrião vai ser filho; na do tipo heteróloga, pelo menos um dos gametas utilizados na criação do embrião provém de um doador externo. Nesta técnica, vários óvulos são removidos do ovário por meio de um ultra-som após indução com medicamentos. Esses óvulos são fecundados com os espermatozóides do marido (ou de um doador caso o marido não tenha nenhuma possibilidade de produzir espermatozóides – fecundação heteróloga).

Na primeira etapa, denominada estimulação ovariana controlada, a paciente recebe drogas indutoras da ovulação para estimular o amadurecimento de vários óvulos. Em seguida, com auxílio de uma ultra-sonografia transvaginal (mediante analgesia, tempo médio de 5 a 15 minutos), os óvulos são coletados e levados ao laboratório. Paralelamente, os espermatozóides do paciente são preparados em laboratório de modo que, para cada óvulo a ser fecundado, haja cerca de 50 a 100 mil espermatozóides móveis. Na etapa seguinte, totalmente desenvolvida em laboratório, ocorrem identificação e classificação dos óvulos com posterior inseminação com o sêmen capacitado (os óvulos maduros ficam algumas horas em um meio especial de cultura, dentro de um tubo de ensaio, sendo então inseminados na proporção de, aproximadamente, 100 mil espermatozóides móveis para cada óvulo).

Vinte e quatro horas após a inseminação, observam-se pré-embriões divididos em duas células. A transferência dos pré-embriões (geralmente dois a três) para o útero materno realiza-se, em geral, 72 horas após a fertilização com pré-embriões contendo quatro, oito ou mais células. Frise-se que a Resolução n. 1.358 do CFM determina que o número de pré-embriões a serem transferidos não deve ser superior a quatro, com o intuito de não aumentar os riscos já existentes de multipolaridade.

Uma das possibilidades desta técnica é a de uma mulher impossibilitada de produzir óvulos receber os óvulos fecundados de uma doadora e abrigar os embriões em seu próprio útero. Na verdade, como nos mostra Maria Moro Almaraz (MORO ALMARAZ, 1988), várias são as situações possíveis na fertilização *in vitro*:

> Filho do óvulo e sêmen do casal sob tratamento, gestado pela própria mulher; filho do óvulo da mulher do casal, gestado por ela, e de sêmen de doador; filho de gametas do casal, mas gestado por uma segunda mulher; filho de óvulo da mulher do casal, esperma de um doador e gestado por outra mulher; filho de óvulo doado, sêmen do companheiro e gestado pela mulher do casal; filho de óvulo doado, sêmen do companheiro e gestado por uma terceira mulher; filho de óvulo doado pela gestante e sêmen do varão do casal; filho de óvulo e sêmen de doadores, gestado pela mulher do casal.[37]

Considerando as mencionadas situações, as hipóteses de fertilização *in vitro* de uma mulher com útero e com problemas de ovulação e de outra, sem útero, porém com possibilidades de ovulação, podem ser demonstradas da seguinte forma:

---

37 A propósito, uma espanhola de 67 anos, que se tornou a mulher mais velha do mundo a dar à luz, teve de mentir sobre sua idade para receber um tratamento de fecundação *in vitro* em uma clínica dos Estados Unidos. A pensionista Carmela Bousada, de Cádiz (sul da Espanha), realizou seu sonho de ser mãe em 29 de dezembro do ano passado, quando teve dois gêmeos sete dias antes de completar 67 anos, segundo conta em entrevista concedida ao diário britânico. A mãe orgulhosa conta que vendeu sua casa na Espanha por 45 mil para poder pagar pelo tratamento de fecundação *in vitro* na clínica *Pacific Fertility Center* de Los Angeles (EUA), que estabelece um limite de idade de 55 anos para as pessoas que se submetem a esse procedimento. No entanto, Bousada, que comprou óvulos e espermatozóides de doadores oferecidos em um catálogo, mentiu para os médicos e disse ter 55 anos. "Ninguém me perguntou sobre minha idade ou meu passaporte. Agora posso parecer cansada, mas antes da gravidez eu estava magra e parecia muito mais jovem", afirma. O médico Vicken Sahakian, diretor da clínica, confirmou que tratou da espanhola, mas ressaltou que a política do centro obriga seus clientes a apresentarem o passaporte. Ex-empregada de uma loja de departamentos, Bousada espera agora encontrar um marido mais jovem para que os gêmeos, Paul e Christian, tenham um pai. (Fonte: URL: http://g1.globo.com/Noticias/0,,MUL2796-5602,00.html; acessado em 28.01.2007)

Mulher receptora com útero, porém sem ovulação

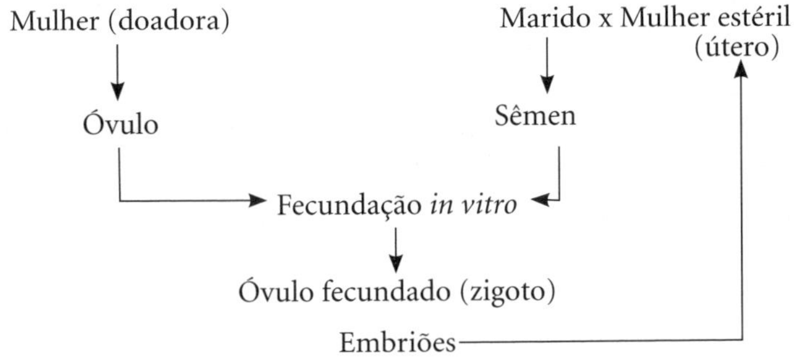

Mulher receptora sem útero, porém com ovulação

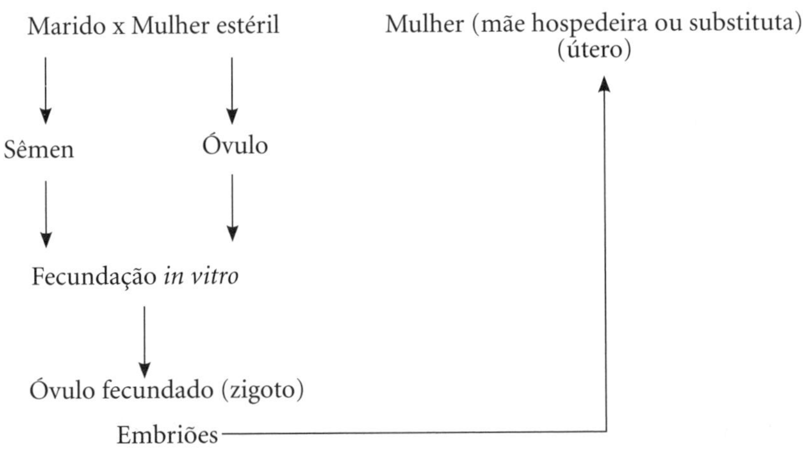

A dificuldade maior, resultante da utilização da mãe hospedeira ou mãe substituta, consiste na determinação da maternidade em face da inexistência de legislação específica a respeito: seria a mãe genética (que forneceu o óvulo) ou a mãe biológica (da gravidez e do parto; mãe hospedeira)? Para o Direito Civil português, relativamente à mãe, a filiação resulta do fato do nascimento (art. 1.796, 1, do CC); porém, relativamente ao contrato de gestação gratuito, os autores costumam argumentar a favor, com a satisfação do interesse do filho ligada ao grau de preocupação do casal e com o paralelismo da doação de órgãos (DINIS, 1993, p. 52).

Na Espanha, a legislação (art. 10, II, da Lei n. 35/88) não admite utilização da maternidade substituta, mas se, não obstante a proibição legal, verificar-se um nascimento desse tipo, a filiação será determinada pelo parto. Consagra-se, assim, uma solução razoável, que frustrará possíveis demandas por cumprimento de contrato contra a mãe substituta ou biológica arrependida, que apesar de seu compromisso contratual, nega-se a entregar quem, não sem razão, considera seu filho (HOOFT, 1991, p. 1). A Lei espanhola n. 35/88, que dispõe sobre técnicas de reprodução assistida, considerada a primeira lei a regular de maneira ampla e sistemática a matéria, admite expressamente a doação de gametas (sêmen) e embriões (óvulo fecundado ou zigoto) mediante contrato gratuito, formal e secreto, celebrado entre o doador e o Centro autorizado (art. 5º).

No Brasil, diante da inexistência de norma específica, adota-se o mesmo critério *(mater is est semper certa)*. No entanto, quando há mãe substituta e havendo interesses comuns na entrega da criança à mãe genética, entendemos que não pode o oficial do Registro Civil passivamente registrar a criança em nome de outra pessoa que não seja a que consta na Declaração de Nascido Vivo emitida pelo hospital onde ocorreu a gestação. Existindo o impasse, não lhe resta alternativa senão encaminhar a dúvida ao juiz de direito para resolver a pendência. Caberá ao juiz, então, considerando os interesses das partes e o atendimento das Normas Técnicas do Conselho Federal de Medicina quanto à parentalidade, exigir que a mãe genética (a que forneceu o óvulo) se submeta ao exame de DNA para efeito de comprovar a alegada maternidade.

Contrato oneroso ou barriga de aluguel. A denominada *barriga de aluguel* é de aplicação restrita às hipóteses de existência de contrato entre a mãe genética e a mãe biológica (a que empresta o útero) condicionando a entrega da criança, após o parto, ao pagamento de certa quantia. No Direito comparado, não há unanimidade de tratamento da matéria, como se vê a seguir.

De acordo com o atual Direito Civil português, não é permitido contrato oneroso porque não é admitida a renúncia ao estatuto de mãe e porque nele há algo contrário à dignidade humana pelo que seria sempre um contrato nulo, em razão de contrariar princípios de ordem pública (art. 280 do CC). Na Argentina, a lei veda a utilização do processo, o que conduz à conclusão de que a mãe hospedeira (ou de aluguel) não é obrigada a entregar o filho. Nos Estados Unidos, as decisões judiciais vêm adotando o critério contratualista, decidindo as demandas propostas pelos pais contratantes a favor deles, obrigando-se a mãe-gestante (biológica) à entrega da criança.[38] Na Inglaterra, um tribunal denegou o pedido dos pais contratantes, resolvendo que os filhos gêmeos deveriam ficar com a gestante que pretendia reter as crianças sob o fundamento de que não deveriam interromper-se os laços já criados entre a mãe e seus bebês. No Brasil, diante da inexistência de regra específica, recomenda-se adotar as Normas Éticas para a Utilização de Reprodução Assistida, parte referente à Gestação de Substituição (Doação Temporária do Útero), editadas pelo Conselho Federal de Medicina, que assim dispõem:

> [...]
>
> VII – Sobre a Gestação de Substituição (Doação Temporária de Útero):
>
> As Clínicas, Centros ou Serviços de Reprodução Humana podem usar técnicas de RA para criarem a situação identificada como gestação de substituição, desde que exista um problema médico que impeça ou contraindique a gestação na doadora genética.
>
> 1. As doadoras temporárias do útero devem permanecer à família da doadora genética, num parentesco até o segundo grau, sendo os demais casos sujeitos à autorização do Conselho Regional de Medicina.
>
> 2. A doação temporária do útero não poderá ter caráter lucrativo ou comercial.

Da análise das referidas normas éticas, é possível concluir: somente podem participar na condição de mãe-hospedeira (doadora temporária do útero) as parentas até segundo grau (mãe, avó, irmã), salvo autorização do CRM; o procedimento não poderá ter fins lucrativos, descartando a possibilidade da barriga de aluguel.

---

38 No denominado caso "Baby M.", um tribunal de apelação do Estado de Nova Jérsei (Estados Unidos) acatou uma demanda por inadimplemento de contrato formulado pelo casal William e Elisabeth Stern. Ordenou assim, à mãe substituta (gestante), a entrega da criança, apesar de esta ter decidido reter a criança que considerava própria e restituir os US$ 10.000 que os Stern haviam lhe pago pela gestação. Já ao contrário, um tribunal britânico (da cidade de Stanfford), resolveu em um caso similar – tratava-se de gêmeos gestados por uma mulher de 31 anos que queria reter as crianças – que "... não se deveriam interromper os laços já criados entre a mãe e seus bebês..." denegando, assim, a reclamação do casal "contratante" (*Diário Clarin*, 19.10.1986). (*La Ley*, n. 2/91, p. 2, Buenos Aires) (tradução do autor)

Um exemplo concreto da utilização do útero da avó para gerar os próprios netos, conforme amplamente noticiado na imprensa, ocorreu no dia 27 de setembro de 2007, na cidade de Recife, ocasião em que a agente comunitária Rozinete Almeida Serrão, de 51 anos, deu à luz gêmeos depois de receber embriões fertilizados com óvulos da filha e sêmen do marido desta. A decisão de o casal adotar o procedimento resultou da tentativa infrutífera de Michelle (mãe genética) engravidar durante quatro anos.

Diante da norma que somente autoriza serem doadoras temporárias do útero os parentes até segundo grau, pergunta-se: qual a conseqüência jurídica caso se utilizasse o útero da tia (parente em terceiro grau) ou de outra mulher que não guardasse qualquer relação de parentesco com a mãe genética, sem autorização do CRM? Entendemos que, nesse caso, como as citadas normas éticas não constituem normas penais de aplicação obrigatória, a única conseqüência seria considerar o procedimento como simples infração ética do geneticista que realizou o procedimento de fertilização, passível de advertência ou suspensão temporária das atividades mediante decisão do CRM.

Utilização da reprodução assistida por mulheres solteiras

Juristas e especialistas em engenharia genética são unânimes em afirmar que as técnicas de reprodução assistida têm por finalidade precípua a atuação médica na esterilidade humana, para facilitar a procriação quando outras técnicas terapêuticas tenham sido descartadas por inadequadas ou ineficazes. Conseqüentemente, essas técnicas não devem ser vistas apenas como uma forma alternativa de concepção a ser utilizadas por mulheres solteiras, ou mesmo casadas, que não apresentem problemas de infertilidade.

Diante desse fato, Suécia e Holanda, não obstante possuírem legislação considerada em muitos aspectos liberais ou permissivas, somente admitem uso da técnica de reprodução assistida por mulheres casadas ou que convivam em união estável. A justificativa para a negativa é plenamente pertinente: toda criança tem direito de ter um pai e uma mãe, direito que deve prevalecer ante o desejo da mulher de procriar à margem de um grupo familiar pleno.

Já na Espanha, a Lei n. 35/88 possibilita que as técnicas de procriação assistida também sejam utilizadas por mulheres solteiras, prescrevendo que toda mulher, maior de 18 anos e com plena capacidade de trabalhar, poderá recorrer a elas nas condições fixadas pelo ordenamento. Não exige nem o vínculo matrimonial, nem a existência de um casal heterossexual estável, podendo, portanto, recorrer à reprodução assistida tanto as mulheres solteiras como as separadas, divorciadas e inclusive viúvas. A permissividade da lei espanhola, neste aspecto, é severamente criticada pelo jurista argentino Pedro Federico Hooft (HOOFT, 1991, p. 3):

> A extrema permissividade neste aspecto faz afastar a lei dos critérios sustentados nos diferentes documentos de trabalho e recomendações do Conselho da Europa [...]. Na parte III da Exposição de Motivos, se fundamenta esta extensão no "direito da mulher" de decidir com inteira liberdade acerca do "tipo de família" que deseja estabelecer, argumento que não parece consistente; com efeito, não parece razoável, à luz das próprias normas constitucionais espanholas e as pertinentes da Convenção Européia sobre Direitos Humanos e Liberdades Fundamentais (liberdade para contrair casamento e fundar uma família e a conseguinte proteção da mesma), legitimar o concurso institucionalizado de terceiros para gerar, artificialmente, situações familiares anômalas ou axiologicamente não desejáveis. [...] O direito de toda criança de ter um pai e uma mãe – ao oferecer-lhe melhores possibilidades de alcançar um harmônico desenvolvimento biopsico-social e espiritual, a critério dos especialistas (CAHB) – deve prevalecer frente ao desejo da mulher de procriar a margem de um grupo familiar pleno. [...] Neste tema, como em outros tantos, o legislador deve justamente assumir a "voz do sem voz" (da futura criança), cujo legítimo interesse, em caso de conflito de valores, deve prevalecer.[39] (tradução do autor)

39 Texto original: *La extrema permisividad en este aspecto, hace apartar a la ley de los criterios sustentados en los distintos documentos de trabajo y recomendaciones del Consejo de Europa* [...]. *En el apart. III de la Exposición de Motivos, se fundamenta esta extensión en el "derecho de la mujer" de decidir con entera libertad acerca del "tipo de familia" que desea establecer, argumento que no parece consistente; en efecto, não parece razonable, a la luz de las propias normas constitucionales españolas y las pertinentes de la Convención Europea sobre derechos humanos y libertades fundamentales (libertad para contraer matrimonio y fundar una familia y la consiguiente protección de la misma), legitimar el concurso institucionalizado de terceros para generar, artificialmente, situaciones familiares anómalas o axiológicamente no deseables.* [...] *El derecho de todo niño de tener un padre y una madre – al ofrecerle meyores posibilidades de alcanzar un armónico desarrollo biopsico-social y espiritual, a criterio de los expertos* (CAHB) *debe prevalecer frente al deseo de la mujer de procrear al margem de un grupo familiar pleno.* [...] *En este tema, como en otros tantos, el legislador debe justamente asumir la "voz del sin voz' (el futuro niño), cuyo legitimo interés, en caso de conflicto entre valores, debe prevalecer.*

No Brasil, a Resolução n. 1.358/92, do Conselho Federal de Medicina, faculta a utilização da reprodução assistida a toda mulher, capaz nos termos da lei, que tenha solicitado e cuja indicação não se afaste dos limites desta resolução, desde que tenha concordado de maneira livre e consciente em documento de consentimento informado. Estando casada ou em união estável, será necessária a aprovação do cônjuge ou do companheiro após processo semelhante de consentimento informado. De qualquer sorte, o uso da técnica por mulheres solteiras ou viúvas caracteriza a existência de família monoparental, a qual, na definição da Constituição Federal é a entidade familiar formada por qualquer um dos pais e seus descendentes (art. 226, § 4º), independentemente se o filho foi concebido na constância de um casamento ou de união estável.

Embriões excedentários

Embriões excedentários, referidos no art. 1.597, IV, do Código Civil, são embriões que excederam os utilizados na fecundação (geralmente três). São, na verdade, os embriões excedentes. A preservação dos embriões gerados em excesso pode ser feita através de congelamento (criopreservação) para permitir sua utilização em futura fertilização *in vitro*, caso as primeiras implantações não funcionem, evitando-se nova estimulação ovariana e aspiração de óvulos.

Anote-se que, segundo os especialistas, a probabilidade de um embrião implantado no útero gerar uma vida é de cerca de 10%. Após o congelamento, essa probabilidade diminui. Além disso, os embriões melhores são sempre selecionados para implantação. Portanto, considera-se que os congelados passam a ter uma chance muito menor de gerar uma vida, que pode ser quase zero. No entanto, tal fato não significa que eles não possam formar um tecido e com isso salvar vidas.

A polêmica questão da preservação e do destino dos embriões excedentes

Uma grande polêmica que se cria a partir da fecundação *in vitro* diz respeito ao destino dos embriões formados e não utilizados para a concepção. Quando se utiliza essa técnica de reprodução assistida, muitas vezes o médico cria vários embriões do casal para suprir eventual problema que ocorra com o embrião selecionado para o processo ou para serem utilizados em futuras concepções. Como sustentam alguns, a questão sobre o que deve ser feito com embriões excedentes ou armazenados não pode ser tratada levianamente. Em certos países, a legislação exige que o casal apresente um consentimento por escrito especificando o que deve ser feito com os embriões excedentes, ou seja, se devem ser armazenados, doados, usados para pesquisas ou destruídos. Os casais devem estar cientes de que, em alguns lugares, é eticamente aceitável que uma clínica de fertilização destrua, sem nenhuma autorização por escrito, embriões armazenados caso não sejam procurados por um determinado tempo.[40]

Existem hoje centenas de milhares de embriões congelados mantidos em clínicas do mundo inteiro. O maior problema, neste caso, é que a maior parte dos bancos de embriões somente permite a reserva por certo período de tempo, como ocorre na Inglaterra e na Espanha, onde o prazo máximo é de cinco anos. Na própria Inglaterra, recentemente, alguns milhares de embriões que não tinham mais *utilidade* foram jogados no lixo. Neste caso, pergunta-se: que destino deve ser dado aos embriões considerados fora do prazo de validade?

Uma solução, defendida por especialistas, seria a utilização das chamadas *células-tronco*, também conhecidas como células-mãe ou células estaminais. São células que possuem a capacidade de se dividir dando origem a células semelhantes às progenitoras e de se transformarem em outros tecidos do corpo, como ossos, nervos, músculos e sangue. Devido a essa característica, as células-tronco são importantes, principalmente na aplicação terapêutica, sendo potencialmente úteis em terapias de combate a doenças cardiovasculares, neurodegenerativas, diabetes tipo-1, acidentes vasculares cerebrais, doenças hematológicas, traumas na medula espinhal e nefropatias. O principal objetivo das pesquisas com células-tronco é usá-las para recuperar tecidos danificados por essas doenças e traumas. São encontradas não só em células embrionárias como também em vários locais do corpo, como na medula óssea, no cordão umbilical, no sangue, no fígado, na placenta e no líquido amniótico. Nesse último local, conforme descoberta de pesquisadores da Escola de Medicina da Universidade de Wake Forest, no Estado norte-americano da Carolina do Norte, noticiada pela imprensa internacional nos primeiros dias de 2007.

---

40 Fonte: URL: http://www.watchtower.org/t/20040922/article_02.htm; acessado em 12.09.2007.

Também existe a expectativa de que um dia se possam produzir, a partir das células-tronco, células que desenvolvam órgãos inteiros, resolvendo o problema da falta de órgãos para transplante.

A Associação Americana de Infertilidade, por exemplo, tem incentivado casais a disponibilizar para pesquisas embriões armazenados e sem previsão de uso. Um dos objetivos das pesquisas com células-tronco é encontrar novos meios de tratar doenças. Mas esse campo de pesquisa tem sido alvo de muita discussão, visto que o processo de extrair células-tronco embrionárias inevitavelmente destrói o embrião.[41]

No Brasil, a Lei n. 11.105, de 24 de março de 2005 (Lei de Biossegurança), representa um avanço no que tange a liberação de pesquisas médicas com células-tronco. Provocado a manifestar-se a respeito da constitucionalidade do art 5º da referida lei, o Supremo Tribunal Federal, em julgamento encerrado dia 29 de maio de 2008, concluiu em votação apertada pela constitucionalidade do mencionado dispositivo.

De acordo com a referida lei, é permitida, para fins de pesquisa e terapia, a utilização de células-tronco embrionárias obtidas de embriões humanos produzidos por fertilização *in vitro* e não utilizados no respectivo procedimento, após o período de três anos, conforme as seguintes diretrizes:

> **Art. 5º** É permitida, para fins de pesquisa e terapia, a utilização de células-tronco embrionárias obtidas de embriões humanos produzidos por fertilização *in vitro* e não utilizados no respectivo procedimento, atendidas as seguintes condições:
>
> I – sejam embriões inviáveis; ou
>
> II – sejam embriões congelados há 3 (três) anos ou mais, na data da publicação desta Lei, ou que, já congelados na data da publicação desta Lei, depois de completarem 3 (três) anos, contados a partir da data de congelamento.
>
> § 1º Em qualquer caso, é necessário o consentimento dos genitores.
>
> § 2º Instituições de pesquisa e serviços de saúde que realizem pesquisa ou terapia com células-tronco embrionárias humanas deverão submeter

41 Id.

seus projetos à apreciação e aprovação dos respectivos comitês de ética em pesquisa.

§ 3º É vedada a comercialização do material biológico a que se refere este artigo e sua prática implica o crime tipificado no art. 15 da Lei n. 9.434, de 4 de fevereiro de 1997.

Repercussões jurídicas decorrentes da utilização de embriões excedentes

A criopreservação dos embriões excedentes pode eventualmente acarretar os mais variados problemas jurídicos. Por exemplo: no caso de o casal se separar ou divorciar, quem terá a tutela dos embriões? A mãe tem direito de implantar alguma de suas reservas sem o consentimento do marido; ou este, caso não permita o referido implante, tem o direito de ver os embriões destruídos? Vejam-se, a propósito, algumas decisões judiciais sobre o assunto.

Em 1992, na Suprema Corte do Tennesse, EUA, o juiz titular reconheceu ao cônjuge marido divorciado o direito de não procriar e de ver exterminados os embriões que sua mulher queria ver preservados para futura concepção. Posição ainda mais controversa tomou a Suprema Corte de Nova Iorque, em 1995, quando concedeu a Maureen Kass, divorciada do marido desde 1993, o direito de posse dos embriões congelados produtos de óvulos seus fecundados por esperma de seu ex-marido. O magistrado, Anthony Roncalho, utilizou o seguinte raciocínio:

> o fato é simples, uma vez que os direitos do cônjuge varão terminam com a ejaculação. Em minha opinião, não há qualquer razão legal, ética ou lógica para que uma fertilização *in vitro* sirva de fundamento a qualquer direito adicional reconhecível ao marido.

Não bastasse isso, a advogada da Sra. Kass, em entrevista à imprensa, divulgou que, caso sua cliente venha a implantar os embriões, irá inclusive demandar pagamento de pensão alimentícia do Sr. Kass.[42]

A Lei espanhola n. 35/88, embora contemple a possibilidade do congelamento do sêmen ou do óvulo fecundado pelo prazo máximo de

42 Fonte: URL: http://www.r2learning.com.br/_site/artigos/artigo_default.asp?ID=389; acessado em 20.09.2007.

cinco anos, não prevê o destino a ser dado a eles após o referido prazo, nem frente à morte dos pais ou de um deles em acidente ou, ainda, havendo negativa dos pais quanto a sua implantação.

No Canadá, uma mãe teve seus óvulos congelados para que sua filha de sete anos de idade possa usá-los no futuro. Se optar por usar os óvulos e conseguir permissão das autoridades, a menina pode um dia dar à luz um bebê que será seu meio-irmão. O caso, apresentado durante uma conferência da *European Society for Human Reproduction and Embriology*, em Lyon, na França, em 2007, causou polêmica entre os especialistas presentes. No entanto, os médicos envolvidos no caso, especialistas do *McGill Reproductive Center*, em Montreal, disseram que a doação foi um ato de amor. Eles dizem que a menina e seu futuro parceiro poderão optar entre usar os óvulos ou não. A menina, Flavie Boivin, não pode ter filhos porque sofre de uma condição genética chamada síndrome de Turner. Querendo ajudar, a mãe Melanie Boivin, uma advogada canadense de 35 anos de idade, investigou se poderia doar seus próprios óvulos. Ela conheceu a equipe do médico Seang Lin Tan, responsável por um programa de congelamento de óvulos para pacientes com câncer ou pessoas que querem ter filhos mais tarde.

Melanie disse que discutiu a situação com seu parceiro e pai de Flavie, Martin Cote, um analista financeiro de 35 anos. "Estávamos preocupados com as questões éticas – será que eu pensaria na criança como minha neta ou como minha própria filha?" disse a advogada. "Também estávamos preocupados com o impacto financeiro, o impacto físico sobre mim e o impacto emocional sobre a família". Depois de um ano, o casal decidiu seguir em frente com o plano. A imprensa internacional informa que este é o primeiro caso de doação de óvulo de mãe para filha. Já houve casos de doação de irmã para irmã.

Uma representante da entidade britânica *Comment on Reproductive Ethics*, Josephine Quintavalle, disse que: "consigo entender a tristeza da mãe em questão, mas a proposta de doar óvulos para a filha de sete anos com síndrome de Turner não é algo a ser encorajado". Ela criticou o desfecho em si porque o "bem-estar psicológico do bebê tem de ser a questão principal, e este bebê seria um irmão da mãe e ao mesmo tempo seria geneticamente um descendente direto da avó doadora".

A síndrome de Turner é bastante rara e, ao contrário da síndrome de Klinefelter, afeta apenas indivíduos de sexo feminino e ocorre em apenas uma mulher entre 3 mil nascimentos. A síndrome pode surgir quando está ausente o cromossomo x paterno no espermatozóide. As meninas com esta síndrome são identificadas ao nascimento ou antes da puberdade por suas características fenotípicas distintivas.[43]

Direito do nascido por inseminação heteróloga de conhecer sua origem genética

A questão de manter ou não em anonimato o doador do material genético tem sido tema de intenso debate. A respeito das implicações de ordem legal na utilização desse método contraceptivo, releva considerar a posição do magistrado italiano Paolo Vercellonne (VERCELLONNE, 1993, p. 29-30):

> Com estes tipos de intervenções, é óbvio, surgem problemas relativos à paternidade. Questiona-se se o homem que deu seu próprio sêmen pode considerar-se o verdadeiro pai da criança nascida, e se, invocando os pressupostos, ele pode reconhecê-lo como seu próprio filho e pode ser citado em juízo para decretação judicial da paternidade. A esta questão provavelmente é mais correto dar resposta negativa, sempre que se trate, de fato, de pessoa que, simplesmente, deixou o próprio esperma num dos chamados bancos de sêmen, a fim de que este fizesse o uso que quisesse. [...] Na fecundação artificial, por definição, não há cópula, por conseguinte deve subsistir, pelo menos, a vontade precisa de que o próprio esperma seja usado para a fecundação de uma certa mulher, isto é, para ter um filho dela, não sendo suficiente a aceitação genérica de que outros, se e quando quiserem, poderão usar aquele sêmen para fecundar uma mulher qualquer. Embora aceitando esta tese, persiste o fato de que o marido da mãe (ou o *partner* dela que tenha reconhecido o filho como seu) não é o pai da criança. Seguindo as regras atuais, existiria sempre a possibilidade de que o pai legal (ou também a mãe, ou também o próprio filho – segundo a lei italiana) negasse a paternidade pela simples demonstração de incompatibilidade genética. Assim, em tal eventualidade, o filho corre o risco de tornar-se filho de mãe solteira. Em relação a esta perspectiva é que, em algumas legislações, julgou-se oportuno excluir da ação de negação da paternidade (ou de anulação de reconhecimento por falta de veracidade)

43 Fonte: URL: http://oglobo.globo.com/ciencia/mat/2007/07/03/296613137.asp; acessado em 03.07.2007

> os nascidos de fecundação artificial por meio de esperma de doador anônimo sempre que o marido (ou o *partner*) tivesse dado, com antecipação, o consenso deles àquela fecundação com esperma alheio.

Constata-se que a maioria das legislações é favorável a manter em segredo a identidade do doador do sêmen. Mencione-se a respeito que, quando submetida à votação por quatorze países no Conselho da Europa, nove países decidiram a favor e cinco pronunciaram-se contra o anonimato. A Inglaterra, por exemplo, adota o seguinte procedimento:

> A não ser nos casos em que a doação é feita intencionalmente, entre pessoas que já se conhecem, quem doar material genético atualmente ou tiver doado no passado não terá sua identidade revelada aos casais que usarem seus óvulos ou esperma, nem aos filhos gerados por esse material.

A legislação da Suécia permite ao filho, ao atingir a maioridade, conhecer a pessoa do doador, ainda que exclua a possibilidade de o mesmo tornar-se pai do nascido. O mesmo ocorre na Noruega, onde a lei permite às crianças geradas com esperma doado conhecerem a identidade do seu progenitor quando completarem 18 anos de idade, uma determinação que fez com que muitos homens se sentissem relutantes em doar esperma.

Aqueles que são contra a política do anonimato defendem que os filhos devem ter plena noção de sua identidade. Estatísticas demonstram mais de 80% dos filhos adotivos procurarem pelos parentes biológicos, seja para satisfazer a persistente curiosidade que a maioria das pessoas tem sobre suas origens, seja para obter informações importantes sobre possíveis problemas de saúde hereditários dos pais biológicos e impedimentos para o casamento.

No Brasil, por ora, não existe regulamentação. Existe apenas o Projeto de Lei n. 4.686/2004, que pretende acrescentar o art. 1.597-A ao Código Civil prevendo expressamente o direito da pessoa nascida pelo processo de inseminação artificial heteróloga ao acesso, a qualquer tempo, diretamente ou por meio de representante legal, e desde que manifeste sua vontade, livre e consciente, a todas as informações sobre o processo que a gerou, inclusive a identidade civil do doador ou mãe biológica:

Art. 1.597-A. As instituições de saúde, detentoras de licença de funcionamento concedidas na forma da lei, que realizarem Reprodução Assistida, e os profissionais responsáveis pela execução dos procedimentos médicos e laboratoriais pertinentes, estarão obrigadas a manter em arquivo sigiloso, e zelar pela sua manutenção, todas as informações relativas ao processo, às identidades do doador e da pessoa nascida por processo de inseminação artificial heteróloga, de que trata o inciso V, do artigo anterior.

§ 1º À pessoa nascida pelo processo de inseminação artificial heteróloga é assegurado o acesso, a qualquer tempo, diretamente ou por meio de representante legal, e desde que manifeste sua vontade, livre e consciente, a todas as informações sobre o processo que a gerou, inclusive a identidade civil do doador e mãe biológica, obrigando-se o serviço de saúde responsável a fornecer as informações solicitadas, mantidos os segredos profissionais e de justiça.

§ 2º A maternidade ou paternidade biológica resultante de processo de reprodução assistida heteróloga não gera direitos sucessórios.

§ 3º O conhecimento da verdade biológica impõe a aplicação dos arts. 1.521, 1.596, 1.626, 1.628 (segunda parte) deste Código.

Como se permite constatar, a previsão é de que, se promovida, a identificação não gera direitos sucessórios. Além disso, os indivíduos concebidos por essa técnica não terão direito a alimentos em relação aos pais biológicos, uma vez que, para o direito pátrio, seus pais civis são os que possuem o poder familiar e o vínculo paterno-filial. Conseqüentemente, não poderá haver vínculo algum, nem paternal, nem patrimonial, bem como direito sucessório entre a pessoa concebida por técnica medicamente assistida heteróloga e o doador de gametas. O conhecimento da origem genética em nada modificará as relações jurídico-familiares que tal indivíduo possui com seus pais e sua família afetiva. Observe-se, contudo, que o direito ao conhecimento da verdade biológica poderá colidir com outro direito: o direito de anonimato dos doadores dos gametas, considerado um dos pressupostos para a reprodução assistida e que não está sendo observado no projeto de lei.

Direito sucessório de pessoa concebida por inseminação artificial *post mortem*

Em face da norma constante do art. 1.798, a qual prescreve que "Legitimam-se a suceder as pessoas nascidas ou já concebidas no momento da abertura da sucessão", questiona-se se a pessoa concebida através de reprodução assistida, após a morte do doador do material genético, teria direito sucessório assegurado. Assim, diante da lacuna legislativa, o entendimento do Conselho de Justiça Federal, manifestado através do Enunciado n. 267, é de que

> A regra do art. 1.798 do Código Civil deve ser estendida aos embriões formados mediante o uso de técnicas de reprodução assistida, abrangendo, assim, a vocação hereditária da pessoa humana a nascer cujos efeitos patrimoniais se submetem às regras previstas para a petição da herança.

As justificativas do autor do enunciado, o juiz federal Guilherme Calmon Nogueira da Gama, do Rio de Janeiro, são:

> Diante das novas técnicas de reprodução medicamente assistida, especialmente com a possibilidade de congelamento de embriões na perspectiva da futura transferência para o corpo de uma mulher, bem como no caso da criopreservação de sêmen ou de óvulo para futura utilização, deve ser equacionada a questão acerca da possibilidade da vocação dos embriões congelados – e daqueles resultantes da utilização do material fecundante congelado – na sucessão *mortis causa* diante da redação do art. 1.798, do novo Código Civil. Não se pode olvidar, a esse respeito, que o projeto do novo Código Civil foi apresentado com texto cuja formulação foi iniciada no final da década de sessenta, época em que ainda eram incipientes as notícias a respeito das técnicas de fertilização *in vitro* com posterior congelamento de embriões, especialmente os embriões excedentários.

Em prosseguimento, sustenta ainda o autor do enunciado:

> O legislador, ao formular a regra contida no atual art. 1.798, do texto codificado, não atentou para os avanços científicos na área da reprodução

humana e, desse modo, adotou o parâmetro do revogado art. 1.718, do Código de 1916, ao se referir apenas às pessoas já concebidas. Deve-se distinguir embrião do nascituro, porquanto este já vem se desenvolvendo durante a gravidez e, assim, é apenas necessária a espera do momento do nascimento para verificar-se se houve (ou não) a aquisição da herança ou do legado. No que tange ao embrião ainda não implantado no corpo humano, ausente a gravidez, a questão se coloca em outro contexto. Deve-se considerar, de acordo com o sistema implantado pelo novo Código Civil, que o embrião não-implantado não pode ser considerado no bojo do art. 1.798, do novo Código Civil, porquanto no sistema jurídico brasileiro é vedada a possibilidade da reprodução assistida *post mortem*, diante dos princípios da dignidade da (futura) pessoa humana, da igualdade dos filhos em direitos e deveres e, principalmente, do melhor interesse da criança (arts. 226, § 7º, e 227, *caput* e § 5º, ambos da Constituição Federal). O tema relacionado à capacidade para suceder e à reprodução assistida *post mortem* é dos mais polêmicos e, indubitavelmente, o novo Código Civil não apresenta solução transparente, a despeito da gravidade da questão. A doutrina contemporânea, especialmente à luz do novo Código Civil, apresenta posturas diversas a respeito do assunto. Francisco José Cahali observa que, no sistema jurídico anterior ao novo Código, era inadmissível a constituição de vínculo de parentesco entre a criança gerada e o falecido (cujo material genético fora utilizado), sob o fundamento de que a morte extinguiu a personalidade; contudo, diante da regra do art. 1.597, do novo Código Civil, o autor concluiu, a contragosto, que o filho do falecido, fruto de técnica de reprodução assistida *post mortem*, terá direito à sucessão como qualquer outro filho, havendo sério problema a ser resolvido quando ocorresse o nascimento da criança depois de já encerrado o inventário e a partilha (ou a adjudicação) dos bens do autor da sucessão. Débora Gozzo, por sua vez, propõe o emprego da analogia para solucionar a questão, no sentido de considerar possível reconhecer o direito sucessório à criança resultante de técnica de reprodução assistida *post mortem* da mesma maneira que se admite a nomeação de filho eventual de pessoa certa e determinada como possível herdeiro testamentário ou legatário, sugerindo o ajuizamento da ação de petição de herança para tanto. Eduardo de Oliveira Leite, por sua vez, distingue duas situações: a) a do embrião concebido *in vitro*, com sua implantação posterior ao falecimento do pai e b) a do embrião formado a partir do sêmen preservado (e pode-se, atualmente, também acrescentar o óvulo congelado) depois do falecimento daquele que forneceu o material fecundante. Para o autor, a primeira hipótese autoriza o direito à sucessão hereditária, pois já houve concepção, ao passo que na segunda, não, pois não havia concepção no momento da abertura da sucessão. Há, pois, variados posicionamentos a respeito do tema, sendo que não há problema antecedente ao próprio Direito das Sucessões, a saber, a admissibilidade jurídica das técnicas de reprodução assistida *post mortem* no Direito brasileiro. Com fulcro nos valores e princípios constitucionais especialmente relacionados à dignidade da pessoa humana e à efetivação dos direitos humanos e fundamentais também no âmbito das relações privadas, é inegável a vedação do emprego de qualquer das técnicas de reprodução assistida no período pós-falecimento daquele que anteriormente forneceu seu material fecundante e consentiu que o embrião formado ou seu material fosse utilizado para formação de nova pessoa humana. A violação aos princípios da dignidade da pessoa humana e do melhor interesse da futura criança, além da própria circunstância de ocorrer afronta ao princípio da igualdade material entre os filhos, sob o prisma (principalmente) das situações jurídicas existenciais, não autoriza a admissibilidade do recurso a tais técnicas científicas. Assim, a questão se coloca no campo da inadmissibilidade, pelo ordenamento jurídico brasileiro, das técnicas de reprodução assistida *post mortem*. Daí não ser possível sequer a cogitação da capacidade sucessória condicional (ou especial) do embrião congelado ou do futuro embrião (caso fosse utilizado o material fecundante deixado pelo autor da sucessão) por problema de inconstitucionalidade. No entanto, em sendo reconhecida a admissibilidade jurídica do recurso às técnicas de reprodução assistida *post mortem* (e, assim, sua constitucionalidade), a melhor solução a respeito do tema é a de considerar que o art. 1.798, do novo Código Civil, disse menos do que queria, devendo o intérprete proceder ao trabalho de estender o preceito para os casos de embriões já formados e aqueles a formar (abrangendo, pois, as duas hipóteses antes indicadas). O problema que surge caso a criança venha a nascer após o término do inventário e da partilha pode ser tranqüilamente solucionado de acordo com o próprio sistema jurídico atual em matéria de herdeiros legítimos preteridos, por exemplo, na hipótese de filho extramatrimonial não reconhecido pelo falecido. Deve-se admitir a petição de herança, com a pretensão deduzida dentro do prazo prescricional de dez anos a contar do falecimento do autor da sucessão, buscando, assim, equilibrar os interesses da pessoa que se desenvolveu a partir do embrião ou do material fecundante do falecido e, simultaneamente, os interesses dos demais herdeiros. Assim, haverá mais uma hipótese de cabimento para os casos de petição de herança, a saber, aquela envolvendo o emprego de técnica de reprodução assistida *post mortem*. A capacidade sucessória passiva em geral se aproxima bastante da noção de capacidade de direito (ou de gozo), diferentemente da capacidade testamentária ativa que, como visto, tem maior proximidade com a capacidade de fato. Não há correspondência absoluta, conforme já foi considerado, e a própria inclusão do nascituro no rol daqueles que têm capacidade para suceder confirma a não-coincidência entre capacidade de direito e capacidade para suceder.

Impugnação da paternidade

O Código Civil, consubstanciado no brocardo *mater semper certa est, pater incertus*, concebeu o princípio segundo o qual "a maternidade é sempre certa, a paternidade é incerta, ou presumida". Revela este princípio, portanto, que o primeiro princípio citado, segundo o qual o pai do filho da mulher casada é o marido dela, admite contestação. Desse modo, a presunção de paternidade (*pater is est quem justae nuptiae demonstrant*) deixa de ser absoluta para, uma vez que admite prova em contrário, tornar-se relativa (*iuris tantum*). Entretanto, segundo consta do Código Civil, para destruir ou elidir a presunção da paternidade, através da competente ação de impugnação de paternidade, o marido fica adstrito à prova da impossibilidade física para a concepção (ausência, doença ou hospitalização na época da concepção) ou sua eventual incapacidade de gerar (natural, não-produção de espermatozóides, ou artificial, vasectomia): "Art. 1.599. A prova da impotência do cônjuge para gerar, à época da concepção, ilide a presunção da paternidade".

Ressalve-se, porém, que, conforme julgado do TJMG, quando demonstrado que o cônjuge, tendo pleno conhecimento de não ser o pai biológico, manifestou livre e espontaneamente sua vontade, torna-se irretratável a declaração de vontade tendente ao reconhecimento voluntário de filiação:

> A retificação, *rectius*, anulação de registro civil de nascimento somente é possível se demonstrada alguma das hipóteses previstas pelo art. 171 do Código Civil. A lei inautoriza a postulação de declaração de estado con-

trário ao que se verifica do registro de nascimento, salvo ocorrendo erro ou falsidade do registro. Não se pode compactuar com a tese do apelante que, ao realizar o registro civil de nascimento, tenha sido induzido em erro, ou a qualquer vício do consentimento, a registrar a menor como sua filha, pois conforme se colhe da prova oral produzida, sempre teve pleno conhecimento de que não era o pai biológico. Uma vez demonstrado que o apelante manifestou livre e espontaneamente a sua vontade, não há razão para cancelar a declaração de paternidade no registro civil da apelada, porquanto, aperfeiçoada, torna-se irretratável a declaração de vontade tendente ao reconhecimento voluntário de filiação. Apelo improvido. (TJMG, Ap. cível n. 1.0.525.02.000.977-1/001, rel. Des. Cláudio Costa, j. 25.08.2005)

Não há qualquer limite do prazo para impugnar a paternidade imposto pela lei, porquanto o art. 1.601 expressamente declara que a ação de contestação (*sic*), além de ser de exclusividade do marido, é imprescritível. Sobrevindo a morte do marido após este ter dado início à ação, poderão seus herdeiros dar-lhe continuidade, a teor do parágrafo único do art. 1.601. Cabe registrar, no entanto, que, pelo Enunciado n. 258, emitido pelo Conselho da Justiça Federal, "não cabe a ação prevista no art. 1.601 do Código Civil se a filiação tiver origem em procriação assistida heteróloga, autorizada pelo marido nos termos do inciso V do art. 1.597, cuja paternidade configura presunção absoluta".

Segundo expressiva jurisprudência, também haveria impossibilidade de impugnação da própria filiação socioafetiva. Na lição da desembargadora Maria Berenice Dias, "quem, sabendo não ser o pai biológico, registra como seu filho de companheira durante a vigência da união estável, estabelece uma filiação socioafetiva que produz os mesmos efeitos que a adoção, ato irrevogável" (TJRS, 4º Grupo, Embargos Infringentes n. 599.277.365, *DJRS* 21.10.1999).

Também o TJMG decidiu que:

Apelação cível. Desconstituição de registro civil. Adoção à brasileira. Preponderância da filiação socioafetiva sobre a biológica. Melhor interesse da criança. 1 – O reconhecimento voluntário de paternidade, daquele que, sabidamente, não é filho da pessoa, sem seguir o procedimento legal, é chamado de *adoção à brasileira*. 2 – A *adoção à brasileira*, apesar de contrária à lei, vem sendo aceita pela sociedade em razão da preponderância da filiação socioafetiva sobre a biológica e do princípio do melhor interesse da criança. 3 – Deverá ser mantido o registro civil da criança, mesmo que contrariando a verdade biológica, quando lhe for o mais conveniente. 4 – Recurso improvido. (Ap. cível n. 1.0672.00.029.573-9/001(1), rel. Nilson Reis, j. 27.02.2007)

Seguindo a mesma linha de entendimento, a 4ª Turma do STJ confirmou a prevalência da paternidade socioafetiva sobre a biológica, cassando acórdão do TJDF que anulou declaração de paternidade feita por M.S.B. em favor de A.C.M.B., pouco antes de sua morte, por considerar ter havido falsidade ideológica do registro civil. Consta do acórdão do STJ que o reconhecimento de paternidade é válido se reflete a existência duradoura do vínculo socioafetivo entre pais e filhos. A síntese do acórdão é a seguinte:

De acordo com os autos, mesmo ciente de que não era o pai biológico da reconhecida, o reconhecente criou-a como filha desde o seu nascimento e em 1980 optou por reconhecê-la. Segundo a ministra relatora, o que existe no caso julgado é um pai que quis reconhecer a filha como se sua fosse e uma filha que aceitou tal filiação. "Não houve dissenso entre pai e filha que conviveram, juntamente com a mãe, até o falecimento. Ao contrário, a longa relação de criação se consolidou no reconhecimento de paternidade ora questionada em juízo." Em outubro de 2001, a irmã do reconhecente ajuizou ação declaratória de inexistência de parentesco alegando que a reconhecida não era sua sobrinha biológica e que o reconhecimento feito antes do falecimento do irmão teria sido simulado, caracterizando falsidade ideológica. O TJDF julgou o pedido procedente para anular o registro civil e determinar a retirada do sobrenome paterno e a exclusão do nome dos avós paternos. No recurso especial ajuizado no STJ, a reconhecida sustentou que, enquanto o TJDF reconheceu a ausência de paternidade biológica como causa suficiente para a anulação do registro civil, outros tribunais teriam considerado tal fato irrelevante quando ausentes quaisquer vícios do ato jurídico, como erro, dolo, simulação, coação e fraude, mas presente a filiação socioafetiva. Observou, ainda, que, com a manutenção do acórdão recorrido, os bens que lhe foram deixados como legítima seriam herdados pela tia. Acompanhando o voto da relatora, Ministra Nancy Andrighi, a turma, por unanimidade, entendeu que a ausência de vínculo biológico é fato que, por si só, não revela a falsidade da declaração de vontade consubstanciada no ato do reconhecimento, já que a relação socioafetiva não pode ser desconhecida pelo Direito. Em seu voto, a ministra sustentou que "não se podem impor os deveres de cuidado, de carinho e de sustento a alguém que, não sendo o pai biológico, também não deseja ser pai socioafetivo. Mas, se o afeto persiste de forma que pais e filhos constroem uma relação de mútuo auxílio, respeito e amparo, é acertado desconsiderar o vínculo meramente sanguíneo, para reconhecer a existência de filiação jurídica". Para ela, a paternidade socioafetiva e biológica são conceitos diversos e a ausência de uma não afasta a possibilidade de se reconhecer a outra. (REsp n. 878.941, j. 21.08.2007)

Mencione-se, a propósito, que o Projeto de Lei n. 506/2007 prevê a alteração da redação do art. 1.601, para repelir expressamente a desconstituição da referida paternidade:

Art. 1.601. Cabe exclusivamente ao marido o direito de impugnar a paternidade dos filhos nascidos de sua mulher.

§ 1º Impugnada a filiação, os descendentes ou ascendentes do impugnante têm direito de prosseguir na ação.

§ 2º Não se desconstituirá a paternidade caso fique caracterizada a posse do estado de filiação, ou a hipótese do inciso V do art. 1.597.

No tangente à legitimidade passiva para a ação impugnatória, é de consenso que a ação deve ser ajuizada contra o que se diz filho, requerendo-se a citação da mãe, que também deve figurar no pólo passivo da ação na qualidade de litisconsorte passivo necessário.

Consta, ainda, do art. 1.600, que "não basta o adultério da mulher, ainda que confessado, para ilidir a presunção legal da paternidade", e do art. 1.602, que "não basta a confissão materna para excluir a paternidade". Significa dizer, por outras palavras, que, nas hipóteses citadas, além da confissão da mulher, faz-se necessário a produção de provas complementares (DNA, por exemplo).

Impugnação da filiação

O art. 1.614 do Código Civil faculta ao filho, nascido fora do casamento e posteriormente reconhecido enquanto era menor, pleitear a impugnação judicial do reconhecimento nos quatro anos que se seguirem à maioridade ou emancipação. Diante disso, a regra que impõe ao perfilhado o prazo de quatro anos para impugnar o reconhecimento não se aplica ao direito do filho havido na constância do casamento nem ao filho havido fora do casamento que pleiteie investigação de paternidade e anulação do registro com base na falsidade deste. Esse é o entendimento do STJ.

Ainda em relação ao tema, mostra-se pertinente registrar as seguintes conclusões do STJ:

> I – Ajuizada ação de investigação de paternidade, a anulação do registro constitui mera conseqüência da procedência do pedido investigatório. II – A regra que impõe ao perfilhado o prazo de quatro anos para impugnar o reconhecimento só é aplicável ao filho natural que visa a afastar a paternidade por mero ato de vontade, a fim de desconstituir o reconhecimento da filiação, sem buscar constituir nova relação. III – A decadência não atinge o direito do filho legítimo ou legitimado, nem do filho natural que pleiteie a investigação de paternidade e a anulação do registro, com base na falsidade deste. (STJ, REsp n. 256.171/RS)

Diante de tais argumentos mostra-se razoável concluir, em relação ao prazo de quatro anos, que:

> a) o prazo deve ser observado somente quando se busca desconstituir a paternidade, por mero ato de vontade, sem o objetivo de constituir nova relação de paternidade. Neste caso, a causa de pedir na ação de impugnação de filiação é a afirmação de que o autor não é filho do réu; não é necessário indicar quem é o pai, nem cumular o pedido com o de cancelamento do registro, pois esse será o efeito da sentença que der pela procedência do pedido, como concluído pelo STJ;
>
> b) não se aplica o prazo quando o objetivo é estabelecer uma nova paternidade (investigação de paternidade) e a anulação do registro do nascimento com fundamento em sua falsidade.

Filhos havidos fora do casamento: reconhecimento e investigação da paternidade

Generalidades

Segundo dados do Eurostat referentes a 2004, o casamento civil não é visto na Europa como a única forma de regular uma relação com filhos: a média dos 25 países analisados era de 30% de filhos fora do casamento civil. A Suécia aparecia com 55% de nascimentos fora do casamento civil, outros países, como Finlândia, Reino Unido, Eslovênia, Letônia, França e Dinamarca, têm valores entre 40 e 50%.

Já no Brasil, Ana Liése Thurler,[44] em trabalho intitulado "Paternidade e deserção, crianças sem reconhecimento e maternidades penalizadas pelo sexismo", constatou que, do total de 183 mil registros civis de nascimento analisados em dez cartórios do Distrito Federal, 12% não têm registro paterno. Segundo ela, se for considerada a realidade de todo o país, esse número não será menor do que 30%, indicando que aproximadamente 800 mil crianças são registradas todos os anos sem a filiação paterna estabelecida. Ao se referir à edição da Súmula n. 301 pelo STJ ("Em ação investigatória, a recusa do suposto pai a submeter-se ao exame de DNA induz presunção *iuris tantum* de paternidade"), sustenta a autora que, embora o reconhecimento judicial da paternidade não garanta a participação efetiva do pai na criação e na formação do filho, permite o fim do constrangimento psicológico e social de milhares de mães solteiras e crianças brasileiras que sonham em ter o reconhecimento dos pais. Além de garantir ao filho reconhecido o direito de pedir pensão alimentícia, esse novo entendimento evita arbitrariedades por parte dos pais que se recusam a contribuir com a Justiça.

Os filhos havidos fora do casamento, que a nova ordem constitucional não mais admite serem denominados ilegítimos, são passíveis de reconhecimento, a qualquer tempo, independentemente do estado civil do reconhecente. Assim, até mesmo filhos adulterinos e incestuosos, que o Código anterior impossibilitava de reconhecer, hoje não encontram óbice ao reconhecimento. Desse modo, repetindo a redação do art. 227, § 6º, da Constituição Federal, reza o art. 1.596 do atual Código que: "Os filhos havidos ou não da relação de casamento, ou por adoção, terão os

---

44 Fonte: URL: http://www.stj.gov.br/webstj/Noticias/Detalhes_Noticias.asp?seq_noticia=12972; acessado em 14.01.2005.

mesmos direitos e qualificações, proibidas quaisquer designações discriminatórias relativas à filiação".

A filiação havida fora do casamento estabelece-se pelo reconhecimento. O reconhecimento, ou a perfilhação, expressão que consta do Direito português, vem a ser o ato no qual se declara a filiação, estabelecendo, juridicamente, o parentesco entre o pretendente pai e o suposto filho. A perfilhação é, na verdade, uma confissão, um meio de acesso à paternidade real, e, por isso, a lei admite que, nos casos de filiação fora do casamento, o reconhecimento da paternidade se efetue por perfilhação, a qual deverá se revestir de alguma das formas prescritas no art. 1.609. Trata-se, neste caso, de reconhecimento feito de forma voluntária. A outra forma de reconhecimento é a judicial, conforme demonstrado a seguir.

Reconhecimento voluntário

Como aduz Antônio Chaves (*apud* DINIZ, 1994, p. 265), o reconhecimento voluntário "é o meio legal do pai, da mãe ou de ambos revelarem espontaneamente o vínculo que os liga ao filho ilegítimo, outorgando-lhes, por essa forma, o *status* correspondente". O reconhecimento voluntário encontra-se regulado pelo art. 1.609 do Código Civil, praticamente repetindo o art. 1º da Lei n. 8.560/92. Expressa o citado artigo que o reconhecimento dos filhos havidos fora do casamento é irrevogável e será feito:

> I – no registro de nascimento;
>
> II – por escritura pública ou escrito particular, a ser arquivado em cartório;
>
> III – por testamento, ainda que incidentalmente manifestado;
>
> IV – por manifestação expressa e direta perante o juiz, ainda que o reconhecimento não haja sido o objeto único e principal do ato que o contém.

Acrescenta ainda o parágrafo único do mencionado artigo que "o reconhecimento pode preceder o nascimento do filho ou ser posterior ao seu falecimento, se ele deixar descendentes".

Releva de início consignar que, ao contrário do filho havido na constância do casamento, o qual o marido da mãe presume ser seu filho, e, em razão desse fato, registra o filho como seu, sem maiores indagações, o reconhecimento de filho havido fora do casamento pressupõe ato voluntário e espontâneo do reconhecente que não é casado e, eventualmente, nem mesmo convive em união estável com a mãe do pretenso filho. É justamente nesse fato que reside a responsabilidade do reconhecente; pois, em princípio, não milita contra ele a presunção de paternidade. Sendo assim, e caso não se acautele no sentido de buscar uma prova mais consistente da paternidade que lhe é atribuída através de exame de DNA, por exemplo, é de se entender que aceita e reconhece a paternidade de forma voluntária, circunstância que, a teor do art. 1.609, torna o reconhecimento irrevogável.

Dessa forma, aquele que venha a reconhecer como filho alguém que seguramente sabe não ser seu filho, além de não poder posteriormente revogar a filiação, pratica crime previsto no art. 242 do Código Penal: "Art. 242. Dar parto alheio como próprio; registrar como seu o filho de outrem; ocultar recém-nascido ou substituí-lo, suprimindo ou alterando direito inerente ao estado civil: Pena – reclusão, de dois a seis anos". No entanto, quando o crime é praticado por motivo de reconhecida nobreza, a pena pode ser reduzida ou o juiz poderá deixar de aplicar a pena, como consta do parágrafo único.

Considerando a referida infração penal, assim decidiu o Tribunal de Justiça do Rio Grande do Sul:

> Registrar como seu filho de outro (art. 242, *caput*, CP). Prova. Pena. 1 – Não configura motivo de nobreza se o agente registra a filha em seu nome enquanto convivia com a mãe, ingressando com ação negatória de paternidade ao separar-se. 2 – Sendo o *sursis* mais favorável, impõe-se, ante a redução da pena ao mínimo legal. (TJRS, Câmara Especial Criminal, Ap. criminal n. 70.006.332.209, Des. Elba Aparecida Nicolli Bastos, j. 30.09.2004)[45]

45 Consta do acórdão a seguinte situação fática: "No dia 12 de janeiro de 1989, na cidade de [...], em horário não precisado no inquérito policial, I.N.S. registrou, como sua, filha de outrem. Na época do fato, o denunciado era companheiro da mãe da menor, ocasião em que, por meio de escritura pública, registrou-a em seu nome, sendo que a menina passou a se chamar R.P.S., conforme certidão de nascimento da fl. e certidão do registro civil da fl. Posteriormente, no mês de outubro, do ano de 1998, o denunciado ajuizou ação negatória de paternidade contra a menor, a qual resultou procedente, ocasião em que a autoridade pública tomou conhecimento do fato. A denúncia foi recebida em 08 de fevereiro de 2002 (fl.). Após regular instrução, sobreveio sentença – publicada em 24.02.2003 (fl.) – julgando

Reconhecimento no registro de nascimento. No pertinente ao reconhecimento no registro de nascimento, este, s.m.j., deve ser entendido como "no próprio termo de nascimento ou no registro de nascimento", sendo esta última hipótese efetivada por averbação consoante faculta o art. 102 da Lei de Registros Públicos.

De acordo com pesquisa divulgada pelo IBGE, em 2004, 745 mil crianças nascidas no Brasil em 2003 não foram registradas em cartório e, portanto, não existem perante a lei. Esse número equivale a 21,6% do total de crianças nascidas vivas no país. Sem documentos, as crianças ficam excluídas de programas sociais e sem acesso a serviços públicos. Segundo o gerente de Estatísticas Vitais e Estimativas Populacionais do IBGE, Antônio Tadeu de Oliveira, os principais entraves para a retirada do documento são a dificuldade de acesso aos cartórios e a falta de informação sobre a importância da certidão e sobre a lei de gratuidade que, desde 1997, aboliu as taxas cobradas no requerimento da primeira via dos registros de nascimento e óbito.

Segundo a informação, a situação é mais grave nas regiões Norte e Nordeste do país. No Piauí, estado mais pobre do Nordeste, 38% das crianças não têm registro. No Amazonas, estado da região Norte, o percentual de meninos e meninas que não possuem certidão de nascimento chega a 37,5%. O Sistema de Nascidos Vivos (Sinasc) do Ministério da

---

procedente a denúncia para condenar o réu I.N.S., como incurso nas sanções do art. 242, *caput*, do Código Penal, à pena de dois anos e dois meses de reclusão, regime aberto, substituída a pena privativa de liberdade por duas restritivas de direito, de prestação de serviços à comunidade, pelo mesmo período da pena carcerária, e prestação pecuniária, fixada em três salários mínimos da época do fato, pagos em seis parcelas iguais e sucessivas (fls.)". No tribunal, a relatora consignou: "Contudo, em relação à pena aplicada, entendo que as circunstâncias judiciais do art. 59 do Código Penal, na verdade, são favoráveis ao réu. As conseqüências, consideradas como negativas, em verdade, são próprias do delito, de modo que não vejo motivo para a pena-base ter se afastado do mínimo legal. Desta sorte, reduzo-a para o mínimo legal, à qual, na ausência de outras modificadoras, torna-se definitiva em dois anos de reclusão. A suspensão da execução da pena é mais favorável, vai operada em três anos, devendo, no primeiro ano, prestar serviços à comunidade, e, no período restante, apresentar-se trimestralmente ao juízo da execução, para prestar conta de suas atividades. A alegação de residir na zona rural não impede que preste serviços à comunidade por um ano, em escola, entidade filantrópica próxima de sua residência concentrando em um ou dois dias da semana, desde que não prejudique sua jornada de trabalho. A suspensão é uma benesse para evitar o encarceramento em regime aberto, portanto, causa até surpresa a má vontade, alegando que não pode cumprir por morar na zona rural. A espécie não comporta interdição de direitos (art. 47, CP). Diante do exposto, dou parcial provimento ao apelo, para reduzir a pena-base para dois anos de reclusão, ficando suspensa a execução, pelo prazo de três anos, mediante condições".

Saúde detectou, em 2002, índices alarmantes de sub-registro em municípios brasileiros. Um exemplo disso é o município de Delta em Minas Gerais, com 93,8% dos nascidos vivos sem registro civil. "Quem não é registrado não existe para a cidadania, não é visto pelo Estado e com ele não se relaciona", alerta a coordenadora do Programa Nacional pelo Registro de Nascimento, Leila Leonardos. As crianças sem documentação não podem ser matriculadas em escolas, nem receber benefícios de programas sociais, porque, oficialmente, quem não possui certidão de nascimento não existe. Ademais, os problemas não ficam restritos à infância. Adultos sem o documento ficam impossibilitados de abrir conta em banco, obter crédito, ter acesso aos programas previdenciários. No Brasil, o documento pode ser obtido gratuitamente pela população de baixa renda.

Consabidamente, tratando-se de pessoas casadas, o próprio registro de nascimento constitui meio de reconhecimento do filho nascido na constância do casamento, forte no princípio da presunção da paternidade do homem casado em relação aos filhos de sua mulher (art. 1.597) e no princípio *mater is est semper certa*. Entretanto, tratando-se de cônjuge que tenha tido filho com terceiro, em relação extramatrimonial, e que compareça em cartório para registrar o filho, isoladamente, não se aplica a referida presunção de paternidade ou maternidade, não lhe sendo lícito requerer que o nome do suposto pai (ou mãe) conste do assento de nascimento, salvo se apresentar declaração de reconhecimento de paternidade emitida pelo presumido pai com firma reconhecida em cartório. O mesmo procedimento se aplica às pessoas que convivam em união estável. Tratando-se de mãe solteira (ou pai), esta tem a possibilidade de declinar nome, profissão, identidade e residência do suposto pai (ou mãe) a fim de ser averiguada a procedência da alegação consoante estatui o art. 2º da Lei n. 8.560/92.

Reconhecimento por escritura pública ou escrito particular. A escritura pública pode ser utilizada de forma exclusiva para o fim referido. Todavia, eminentes doutrinadores, e mesmo os tribunais, propugnam que o reconhecimento pode ser consignado incidentalmente (em escritura de compra e venda ou de doação), como ocorre com o testamento, sem necessidade de ser lavrada escritura especial para tal fim. O escrito particular, no qual contenha, de forma inequívoca, declaração do reconhecente, com firma reconhecida, constitui documento bastante para o reconhecimento.

Reconhecimento por testamento. Como terceira hipótese de reconhecimento, a lei cita o ato de última vontade, representado pelo testamento. Neste caso, o reconhecimento também pode ser feito incidentalmente, o que importa aduzir que, de permeio a outras cláusulas, de natureza patrimonial, pode o testador inserir declarações na qual reconheça alguém como filho. Todavia, nada impede que o testamento seja feito com a finalidade exclusiva de reconhecer, como permite o art. 1.857, § 2º, do atual Código: "São válidas as disposições testamentárias de caráter não patrimonial, ainda que o testador somente a elas se tenha limitado".

Reconhecimento por manifestação expressa e direta perante o juiz. O art. 1º, IV, da Lei 8.560/92 cita o reconhecimento por manifestação expressa e direta perante o juiz, ainda que o reconhecimento não constitua o objeto principal da ação. Assim poderia acontecer na ação de investigação de paternidade ou reivindicatória de paternidade, quando o suposto pai reconhece a paternidade antes de o juiz proferir a sentença, como demonstra a ementa a seguir:

> Reivindicatória de paternidade. Perfilhação. Prova oral convergente. Desnecessidade de produção do exame de DNA. O ordenamento jurídico admite a perfilhação através de manifestação expressa e direta do genitor perante o magistrado singular. Inteligência do art. 1.609 do Código Civil em vigor, que reproduz integralmente o art. 1º da Lei n. 8.560 de 1992. Nesse passo, desnecessária a produção de exame de DNA, porque admitido o vínculo parental por ambas as partes e pelas testemunhas inquiridas no feito, assim como pelo adolescente que, inclusive, manifesta interesse em viver com o pai. Agravo provido. (TJRS, 7ª Câm. Cível, AI n. 70.007.292.261, rel. José Carlos Teixeira Giorgis, j. 26.11.2003)

Entendemos, porém, ser possível cogitar uma outra modalidade de reconhecimento que não consta expressamente no rol do art. 1.609, ou seja, o reconhecimento provocado. Ele ocorreria quando, após ter sido notificado pelo juiz para que se manifeste sobre a paternidade que lhe é atribuída pela mãe do suposto filho, o indigitado pai a confirma expressamente (art. 2º da Lei n. 8.560/92).

Irrevogabilidade do reconhecimento voluntário

O reconhecimento dos filhos havidos fora do casamento é irrevogável (art. 1.609), ainda que seja feito por testamento (art. 1.610). Assim, conquanto o testamento propriamente dito possa ser revogado no referente a cláusulas de direitos patrimoniais, a cláusula específica de reconhecimento não pode ser revogada.

No tocante a voluntariedade do reconhecimento e sua irrevogabilidade, mostra-se relevante trazer à colação o seguinte julgado do Tribunal de Justiça de Minas Gerais:

> A retificação, *rectius*, anulação de registro civil de nascimento somente é possível se demonstrada alguma das hipóteses previstas pelo art. 171 do Código Civil. A lei inautoriza a postulação de declaração de estado contrário ao que se verifica do registro de nascimento, salvo ocorrendo erro ou falsidade do registro. Não se pode compactuar com a tese do apelante que, ao realizar o registro civil de nascimento, tenha sido induzido em erro, ou a qualquer vício do consentimento, a registrar a menor como sua filha, pois conforme se colhe da prova oral produzida, sempre teve pleno conhecimento de que não era o pai biológico. Uma vez demonstrado que o apelante manifestou livre e espontaneamente a sua vontade, não há razão para cancelar a declaração de paternidade no registro civil da apelada, porquanto, aperfeiçoada, torna-se irretratável a declaração de vontade tendente ao reconhecimento voluntário de filiação. Apelo improvido. (TJMG, Ap. cível n. 1.0525.02.000.977-1/001, rel. Des. Cláudio Costa, j. 25.08.2005)

Consentimento do reconhecido e impugnação do reconhecimento

Trata o art. 1.614 do Código Civil tanto do consentimento do reconhecido quanto da impugnação do reconhecimento. Como se infere, a exigência do consentimento circunscreve-se ao filho maior: "O filho maior não pode ser reconhecido sem o seu consentimento [...]". Já a impugnação, que consta da parte final do mesmo dispositivo, tem a ver com o reconhecimento ocorrido durante a menoridade do reconhecido, facultando-se a este, ao atingir a maioridade, promovê-la dentro dos quatro anos que se seguirem à data da maioridade ou da emancipação.

Na visão do STJ, a regra que impõe ao perfilhado o prazo de quatro anos para impugnar o reconhecimento é de restrita aplicação ao filho natural, isto é, ao filho nascido fora do casamento e posteriormente reconhecido, com vistas a afastar a paternidade por mero ato de vontade, a fim de desconstituir o reconhecimento da filiação, sem buscar constituir nova relação (REsp ns. 256.171 e 440.119). Referida decadência não se aplica, pois, ao direito do filho legítimo ou legitimado, nem do filho natural que pleiteie a investigação de paternidade e a anulação do registro com base na falsidade deste.

Acrescente-se, por derradeiro, que, quando reconhecido por um dos cônjuges, o filho havido fora do casamento não poderá residir no lar conjugal sem o consentimento do outro cônjuge (art. 1.611 do CC).

Reconhecimento judicial: investigação de paternidade

No Brasil, segundo pesquisa realizada pela socióloga gaúcha Ana Liési Thurler que embasou a tese de doutorado "Paternidade e Deserção – Crianças sem Reconhecimento, Maternidades Penalizadas pelo Sexismo", na Universidade de Brasília, atualmente 800 mil crianças são registradas todos os anos sem a filiação paterna estabelecida. São os chamados filhos da mãe. E duas em cada três crianças nascidas nos últimos anos foram concebidas fora do casamento, a maioria em relações não estáveis. Ela recorda que, por razões diversas, muitas mulheres e crianças brasileiras não têm acesso à Justiça, o que as impossibilita de se beneficiarem dos progressos obtidos no âmbito do Poder Judiciário, mas admite que o advento do exame de DNA representou um avanço, pois, antes de ele existir, para provar a paternidade de um filho, a mãe solteira tinha que provar à Justiça que era mulher *virtuosa*.[46]

O reconhecimento judicial, ou por via judicial, dar-se-á sempre que o suposto pai recusar-se ao reconhecimento voluntário. Trata-se, pois, do reconhecimento forçado, decorrente de sentença judicial proferida em ação de investigação de paternidade que declare a paternidade atribuída à determinada pessoa.

Demonstrando lamentável retrocesso, o atual Código não repisou as hipóteses para a admissão da ação, que o antigo Código de maneira expressa arrolava no art. 363: existência de concubinato da mãe com o

46 Fonte: Notícias do STJ, em 14.01.2005.

pretendido pai ao tempo da concepção; concepção do filho reclamante coincidente com o rapto da mãe pelo suposto pai ou suas relações com ela; existência de escrito do suposto pai, reconhecendo a paternidade. Diante da citada lacuna legislativa, impõe-se reconhecer que ficamos sem um referencial mais preciso para promover a ação investigatória, pois, em nosso sentir, o art. 1.605 do Código Civil não se presta a essa finalidade. A justificativa para esse entendimento é a de que o art. 1.605 é de restrita aplicação à hipótese de filho havido na constância do casamento ou de união estável e que, não obstante, não tenha o nascimento registrado ou, sendo registrado, o registro apresenta-se defeituoso. Demais disso, o art. 1.605 é de idêntica redação à do art. 349 do Código Civil anterior, o qual, como curial, nunca se prestou a fundamentar a ação investigatória, e sim o art. 363, infelizmente não reproduzido no atual Código. Poder-se-ia, em último caso, apelar para o art. 2º, § 5º, da Lei n. 8.560/92. Finalmente, considerando o fato de que o juiz é obrigado a conhecer a lei (*da mihi factum, dabo tibi ius*) e que a ação investigatória, já integra nosso ordenamento jurídico, não seria lícito decretar a inépcia da petição inicial em face de mera falta de citação de dispositivo específico.

Legitimidade para a ação

Investigação de paternidade por iniciativa da parte interessada

Trata-se, neste caso, de ação diretamente promovida pelo pretenso filho, se maior, ou pela mãe, representando-o ou assistindo-o, se menor. Falecendo ele menor ou incapaz, fica assegurado o direito da ação a seus herdeiros (art. 1.606); falecendo no curso da ação, os herdeiros poderão dar continuidade à ação.

Diante do preceito legal (art. 1.606), restaria vedado ao suposto neto (filho do que se diz filho) ajuizar ação investigatória contra o avô (indigitado pai). Questiona-se, no entanto, se seria possível aplicar a máxima *tudo o que não está proibido está permitido*, no presente caso, de modo a permitir que os filhos do que se diz filho falecido, portanto os netos, possam acionar o suposto avô visando ao reconhecimento do parentesco entre este e o pai falecido.

Pois bem, posta a questão em juízo, tanto o juízo de primeiro grau como o Tribunal de Justiça do Rio Grande do Sul extinguiram o processo sem exame de mérito por impossibilidade jurídica do pedido ao fundamento de que a ação de investigação de paternidade é personalíssima. Interposto recurso especial, porém, o STJ decidiu que "é juridicamente possível o pedido dos netos formulado contra o avô, os seus herdeiros deste, visando o reconhecimento judicial da relação avoenga. Nenhuma interpretação pode levar o texto legal ao absurdo". O conteúdo do acórdão é, em síntese, o seguinte:

> O primeiro problema para o exame do especial é de ordem formal: ao ser reconhecida a impossibilidade jurídica do pedido pelas instâncias precedentes, a Justiça local declarou, em outras palavras, que não havia previsão legal para a ação exercida. Se não há previsão legal, como alegar violação a algum dispositivo de lei? Nestes casos, o prequestionamento se preenche quando o recorrente alega no recurso especial a questão de direito federal efetivamente debatida no acórdão recorrido, independentemente da indicação de qualquer dispositivo legal supostamente violado. A situação, que é clara exceção à regra geral, deve ser admitida para que recursos como estes possam ser examinados. Posto isto, tenho como superados os requisitos de ordem formal no exame deste recurso especial. É preciso reconhecer que não existe um só dispositivo legal que expressamente permita aos netos buscar a declaração judicial da relação de parentesco com o suposto avô. Por esta razão – simples e robusta – se defende a impossibilidade jurídica do pedido, posição com grande eco na jurisprudência e na doutrina. Contudo, a falta de previsão legal deste tipo de ação não me parece justificativa suficiente para acoimar de juridicamente impossível o pedido. Se existisse um artigo de lei que vedasse expressamente a pretensão dos ora recorrentes, a situação seria outra. Mas não há. Examinando a situação sob outro prisma posso afirmar que, a par de não existir autorização, também não há qualquer vedação legal à pretensão dos recorrentes. Só por esta razão já sou tendente a afirmar a possibilidade jurídica do pedido. Mas não é só. Em casos como estes costuma-se afirmar que o direito de reconhecimento da relação de paternidade é personalíssimo e só assiste ao filho, com a ressalva das exceções prevista em lei. Diz-se que o legislador pretendeu proteger a verdadeira vontade do falecido, que durante a vida não quis apurar suas origens, por razões que só a complexa natureza humana pode justificar. Mas há casos e casos. As alegações dos recorrentes – que ainda dependem de ampla instrução probatória – induzem ao

> raciocínio contrário. O falecido pai jamais buscou o reconhecimento da paternidade imputada ao avô simplesmente porque não precisava. Já era reconhecido de fato como filho, como também eram os netos, aqui recorrentes. Em resumo: o pai, em vida, jamais viu necessidade de buscar uma declaração judicial de que era filho de J. B. S. No dizer dos recorrentes, não havia necessidade disso. Só agora, com o falecimento do avô, tornou-se relevante o reconhecimento da relação de parentesco. Os herdeiros já reconhecidos de J. B. S. teriam deixado sem qualquer assistência os recorrentes, inclusive retomando a casa em que residiam. Com a adequada instrução probatória é que se vai medir o quanto de verdade há nestas alegações. Mas, para que haja uma fase probatória, é necessário ultrapassar o obstáculo da impossibilidade jurídica. E é isso que proponho. Diante da inexistência de vedação legal à pretensão e considerando a peculiaridade do caso concreto, que foge à previsão do legislador ao estabelecer como personalíssimo o direito de reconhecimento judicial da filiação, entendo por bem admitir a juridicidade do pedido. [...] Por todo o exposto, dou provimento ao recurso especial para considerar juridicamente possível a ação dos netos contra o suposto avô, ou seus sucessores, visando ao reconhecimento da relação avoenga. (REsp n. 604.154/RS, 2003/0.198.071-2, rel. Min. Humberto Gomes de Barros, j. 16.06.2005)

Releva frisar que, ao final do texto do acórdão, o relator alerta para o fato de que teria sido mais adequada a propositura de uma ação declaratória da relação avoenga, tendo no pólo ativo os netos, representando a si mesmos, e no pólo passivo os herdeiros do suposto avô. Não se mostraria correto, pois, neste caso, mover a ação contra o espólio do falecido pai.

De qualquer sorte, não paira qualquer dúvida sobre o direito dos herdeiros darem continuidade a ação já iniciada pelo filho maior, se este falecer, diante do permissivo legal contido no art. 1.606, parágrafo único, Código Civil.

Legitimidade da mãe menor. Legalmente, os menores de dezesseis anos serão representados e os maiores de dezesseis e menores de dezoito anos serão assistidos pelos pais ou responsáveis. No caso da mãe do menor investigante ser também menor poderá ingressar em juízo sem autorização dos pais? Entendemos que sim, desde que representada por curador especial, em paradigma ao art. 1.870 do Código Civil português, que assim dispõe: "A mãe menor tem legitimidade para intentar a acção em representação do filho sem necessidade de autorização dos pais, mas é sempre representada na causa por curador especial nomeado pelo tribunal".

Investigação de paternidade ex officio

Embora conste do art. 27 do ECA que a ação investigatória constitui direito personalíssimo do que se diz filho, a Lei n. 8.560/92 conferiu legitimidade também ao Ministério Público para ajuizar a ação, de conformidade com o art. 2º e parágrafos. Essa legitimidade, tida por grande parte dos juristas como uma violação indevida ao direito personalíssimo de outrem, foi devidamente equacionada pelo menos no Estado de São Paulo. O Conselho Superior da Magistratura, por meio do Provimento n. 494/93, de 28 de maio de 1993,[47] e, depois, a Procuradoria-Geral de Justiça (em conjunto com o Conselho Superior do Ministério Público e a Corregedoria-Geral do Ministério Público), por meio do Ato n. 11/93, de 10 de outubro de 1993, determinaram expressamente que "havendo órgão ou serviço de assistência judiciária na comarca ou localidade, a Promotoria de Justiça deverá encaminhar-lhes, prontamente e sem qualquer manifestação, os autos de averiguação recebidos, informando o juízo competente da remessa realizada".

Consta ainda do Provimento que, indicado no Cartório de Registro Civil o suposto pai, por ocasião da lavratura do assento de nascimento, e encaminhado o procedimento ao juízo para tentativa de aceitação da paternidade, não ocorrendo esta, os autos são encaminhados pelo juízo à Procuradoria de Assistência Judiciária para providências. A representante legal da criança deve ser, então, convocada para se verificar seu interesse na ação, bem como sua situação financeira. Não havendo interesse ou não sendo a parte hipossuficiente, deve o expediente ser devolvido ao Poder Judiciário com as informações sobre as providências adotadas (ajuizamento da ação, negativa de assistência judiciária, falta de requisitos para o ajuizamento etc.). Presentes os requisitos para a assistência judiciária, deverá ser proposta a ação de imediato. A investigação de paternidade de ofício, ou por iniciativa do Ministério Público, decorre de inovação trazida pela Lei n. 8.560/92 na hipótese aventada pelo art. 2º, § 4º:

---

47 "Art. 11. [...] § 1º Negada a paternidade, ou não atendendo o suposto pai à notificação em 30 dias, serão os autos remetidos ao órgão do Ministério Público que tenha atribuição para intentar ação de investigação de paternidade, que, em sendo caso, encaminhará os autos à Procuradoria de Assistência Judiciária do Estado, que, eventualmente, tenha essa atribuição."

> Se o suposto pai não atender no prazo de trinta dias a notificação judicial, ou negar a alegada paternidade, o juiz remeterá os autos ao representante do Ministério Público para que intente, havendo elementos suficientes, a ação de investigação de paternidade.

Esse fato, em nosso sentir, descaracteriza a natureza personalística da ação investigatória, insculpida no art. 27 do Estatuto da Criança e do Adolescente ("O reconhecimento do estado de filiação é direito personalíssimo [...]"). Registre-se, a propósito, a crítica de Giselda Maria Fernandes Novaes Hironaka (HIRONAKA, "Dos filhos havidos fora do casamento"):

> Instala-se, assim, uma averiguação oficiosa da paternidade, a cargo de um juiz que, fora de suas funções e atribuições específicas, operará uma espécie de sindicância pública contra o indigitado pai, cujo resultado, se não for o do pronto reconhecimento voluntário, não deixará, ao magistrado *sindicante* qualquer outra alternativa (mais assemelhada às suas específicas e especiais atribuições e competências) que não a da simples remessa dos autos ao representante do Ministério Público (§ 4º). Situação igualmente desconfortável, do ponto de vista de correta postura de competências é, por certo, a do próprio Ministério Público que deverá se sobrepor à certeza de se tratar, *in casu*, de um direito personalíssimo (art. 27 do ECA), este de alguém buscar, judicialmente, o "conhecimento de sua ascendência biológica", (como se expressa João Baptista Villela), para munir-se do direito de exercê-lo por meio de ação, independentemente da consulta aos interesses privados do filho e mesmo aos de sua mãe. O que há por trás disso é simples – e já o houvera diagnosticado João Baptista Villela em fevereiro de 1993, dois meses apenas após a edição da lei – "a opção do legislador insinua-se claramente contra a autonomia da pessoa humana ao converter a paternidade, literalmente, de questão de *estado* em questão de *Estado*". Quatro anos passados, no entanto, desde a edição da lei, a verdade que se instala no cenário atual é outra, diferente daquela retratada pelo dispositivo ora comentado. Talvez pelo excesso de atribuições, mas talvez pela preocupação maior de ingressar em juízo, em nome próprio ou não, para pleitear direito personalíssimo de outrem, a verdade é que o Ministério Público, ao menos no Estado de São Paulo, não tem intentado as referidas ações de investigação de paternidade. Isto porque o

Conselho Superior da Magistratura, por meio do Provimento n. 494/93 de 28.05.1993, depois, a Procuradoria-Geral de Justiça (em conjunto com o Conselho Superior do Ministério Público e a Corregedoria-Geral do Ministério Público), por meio do Ato n. 11/93 de 10.10.1993, determinaram, essencialmente, que "havendo órgão ou serviço de assistência judiciária na comarca ou localidade, a Promotoria de Justiça deverá encaminhar-lhes, prontamente e sem qualquer manifestação, os autos de averiguação recebidos, informando o juízo competente da remessa realizada". A solução intermediária, por ora, parece bastante razoável, eis que estes órgãos de assistência gratuita ou defensoria pública só poderão ingressar, em juízo, com a ação correspondente, se obtiverem da representante do menor (a mãe), a devida outorga de poderes, para pleitear aquele personalíssimo direito de investigar sua ascendência biológica, sua raiz genética.

A seguir, a reprodução do Provimento mencionado pela autora:

PROVIMENTO N. 494, DE 28.05.1993

CONSELHO SUPERIOR DA MAGISTRATURA DE SÃO PAULO

Dá nova redação ao Provimento n. 355/89.

O Conselho Superior da Magistratura no uso de suas atribuições legais, e

Considerando a necessidade de adequar a disciplina normativa do Provimento n. 355/89 às novas regras legais relativas a reconhecimento de filhos estabelecidas pela Lei n. 8.560, de 29 de dezembro de 1992, resolve:

DA FILIAÇÃO HAVIDA FORA DO CASAMENTO

Art. 1º No registro de filhos havidos fora do casamento não serão considerados o estado civil e/ou eventual parentesco dos genitores, cabendo ao oficial velar unicamente pelo entendimento da declaração por eles manifestada e a uma das seguintes formalidades:

a) genitores comparecem, pessoalmente, ou por intermédio de procurador com poderes específicos, ao ofício do Registro Civil de Pessoas Naturais, para efetuar o assento, do qual constará o nome dos genitores e dos respectivos avós;

b) apenas um dos genitores comparece, mas com declaração de reconhecimento ou anuência do outro à efetivação do registro.

Parágrafo único. Nas hipóteses acima a manifestação da vontade por declaração, procuração, ou anuência será feita por instrumento público, ou particular, reconhecida a firma do signatário.

Art. 2º Sendo o registrando fruto de relação extraconjugal da mãe, constarão de seu nome apenas os patronímicos da família materna.

Art. 3º O reconhecimento de filho independe do estado civil dos genitores ou de eventual parentesco entre eles, podendo ser feito:

a) no próprio termo de nascimento, na forma das disposições anteriores;

b) por escritura pública;

c) por testamento;

d) por documento público ou escrito particular, com firma do signatário reconhecida.

Art. 4º O filho maior não pode ser reconhecido sem o seu consentimento (art. 362, Código Civil).[48]

Art. 5º Nas hipóteses previstas no artigo 3º, letras *b*, *c* e *d*, o pedido de averbação do reconhecimento será autuado e, após manifestação do Ministério Público, o juiz Corregedor Permanente despachará, permanecendo os autos em cartório após cumprimento da decisão.

DA ADOÇÃO

Art. 6º O filho adotivo titula os mesmos direitos e qualificações da filiação biológica (artigo 227, § 6º, da Constituição Federal).

Art. 7º A adoção será sempre assistida pelo Poder Público (artigo 227, § 5º).

§ 1º Em se tratando de menores, em situação irregular, observar-se-á o disposto no Estatuto da Criança e do Adolescente.

§ 2º Nas demais hipóteses, serão observadas as regras da lei civil, devendo a averbação do ato notarial ser feita por determinação do juiz Corregedor Permanente do Cartório do Registro Civil, após manifestação da Curadoria dos Registros Públicos.

DO REGISTRO E DAS CERTIDÕES

Art. 8º Nos assentos e certidões de nascimento não será feita qualquer referência à origem e natureza da filiação, sendo vedadas, portanto, a indicação da ordem da filiação relativa a irmãos de mesmo prenome, exceto gêmeos, do lugar e cartório de casamento dos pais e de seu estado civil,

48 Atual art. 1.614 do Código Civil de 2002.

bem como qualquer referência às disposições da Constituição Federal, da Lei n. 8.560/92 e deste provimento, ou a qualquer outro indício de não ser o registrando fruto de relação conjugal.

Art. 9º No caso de participação pessoal da mãe no ato do registro, aplicar-se-á o prazo prorrogado previsto no item 2º, do artigo 52, da Lei n. 6.015/73.

Art. 10. Em caso de registro de nascimento sem paternidade estabelecida, havendo manifestação escrita da genitora com os dados de qualificação e endereço do suposto pai e declaração de ciência de responsabilidade civil e criminal decorrente, deverá o oficial encaminhar certidão do assento e a manifestação da genitora ao juiz Corregedor Permanente do Ofício do Registro Civil.

Art. 11. Em juízo, ouvidos a mãe e o suposto pai acerca da paternidade e confirmada essa pelo indigitado pai, será lavrado termo de reconhecimento e remetido mandado ao oficial do Registro Civil para a correspondente averbação.

§ 1º Negada a paternidade, ou não atendendo o suposto pai à notificação em 30 dias, serão os autos remetidos ao órgão do Ministério Público que tenha atribuição para intentar ação de investigação de paternidade, que em sendo caso, encaminhará os autos à Procuradoria de Assistência Judiciária do Estado, que eventualmente, tenha essa atribuição.

§ 2º Todos os atos referentes a esse procedimento serão realizados em segredo de justiça, especialmente as notificações.

Art. 12. Este provimento entrará em vigor na data de sua publicação, revogadas as disposições em contrário.

(DOE *Just.*, 08.06.1993; AASP n. 1.799, 16 a 22.06.1993, p. 2)

Não obstante a referida providência e as críticas feitas, a legitimidade do Ministério Público para ajuizar a ação investigatória, quando ausente o serviço de Defensoria Pública, foi confirmada em recurso extraordinário pelo Supremo Tribunal Federal:

Recurso extraordinário. Constitucional. Processual civil. Legitimidade ativa do Ministério Público para ajuizar ação de investigação de paternidade. Filiação. Direito indisponível. Inexistência de Defensoria Pública no Estado de São Paulo. 1 – A Constituição Federal adota a família como base da sociedade a ela conferindo proteção do Estado. Assegurar à criança o direito à dignidade, ao respeito e à convivência familiar pressupõe reconhecer seu legítimo direito de saber a verdade sobre sua paternidade, decorrência lógica do direito à filiação (CF, arts. 226, §§ 3º, 4º, 5º e 7º, e 227, § 6º). 2 – A Carta Federal outorgou ao Ministério Público a incumbência de promover a defesa dos interesses individuais indisponíveis, podendo, para tanto, exercer outras atribuições prescritas em lei, desde que compatível com sua finalidade institucional (CF, arts. 127 e 129). 3 – O direito ao nome insere-se no conceito de dignidade da pessoa humana e traduz a sua identidade, a origem de sua ancestralidade, o reconhecimento da família, razão pela qual o estado de filiação é direito indisponível, em função do bem comum maior a proteger, derivado da própria força impositiva dos preceitos de ordem pública que regulam a matéria (Estatuto da Criança e do Adolescente, art. 27). 4 – A Lei n. 8.560/92 expressamente assegurou ao *parquet*, desde que provocado pelo interessado e diante de evidências positivas, a possibilidade de intentar a ação de investigação de paternidade, legitimação essa decorrente da proteção constitucional conferida à família e à criança, bem como da indisponibilidade legalmente atribuída ao reconhecimento do estado de filiação. Dele decorrem direitos da personalidade e de caráter patrimonial que determinam e justificam a necessária atuação do Ministério Público para assegurar a sua efetividade, sempre em defesa da criança, na hipótese de não reconhecimento voluntário da paternidade ou recusa do suposto pai. 5 – O direito à intimidade não pode consagrar a irresponsabilidade paterna, de forma a inviabilizar a imposição ao pai biológico dos deveres resultantes de uma conduta volitiva e passível de gerar vínculos familiares. Essa garantia encontra limite no direito da criança e do Estado em ver reconhecida, se for o caso, a paternidade. 6 – O princípio da necessária intervenção do advogado não é absoluto (CF, art. 133), dado que a Carta Federal faculta a possibilidade excepcional da lei outorgar o *jus postulandi* a outras pessoas. Ademais, a substituição processual extraordinária do Ministério Público é legítima (CF, art. 129; CPC, art. 81; Lei n. 8.560/92, art. 2º, § 4º) e socialmente relevante na defesa dos economicamente pobres, especialmente pela precariedade da assistência jurídica prestada pelas defensorias públicas. 7 – Caráter personalíssimo do direito assegurado pela iniciativa da mãe em procurar o Ministério Público visando a propositura da ação. Legitimação excepcional que depende de provocação por quem de direito, como ocorreu no caso concreto. Recurso extraordinário conhecido e provido. (STF, 2ª T., RE n. 248.869/SP, rel. Min. Maurício Corrêa, j. 07.08.2003)

Legitimidade passiva

A legitimidade passiva recai, *a priori*, na pessoa do presumido pai. Se este tiver falecido, é razoável se admitir que, conquanto o silêncio injustificado do atual Código Civil, é lícito dirigir a ação contra seus herdeiros, como já permitia o art. 363 do antigo Código Civil. Para esse efeito, cumpre lembrar que a viúva do suposto pai não é herdeira, cabendo o ajuizamento da ação somente contra os filhos do investigado.

Foro competente. No concernente ao foro competente para a ação de investigação, dúvida alguma persiste quando se trata de ação cumulada com pedido de alimentos, cujo foro é o da residência do alimentando, conforme sumulado pelo STJ na Súmula n. 1: "O foro do domicílio ou da residência do alimentando é o competente para a ação de investigação de paternidade, quando cumulada com a de alimentos". Já quando a cumulação envolver petição de herança, o foro é do juízo do inventário em face do caráter universal da sucessão. No entanto, quando se trata de ação não cumulada, o foro é o do domicílio do indigitado pai, por se tratar de ação fundada em direito pessoal.

Dada sua pertinência, cabe ainda lembrar que o filho havido fora do casamento reconhecido por um dos cônjuges não poderá residir no lar conjugal sem o consentimento do outro (art. 1.611). Demais disso, julgando o juiz conveniente, poderá a sentença determinar que o filho se crie e eduque fora da companhia daquele dos pais que negou esta qualidade (art. 1.616).

Investigação com objetivo de desconstituição de paternidade

Na visão do STJ, a decadência, fundada no prazo de quatro anos do art. 1.614, não atinge o direito do filho legítimo ou legitimado, nem do filho natural que pleiteie a investigação de paternidade e a anulação do registro com base na falsidade deste. Ou seja, é imprescritível o direito ao reconhecimento do estado filial, interposto com fundamento em falsidade do registro. Nesse sentido, o STJ decidiu que

> o filho havido na constância do casamento tem legitimidade para propor ação de investigação de paternidade contra quem entende ser seu verdadeiro pai, nada obstando que se prove a falsidade do registro no âmbito da ação investigatória, a teor da parte final do art. 1.604 do Código Civil. O cancelamento do registro, em tais circunstâncias, será consectário ló-

> gico e jurídico da eventual procedência do pedido de investigação, não se fazendo mister, pois, cumulação expressa. (REsp n. 119.866, rel. Min. Waldemar Zveiter, DJ 30.11.1998)

O mesmo STJ, em outro recurso especial, considerou que, nesse caso, a ação de investigação de paternidade independe do prévio ajuizamento da ação de anulação de registro, cujo pedido é, como afirmado no julgado anteriormente mencionado, apenas conseqüência lógica da procedência da demanda investigatória. Concluiu, ainda, que, em demanda objetivando a declaração de paternidade e anulação de registro, o suposto pai biológico e aquele que figura como pai na certidão de nascimento devem ocupar, em litisconsórcio unitário, o pólo passivo:

> Processo civil. Recurso especial. Ação de investigação de paternidade. Registro em nome de terceiro. Cumulação de pedidos contra réus diversos. Possibilidade. Aditamento da inicial. A ação de investigação de paternidade independe do prévio ajuizamento da ação de anulação de registro, cujo pedido é apenas conseqüência lógica da procedência da demanda investigatória. Precedentes. A pretensão concomitante de ver declarada a paternidade e ver anulado o registro de nascimento não configura cumulação de pedidos, mas cumulação de ações. É possível o aditamento da inicial para inclusão do litisconsorte unitário. Precedentes. Em demanda objetivando a declaração de paternidade e anulação de registro, o suposto pai biológico e aquele que figura como pai na certidão de nascimento devem ocupar, em litisconsórcio unitário, o pólo passivo. (3ª T., REsp n. 507.626/SP, rel. Min. Nancy Andrighi, j. 05.10.2004)

Diante disso, a regra que impõe ao perfilhado o prazo de quatro anos para impugnar o reconhecimento é de restrita aplicação ao filho natural, isto é, ao filho nascido fora do casamento e posteriormente reconhecido, com vistas a afastar a paternidade por mero ato de vontade a fim de desconstituir o reconhecimento da filiação, sem buscar constituir nova relação (STJ, REsp n. 256.171 e REsp n. 440.119). Impõe-se, dessa forma, reconhecer ser imprescritível o direito ao reconhecimento do estado filial interposto com fundamento em falsidade do registro, como demonstram os seguintes julgados:

Investigação de paternidade. Anulação do registro. Falsidade. Decadência. Precedentes. É imprescritível o direito ao reconhecimento do estado filial exercido com fundamento em falsidade do registro. Precedentes. Recurso especial a que se dá provimento. (3ª T., REsp n. 435.868/MG, rel. Min. Nancy Andrighi, DJ 10.02.2003)

Agravo regimental. Recurso especial não admitido. Investigação de paternidade. Alteração do registro civil. Prescrição. A questão tratada nos autos constitui tema já pacificado na jurisprudência desta Corte no sentido de ser imprescritível o direito do filho de buscar a paternidade real, justificando-se, assim, o provimento do especial nos moldes do art. 544, § 3º, do Código de Processo Civil. Precedentes. Agravo regimental desprovido. (3ª T., Ag. Regimental no AI n. 378.216/SP, rel. Min. Carlos Alberto Menezes Direito, DJ 09.12.2002)

Civil. Investigação de paternidade. Ação proposta por quem, registrado como filho legítimo do marido de sua mãe, quer a declaração de que o pai é outrem. Inaplicabilidade do art. 178, § 9º, VI e do art. 362 do Código Civil, que se referem à hipótese diversa: a de quem, nascido como filho natural, isto é, fora do casamento, foi reconhecido. (3ª T., REsp n. 191.915/SP, rel. Min. Ari Pargendler, DJ 05.08.2002)

Ação de investigação de paternidade proposta por quem tem em seu registro civil de nascimento a declaração de ser filho legítimo, não havendo contestação do pai registral. Possibilidade jurídica do pedido, independentemente de prévia anulação do registro. A falsidade do registro de nascimento pode ser demonstrada no âmbito da ação investigatória de paternidade. A procedência do pedido conduz ao cancelamento do registro, não se exigindo pedido expresso nem muito menos ação própria. Inaplicabilidade dos arts. 178, § 9º, VI e 362 do Código Civil, pois imprescritível o direito do filho de buscar a paternidade real. Precedentes. Recurso especial conhecido e provido. (4ª T., REsp n. 162.028/MG, rel. Min. César Asfor Rocha, DJ 18.03.2002)

Investigação de paternidade. Anulação de registro. Decadência. No regime legal em vigor, inexiste prazo para que o filho reconhecido promova ação de anulação do registro e de investigação de paternidade contra terceiro. Embora alcançada a maioridade na vigência da lei anterior, o prazo decadencial ainda não fluíra quando da nova lei, pelo que a ação poderia ser proposta quatro anos após a maioridade. Aplicação da Lei n. 8.069/90. (4ª T., REsp n. 155.493/SP, rel. Min. Ruy Rosado de Aguiar, DJ 10.05.1999)

Ação investigatória cumulada com petição de herança

É admitida a cumulação de investigação de paternidade e ação de petição de herança. Neste caso, mostra-se viável o pedido de reserva de quinhão em mãos do inventariante como meio de se resguardar o direito do demandante (art. 1.001 do CPC) até a conclusão da ação investigatória:

> Agravo de instrumento. Arrolamento de bens. Partilha já homologada. Ação de investigação de paternidade proposta antes da expedição dos formais de partilha. Suspensão do processo determinada pelo magistrado *a quo*. Desnecessidade. Possibilidade de prosseguimento do feito desde que modificada a partilha para reservar o quinhão do eventual herdeiro, até o julgamento da ação de investigação de paternidade. Recurso parcialmente provido. (TJPR, 12ª Câm. Cível, AI n. 03.575.004, rel. Celso Rotoli de Macedo, j. 30.08.2006)

No entanto, quando já ultimados o inventário e a partilha, o STJ decidiu que, julgada procedente ação de investigação de paternidade cumulada com petição de herança, disso resulta, automaticamente, nulidade da partilha realizada sem presença e participação do autor vitorioso, executando-se a decisão por meio de simples retificação de partilha, pois a sentença homologatória de partilha não faz coisa julgada em relação ao herdeiro não convocado ao processo de inventário. Com apoio em lição de Humberto Theodoro Júnior, o STJ afirmou que, havendo anteriormente sido contemplados na partilha vários herdeiros ou sendo vários os bens componentes da herança partilhada, a sentença da *petitio hereditatis* será cumprida mediante reabertura do processo sucessório para que toda a universalidade seja devolvida ao monte que, por sua vez, submeter-se-á novamente a toda a tramitação do inventário e partilha, já agora com presença e participação do herdeiro vitorioso na ação de vindicação da cota ideal da herança comum. Para renovação do procedimento sucessório, não há necessidade de ajuizar-se uma ação especial para anular a sentença que homologou a partilha anterior; pois, proferida sem a presença do herdeiro real, jamais produziu contra ele a *res iudicata* (STJ, 4ª T., REsp n. 16.137/SP, rel. Sálvio de Figueiredo, j. 21.02.1995) (*RSTJ* 74/204).

Quanto ao prazo prescricional de dez anos ao qual está sujeita a ação de petição de herança, o consenso é de que, nos casos em que o herdeiro tem sua condição reconhecida ulteriormente através da ação de investigação de paternidade, começará a fluir a partir do trânsito em julgado de referida decisão.

Frise-se, ainda, que, quando a cumulação envolver petição de herança, o foro é do juízo do inventário em face do caráter universal da sucessão. Ademais, por ser ação real, a ação de petição de herança demanda a citação do cônjuge do herdeiro casado. Para apreciar a ação, no entendimento do TJRS, a competência é da vara de família (juízo competente para processar e julgar a ação investigatória):

> Agravo de instrumento. Investigação de paternidade cumulada com petição de herança e arrolamento. Competência. Legitimidade passiva. A competência para processar e julgar ação de petição de herança e pedido de arrolamento de bens (ações acessórias) é do juízo que processa e julga a ação de investigação de paternidade (a ação principal). Precedentes jurisprudenciais. Em ação de investigação de paternidade na qual o suposto pai é falecido, a legitimidade passiva é de todos os herdeiros dele, e não apenas dos filhos. Assim, até que se esclareça se a companheira sobrevivente é ou não herdeira, convém, por cautela e para evitar uma potencialidade de nulidade no futuro, que ela permaneça no pólo passivo da ação. Agravo provido. Em monocrática. (TJRS, 8ª Câm. Cível, AI n. 70.019.893.031, rel. Rui Portanova, j. 29.05.2007)

Ação investigatória cumulada com alimentos

Admite-se a cumulação da ação investigatória com a de alimentos. Neste caso, sendo procedente a ação, o juiz, ao declarar a paternidade, impõe ao demandado a obrigação alimentar a partir da data da decisão, retroagindo à data de citação do demandado: "Julgada procedente a investigação de paternidade, os alimentos são devidos a partir da citação" (Súmula n. 277 do STJ). Assim, em princípio, o investigante não teria direito a pleitear alimentos provisórios, uma vez que não poderia provar a obrigação alimentar do investigado (art. 2º da Lei de Alimentos). No entanto, como percucientemente sustenta Maria Berenice Dias (DIAS, 2007, p. 372),

> em boa hora passou a ser admitida a fixação de alimentos provisórios na ação investigatória, bastando que venham, com a inicial, indícios da paternidade, como cartas fazendo referência ao filho, fotos com a criança, enfim, qualquer documento que permita a antecipação de tutela.

A prova na investigação de paternidade

A finalidade da prova na ação de investigação reside, precipuamente, na comprovação de ter havido relações sexuais entre a mãe e o suposto pai do que se diz filho e que, na época da concepção, as relações eram exclusivas. Em outras palavras: a prova das relações sexuais, a prova da coincidência dessas relações com a concepção e a prova da honestidade da mãe do investigante, esta última para afastar a incidência da *exceptio plurium concubentium*. Para esse efeito, podem ser utilizadas, como meio de prova, entre outras, as seguintes:

• *prova testemunhal*: mostra-se relevante para efeito de não só comprovar relacionamento ou convivência (união estável) entre a mãe do que se diz filho e o indigitado pai como também a existência de relações sexuais exclusivas na época da concepção do filho;

• *prova documental*: prova da dependência econômica, de terem residido no mesmo endereço, fotografias, cartas e declaração escrita da paternidade sem reconhecimento de firma. Este último documento é entendido como escrito do suposto pai ou começo de prova por escrito, referido no art. 363, III, do CC/1916, o qual não deve ser confundido com o escrito particular mencionado no art. 1.609, II, do atual Código Civil, que cumpre ter firma reconhecida em cartório, documento bastante para consolidar o reconhecimento. Já o escrito do suposto pai pode ser qualquer documento dirigido ao filho ou endereçado a terceiro com menção à paternidade própria, ainda que não traduza confissão expressa. Mesmo incompleto ou imperfeito, o escrito vale como um começo de prova a ser complementada por outros meios;

• *prova de semelhança fisionômica*: embora não deva ser considerada exclusiva, a prova de haver semelhança fisionômica do investigado com o investigante serve de importante indício a ser considerado pelo juiz em conjunto com as demais provas;

• *prova técnica e DNA*: a prova técnica, presentemente, em vista da evolução da ciência, vai adquirindo uma preponderância perante outros tipos. Isto, no entanto, não desmerece os elementos indiciários e a inquirição de testemunhas, que se apresentam suficientes em certos casos.

Atualmente, entre os diversos exames existentes, o exame considerado mais preciso, pois consegue determinar a paternidade com quase 100% de acerto, é o exame de DNA,[49] substitutivo do exame de HLA, muito utilizado no passado e ainda hoje quando não se dispõe da moderna tecnologia do DNA. A razão da preferência pelo exame de DNA é o grau de certeza na determinação da paternidade, ou seja, 99,99%, ao passo que o exame HLA somente assegura 98,35%.

Outra desvantagem apontada pelos especialistas para o HLA é ele, mesmo nos casos em que não exclui a paternidade, não conseguir atribuir a paternidade, ou seja, afirmar que determinado indivíduo é o pai biológico e mais nenhum outro, fato que abre a possibilidade daquele a quem se atribui a paternidade por este método poder desconstituí-la através do próprio exame de DNA.

A abreviação DNA vem de ácido desoxirribonucléico, considerado o tijolo da construção genética da vida. É a extrema variabilidade no DNA que supera a variabilidade de outros sistemas utilizados anteriormente (ABO, RH, HLA etc.). Através de sua análise, pode-se diferenciar um indivíduo do outro, já que todas as pessoas apresentam um padrão único em seu DNA, menos os gêmeos idênticos (univitelinos). O exame de DNA funda-se na comparação das características genéticas das partes interessadas (mãe, suposto filho e suposto pai), representando uma prova positiva e induvidosa o bastante para excluir ou confirmar a paternidade, independentemente da análise do conjunto probatório. Pode o referido exame, inclusive, ser feito após a morte do investigado por meio de tecidos extraídos do cadáver, fios de cabelos e até mesmo de sangue fornecido por ascendentes ou descendentes.

49 A partir da descoberta dos ácidos nucléicos, a questão probatória da paternidade tornou-se mais segura. Anteriormente, a prova se limitava aos cotejos permitidos pelo sistema hemoclassificatório ABO; porém, mediante tão estrita prova, não se podia afirmar a paternidade; no máximo, podia-se excluir a paternidade do investigado.

Para ser realizado, o exame de DNA não depende de sangue retirado recentemente. Pode ser feito com sangue retirado há semanas, meses ou até mesmo anos, pois o DNA é uma molécula estável e pode ser extraído e congelado por períodos prolongados, dando maior flexibilidade ao exame e permitindo fazer o teste na ausência de pessoas-chave, por exemplo a mãe e o próprio suposto pai. Também é possível testar avós, irmãos e outros filhos quando o suposto pai está morto ou não se dispõe a fazer o teste.

Anteriormente ao aparecimento do exame de DNA, o valor das provas hematológicas clássicas (ABO ou Rhesus[RH]) era considerado meramente relativo. Tais exames podiam demonstrar uma incompatibilidade absoluta entre os sujeitos examinados e, desse modo, descartar a filiação, porém não permitiam, no caso de existir compatibilidade, afirmar com certeza a existência positiva do vínculo biológico.

Defesa do investigado. Ao investigado cumpre elidir a alegação da paternidade provando sua eventual incapacidade de gerar (vasectomia, não-produção de espermatozóides), impossibilidade física para a concepção (ausência, doença ou hospitalização na época da concepção) ou a *plurium concubentium* da mãe do presumido filho, ou seja, prova de que, no período da concepção, a mãe do demandante manteve relações sexuais com outros homens, como o julgado a seguir demonstra:

> Investigação de paternidade. Prova. Alimentos. Alimentada maior e graduada. 1 – Provado relacionamento amoroso no período da concepção, cabia ao réu provar que não era pai, seja pela impossibilidade física, seja pela *exceptio plurium concubentium*, seja pela inexistência do liame biológico, mas nada provou. A justificativa do réu, furtando-se ao exame pericial, traz a convicção de que abandonou a negativa do liame biológico e a sua conduta processual, procurando obscurecer a verdade, gerando maior convicção quanto à paternidade. Quem se recusa a submeter-se a prova pericial não pode alegar ausência ou fragilidade de prova para agasalhar a declaração do vínculo parental. 2 – Tendo a apelada concluído o seu curso superior de enfermagem, maior, com 25 anos de idade, saudável, perfeitamente apta ao trabalho e já tendo decorrido mais de um ano da sua colação de grau, a alimentada deve agora prover seu próprio sustento, nada mais justificando a permanência da obrigação alimentária. Recurso parcialmente provido (fls.). (TJRS, 7ª Câm. Cível, Ap. cível n. 70.003.148.327, rel. Sérgio Fernando de Vasconcellos Chaves, j. 17.10.2001)

De outra parte, a prova do relacionamento da mãe do investigante com mais de um homem no período da concepção pode acarretar a improcedência da ação investigatória:

> Investigação de paternidade. Prova da paternidade frágil. *Exceptio plurium concubentium* demonstrada. Tendo a mãe do autor admitido relacionamento sexual com mais de um homem no período da concepção, inclusive pouco antes de saber que estava grávida, e não havendo prova pericial pelo método do DNA, impossível se afigura a declaração do vínculo parental, reconhecendo-se a *exceptio plurium concubentium*. Embargos infringentes acolhidos. (TJRS, 4º Grupo de Câmaras Cíveis, Embargos Infringentes n. 599.422.839, rel. Sérgio Fernando de Vasconcellos Chaves, j. 08.10.1999)

Exame das provas. Críticas à sacralização da prova de DNA

A maioria dos juízes, inclusive tribunais, vem concebendo a prova de exame de DNA como a rainha das provas, ou seja, como prova absoluta e irrefutável da paternidade. Veja-se, a propósito, o seguinte julgado:

> DECLARAÇÃO DE PATERNIDADE FUNDADA EM EXAME HLA. ALEGAÇÃO DE RESULTADO ABSOLUTO
>
> **DECISÃO de 1º Grau:** julgou improcedentes os pedidos, com base na seguinte fundamentação: "Às fls. o laudo fornecido pelo instituto oficial nomeado trazendo, em conclusão, a exclusão da paternidade pelos diversos sistemas utilizados [...]. Conforme já posto, a exclusão, mesmo quando ainda utilizados outros métodos de apuração, sempre resultou certa, em caráter absoluto. Certeza, portanto, quanto ao resultado. A coleta do material foi regular. Ausente qualquer impugnação anterior. Trabalho realizado em instituto público de renomado conceito, prestando serviços no âmbito geral do Estado. A simples discordância quanto ao resultado, portanto, sem apontamento de vícios anteriores, não justifica realização de novo trabalho.
>
> Cumpre apontar:
>
> INVESTIGAÇÃO DE PATERNIDADE. Exclusão pelo exame pericial, conhecido como sistema HLA, que é capaz de detectar 97,15% das falsas acusações de paternidade. Recurso não provido. Em ações como esta, muito

mais que a prova oral, depoimento pessoal ou de testemunhas, pesa e vale a prova técnica, exame pericial, cujo resultado, como se sabe, é absoluto quando conclui pela negação de paternidade. E no caso a prova técnica é a mais completa do gênero.

DECISÃO DO TJSP: manteve a sentença, nos termos do acórdão assim ementado: Investigação de paternidade cumulada com alimentos. Exame pericial hematológico excludente de paternidade. Prova de caráter absoluto. Desnecessidade de produção de outras provas. Livre convencimento do juiz. Recurso improvido (fl.). Opostos de declaração (fls.), foram rejeitados (fls.).

DECISÃO DO STJ (Voto do relator Min. Ari Pargendler):

Os autos dão conta de que, realizado o laudo pericial por meio de exame hematológico, o autor requereu esclarecimentos ao perito, bem assim o deferimento "de outra perícia pelo método do DNA" (fl.). Não obstante o pronunciamento favorável do Ministério Público (fls.), o MM. Juiz de Direito julgou antecipadamente a lide, decretando-lhe a improcedência (fls.) – sentença confirmada pelo tribunal *a quo*, forte em que, *in verbis*: "O exame hematológico é prova negativa que excluiu, com segurança, a filiação, demonstrando cientificamente que o investigante não é filho do investigado, incompatíveis os tipos de sangue que possuem" (fl.). *Data venia*, tendo sido requeridos esclarecimentos ao perito e havendo prova testemunhal arrolada desde a petição inicial (fl.), a lide não poderia ser decidida antecipadamente, além do que, sendo toda obra humana sujeita a erro, é justa a pretensão de que se submeta o réu ao exame da paternidade pelo método do DNA, que constitui o último avanço científico nesse âmbito. Voto, por isso, no sentido de conhecer do recurso especial e de dar-lhe provimento para **que o processo seja anulado desde a sentença**, retomando-se a instrução com os esclarecimentos do perito, **a oitiva das testemunhas e a realização do exame de DNA.**[grifamos] (STJ, 3ª T., REsp n. 790.750, j. 16.05.2006)

Tal postura de sacralização da prova de DNA vem, no entanto, merecendo severas críticas de grande parte da doutrina. Sérgio Gischkow Pereira, quando desembargador, já afirmava, na Apelação cível n. 595.074.709, julgada pelo TJRS, que é hora de repensar a verdadeira sacralização e divinização que terminou por revestir o exame de DNA. Não pode ser a perícia genética a fórmula milagrosa para resolver todos os problemas pertinentes à investigação de paternidade, embora se reconheça sua utilidade e importância no contexto probatório. No entanto, não tem o poder da palavra infalível, que tudo resolve e encerra todas as discussões. Não é lícito que se ignorem todas as outras provas, situando a prova técnica no olimpo.

Seguindo a mesma linha de pensamento, diz Zeno Veloso:

> ele não deve ser considerado o único meio de prova. Ou o meio probatório absoluto. [...] O juiz não pode assumir posição passiva e subalterna de mero homologador de laudos. A afirmação do perito não pode substituir a sentença judicial. A veneração ao exame do DNA não pode continuar ensejando um tarifamento de provas, a todos os títulos condenável. O exame de DNA, embora de importância capital, deve ser colocado em seu devido lugar, ou seja, num conjunto probatório. É mais uma prova, não a prova divina, a prova absoluta, bastante e única.[50]

Como conseqüência dessas ponderações, mostra-se inadmissível que o juiz determine o exame pericial em uma ação investigatória sem que o autor tenha oferecido um mínimo de prova indiciária, ou seja, algum elemento consistente que possa pré-indicar a possibilidade de o investigado ser seu pai. Neste caso, seria uma temeridade e, por que não dizer, um contra-senso determinar o juiz que o investigado desde logo se submeta ao exame pericial mesmo diante de uma petição inicial flagrantemente paupérrima e destituída de fundamentação. Em vista disso, o STJ acertadamente decidiu: "Antes de determinar prova pericial do DNA, deve o Dr. juiz produzir outras que objetivem a formação de seu convencimento sobre a pretensão deduzida" (REsp n. 100.086/MS, rel. Min. César Asfor Rocha). No mesmo sentido, o STF:

> Em sede de investigação de paternidade que tem por objeto a pretensão de terceiro ver-se declarado pai biológico da criança, torna-se prescindível submeter ao exame de DNA o pai presumido, se possível a comprovação da alegada paternidade por outros meios de prova, sob pena de afrontar-se o princípio da preservação da dignidade humana. (HC n. 76.060-4/SC, rel. Min. Sepúlveda Pertence)

50 Fonte: URL: http://www.gontijo-familia.adv.br/tex211.htm.; acessado em 06.09.2005.

Todavia, não fossem esses argumentos suficientes para combater o exagero da exclusividade da prova de DNA, poder-se-ia apontar ainda a questão da confiabilidade ou credibilidade no referido exame. Em outras palavras, permite-se afirmar que os exames estão sujeitos não só à falibilidade dos métodos empregados, como também a fraudes as mais diversas.

Considerando esses fatos, a revista *Veja* (n. 1.658, de 19.07.2000, p. 108-9) publicou matéria intitulada "Quem é o pai? Erros em exames de paternidade colocam em xeque credibilidade de muitos laboratórios" em uma tentativa de demonstrar a falibilidade da prova de DNA. O fato é que a falibilidade realmente existe e decorre, usualmente, de atos que vão desde a eventual fraude, mediante substituição do material coletado para exame ou falsidade do laudo, até falhas técnicas cometidas por laboratórios, como denuncia Calabuig (*apud* COUTINHO, 2006, p. 129):

> Os erros do tipo técnico que se podem cometer são infinitos. Não existe atividade humana infalível, e durante todo o processo técnico estes ameaçam de forma continuada e persistente. Os erros, ademais, quase sempre se inclinam em favor da incompatibilidade e, portanto, a tendência é que levem a considerar como pai improvável um indivíduo que realmente o seja. **A falta de identificação das pessoas, confusão de tubos, rotulação incorreta, confusão de amostras, técnicas deficientes, erros na leitura e interpretação dos resultados, erros de cálculo, erros de transcrição, etc.**, dão uma idéia do delicado processo e da importância de se utilizar uma sistematização técnica que procure obviar de uma forma passiva a maior parte deles.[51] [grifamos] (tradução do autor)

Como se pode deduzir, imperfeições existem aos montes, repetidas em inúmeros casos diariamente pelo país. Muitos laboratórios foram formados por governos estaduais e universidades sem apresentarem

51 Texto original: "*Los errores de tipo técnico que se pueden cometer son infinitos. No existe actividad humana infalible y durante todo o processo técnico éstos amenazan de forma continuada y persistente. Los errores, además, van casi siempre em favor de la incompatibilidad y, pó tanto, la tendência es que lleven a considerar como padre impossible a um individuo que lo sea em realidad. La falta de identificación de las personas, confusión de tubos, rotulación incorrecta, confusión de muestras, técnicas deficientes, errores em lectura e interpretación de los resultados, errores de cálculo, errores de transcripción, etc. dan uma idea de lo delicado del proceso y de la importância de utilizar uma sistematización técnica que procure obviar de uma forma pasiva la mayor parte de ellos.*

competência prévia, não passando por exames de qualidade externa e, ainda, utilizando-se de mão-de-obra de alunos. Existem laboratórios cujo responsável técnico não preenche os critérios internacionais de qualidade, que incluem treinamento de, no mínimo, três anos em laboratório de genética forense, segundo Hamilton de Oliveira Martins Neto.[52]

Sabe-se, inclusive, que o ex-Ministro da Justiça, Márcio Thomaz Bastos, mandou apurar, por meio do inquérito n. 08.001.0.043.152.005-41, denúncia sobre a existência de um esquema de fraudes de DNA nos processos de reconhecimento de paternidade. A denúncia é a de que os laboratórios estariam negociando os resultados dos exames com as partes envolvidas nos processos e, dessa forma, manipulando os resultados a favor de uma ou outra parte.[53]

---

52 Fonte: URL: http://www.fdc.br/Arquivos/Mestrado/Revistas/Revista04e05/Discente/06.pdf; acessado em 06.09.2007.

53 Fonte: URL: http://www2.uol.com.br/pagina20/08012006/c_0108012006.htm; acessado em 05.09.2007. A denúncia foi apresentada por E.R.S., que, após descobrir que a esposa o traía com um colega de trabalho, resolveu fazer o exame de DNA para saber se os dois filhos que havia registrado em seu nome seriam legítimos. Inconformado com a situação, ele levou as crianças até um laboratório, em Rio Branco, onde diz que foi atendido por uma médica, que colheu as amostras de sangue dele e dos filhos. Cerca de um mês depois, foi chamado ao laboratório onde a médica informara que o exame não tinha funcionado pelo fato de ele e as crianças não estarem em jejum no momento em que o sangue foi colhido. "Ela até me aconselhou a sustar o cheque de R$ 900,00 do pagamento do exame. Em seguida, tiramos uma nova amostra de sangue. Fiquei desconfiado da história, procurei com um amigo que é laboratorista e ele me disse que essa questão de estar em jejum ou não nada tem a ver com os exames de DNA", disse. E. voltou ao laboratório e lá obteve uma nova versão para a perda do primeiro exame. "A médica disse que havia se enganado, que a história de jejum não tinha nada a ver, o problema teria sido a perda do exame nos correios. Consegui o número do malote e fui ao correio conferir, mas lá me garantiram que todos os exames enviados foram entregues sem problema". Vinte dias depois, chegava o resultado do exame dando 99% de chances de que ele fosse de fato o pai das duas crianças. As contradições iniciais fizeram com que ele desconfiasse do resultado, então o repetiu ainda com outros laboratórios do Acre, de Goiás e de São Paulo. "Embora todos os exames confirmassem o resultado do primeiro, eu não aceitava aquilo, pois a crianças apresentam diversos traços físicos do colega de trabalho que me traía com minha esposa", recorda. O único ponto em comum em todos os exames, além do resultado, seria o Cadastro de Pessoa Física (CPF) que, constando em todos os formulários de inscrição dos exames solicitados, permitiria aos laboratórios identificarem quem era o solicitante. "Resolvi inventar um artifício e dizer que havia usado um CPF fictício. Foi um deus-nos-acuda. Veio gente dos laboratórios e até pessoas que cuidavam do processo na Justiça para saber o que estava acontecendo". Para ele isso significou a confirmação de que havia alguma coisa muito errada e que era mesmo o CPF que dava condição para eles fraudarem o resultado dos exames. "Entendi que eles usavam o CPF para contatar a

Tal estado de coisas também foi objeto de estudo de Zulmar Viera Coutinho (COUTINHO, 2006, p. 67-7), professor de medicina legal da Universidade Federal de Santa Catarina, o qual revela que, extra-oficialmente, acredita-se que de 10 a 20% dos resultados de exames de DNA sejam falsos e que os laboratórios estão falhando basicamente pelos seguintes motivos: a) falta de controle de qualidade rigorosa; b) profissionais inexperientes para controlar o método, a técnica e interpretar os resultados; c) identificação inadequada de examinados e amostras coletadas; d) utilização de métodos e técnicas não apropriados para questões civis ou criminais; e) improvisação dos métodos para tornar mais lucrativo o exame; f) análise de quantidade insuficiente de alelos; g) falta de banco de dados da freqüência dos alelos na população; h) elaboração de laudos incompletos; i) cálculos estatísticos equivocados.

Indenização para mulher que sofreu dano moral com erro em exame de DNA. De qualquer modo, mostra-se viável o pedido de indenização por danos morais decorrentes do erro no teste de DNA cometido por laboratório, conforme precedente da 3ª Câmara de Direito Civil do Tribunal de Justiça de Santa Catarina, o qual confirmou sentença condenando o laboratório ao pagamento de reparação por danos morais no valor de R$ 17.000,00, mais ressarcimento de R$ 1.600,00 por

---

parte interessada, faziam um acordo e davam o resultado que essa pessoa quisesse para que pudesse receber a pensão ou sei lá o que mais". Diante dessa situação, E. buscou a ajuda de um amigo geneticista que estava fazendo pós-graduação na Universidade Federal do Paraná. "Fiz nova coleta de material e enviei para ele, então veio o resultado dizendo que não havia a possibilidade de eu ser pai das duas crianças. Voltei a buscar a Justiça no estado, como não fui atendido, entreguei cópia do laudo ao próprio ministro Márcio Thomaz Bastos, que mandou abrir inquérito para apurar a questão". O documento foi entregue ao ministro no dia 5 de julho do ano passado recebendo o número protocolar 08.001.0.043.152.005-41. No dia 13 de julho, ele protocolou no Palácio da Alvorada, em Brasília, cópia da documentação e uma carta apelando ao presidente Lula uma solução para seu problema. Recebeu do diretor de documentação histórica do Palácio do Planalto carta datada do dia 10 de agosto, na qual Cláudio Soares Rocha se dizia encarregado pelo presidente de informar-lhe que a apuração estava em andamento e que poderia acompanhar através do site www.brasil.gov.br/emquestão/. Apesar de ferido pela traição da ex-esposa, os comentários feitos por colegas acabaram se confirmando logo após a separação, quando ela se mudou para a casa de seu pai e lá recebia o amante para dormir com ela. "Minha luta é para suspender o pagamento da pensão, já que ela possui cinco lojas e não necessita desse dinheiro. Quanto às crianças, eu gosto muito delas, que me têm como pai e eu as tenho como filhos, mas ela nem permite que eu as veja, por isso eles ficam me ligando escondido. Eu os quero como meus filhos porque paternidade nada tem a ver com genética, pai é aquele que tem os filhos no coração", declarou.

danos materiais, em benefício de uma mulher que sofreu dissabores por causa de um resultado equivocado em exame de paternidade. Consta do acórdão que ela mantinha relacionamento com um namorado, de quem engravidou e teve uma filha em janeiro de 2004. Para comprovar a filiação, o suposto pai e a recém-nascida coletaram material genético para fazer exame de DNA, cujo resultado acabou por excluir a alegada paternidade. Tal fato causou surpresa e constrangimento geral entre familiares e conhecidos. A mulher, que garante não ter se relacionado de forma íntima com mais nenhuma pessoa, ficou estarrecida. Inconformada com resultado obtido, convenceu o ex-namorado a fazer novamente o teste em outro laboratório, quando arcou com a despesa do segundo exame, no valor de R$ 950,00. Em julho de 2004, recebeu a segunda análise e comprovou que seu ex-namorado era efetivamente o pai da criança. Para o relator do processo, desembargador Fernando Carioni, o fato e o dano sofrido pela mãe estão claramente evidenciados em decorrência da confirmação de que o laboratório prestou o serviço e confessou que houve troca de perfil de mãe e filha, resultado que impossibilitou o vínculo genético de paternidade entre o suposto pai e a menina, o que causou abalo moral e gerou um grande conflito familiar. O julgado reconhece estar "caracterizado fato ofensivo à honra ou à imagem da pessoa, bem como o sentimento íntimo de pesar no lesado" e define como "grave o grau de culpa do laboratório por ter agido com negligência ao não ter o cuidado de digitar os perfis corretos na coleta do material genético, acarretando a impossibilidade do vínculo genético entre pai e filha".[54]

Recusa do investigado de submeter-se ao exame de DNA

Em relação à possibilidade de recusa do investigado de submeter-se aos exames hematológicos, até recentemente havia três correntes que tratavam da matéria: a primeira, crendo ser obrigatório o exame de DNA no investigando, principalmente quando este fosse o único elemento de prova, e cuja recusa poderia implicar no crime de desobediência à ordem judicial aliada à pena de confissão da matéria de fato; a segunda, entendendo que o réu poderia recusar-se ao exame, mas, no entanto, sua negativa resultaria na presunção da verdade dos fatos, independentemente do cotejo com outras provas; e a terceira, fundamentada na

54 Fonte: Notícias do TJSC, em 11.10.2007.

não-obrigatoriedade do exame, também admitindo que a negativa por parte do réu não implica em presunção da paternidade, mas apenas em um componente que poderá reverter a seu desfavor, caso o contexto probatório restante assim o permita.

A primeira corrente restou desde logo superada por julgado do STF, ao decidir este que

> Discrepa, a mais não poder, de garantias constitucionais implícitas e explícitas – preservação da dignidade humana, da intimidade, da intangibilidade do corpo humano, do império da lei e da inexecução específica e direta de obrigação de fazer – provimento judicial que, em ação civil de investigação de paternidade, implique determinação no sentido de o réu ser conduzido ao laboratório, *debaixo de vara*, para coleta do material indispensável à feitura do exame DNA. (STF, Tribunal Pleno, *HC* n. 71.373/RS, rel. Min. Marco Aurélio de Mello, j. 10.11.1994, *DJ* 22.11.1996, p. 45.686)

Destarte, o réu recusando-se a submeter ao exame hematológico de DNA, mesmo determinado judicialmente, não estaria cometendo o crime de desobediência, nem tampouco poderia-lhe ser imputada a confissão ficta não só pela total falta de amparo legal que possa tipificá-lo no delito mencionado como também pelo fato de ninguém ser obrigado a produzir prova contra si. Desde então, as decisões dos tribunais dividiam-se entre as duas correntes restantes, como se demonstra:

> A recusa injustificada do suposto pai em se submeter a exame de DNA firma a presunção de paternidade, máxime se é corroborada por outras provas e ele, na contestação, admitiu o relacionamento amoroso que manteve com a mãe da autora. (TJDF, 1ª T. Cível, Ap. cível n. 20.000.910.061.593/DF, rel. Jair Soares, j. 01.07.2002, *DJU* 09.10.2002, p. 42)

> [...] Ante o princípio da garantia da paternidade responsável, revela-se imprescindível, no caso, a realização do exame de DNA, sendo que a recusa do réu de submeter-se a tal exame gera a presunção da paternidade. (STJ, 3ª T., REsp n. 256.161/DF, *DJ* 18.02.2002, p. 411) (*RSTJ* 153/252)

> [...] II – Segundo a jurisprudência do STJ, a recusa do investigado em submeter-se ao exame de DNA constitui prova desfavorável ao réu, pela presunção que induz de que o resultado, se realizado fosse o teste, seria positivo em relação aos fatos narrados na inicial, já que temido pelo alegado pai. III – Todavia, tal presunção não é absoluta, de modo que incorreto o despacho monocrático ao exceder seu alcance, afirmando que a negativa levaria o juízo de logo a presumir como verdadeiros os fatos, já que não há cega vinculação ao resultado do exame de DNA ou à sua recusa, que devem ser apreciados em conjunto com o contexto probatório global dos autos. IV – Recurso especial conhecido em parte e parcialmente provido, para limitar a extensão dos efeitos da aludida recusa do investigado. (STJ, 4ª T., REsp n. 409.285/PR, 2002/0.011.489-0, *DJ* 26.08.2002, p. 241)

A questão da presunção da paternidade resultante da negativa do investigado submeter-se ao exame DNA estava posta nestes termos quando sobreveio o Código Civil de 2002, o qual praticamente pacificou a questão quando, de forma peremptória, adita que "aquele que se nega a submeter-se a exame médico necessário não poderá aproveitar-se de sua recusa" (art. 231) e que "recusa à perícia médica ordenada pelo juiz poderá suprir a prova que se pretendia obter com o exame" (art. 232). Como se infere, o atual Código Civil veio sintetizar os avanços jurisprudenciais citados anteriormente: a parte que se recusa imotivadamente a se submeter à perícia médica deve ter contra si o peso da presunção daquilo que o exame pericial poderia provar.

Depois, em uma clara tentativa de elucidar a questão sob a ótica do judiciário, o Superior Tribunal de Justiça, através da 2ª Seção, composta pela 3ª e pela 4ª Turmas, editou a Súmula n. 301 com o seguinte enunciado: "Em ação investigatória, a recusa do suposto pai a submeter-se ao exame de DNA induz presunção *iuris tantum* de paternidade". Em outras palavras, o texto diz que o suposto pai que se negar insistentemente a fazer o teste de DNA terá declarada a paternidade.

Segundo noticia o STJ,[55] um dos exemplos clássicos que serviram de referência para a elaboração da súmula, que teve como relator o Ministro Antônio de Pádua Ribeiro, foi um recurso especial do Amazonas. No caso em questão, o pai se recusou por dez vezes a atender ao chamado do

55 Fonte: Notícias do STJ, em 21.10.2004.

juízo de primeiro grau para fazer o teste de DNA. O fato se deu ao longo de quase quatro anos. Em primeira instância, o juiz monocrático havia decidido pela procedência do pedido do suposto filho argumentando:

> Quase quatro anos decorridos após a impetração do presente feito, chegando agora ao seu final, pelo menos em termos de primeira instância, visto a intransigência, para não dizer a petulância, arrogância e menosprezo pelas ordens judiciais da parte do réu, em entravar o prosseguimento do mesmo, obstruindo as medidas legais que lhe competia cumprir, sob as mais variadas desculpas, algumas estapafúrdias e outras faltando com a verdade.

Em conclusão, aditou: "O reconhecimento da paternidade, no caso, pende dos seguintes requisitos – prova de relacionamento sexual contemporâneo com a concepção; prova de fidelidade ao tempo da concepção; prova de honestidade da mulher [...]". Ao examinar o recurso de apelação, interposto pelo presumido pai, o Tribunal de Justiça do Amazonas entendera serem insuficientes as provas apresentadas pelo menor, pois não havia o teste de DNA. Consta do acórdão: "Conforme os autos, o exame dos depoimentos suscita incertezas e dúvidas, cujas provas documental, testemunhal e até indiciária não são suficientes para demonstrar de forma cabal e convincente que o apelante é o pai do menor apelado". O acórdão do colegiado, como se observa, negou ser valor de prova da presunção de paternidade a resistência do investigado a submeter-se ao exame e, assim, afastou-se da orientação do STJ, ao qual, depois, recorreu o menor. No recurso interposto no STJ contra a decisão do TJAM, o menor alegou que a determinação negara vigência a artigos do Código de Processo Civil, assim como estaria em desacordo com a jurisprudência de outros tribunais. No STJ, a 3ª Turma decidiu em favor do menor com base no entendimento jurisprudencial sobre a presunção de paternidade no caso da recusa reiterada a fazer o teste de DNA. Na ocasião, entendeu-se que a recusa em atender ao chamado da Justiça, aliada à comprovação do relacionamento sexual do intimado com a mãe do menor, gerava "a presunção de veracidade das alegações postas no processo".

Conquanto entendamos que a Súmula n. 331 demonstrou-se despicienda em face dos arts. 231 e 232, cuja conclusão é a mesma, seu enunciado, que teve como referência os julgamentos dos Recursos Especiais

n. 141.689/AM, n. 256.161/DF, n. 460.302/PR, n. 135.361/MG, n. 55.958/RS e n. 409.208/PR, além do Agravo Regimental no Agravo de Instrumento n. 498.398/MG, deverá balizar o entendimento do STJ sobre essa matéria para todos os casos futuros. De qualquer sorte, e independentemente da aplicação da Súmula, mostra-se imperioso destacar que, no entender do próprio STJ, o julgamento da ação de investigação de paternidade deve obrigatoriamente considerar todo o contexto probatório trazido aos autos e não apenas a recusa dos investigados em submeterem-se ao exame de DNA, máxime quando a ação investigatória é movida contra os avós, por já ter falecido o suposto pai:

> O julgamento da ação de investigação de paternidade deve obrigatoriamente considerar todo o contexto probatório trazido aos autos, e não apenas a recusa dos investigados em submeterem-se ao exame de DNA, que embora constituindo prova desfavorável, pela presunção que induz de que o resultado, se realizado fosse o teste, seria positivo em relação aos fatos narrados na inicial, sofre, no caso dos autos, razoável enfraquecimento por se cuidar de processo movido apenas contra os supostos avós – porque já falecido o suposto pai – a demandar, por isso mesmo, minucioso exame dos fatos pelo Tribunal de Justiça, já que, na sentença, tais elementos, minuciosamente examinados pelo magistrado de primeira instância, foram tidos como insuficientes à procedência da demanda. (4ª T., REsp n. 292.543/2002)

Nesse contexto, resta claramente demonstrado que a aplicação da presunção *iuris tantum* da paternidade ao investigado que se recusa ao exame, resultante da Súmula n. 301, demanda a existência de prova indiciária mínima como, por exemplo, indícios da existência de relacionamento íntimo entre a mãe da investigante e o homem apontado como pai biológico. É o que se permite razoavelmente concluir do atento exame ao seguinte caso concreto, examinado pelo STJ e ementado na forma a seguir:

> Direito de família e processual civil. Recurso especial. Investigação de paternidade. Exame de DNA. Ausência injustificada do réu. Presunção de paternidade. Falta de provas indiciárias. O não-comparecimento, injustificado, do réu para realizar o exame de DNA equipara-se à recusa. Apesar da Súmula n. 301/STJ ter feito referência à presunção *juris tantum* de paternidade na hipótese de recusa do investigado em se submeter ao exame de DNA, os

precedentes jurisprudenciais que sustentaram o entendimento sumulado definem que esta circunstância não desonera o autor de comprovar, minimamente, por meio de provas indiciárias a existência de relacionamento íntimo entre a mãe e o suposto pai. Recurso especial conhecido e provido. (REsp n. 692.242, j. 12.09.2005)

Sentença de primeiro grau: declarou improcedente a ação investigatória por falta de prova indiciária: na época da concepção da jovem, o suposto pai se encontrava em um garimpo no Estado do Pará. Além disso, a única testemunha arrolada foi a mãe da investigante.

Apelação da investigante ao TJMG: O tribunal, mesmo reconhecendo a ausência de provas, julgou procedente a ação com fundamento na recusa ao exame de DNA, uma vez que o réu, intimado por três vezes, não compareceu. Neste contexto delineado pelo tribunal de origem, deve ser equiparado à recusa o não-comparecimento injustificado do recorrente, o que implicaria na presunção *juris tantum* de paternidade nos termos do enunciado da Súmula n. 301 do STJ.

Recurso especial do suposto pai ao STJ: O tribunal concluiu que a recusa do investigado de submeter-se ao exame de DNA não exonera a investigante de provar os fatos constitutivos de seu direito. A Ministra Nancy Andrighi entendeu que sequer foram apresentados indícios da existência de relacionamento íntimo entre a mãe da investigante e o homem apontado como pai biológico. A ministra relatora definiu que a recusa do investigado em submeter-se ao exame de DNA apenas contribui para a presunção da veracidade das alegações trazidas pela investigante com a petição inicial, devendo ser interpretada aliada ao contexto probatório desfavorável ao réu. Precedentes neste sentido: Agravo Regimental no Agravo n. 498.395, rel. Min. Carlos Alberto Menezes Direito, *DJ* 10.11.2003 e REsp n. 557.365, rel. Min. Nancy Andrighi, j. 07.04.2005 (REsp n. 692.242, j. 28.06.2005).

Permite-se concluir, em síntese, diante da inexistência de outra prova de ter havido relações sexuais no período legal da concepção do pretendido filho, que o juiz não poderá atribuir a paternidade com fundamento exclusivo na negativa do demandado. De tal modo, como sustentado por Chieri e Zannoni (CHIERI & ZANNONI, 2001, p. 197), a existência de relações íntimas entre a mãe e o demandado durante o período legal da concepção do filho, e eventualmente outros fatos exteriores que revelem uma conduta do demandado que seja compatível com sua admissão da paternidade, se erigem em aportes de singular valor quando deve reforçar-se o indício que, contra o demandado recusante, revela sua negativa a prestar-se a prova biológica.

Ainda a respeito da negativa injustificada em realizar o exame pericial, insta acrescer as seguintes conclusões do Centro de Estudos do Tribunal de Justiça do Rio Grande do Sul:

> 20ª. Caracteriza litigância de má-fé a conduta do réu de ação investigatória de paternidade que, negando-se, injustificadamente, a realizar exame pericial, pugna pela improcedência exclusivamente por insuficiência probatória. (Unanimidade). Justificativa: A todos impõe o art. 339 do CPC, o dever processual de colaborar com o Poder Judiciário para o descobrimento da verdade. Neste contexto, a conduta do investigado que se nega a realizar exame pericial, sabendo da relevância desse meio de prova para o descobrimento da verdade, e que, ao depois, vem invocar em seu favor a deficiência probatória, está a caracterizar deslealdade processual tipificadora de má-fé, eis que a ninguém é lícito beneficiar-se da própria torpeza. Precedentes: Ap. cível n. 599.250.156 (7ª Câm. Cível); n. 598.320.828 (7ª Câm. Cível); n. 597.198.746 (8ª Câm. Cível).
>
> 24ª. Em ação investigatória de paternidade, a recusa injustificada do investigado em submeter-se ao exame pericial constitui conduta processual que leva a forte convicção acerca da paternidade, uma vez que é dever de todos colaborar com o Poder Judiciário para o descobrimento da verdade (art. 339, CPC). (Unanimidade). Justificativa: A todos impõe o art. 339 do CPC, o dever de colaborar com o Poder Judiciário para o descobrimento da verdade. Assim, a recusa injustificada do investigado em submeter-se a exame pericial, subtraindo a possibilidade de realização de prova de grande valia, evidencia, de acordo com regra comum de experiência, o receio da verdade, o que deve ser devidamente sopesado, no contexto da conduta processual da parte como meio de prova. Precedentes: Ap. cível n. 70.000.316.190 (7ª Câm. Cível); Ap. cível n. 70.000.292.268 (7ª Câm. Cível); Ap. cível n. 594.173.114 (7ª Câm. Cível); Ap. cível n. 599.450.798 (2ª Câm. de Férias Cível); AI n. 599.323.664 (8ª Câm. Cível).

Com fulcro em tais conclusões, em 28 de junho de 2006, a 7ª Câmara Cível do TJRS considerou que o fato de o suposto pai, por três vezes, não se apresentar para a realização de exame de DNA configura presunção de paternidade. A desembargadora Maria Berenice Dias (relatora) fundamentou a manutenção da condenação no art. 399 do Código de Processo Civil:

> Em ação investigatória de paternidade, a recusa injustificada do investigado em submeter-se ao exame pericial constitui conduta processual que leva à forte convicção acerca da paternidade, uma vez que é dever de todos colaborar com o Poder Judiciário para o descobrimento da verdade. (Ap. cível n. 70.014.742.597)

Frisou, ainda, que essa hipótese também foi regulada pelo Código Civil de 2002 nos arts. 231 e 232.

A relativização da coisa julgada nas ações investigatórias

No período anterior ao advento do exame de DNA nas causas investigatórias, o juiz não fazia outra coisa senão julgar de acordo com as provas que até então dispunha, principalmente o simples exame de sangue, hoje consideradas insuficientes para se permitir chegar a uma certeza inequívoca sobre a paternidade. Portanto, o que se discute hoje é a possibilidade ou não de se proceder a novo julgamento das causas com trânsito em julgado julgadas no período em que não se permitia maior segurança na determinação da paternidade, ou seja, diante da improcedência da demanda investigatória em face da insuficiência das provas.

No debate da questão, considera-se, de um lado, a negativa da reapreciação dos processos findos em face da segurança jurídica proporcionada pelo princípio constitucional da coisa julgada. De outro lado, afirma-se que a negativa de novo julgamento afrontaria o princípio da dignidade da pessoa humana consistente no direito de qualquer pessoa conhecer sua origem biológica. Todavia, apesar de ambos os princípios constitucionais se encontrarem no mesmo nível hierárquico, grande parte da doutrina, depois seguida pela jurisprudência, concluiu que deve prevalecer o princípio da dignidade da pessoa humana, uma vez que os preceitos constitucionais e da legislação de proteção ao menor se sobrepõem ao instituto da coisa julgada, pois não há como negar a busca da origem biológica. É o que demonstram os seguintes julgados:

> A ação de investigação de paternidade, porque uma ação de estado, é daquelas onde não se materializa a coisa julgada. A segurança jurídica, cede ante valores mais altos, seja o de o filho saber quem é o seu pai, seja o de que os registros públicos devem espelhar a verdade real. A lei não pode tirar o direito de a pessoa saber se realmente a outra é seu ancestral. O processo não merece ser resumido a apenas um formalismo, sem qualquer compromisso com a substância das coisas. (TJDF, AI n. 2.445/6-4/98, rel. Des. Valter Xavier)

> Investigação de paternidade. Coisa julgada. Possível a renovação de demanda investigatória quando a ação anterior foi julgada improcedente por falta de provas e não foi realizado o exame de DNA. Os preceitos constitucionais e da legislação de proteção ao menor se sobrepõem ao instituto da coisa julgada, pois não há como negar a busca da origem biológica. (TJRS, 7ª Câm. Cível, AI n. 70.004.042.958, rel. Des. Maria Berenice Dias, j. 15.05.2002)

O Superior Tribunal de Justiça, por sua 4ª Turma, também admitiu a duplicidade de ações de investigação de paternidade contra a mesma pessoa, concluindo que não faz coisa julgada material a sentença de improcedência da ação de investigação ou de negação da paternidade por insuficiência de provas da paternidade biológica:

> Processo civil. Investigação de paternidade. Repetição de ação anteriormente ajuizada, que teve seu pedido julgado improcedente por falta de provas. Coisa julgada. Mitigação. Doutrina. Precedentes. Direito de Família. Evolução. Recurso acolhido. I – Não excluída expressamente a paternidade do investigado na primitiva ação de investigação de paternidade diante da precariedade da prova e da ausência de indícios suficientes a caracterizar tanto a paternidade como a sua negativa, e considerando que, quando do ajuizamento da primeira ação, o exame pelo DNA ainda não era disponível e nem havia notoriedade a seu respeito, admite-se o ajuizamento de ação investigatória, ainda que tenha sido aforada uma anterior com sentença julgando improcedente o pedido. II – Nos termos da orientação da turma, "sempre

recomendável a realização de perícia para investigação genética (HLA e DNA), porque permite ao julgador um juízo de fortíssima probabilidade, senão certeza" na composição do conflito. Ademais, o progresso da ciência jurídica, em matéria de prova, está na substituição da verdade ficta pela verdade real. III – A coisa julgada, em se tratando de ações de estado, como no caso de investigação de paternidade, deve ser interpretada *modus in rebus*. Nas palavras de respeitável e avançada doutrina, quando estudiosos hoje se aprofundam no reestudo do instituto, na busca sobretudo da realização do processo justo, "a coisa julgada existe como criação necessária à segurança prática das relações jurídicas e as dificuldades que se opõem à sua ruptura se explicam pela mesmíssima razão. Não se pode olvidar, todavia, que numa sociedade de homens livres, a Justiça tem de estar acima da segurança, porque sem justiça não há liberdade". IV – Este Tribunal tem buscado, em sua jurisprudência, firmar posições que atendam aos fins sociais do processo e às exigências do bem comum. (STJ, 4ª T., REsp n. 226.436/PR, 1999/0.071.498-9, rel. Min. Sálvio de Figueiredo Teixeira, j. 28.06.2001)[56]

---

56 Consta ainda do referido acórdão: Na primeira ação, ajuizada em abril de 1985, o processo fora extinto pelo TJPR por falta de provas. Como aquela decisão não excluíra expressamente a possibilidade da filiação, e o exame pelo DNA ainda não era disponível na época, os ministros do STJ admitiram a nova ação e determinaram a realização do teste. A primeira decisão de primeira instância favoreceu a mulher. A criança receberia pensão alimentícia, estimada em 15% do salário do provável pai – um funcionário público – ou incidentes sobre o valor do salário-mínimo em caso de desemprego. No entanto, ao julgar a apelação, o TJPR julgou a ação improcedente. "Se a prova testemunhal e o depoimento pessoal da mãe do menor levam à conclusão de que o seu comportamento sexual era promíscuo no período da concepção, a improcedência da ação de investigação é a melhor solução para o conflito de interesses", afirmou o acórdão do tribunal. Doze anos depois, em novembro de 1997, a mulher entrou com nova ação, solicitando a realização do exame de DNA. O juiz de primeira instância da comarca de Rolândia (PR) não só aceitou a possibilidade de uma nova ação como decidiu, mais uma vez, favoravelmente à mãe da criança. Novamente o TJPR modificou a sentença. O tribunal estadual acolheu os argumentos do provável pai biológico e não autorizou a abertura de outra ação porque as ações ajuizadas seriam idênticas, houvera julgamento de mérito na primeira delas, existindo, assim, coisa julgada (palavra final da Justiça, sem possibilidade de outros recursos). Segundo o tribunal, "não é possível a repropositura de ação, onde se deu a coisa julgada material, invocando-se falta, deficiência ou novas provas. A propositura de nova ação somente é possível quando os fatos e a causa de pedir são diferentes da ação anterior, salvo nos casos expressamente excepcionados em legislações especiais". Sendo assim, extinguiu o processo, sem julgamento do mérito. A defesa do menor recorreu com sucesso ao STJ. O relator do recurso, Ministro Sálvio de Figueiredo Teixeira, esclareceu que a melhor solução para o caso foi aquela adotada pelo juiz de primeira instância, por causa das peculiaridades do caso. No processo, não se conseguiram provas suficientes para declaração da paternidade, mas também não ficara excluída a possibilidade de o funcionário público ser o pai da criança. "Ao contrário", afirmou o relator, "ficou registrado que não havia indí-

Porém, recentemente, ou seja, em julgamento realizado em 14 de maio de 2008, a 2ª Seção do Superior Tribunal de Justiça (composta pela 3ª e 4ª Turma que se reunem quando houver divergência entre decisões das duas turmas) ao concluir o julgamento de uma ação de investigação de paternidade que foi julgada improcedente em 1969 e retomada após o surgimento do exame de DNA, decidiu que a segurança jurídica da coisa julgada não pode ser afastada para se rediscutir uma investigação de paternidade em razão do advento do exame de DNA.

A controvérsia da ação girou em torno dos dois preceitos constitucionais anteriormente mencionados: o da **dignidade da pessoa humana**, no qual se insere o direito de conhecer a sua origem, e o princípio da **coisa julgada**, da segurança e da estabilidade da ordem jurídica.

O princípio da segurança jurídica da coisa julgada, sustentada pelo relator Ministro Humberto Gomes de Barros para extinguir a nova ação, foi seguida pelos Ministros Cesar Asfor Rocha, Ari Pargendler e Carlos Alberto Menezes Direito. Com o placar de 4 a 0, o Ministro Jorge Scartezzini pediu vista do processo e abriu a divergência. Os Ministros Castro Filho, Nancy Andrighi e Massami Uyeda também pediram vista dos autos e acompanharam a divergência, empatando o julgamento em 4 a 4. A questão foi decidida em voto de desempate do Ministro Aldir Passarinho Junior.

No relatório o Ministro Gomes de Barros ressaltou que a declaração de improcedência não se assentou em falta de provas, mas sim no exame de provas periciais existentes na época, que atestou a improcedência ou a impossibilidade de o réu ser o pai dos autores. Os ministros que

---

cios suficientes a caracterizar tanto a paternidade como a sua negativa. Em outras palavras, inexiste real decisão de mérito excluindo a paternidade". Sendo assim, continuou o ministro, "não faz coisa julgada material a sentença de improcedência da ação de investigação ou de negação da paternidade por insuficiência de provas da paternidade biológica". Além disso, o ministro destacou a não-disponibilidade e notoriedade do exame de DNA quando a primeira ação foi ajuizada, em 1985. Conforme decisões reiteradas da 4ª Turma do STJ, é sempre recomendável a realização de perícia para investigação genética (HLA e DNA), "porque permite ao julgador um juízo de fortíssima probabilidade, senão de certeza na composição do conflito". O exame de DNA, por sua confiabilidade, seria, segundo o ministro, a única prova capaz de evitar a incerteza da efetiva paternidade "seja pelo resultado, pela contraditória prova produzida ou porque a decisão de improcedência se baseou exclusivamente nos depoimentos prestados em juízo". O relator restabeleceu a decisão que afastara a hipótese de coisa julgada e determinou a realização do exame de DNA, sendo seguido em seu voto pelos demais integrantes da 4ª Turma (REsp n. 226.436, 28.06.2001).

acompanharam o voto do relator admitiram que o conhecimento da própria origem é um direito que deve ser protegido, mas, no caso, ele se confronta com um outro direito fundamental, que é o princípio da coisa julgada. Assim, o posicionamento vencedor concluiu que, **se a prova foi esgotada** (grifamos) e a ação julgada improcedente em função da prova realizada, não há como admitir uma nova ação para refazer uma mesma prova por métodos diferentes, sendo o fundamento jurídico da ação exatamente o mesmo.

No voto de desempate, o Ministro Aldir Passarinho Junior ressaltou que a questão consistia em privilegiar a busca da verdade em termos familiar e pessoal ou a estabilidade da ordem jurídica, que, em sua visão, é essencial: "Impossível, pois, afastar-se o próprio interesse público na segurança jurídica em detrimento do particular, ainda que este seja inegavelmente relevante. Relevante, porém não preponderante." Para ele, ignorar o preceito da segurança jurídica da coisa julgada significa que a cada nova técnica ou descoberta cientifica seria necessário rever tudo que já foi apreciado, julgado e decidido" (REsp n. 706.987, j. 14.05.2008).

Filiação adotiva (adoção)

Adoção, na lição de Clóvis Beviláqua, é o ato civil pelo qual alguém aceita um estranho na qualidade de filho. A adoção é, assim, o ato que origina o parentesco civil entre adotando e adotado conforme dispõe o Código Civil: "Art. 1.593. O parentesco é natural ou civil, conforme resulte de consangüinidade ou outra origem".

A adoção legal, prevista nos arts. 1.618 e seguintes do Código Civil, não deve ser confundida com a adoção à brasileira, a qual ocorre quando alguém reconhece paternidade ou maternidade biológica de uma criança mesmo não sendo o pai ou a mãe verdadeira, e quando o marido registra como seu o filho gerado através de fecundação artificial com material genético de terceiro. Nesses casos, segundo a doutrina, poderia configurar-se apenas o estado de filho afetivo (posse de estado de filho), situação que tornaria a filiação irrevogável ou impugnável. Há, porém, divergência na jurisprudência quanto à legitimidade do *filho de criação*, hipótese que ocorre quando não há vínculo biológico ou jurídico entre os pais e o filho.

A adoção, sob o ponto de vista do Direito atual, possui dupla finalidade social: suprir a esterilidade dos casais ou pessoas que não podem gerar filhos e que não desejam submeter-se a processo de procriação artificial, e proporcionar um lar a crianças abandonadas ou órfãs.

Conforme dados estatísticos, embora pareça paradoxal, o número de adotantes supera o de adotandos. A justificativa é a de que nem sempre as características dos adotandos coincidem com a preferência dos adotantes: crianças de pele clara, com no máximo três anos e que seja filho único. Esse é o perfil desejado pela maioria dos casais brasileiros que pretendem adotar. Ocorre que a maior parte dessas crianças é formada de grupos de irmãos, que não podem ser separados, com idade superior a três anos e portadores de algum tipo de necessidade especial. Fato que não ocorre quando a adoção é internacional, pois a maioria dos estrangeiros é indiferente à cor da pele e flexível com respeito à idade, demonstrando preferência por crianças entre cinco e oito anos.

Segundo informações da organização não governamental (ONG) italiana *Associazione Amici dei Bambini* (AI.BI.), com base em dados da Polícia Federal, entre 1984 e maio de 2000 foram realizadas 11.100 adoções internacionais no Brasil. Dessas, 37% foram feitas por pais italianos, 25% por franceses e 9% por adotantes dos EUA. A adoção internacional é permitida pela Lei n. 8.069/90, o ECA.

Adoção no Código Civil de 2002

O atual Código Civil dispõe a respeito do instituto da adoção nos arts. 1.618 a 1.629 e, ao fazê-lo, não opõe qualquer restrição em relação à idade do adotando. Conseguintemente, ao contrário do estipulado pelo Código de 1916, que somente abrangia os maiores de 18 anos, passou a contemplar os adotandos de qualquer idade, adentrando, pois, a seara do próprio ECA, que disciplinava a adoção de menores de até 18 anos de idade. Não obstante, é possível deduzir que o Código Civil de 2002 não revogou integralmente as regras de adoção constantes do ECA, sendo tais regras aplicadas supletivamente no caso de omissão do Código Civil.

No tocante ao instrumento da adoção, para a qual se permitia a escritura pública na hipótese de adotandos maiores de 18 anos; pelo atual Código, passa a ser exigido expressamente o procedimento judicial, com a intervenção do Ministério Público, consoante previsão do art. 1.623, qualquer que seja a idade do adotando.

Requisitos para a adoção

Idade das partes

Só a pessoa maior de dezoito anos pode adotar (art. 1.618 do CC), independentemente de seu estado civil, desde que respeitada a diferença de idade de 16 anos em relação ao adotando. Na redação do Código Civil, a idade do adotante foi reduzida de 30 (Código de 1916) para 18 anos, permanecendo a diferença de 16 anos entre adotante e adotado.

Sendo hipótese de adoção por ambos os cônjuges ou companheiros, o parágrafo único faculta que apenas um deles tenha completado dezoito anos. Ressalte-se, porém, que esse fato não dispensa aquele que não completou dezoito anos de observar a diferença de 16 anos em relação ao adotando. Considerando esse requisito, somente seria possível a adoção pelo casal se o cônjuge ou companheiro que não houvesse completado 18 anos tivesse, no mínimo, 16 anos e alguns meses como, por exemplo, 16 anos e 5 meses para uma criança de 5 meses de idade, 17 anos para uma criança de 1 ano de idade.

No concernente à idade do adotando, não há nenhuma restrição, portanto pessoas de qualquer idade poderão ser adotadas desde que preenchido o requisito da diferença de idade.

Adoção por pessoas casadas ou em união estável

O Código Civil de 2002 suprimiu a exigência de cinco anos de casamento para o adotante casado. Exige, contudo, para o deferimento do pedido de adoção feito por duas pessoas, em relação ao mesmo adotando, que ambos sejam casados ou mantenham união estável (art. 1.622). Em face dessa exigência, embora houvesse convivência duradoura, dois homens ou duas mulheres, estariam, em princípio, impedidos de adotar conjuntamente, sob o fundamento de que as regras da união estável não se aplicam a casais homossexuais. Não haveria impedimento, no entanto, para que qualquer deles, individualmente, procedesse a adoção, como se demonstra:

> Adoção. Pedido efetuado por pessoa solteira com a concordância da mãe natural. Possibilidade. Hipótese onde os relatórios social e psicológico

comprovam condições morais e materiais da requerente para assumir o mister, a despeito de ser homossexual. Circunstância que, por si só, não impede a adoção que, no caso presente, constitui medida que atende aos superiores interesses da criança, que já se encontra sob os cuidados da adotante. Recurso não provido. (TJSP, Câm. Especial, Ap. cível n. 51.111-0, rel. Oetterer Guedes, 11.11.1999, v.u.)

Não obstante a alegada impossibilidade de adoção por duas pessoas que convivam em união homoafetiva, o TJRS mostrou-se favorável à adoção por duas lésbicas da cidade de Bagé, no Rio Grande do Sul, como revela a seguinte ementa:

Apelação cível. Adoção. Casal formado por duas pessoas de mesmo sexo. Possibilidade. Reconhecida como entidade familiar, merecedora da proteção estatal, a união formada por pessoas do mesmo sexo, com características de duração, publicidade, continuidade e intenção de constituir família, decorrência inafastável é a possibilidade de que seus componentes possam adotar. Os estudos especializados não apontam qualquer inconveniente em que crianças sejam adotadas por casais homossexuais, mais importando a qualidade do vínculo e do afeto que permeia o meio familiar em que serão inseridas e que as liga aos seus cuidadores. É hora de abandonar de vez preconceitos e atitudes hipócritas desprovidas de base científica, adotando-se uma postura de firme defesa da absoluta prioridade que constitucionalmente é assegurada aos direitos das crianças e dos adolescentes (art. 227 da Constituição Federal). Caso em que o laudo especializado comprova o saudável vínculo existente entre as crianças e as adotantes. Negaram provimento. Unânime. (TJRS, 7ª Câm. Cível, Ap. cível n. 70.013.801.592, rel. Des. Luiz Felipe Brasil Santos, j. 05.04.2006)

Adotando a mesma linha de procedimento, um juiz de Catanduva, interior de São Paulo, no mês de novembro de 2006, concedeu a adoção de uma menina por um casal homossexual masculino. O caso envolve um casal de cabeleireiros que mantém uma convivência há quatorze anos e, em 1998, decidiu entrar com um pedido de adoção, que foi negado pelo juiz. Em 2004, decidiram insistir e fazer uma nova tentativa. No entanto, só agora o casal conseguiu adotar a menina de 5 anos de idade. A menina, inicialmente, foi registrada no nome de apenas um dos parceiros homossexuais por ter ele requerido a adoção individualmente, como pessoa solteira. Deferida a adoção pelo outro companheiro, o juiz determinou que no registro da criança passasse a constar o nome do casal, sem que fossem mencionadas as palavras *pai* e *mãe*.

Consentimento

A adoção depende do consentimento dos pais ou representantes legais de quem se deseja adotar, e da concordância deste, se contar mais de 12 anos. É o que dispõe a regra insculpida no art. 1.621 com as seguintes ressalvas contidas em seus dois parágrafos: o consentimento será dispensado em relação à criança ou adolescente cujos pais sejam desconhecidos ou tenham sido destituídos do poder familiar;[57] o consentimento é revogável até a publicação da sentença constitutiva da adoção. Em relação à revogabilidade, consta do Enunciado n. 259, emitido pelo Conselho de Justiça Federal: "Art. 1.621: A revogação do consentimento não impede, por si só, a adoção, observado o melhor interesse do adotando".

Como observado, a lei não exige o consentimento dos pais quando tenham eles sido destituídos do poder familiar nas hipóteses legais. Ressalve-se, porém, quando a adoção for feita com esse fundamento, a destituição e a adoção não poderem ser feitas no mesmo procedimento, pois se mostra imprescindível a prévia destituição do poder familiar em procedimento autônomo como decidido pelo STJ:

---

57 "Adoção. Destituição do poder familiar. A questão consiste em saber se, em caso de adoção plena, antes se faz necessária a prévia destituição do pátrio poder mediante procedimento próprio. Note-se que, no caso, o pedido de adoção foi feito por quem já detinha a guarda da menor gêmea (o irmão permaneceu com a mãe biológica) e não houve pedido explícito nos autos quanto à desconstituição do poder familiar. Há também o inconformismo da mãe biológica contra essa adoção, que foi reconhecida no tribunal *a quo*, o qual ainda afirmou ser dispensável a destituição prévia porque a adoção automaticamente extingue o poder familiar. A turma, por maioria, considerou que a perda do pátrio poder deve ser decretada em procedimento próprio autônomo como cautela imposta pela gravidade da medida a ser tomada (perda do vínculo da criança com a família natural), com repercussões na sua vida socioafetiva, sob pena de serem desrespeitados os princípios do contraditório e do devido processo legal (ECA, arts. 24, 32, 39 e 52, destacando-se o art. 45 e ainda os arts. 155 a 163). Ao final, deu provimento ao recurso para julgar a autora do pedido de adoção carecedora do direito à ação por impossibilidade jurídica processual do pedido, mas ressalvou que a situação da criança não seja alterada e esta permaneça na guarda da autora." (STJ, REsp n. 283.092/SC, j. 14.02.2006)

Direito civil. Adoção plena. Destituição prévia do pátrio poder. Necessidade de procedimento próprio com esse fim. Observância do Estatuto da Criança e do Adolescente. O deferimento da adoção plena não implica, automaticamente, na destituição do pátrio poder, que deve ser decretada em procedimento próprio autônomo, com a observância da legalidade estrita e da interpretação normativa restritiva. A cautela é imposta, não só pela gravidade da medida a ser tomada, uma vez que importa na perda do vínculo da criança com sua família natural, como também por força das relevantes repercussões em sua vida socioafetiva. Sem isso, serão desrespeitados, entre outros, os princípios do contraditório e do devido processo legal (arts. 24, 32, 39 a 52, destacando-se o art. 45 e, ainda, os arts. 155 a 163 do Estatuto da Criança e do Adolescente). Recurso especial provido, para julgar os autores carecedores do direito à ação, por impossibilidade jurídica processual do pedido, com a ressalva de que a situação da criança não será alterada, permanecendo ela na guarda dos ora recorridos. (STJ, 3ª T., REsp n. 476.382/SP, rel. Min. Castro Filho, j. 08.03.2007)

Considerando que o art. 1.621 exige o consentimento dos pais ou dos representantes legais do adotando para que se concretize a adoção, passou-se a questionar se tal exigência também se aplicava quando o adotando fosse maior de dezoitos anos. A resposta, na forma de precedente, nos foi dada pelo STJ, cujo entendimento é o de que a adoção de maiores de idade não necessita da aprovação dos pais biológicos. Em seu voto, o Ministro Teori Zavascki considerou não haver empecilho como indicam os arts. 1.621, 1.630 e 1.635 do Código Civil brasileiro e o art. 45 do ECA. Para o ministro, o art. 1.621 do CC determina que, sem o poder familiar, o consentimento dos pais se torna desnecessário para a adoção. Já o art. 1.635 define que o poder familiar é extinto com a maioridade, e o artigo do ECA dispõe que o consentimento é dispensado caso os pais tenham sido destituídos do poder familiar.[58]

Procedimento

Obrigatoriedade de respeitar a lista de adotantes

Ainda que o casal esteja habilitado para adoção, e o bebê lhe tenha sido entregue pela própria mãe, não compete a inobservância da ordem

58 Fonte: Notícias do STJ, em 04.09.2007.

da lista de adotantes. O entendimento unânime é dos integrantes da 8ª Câmara Cível do TJRS, que negaram atendimento ao agravo de instrumento com pedido para que fosse mantida a guarda da menor em favor do casal até o julgamento definitivo. O tribunal manteve sentença de primeiro grau, proferida na Comarca de Nova Petrópolis, que determinou a devolução do bebê à mãe biológica pelos autores, com a participação do Conselho Tutelar de Rosário do Sul. Na impossibilidade de devolução da criança à genitora, foi determinado o encaminhamento ao juízo de Nova Petrópolis para ser levada à adoção na forma legal.

O casal alegou que está devidamente habilitado para adoção e possui qualificação e possibilidade de proporcionar pleno desenvolvimento à criança. Informou que, no dia do nascimento, a mãe biológica, por vontade própria, entregou-lhe a menina, não podendo ser desconsiderada a vontade da mãe. Requereu a reforma da decisão, pois afronta os princípios de proteção das crianças e adolescentes e não atende os interesses da menor, já que foi determinado a devolução da criança à mãe que manifestou expressamente o não-desejo de criá-la.

O relator, desembargador José Trindade, ressaltou que, ainda que a lista de adoção, prevista no art. 50 do ECA, não seja absoluta, sua inobservância só pode se dar em situações excepcionalíssimas.

> No caso, não se estabeleceu em tão pouco tempo (dois meses) o vínculo afetivo já consolidado a caracterizar uma situação excepcional, onde o melhor interesse do menor devesse se sobrepor à observância da ordem do registro de pessoas interessadas na adoção.

Segundo o magistrado, as regras para o processo de adoção visam, única e exclusivamente, a preservar o melhor interesse da criança e do adolescente garantindo, por critérios democráticos, que sejam adotados por pessoas que previamente demonstraram preencher os requisitos para tal fim, e que, em nome do respeito à lei, aguardam ansiosamente a sua vez de receber em adoção (AI n. 0.011.921.574, j. 07.07.2005). Releva acrescer que o acórdão se baseou em precedente do mesmo tribunal, assim ementado:

> Guarda. Forma de colocação em família substituta precedente à adoção. Pessoa não integrante da lista de habilitados à adoção. Possibilidade jurí-

dica do pedido apenas em casos excepcionais. Esta câmara tem admitido, em situações de absoluta excepcionalidade, a chamada adoção *intuitu personae*, como se vê nos precedentes colacionados no parecer ministerial nesta instância. Entretanto, isso ocorre somente em situações onde se tem uma guarda de fato com vínculo já consolidado, o que não se dá no presente caso, como resulta evidente nos autos. Negaram provimento, por maioria. (TJRS, 7ª Câm. Cível, Ap. cível n. 70.010.315.554, rel. Luiz Felipe Brasil Santos, j. 22.12.2004)

Tendo em linha de consideração tais situações ditas excepcionalíssimas, mostra-se relevante colacionar o seguinte julgado do Tribunal de Justiça de Santa Catarina, o qual considerou os melhores interesses da criança:

Ação de adoção. Autores não incluídos no cadastro de adoção da comarca. Formalismo legal que não pode sobrepujar aos interesses do menor. Laços familiares estabelecidos com os pretensos adotantes. Supremacia dos interesses e bem-estar do infante. Sentença mantida. Recurso desprovido. Embora a inscrição no cadastro de interessados à adoção seja uma exigência legal, a sua ausência não pode ser óbice ao deferimento da adoção, uma vez que o formalismo legal não pode se sobrepor aos interesses do infante, ainda mais quando este já tenha consolidado laços de afeto com os adotantes e todas as demais situações lhe são plenamente favoráveis. (Ap. cível n. 2004.029.491-5, 09.12.2004)

Sentença judicial

O atual Código exige que a adoção seja procedida judicialmente, ou seja, declarada por sentença, como já exigia o ECA para a adoção de crianças e adolescentes. A novidade é que o mesmo procedimento é exigido para a adoção de adultos, para os quais o Código de 1916 permitia a escritura pública.

Para o deferimento do pedido de adoção pelo juiz, mostra-se imprescindível que, quando conhecidos os pais, sejam eles ouvidos para confirmar o consentimento para adoção, bem como o menor se tiver 12 anos ou mais. Nesse caso, não se mostra necessária a prévia extinção do poder familiar, pois se entende que, no deferimento da adoção, já está implícita a extinção do poder familiar.

Frise-se, ainda, que, se o adotante falecer no curso do procedimento, os efeitos da sentença retroagirão à data do óbito, atribuindo a condição de herdeiro ao adotado em relação aos eventuais bens deixados pelo adotante.

Àqueles que pretendem contribuir para educação e manutenção de crianças órfãos ou abandonadas em estabelecimentos assistenciais, a lei disponibiliza duas outras formas de acolhimento por uma família substituta que não configuram adoção: guarda e tutela. Nesses casos, não se acolhe a criança ou adolescente na condição de filho, mas de pupilo ou tutelado, mantendo-se os vínculos jurídicos com a família biológica.

Àquele a quem for conferida a guarda, impõe-se o dever de ter a criança ou adolescente consigo e prestar-lhe assistência material, moral e educacional, podendo seu detentor opor-se a terceiros, inclusive os pais. Destina-se a regularizar a posse de fato do menor, podendo ser deferida liminarmente nos processos de adoção ou tutela. Fora desses casos, o juiz pode deferir a guarda excepcionalmente para suprir a falta eventual dos pais.

Já a tutela implica necessariamente o dever de guarda, somando-se ainda o poder de representar o tutelado nos atos da vida civil e o de administrar seus bens. Diferentemente da guarda, a tutela não coexiste com o poder familiar, cuja perda (ou ao menos suspensão) deve ser previamente decretada. Normalmente, a medida se aplica a criança ou adolescente órfão, cujo referencial com os pais biológicos falecidos não justifica a adoção pela família substituta que o está acolhendo.

Adoção póstuma

O STJ decidiu que pode ser deferida a adoção póstuma ao adotante que, após propor seu pedido na Justiça, vem a falecer no curso do procedimento e antes da sentença desde que haja evidente manifestação de vontade e demonstração do laço de afetividade existente entre ele e o adotando. Segundo relatam os autos, em 7 de março de 2002, o adotante formulou pedido de adoção da adotada, sua afilhada de batismo, com a qual convivia desde o nascimento desta, ocorrido em 1994, havendo entre eles relação semelhante à de pai e filha. Demonstrou por meio de documentos que os pais biológicos concordavam com a adoção e que possuía condições físicas, materiais, psicológicas e morais para adotar. No entanto, em 5 de abril de 2002, o adotante faleceu aos 71 anos de idade. Em seqüência, a adotada, então com 7 anos de idade, representada por sua mãe biológica, formulou pedido de adoção póstuma, informando que o falecido havia declarado a menor como sua beneficiária para fins de habilitação à pensão militar, e que ele pagava seus estudos em escola particular e tradicional do Rio de Janeiro, além de ter contratado plano de saúde para a menina. Os irmãos do falecido tentaram demonstrar sua incapacidade física, emocional, psíquica e moral para adotar. O juiz de primeiro grau negou o pedido de adoção. O TJRJ, contudo, acolheu o pedido de adoção póstuma.

Em recurso especial, os irmãos alegaram que o falecido "agiu por influência de terceiros com intuito de punir os parentes, deixando, por conseguinte, todos seus bens à adotada". Os familiares alegaram também que o adotante não era pessoa indicada para adotar uma criança de sete anos. Argumentavam que o único benefício a ser alcançado pela menor é o financeiro, porque ela seria a única herdeira do falecido. A Ministra Nancy Andrighi destacou, em seu voto, que "a matéria tratada no processo, por envolver interesse de menor, impõe especial atenção à condição peculiar da criança como pessoa em desenvolvimento". Seu voto afirmou que houve inequívoca manifestação de vontade do adotante, bem como restou devidamente demonstrada a relação de afetividade entre ele e a adotanda, requisitos para o deferimento do pedido de adoção, previstos, respectivamente, nos arts. 42, § 5º, e 28, § 2º, do ECA.

Além do mais, em hipótese semelhante, o STJ já havia decidido em sentido idêntico (REsp n. 457.635/PB, rel. Min. Ruy Rosado de Aguiar Júnior). Nesse caso, o precedente dispôs que

> o reconhecimento da filiação na certidão de batismo, a que se conjugam outros elementos de prova, demonstra a inequívoca intenção de adotar, o que pode ser declarado ainda que ao tempo da morte não tenha tido início o procedimento para a formalização da adoção.

Dessa forma, considerando a primazia dos interesses da criança, foi mantida a decisão proferida pelo tribunal estadual que acolheu o pedido de adoção póstuma (REsp n. 823.384).

Licença-maternidade para a mãe adotiva. A Lei n. 10.421/2002 determinou a inclusão do art. 392-A à CLT, que passou a conceder licença-maternidade à mãe adotiva em prazos que variam de acordo com a idade da criança adotada, a saber:

> **Art. 392-A.** À empregada que adotar ou obtiver guarda judicial para fins de adoção de criança será concedida licença-maternidade nos termos do art. 392, observado o disposto no seu § 5º.
>
> § 1º No caso de adoção ou guarda judicial de criança até 1 (um) ano de idade, o período de licença será de 120 (cento e vinte) dias.
>
> § 2º No caso de adoção ou guarda judicial de criança a partir de 1 (um) ano até 4 (quatro) anos de idade, o período de licença será de 60 (sessenta) dias.
>
> § 3º No caso de adoção ou guarda judicial de criança a partir de 4 (quatro) anos até 8 (oito) anos de idade, o período de licença será de 30 (trinta) dias.
>
> § 4º A licença-maternidade só será concedida mediante apresentação do termo judicial de guarda à adotante ou guardiã.

Já a Lei n. 11.770/2008, no art. 1º, garante a prorrogação da licença-maternidade por 60 dias à empregada que adotar ou obtiver guarda judicial para fins de adoção de criança, condicionada à adesão da empresa ao Programa, desde que a empregada a requeira até o final do primeiro mês após o parto, sendo concedida imediatamente após a fruição da licença-maternidade.

A Lei n. 10.421/2002 também acrescentou o art. 71-A, que concede o salário-maternidade à mãe adotiva:

> **Art. 71-A.** À segurada da Previdência Social que adotar ou obtiver guarda judicial para fins de adoção de criança é devido salário-maternidade pelo período de 120 (cento e vinte) dias, se a criança tiver até 1(um) ano de idade, de 60 (sessenta) dias, se a criança tiver entre 1 (um) e 4 (quatro) anos de idade, e de 30 (trinta) dias, se a criança tiver de 4 (quatro) a 8 (oito) anos de idade.

Efeitos da adoção

Depois de concretizada, a adoção produz os seguintes efeitos:

a) atribui a situação de filho ao adotado, desligando-o de qualquer vínculo com pais e parentes consangüíneos, salvo quanto aos impedimentos matrimoniais (art. 1.626 do CC);

b) confere ao menor o nome do adotante, podendo determinar-se a modificação de seu prenome (art. 1.627 do CC);

c) estabelece relação de parentesco do adotante também em relação aos descendentes do adotando e em relação ao adotado e todos os parentes do adotante (art. 1.628 do CC);

d) confere direitos sucessórios ao adotado equivalentes aos direitos de outros filhos do adotante (art. 1.596 do CC).

Em que pese o Código Civil consignar que a adoção desliga o adotado de qualquer vínculo com pais e parentes consangüíneos, salvo quanto aos impedimentos matrimoniais (art. 1.626), e que a morte do adotante não restabelece o poder familiar dos pais biológicos (art. 49 do ECA), em decisão inédita, a 3ª Turma do STJ reconheceu que uma jovem tem o direito de receber alimentos do pai biológico descoberto por meio de exame de DNA, depois de ela ter sido adotada por uma viúva que trabalhava no abrigo de crianças da cidade onde morava. Baseada no entendimento da relatora, Ministra Nancy Andrighi, a decisão estabelece que, como não há vínculo anterior com o pai biológico para ser rompido pela adoção, simplesmente porque jamais existiu tal ligação, não se pode eliminar o direito da filha de pleitear alimentos do pai reconhecido na ação investigatória.

A posição da 3ª Turma anula a decisão do TJSC, que, ao analisar recurso do pai, revogou o arbitramento de alimentos provisórios feito em primeira instância em benefício da filha. O valor equivalia a 12,5% dos rendimentos dele, que exerce função de delegado de polícia. O TJSC havia entendido que, como as ligações com a família natural desaparecem a partir da adoção, cessaria o dever do pai biológico de prestar alimentos à filha.

Consta do processo que, logo ao nascer, L. C. dos S. foi registrada apenas com o nome da mãe biológica. Posteriormente, foi adotada por uma mulher, viúva, com quem reside. A adoção transitou em julgado quando L. tinha 14 anos. Aos 16, ela propôs ação investigatória de paternidade, daí a proteção do ECA sobre o caso. À época da decisão que arbitrou os alimentos provisórios, L. estava com 20 anos de idade e cursava faculdade de enfermagem. Prevalece o entendimento de que são devidos alimentos ao filho desde a citação da ação de investigação de paternidade até os 18 anos ou até os 24 anos desde que esteja cursando faculdade.

No recurso ao STJ, a defesa da jovem alegou que haveria ofensa ao art. 27 do ECA, segundo o qual o direito de filiação pode ser exercitado sem qualquer restrição, e interpretação errada do art. 48 da mesma lei, que diz ser irrevogável a adoção. Disse que a regra não poderia atingir o pai biológico, já que não participou da adoção autorizada pela mãe biológica.

A Ministra Nancy Andrighi analisou detalhadamente a questão e concluiu que não havia vínculo anterior com o pai a ser rompido. Além disso, a matéria deve ser vista sob a proteção dos menores definida no ECA. Daí, a interpretação inadequada do TJSC. Para a ministra, o art. 27 do ECA deixa claro o amplo e irrestrito direito de toda pessoa ao reconhecimento de seu estado de filiação. Nesse sentido, a relatora citou um precedente do ano 2000, da 3ª Turma (REsp n. 127.541). Afirmou a Ministra Nancy Andrighi que "O reconhecimento da paternidade não tem o condão, muito menos a pretensão, de revogar o vínculo adotivo". Por isso, não se poderá "restringir ou até mesmo eliminar, como fez o tribunal de origem, o direito do filho de pleitear alimentos do pai" reconhecido pelo exame de DNA.[59]

Possibilidade de o filho adotivo buscar o reconhecimento da paternidade biológica

A jurisprudência não se mostra uniforme em relação ao direito de o adotado descobrir a identidade do pai natural. A constatação desse fato resulta da análise dos seguintes acórdãos contraditórios proferidos pela mesma Câmara do Tribunal de Justiça do Rio Grande do Sul:

> Investigação de paternidade. Investigante adotado. Impossibilidade jurídica do pedido. 1 – A ação de investigação de paternidade visa estabelecer a relação jurídica de filiação. 2 – Se o investigante já possui paternidade que foi definida na forma da lei, através da adoção plena, o pedido de investigação da paternidade biológica é juridicamente impossível. Embargos infringentes desacolhidos, por maioria (Segredo de justiça). (TJRS, 7ª Câm. Cível, Ap. cível n. 70.011.846.680, rel. vencido Luiz Felipe Brasil Santos, j. 12.08.2005)

> Adoção. Investigação de paternidade. Possibilidade. A par de o reconhecimento do estado de filiação ser direito personalíssimo, indisponível e imprescritível, e a adoção irrevogável (arts. 27 e 48, ECA), há perfeita possibilidade de o filho adotivo investigar sua origem genética. Observância à Constituição Federal (art. 227, § 6º). O direito de conhecer a verdadeira identidade integra o conceito de dignidade da pessoa humana, sendo descabido impedir o exercício da ação pelo fato de o investigante ter um pai registral ou ter sido adotado. Inexistência da impossibilidade jurídica do pedido. Determinado o prosseguimento do processo com abertura da instrução.

59 Fonte: Notícias do STJ, em 12.09.2007.

Apelo parcialmente provido, por maioria (Segredo de justiça). (TJRS, 7ª Câm. Cível, Ap. cível n. 70.014.442.743, rel. Maria Berenice Dias, j. 26.04.2006)

Não obstante o referido dissídio, o STJ, por sua 3ª Turma, reconheceu o direito do adotado de promover a ação investigatória, como mencionado no item "Efeitos da adoção", embora com excepcional finalidade de obter a prestação de alimentos. Fosse, porém, a ação movida contra o pai biológico que consentiu na adoção, o entendimento é o de que, havendo o reconhecimento, tal fato não gera qualquer vínculo obrigacional do pai biológico nem assegura direitos hereditários ao reconhecido frente a ele.

Adoção por estrangeiros

Segundo o comando do art. 1.629, a adoção por estrangeiro obedecerá aos casos e condições estabelecidos em lei. Dessa forma, tem aplicação o ECA, o qual refere-se à adoção por estrangeiros residentes ou domiciliados fora do país como medida excepcional, prescrevendo, para tanto, as seguintes exigências:

a) impossibilidade de adoção por procuração, como também o faz para brasileiros (art. 39, parágrafo único);

b) comprovação da habilitação do adotante, consoante a legislação do país do adotante (art. 51, § 1º);

c) estágio de convivência com o adotando, a ser cumprido no Brasil, por um período de quinze dias, para crianças de até 2 anos de idade, e de trinta dias, para crianças com mais de 2 anos de idade (art. 46, § 2º);

d) permissão de saída do Brasil somente após consumação da adoção (art. 51, § 4º);

e) poderá ser condicionada a estudo prévio e análise de uma comissão estadual judiciária de adoção (art. 52).

Filiação socioafetiva

Tema recente e de relevantes repercussões no Direito de Família que a doutrina vem propugnando e defendendo ao fundamento de que o elemento material da filiação não é somente o vínculo de sangue, pois, atrás disso, existe também uma verdade socioafetiva, é a teoria da socioafetividade e, em decorrência, a denominada filiação sociológica ou socioafetiva.

Os defensores da teoria propugnam que a família sociológica é constituída à imagem e semelhança da família genética, porquanto o que importa é a manutenção contínua dos vínculos de amor, carinho, desvelo, ternura e solidariedade, que sustentam, efetivamente, o grupo familiar. Segundo essa mesma corrente, a filiação socioafetiva manifesta-se nas seguintes modalidades: adoção judicial, posse de estado de filho (filho de criação e adoção à brasileira) e filiação resultante da inseminação artificial heteróloga.

No entanto, considerando o fato de não comungarmos com a idéia de a adoção constituir modalidade de filiação socioafetiva, em razão de que a filiação dela resultante e determinada por sentença não comporta qualquer questionamento, abordaremos apenas as demais modalidades.

Elementos caracterizadores da filiação socioafetiva

Para efeito de se configurar a modalidade de filiação socioafetiva, entende-se necessário exteriorizar os seguintes elementos: utilização pelo suposto filho do nome do presumido pai *(nomen)*, tratamento de filho pelo presumido pai *(tratactus)* e reputação ou notoriedade da filiação perante a sociedade *(fama)*. No entanto, para alguns autores, mostra-se perfeitamente dispensável o requisito de o suposto filho ostentar o nome do presumido pai, como ocorre na hipótese de filho de criação.

Filho de criação

Configura-se essa espécie de filiação na adoção de fato ou adoção informal na qual a certidão de nascimento da criança não é alterada, mantendo-se, portanto, no registro, os nomes dos pais biológicos. Geralmente, o ato que gera a situação de filho de criação decorre do abandono ou da entrega espontânea de uma criança, pela mãe ou pelo pai biológico, a outra pessoa ou família para criá-la em função de falta de condições econômicas ou outras de quem a entrega. Uma empregada doméstica, mãe solteira, por exemplo, que entrega o bebê aos patrões e depois desaparece; ou o pai que, por ter falecido a esposa (mãe da criança) e necessitar fazer constantes viagens de natureza profissional, alega não ter tempo para dedicar-se a criação e educação da criança.

Algumas situações jurídicas poderão decorrer dessa relação, por exemplo, pai ou mãe reaparecer, anos depois, para reivindicar a posse da criança, como nas seguintes:[60]

---

60 Fonte: URL: http://calvados.c3sl.ufpr.br/ojs2/index.php/psicologia/article/viewFile/3308/2652; acessado em 18.09.2007.

> Pouco antes de morrer, minha irmã me pediu que cuidasse de seu filho. Ele era um bebê, na época, e ela já havia se separado do marido. Hoje, passados seis anos e meio, o pai do menino apareceu e levou-o. Durante todo este tempo ele nunca procurou o filho ou lhe deu qualquer ajuda. Agora, além de tirá-lo de mim e de meu pai (avô materno da criança), que o criamos, proibiu-nos de vê-lo ou tentarmos qualquer contato. Será que eu e meu pai, como tia e avô responsáveis pela criação do menor, até então, não temos nenhum direito, nem sequer de conviver com o menino? (M.G. – RJ)

> Minha esposa foi mãe solteira. Como na época não dispunha de recursos, a madrinha dela levou a criança para cuidar e ficou com ela. Casamos depois e, hoje, podemos cuidar de nossa filha. Queremos ela de volta. A criança nasceu numa data e do registro consta outra. (J.J.R. – RJ)

Observa-se que ambas as situações caracterizam a existência do filho de criação, pois não foi desconstituído o registro de nascimento. Nesses casos, entendemos, s.m.j., que as pessoas que detêm a guarda do menor têm preferência para permanecer com ela por se configurar a filiação socioafetiva, e esta não pode ser mais desconstituída, como veremos adiante.

Adoção à brasileira

A adoção à brasileira ocorre quando alguém registra como seu filho de outrem mesmo tendo pleno conhecimento de não ser o pai biológico. Na prática, geralmente isso ocorre quando uma criança é encontrada junto à porta da casa ou simplesmente abandonada na rua, em lixeiras ou outros recipientes. Também pode ocorrer nas hipóteses de entrega espontânea da mãe ou do pai logo após o parto e antes que se proceda ao registro da criança.

Frise-se que aquele que eventualmente venha a reconhecer como filho alguém que seguramente sabe não ser seu filho pode ser indiciado por crime previsto no art. 242 do Código Penal: "Art. 242. Dar parto alheio como próprio; registrar como seu o filho de outrem; ocultar recém-nascido ou substituí-lo, suprimindo ou alterando direito inerente ao estado civil: Pena – reclusão, de dois a seis anos". Ressalve-se, porém, que, quando o crime é praticado por motivo de reconhecida nobreza, a pena pode ser reduzida ou o juiz poderá deixar de aplicar a pena, como consta do parágrafo único.

Referida situação foi objeto de apreciação pelo Judiciário gaúcho, o qual proferiu a seguinte decisão:

> Registrar como seu filho de outro (art. 242, *caput*, CP). Prova. Pena. 1 – Não configura motivo de nobreza se o agente registra a filha em seu nome enquanto convivia com a mãe, ingressando com ação negatória de paternidade ao separar-se. 2 – Sendo o *sursis* mais favorável, impõe-se, ante a redução da pena ao mínimo legal. (TJRS, Câmara Especial Criminal, Ap. criminal n. 70.006.332.209, rel. Des. Elba Aparecida Nicolli Bastos, j. 30.09.2004)

Impossibilidade de desconstituir a paternidade

É de consenso que, uma vez configurado o estado de filho socioafetivo, não só a paternidade desse modo estabelecida não poderá mais ser impugnada, como também não mais será possível promover-se investigação da paternidade biológica em todos seus efeitos jurídicos, salvo para determinar a origem biológica, investigar a existência de doença genética que possa prejudicar os descendentes do investigante e preservar os impedimentos matrimoniais.

A indissolubilidade da paternidade socioafetiva já consolidada encontra-se devidamente reconhecida pelos tribunais, como se demonstra:

> Apelação cível. Ação negatória de paternidade cumulada com cautelar de sustação do pagamento de alimentos. O ato jurídico de reconhecimento da paternidade apenas poderá ser anulado se comprovado ser resultado de vício como coação, erro, dolo, simulação ou fraude. Vínculo biológico e vínculo socioafetivo. O primeiro não se sobrepõe ao segundo, se comprovada sua existência. Paternidade socioafetiva. Indissolubilidade. A consolidação livre e espontânea de uma relação pai e filha não fica à disposição de interesses outros que possam destituir a criança da condição de filha do pai que a escolheu e assumiu. Recurso desprovido. (TJRS, 7ª Câm., Ap. cível n. 70.018.070.102, rel. Ricardo Raupp Ruschel, j. 23.05.2007)

> Apelação. Investigação de paternidade. Vínculo socioafetivo que se sobrepõe ao vínculo biológico. É absolutamente certo e inquestionável, até admitido pelo autor desde o início da ação, que o pai registral é o verdadeiro pai há quase vinte anos. A paternidade socioafetiva se sobrepõe à pater-

nidade biológica. Negaram provimento. Por maioria. (TJRS, 8ª Câm., Ap. cível n. 70.018.836.130, rel. Rui Portanova, j. 03.05.2007)

Apelação civil. Negatória de paternidade cumulada com anulação de assento civil e exoneração de alimentos. Ainda que o ato registral não tenha observado o caminho legal, o acolhimento da criança como se filho biológico fosse configura verdadeira adoção à brasileira, irrevogável nos termos do art. 48 do ECA. Descabe aos avós postularem anulação de tal ato ao efeito de afastar obrigação alimentar que lhes foi imposta. Recurso desprovido (Segredo de justiça). (TJRS, 7ª Câm., Ap. cível n. 70.017.427.402, rel. Ricardo Raupp Ruschel, j. 11.04.2007)

Agravo de instrumento. Ação reivindicatória de paternidade ajuizada pelo sedizente pai biológico. Existência de vínculo socioafetivo entre o menor e o pai registral. Óbice à realização de exame de DNA. Desatende aos superiores interesses da criança a realização de exame de DNA, destinado a averiguar a paternidade biológica, quando estabelecida entre o menor e seu pai registral a chamada paternidade socioafetiva. Ademais, o direito à verdade sobre a própria origem genética é direito da criança e somente por ele pode ser exercido, se assim o desejar, em momento oportuno. Deram provimento. Unânime (Segredo de justiça). (TJRS, 7ª Câm. Cível, AI n. 70.019.302.892, rel. Luiz Felipe Brasil Santos, j. 18.07.2007)

Houve um caso, entretanto, no qual o STJ reconheceu o direito do pai registral de promover ação negatória de paternidade e requerer a anulação do registro de nascimento, concluindo que não houve adoção à brasileira:

Direito Civil. Família. Recurso especial. Ação negatória de paternidade. Exame de DNA. Tem-se como perfeitamente demonstrado o vício de consentimento a que foi levado a incorrer o suposto pai, quando induzido a erro ao proceder ao registro da criança, acreditando se tratar de filho biológico. A realização do exame pelo método DNA a comprovar cientificamente a inexistência do vínculo genético confere ao marido a possibilidade de obter, por meio de ação negatória de paternidade, a anulação do registro ocorrido com vício de consentimento. A regra expressa no art. 1.601 do CC/2002 estabelece a imprescritibilidade da ação do marido de

> contestar a paternidade dos filhos nascidos de sua mulher, para afastar a presunção da paternidade. Não pode prevalecer a verdade fictícia quando maculada pela verdade real e incontestável, calcada em prova de robusta certeza, como o é o exame genético pelo método DNA. E mesmo considerando a prevalência dos interesses da criança que deve nortear a condução do processo em que se discute de um lado o direito do pai de negar a paternidade em razão do estabelecimento da verdade biológica e, de outro, o direito da criança de ter preservado seu estado de filiação, verifica-se que não há prejuízo para esta, porquanto à menor socorre o direito de perseguir a verdade real em ação investigatória de paternidade, para valer-se, aí sim, do direito indisponível de reconhecimento do estado de filiação e das conseqüências, inclusive materiais, daí advindas. Recurso especial conhecido e provido. (REsp n. 878.954, j. 07.05.2007)

Consta dos autos que o pai registral ajuizou negatória de paternidade ao argumento de que foi induzido a erro em relação ao registro da suposta *filha*, tendo assumido de boa-fé sua paternidade, vindo a descobrir, algum tempo depois, por meio de realização de exame de DNA, que não era o pai biológico. Relatou que se casou com a mãe da menina quando ela estava grávida e registrou a criança como filha do casal. Com o passar do tempo, contudo, percebeu que a suposta filha em nada se assemelhava a ele, do que resultou, inclusive, a separação do casal, quando a criança contava com apenas quatro meses. Com a realização do exame de DNA, veio a certeza de que não era ele o pai biológico da criança. O juiz de primeiro grau não acolheu o pedido por entender que o exame de DNA não seria prova suficiente para excluir a paternidade, pois era necessária a comprovação da ocorrência de erro no momento do registro de nascimento. O tribunal estadual manteve a sentença, ao entendimento de que, mesmo não sendo ele o pai biológico, estaria comprovado o estado de filho afetivo, reconhecendo, por conseguinte, tratar-se de hipótese de adoção à brasileira. Assim, entre a paternidade socioafetiva e a paternidade biológica, prevaleceria a primeira.

Houve recurso especial ao STJ, no qual a Ministra Nancy Andrighi afastou, em seu voto, o aludido enquadramento da questão à denominada adoção à brasileira, explicando que, em tais hipóteses, mesmo sabendo o *pai adotante* que não é o pai biológico da criança, registra-a como se sua filha fosse, o que não ocorreu no processo julgado. Destacou, a ministra, ainda, ter ficado perfeitamente demonstrado o vício de consentimento a que foi levado a incorrer o suposto *pai* ao ser induzido a erro quando do registro da criança, acreditando se tratar de sua filha biológica. Por isso, entendeu a ministra pela possibilidade de ser anulado o ato de reconhecimento de paternidade.

Possibilidade de investigar a origem biológica

O reconhecimento do estado de filiação constitui direito personalíssimo, indisponível e imprescritível, que pode ser exercitado sem qualquer restrição em face dos pais ou seus herdeiros. Com esse entendimento, a 3ª Turma do STJ proveu (REsp n. 833.712, j. 17.05.2007) o pedido de M.G.A., nascida em 1950, contra os herdeiros de seus pais biológicos, N.O.F. e M.V. Recorreu M.G.A. ao STJ porque a segunda instância da justiça gaúcha lhe negou o reconhecimento de paternidade e maternidade biológica nos registros públicos.

Extrai-se dos autos que, em outubro de 1999, M.G.A. ajuizou ação de paternidade e maternidade em face de N.O.F. e da herdeira de M.V. Segundo ela, N.O.F., de tradicional família da região, teve um caso com M.V., que trabalhava para os pais dele. Desse relacionamento, ela nasceu. Para evitar boatos a respeito do ocorrido, M.V. foi obrigada a se afastar da família para quem trabalhava. Com isso, acabou entregando a criança para um casal. Eles a acolheram e a registraram como filha. Em julho de 2003, foi feito o exame de DNA que mostrou um índice de 99,97% de probabilidade de N.O.F. ser pai biológico de M.G.A. e de 68% de probabilidade de M.V. ser sua mãe biológica. Em primeira instância, o pedido foi julgado procedente para declarar N.O.F. e M.V. pai e mãe biológicos de M.G.A. O herdeiro de N.O.F apelou da sentença. O TJRS proveu a apelação ao entendimento de que, ao registrar a criança, o casal fez uma adoção à brasileira e, depois, tornaram-se os pais socioafetivos dela. Verdade socioafetiva que prevalece sobre a verdade genética. Esse posicionamento foi reformado por unanimidade pela 3ª Turma do STJ que, baseada no voto da Ministra Nancy Andrighi, entendeu não ser correto impedir uma pessoa, qualquer que seja sua história de vida, de ter esclarecida sua verdade biológica. Para a turma, o reconhecimento da paternidade biológica deve prevalecer quando concorrente com a paternidade socioafetiva ou jurídica, observadas as peculiaridades do processo, pois a adoção à brasileira, inserida no contexto de filiação socioafetiva, caracteriza-se pelo reconhecimento voluntário de maternidade e paternidade, na qual, fugindo das exigências legais pertinentes ao procedimento de adoção, o casal (ou apenas um dos companheiros) simplesmente registra a criança como filha sem as cautelas judiciais impostas pelo Estado necessárias à proteção especial que deve recair sobre os interesses do menor. De acordo com a ministra relatora, M.G.A. não pode ser penalizada pela conduta irrefletida dos pais biológicos, tampouco pela omissão dos pais registrais, apenas sanada, na hipótese, quando ela já contava 50 anos de idade. Embora ela tenha sido acolhida em um lar adotivo e usufruído de uma relação socioafetiva, nada lhe retira o direito, ao tomar conhecimento de sua real história, de ter acesso à verdade biológica negada desde o nascimento até a idade madura. Portanto, prevalecerá o direito ao reconhecimento do vínculo biológico quando houver falta de concordância com a situação enganosa.

Ressalve-se, porém, que o reconhecimento da identidade biológica do filho socioafetivo não gera direito a alimentos. Assim, com base no argumento *pai é quem cria*, a 2ª Vara de Família e Sucessões de Goiânia negou o pedido de um jovem que pretendia que o pai biológico o reconhecesse como filho e pagasse pensão alimentícia. O jovem foi educado pelo pai de criação, já falecido, e inclusive tinha seu sobrenome. Pretendia, agora, que seu pai biológico o tratasse como filho. A juíza Maria Luíza Povoa da Cruz entendeu que filiação socioafetiva é caracterizada pelas relações de afeto e explicou que o pai de criação não apenas registrou o rapaz, mesmo sabendo ser ele filho de outro, como lhe deu o próprio nome. "A origem genética só pode interferir nas relações de família como meio de prova para reconhecer judicialmente a paternidade ou maternidade, ou para contestá-la, se não houver estado de filiação constituído, nunca para negá-lo", afirmou. Segundo a juíza, a partir do momento em que o rapaz foi registrado pelo pai de criação e não pelo biológico, conforme comprovado no exame pericial, restou demonstrada a adoção à brasileira, como é denominada pela doutrina, uma vez que ficou estabelecida uma "relação parental irrevogável".

Poder familiar 9

Generalidades

O *poder familiar*, expressão ora utilizada pelo Código de 2002, substitui a expressão *pátrio poder* que constava no Código Civil de 1916. A justificativa é a de que a nova denominação guarda melhor sintonia com a igualdade de direitos dos cônjuges conferida pela Constituição de 1988.

Para Washington de Barros Monteiro, o pátrio poder (hoje poder familiar) "É o conjunto de obrigações, a cargo dos pais, no tocante à pessoa e bens dos filhos menores". Permite-se, então, afirmar conclusivamente que o poder familiar tem por objeto a pessoa e os bens do filho menor, além da autoridade que se permite ao pai exercer a respeito dos filhos. Portanto, enquanto não atingir a maioridade, em decorrência do tempo ou por meio emancipatório, cumpre ao menor submeter-se à autoridade paterna.

Características

O que caracteriza essencialmente o poder familiar é sua natureza personalíssima, razão pela qual é irrenunciável e indelegável. Em que pese esse fato, entendem alguns autores que o consentimento dado pelos pais para que terceiros adotem seu filho (art. 1.621 do CC) caracteriza renúncia ao poder familiar, constituindo-se em exceção ao princípio da irrenunciabilidade do instituto. Não obstante isso, pode o poder familiar ser objeto de perda ou suspensão por meio de processo judicial no qual se assegure o contraditório (art. 24 do ECA).

Como encargo (*munus publico*) de ordem pública que é, o poder familiar impõe a pais e filhos obrigações recíprocas. Determina o Código Civil que cabe aos filhos sujeitarem-se ao poder familiar dos genitores, devendo-lhes obediência, respeito e prestação de serviços próprios de sua idade e condição (art. 1.634, VII). No tocante aos pais, o instituto lhes reserva os seguintes poderes (art. 1.634 do CC):

a) dirigir-lhes a criação e educação;

b) tê-los em sua companhia e guarda;

c) conceder-lhes ou negar-lhes consentimento para casarem;

d) nomear-lhes tutor, por testamento ou documento autêntico, se o outro dos pais lhe não sobreviver, ou o sobrevivo não puder exercitar o poder familiar;

e) representá-los, até aos 16 anos, nos atos da vida civil, e assisti-los após essa idade, nos atos em que forem partes, suprindo-lhes o consentimento;

f) reclamá-los de quem ilegalmente os detenha;

g) exigir que lhes prestem obediência, respeito e os serviços próprios de sua idade e condição;

h) administrar-lhes os bens (art. 1.689);

i) conceder-lhes consentimento para serem adotados (art. 1.621).

Exercício do poder familiar

O Código Civil dispõe, no art. 1.631, que "durante o casamento e a união estável, compete o poder familiar aos pais; na falta ou impedimento de um deles, o outro o exercerá com exclusividade". Havendo divergência, quanto a seu exercício, qualquer deles poderá recorrer ao juiz para solução do desacordo (parágrafo único). A igualdade plena em relação a titularidade e exercício do poder familiar pelos cônjuges, assim como em relação à sociedade conjugal como um todo, resulta do § 5º do art. 226 da Constituição Federal de 1988: "Os direitos e deveres referentes à sociedade conjugal são exercidos igualmente pelo homem e pela mulher".

Em que pese a norma referir-se ao poder familiar exercido "durante o casamento e a união estável", por questão de bom senso não se pode, à evidência, excluir do direito de exercer o aludido instituto os pais solteiros que não convivam em união estável ou a mãe solteira, uma vez que o poder familiar resulta, essencialmente, de paternidade ou maternidade e filiação.

Cumpre não confundir o exercício do poder familiar com o exercício da guarda, porquanto o fato de um só dos cônjuges deter a guarda dos filhos, no caso de estarem os pais separados ou divorciados, não modificará os direitos e deveres de ambos em relação aos filhos (arts. 1.579 e 1.632 do CC), mantendo-se íntegro o poder familiar. Por outras palavras, o pai ou a mãe a quem não for conferida a guarda também detém o poder familiar.

Sujeitos do poder familiar

Consta da norma que "Os filhos estão sujeitos ao poder familiar, enquanto menores" (art. 1.630 do CC). Como se observa, o Código Civil, acertadamente, e seguindo a diretriz do art. 227, § 6º, da Lei Maior, não faz distinção entre filhos, limitando-se a referir-se que "os filhos estão sujeitos ao poder familiar, enquanto menores". Portanto, hoje, como o Código não utiliza mais as expressões *filhos legítimos* e *filhos ilegítimos*, permite-se apenas afirmar que os sujeitos do poder familiar são os filhos havidos na constância do casamento, os havidos fora do casamento, desde que posteriormente reconhecidos, os adotivos e os socioafetivos, enquanto forem menores ou não emancipados.

Perda ou suspensão do poder familiar

O art. 1.638 do Código Civil penaliza com a perda do poder familiar, mediante processo que exige obrigatoriamente a intervenção judicial, os pais, ou qualquer deles que o estiver exercendo com exclusividade, que:

I – castigarem imoderadamente o filho;

II – deixarem o filho em abandono;

III – praticarem atos atentatórios à moral e aos bons costumes;

IV – incidirem, reiteradamente, nas faltas previstas no artigo antecedente.

A lei reprime a punição exagerada, principalmente quando exteriorizada na forma de tortura física, espancamento, privação de alimentos e imposição de trabalhos incompatíveis com a constituição física do menor. Portanto, não se sujeita à incidência do inciso I o castigo comedido ou moderado, ou seja, aquele aplicado sem excesso com o fim de impor disciplina ao filho, compatível com a idade, a constituição física, a saúde e o sexo deste.

Constada a prática de castigo imoderado a menores ou incapazes ou seu induzimento à prática de atos contrários à lei ou à moral por parte de seus pais, tutores ou curadores, o juiz poderá ordenar ou autorizar, como medida cautelar, o depósito dos menores ou incapazes ofendidos (art. 888, V, do CPC). Referida medida pode ser requerida tanto na pendência da ação principal (separação judicial, divórcio, anulação de casamento, destituição do poder familiar ou remoção de tutor ou curador) quanto antes de sua propositura. Ressalve-se, porém, que não perderá o poder familiar, mas poderá tê-lo suspenso, nos termos do art. 1.637 e parágrafo único, o pai, ou a mãe que: a) faltar aos deveres paternos; b) arruinar os bens dos filhos; e c) for condenado por sentença irrecorrível em virtude de crime cuja pena exceda a dois anos de prisão.

Constam ainda do rol de deveres dos pais sustento, guarda e educação dos filhos menores, cabendo-lhes, no interesse destes, a obrigação de cumprir e fazer cumprir as determinações judiciais (art. 22 do ECA). A carência de recursos materiais para cumprir de maneira satisfatória seu mister não constitui motivo suficiente para perda ou suspensão do poder familiar, conforme o comando do art. 23 do ECA.

Perda e suspensão do poder familiar serão decretadas judicialmente, em procedimento contraditório, nos casos previstos na legislação civil, bem como na hipótese de descumprimento injustificado de deveres e obrigações a que alude o art. 22 (art. 24 do ECA). Sendo hipótese de adoção, o STJ também considerou a necessidade da prévia destituição. Vejamos:

> Adoção. Necessidade de destituição do poder familiar. A questão consiste em saber se, em caso de adoção plena, antes se faz necessária a prévia destituição do pátrio poder mediante procedimento próprio. Note-se que, no caso, o pedido de adoção foi feito por quem já detinha a guarda da menor gêmea (o irmão permaneceu com a mãe biológica) e não houve

> pedido explícito nos autos quanto à desconstituição do poder familiar. Há também o inconformismo da mãe biológica contra essa adoção, que foi reconhecida no tribunal *a quo*, o qual ainda afirmou ser dispensável a destituição prévia porque a adoção automaticamente extingue o poder familiar. A turma, por maioria, considerou que a perda do pátrio poder deve ser decretada em procedimento próprio autônomo como cautela imposta, pela gravidade da medida a ser tomada (perda do vínculo da criança com a família natural), com repercussões na sua vida socioafetiva, sob pena de serem desrespeitados os princípios do contraditório e do devido processo legal (ECA, arts. 24, 32, 39 e 52, destacando-se o art. 45 e ainda os arts. 155 a 163). Ao final, deu provimento ao recurso para julgar a autora do pedido de adoção carecedora do direito à ação por impossibilidade jurídica processual do pedido, mas ressalvou que a situação da criança não seja alterada e esta permaneça na guarda da autora. (STJ, REsp n. 283.092/SC, j. 14.02.2006)

São competentes para requerer perda ou suspensão do poder familiar, segundo o art. 155 do ECA: a) o ascendente; b) o colateral; c) o afim do menor; e d) o Ministério Público.

Administração dos bens dos filhos

Na hipótese de os filhos possuírem patrimônio próprio, cabe aos pais sua administração e o direito de usufruto enquanto estiverem sujeitos ao poder familiar (art. 1.689 do CC). Todavia, como consta do art. 1.693, excluem-se do usufruto e da administração dos pais:

> I – os bens adquiridos pelo filho havido fora do casamento, antes do reconhecimento;
>
> II – os valores auferidos pelo filho maior de dezesseis anos, no exercício de atividade profissional e os bens com tais recursos adquiridos;
>
> III – os bens deixados ou doados ao filho, sob a condição de não serem usufruídos ou administrados pelos pais;
>
> IV – os bens que aos filhos couberem na herança, quando os pais forem excluídos da sucessão.

Entretanto, não sendo hipótese de qualquer das referidas restrições, caso administrem os bens dos filhos menores de maneira inábil, de modo a depreciá-los ou depauperá-los, serão os genitores passíveis de suspensão do poder familiar, conforme reportado.

Alienação ou oneração de bens pertencentes aos filhos menores somente poderão efetivar-se mediante prévia autorização judicial, conforme estatui o art. 1.691, que ressalva, em seu parágrafo único, que podem pleitear a declaração de nulidade de referidos atos os filhos, os herdeiros ou seu representante legal.

Extinção do poder familiar

O poder familiar tem duração limitada, extinguindo-se em conseqüência de diversos eventos de natureza civil, alguns relacionados aos filhos, outros aos pais que detêm referido poder. São causas extintivas do poder familiar, conforme consta do art. 1.635 do Código Civil: morte dos pais ou do filho, emancipação, maioridade, adoção e decisão judicial.

Na ausência de um dos pais por falecimento, o outro passa a exercer o poder familiar com exclusividade. Já no caso de falecimento de ambos os pais ou do filho, o instituto desaparece, pois tanto a inexistência do sujeito ativo – no primeiro caso – quanto a do sujeito passivo – no segundo – conduzem a sua extinção. Observe-se, porém, que o poder familiar não se anula em relação a um dos pais só pelo fato deste, após a separação judicial ou divórcio, não conservar a guarda do filho ou, tendo conservado a guarda, contrair novas núpcias (art. 1.636 do CC).

Com a maioridade civil dos filhos, seja pelo decurso do tempo, aos 18 anos, seja pela emancipação, após os 16 e antes dos 18 anos, cessa a autoridade dos pais sobre eles, de modo que eles possam, querendo, gerir suas vidas e seus próprios negócios mediante a presunção de que realmente possuem plenas condições para tanto (art. 5º). As hipóteses que autorizam a emancipação estão no parágrafo único, do art. 5º:

> I – pela concessão dos pais, ou de um deles na falta do outro, mediante instrumento público, independentemente de homologação judicial, ou por sentença do juiz, ouvido o tutor, se o menor tiver dezesseis anos completos;

II – pelo casamento;

III – pelo exercício de emprego público efetivo;

IV – pela colação de grau em curso de ensino superior;

V – pelo estabelecimento civil ou comercial, ou pela existência de relação de emprego, desde que, em função deles, o menor com dezesseis anos completos tenha economia própria.

Ocorrendo a adoção do menor por terceiro, igualmente ocorre a extinção do poder familiar porque se presume que os pais biológicos, ao consentirem, renunciaram a seu exercício. Assim, depois de colhidas as declarações dos pais e confirmado o consentimento para a adoção – bem como do menor se tiver 12 anos ou mais –, o juiz poderá deferir a medida proferindo a sentença de adoção. Nesse caso, entende-se que só o deferimento da adoção conduzirá automaticamente à extinção do poder familiar, já que os institutos do poder familiar e da adoção não poderão coexistir, pois um é excludente do outro.

Considerando, pois, que a adoção é forma de extinção do poder familiar (art. 1.635, IV), o posterior falecimento do adotante não possui o condão de restaurar o poder familiar do pai natural (art. 49 do ECA: "A morte dos adotantes não restabelece o pátrio poder dos pais naturais"). Assim, falecendo os pais adotivos e sendo os adotados menores de idade, é necessário nomeação de tutor ao menor.

A extinção do poder familiar, por decisão judicial, que exige a observância do procedimento contraditório, é passível de imposição aos pais que incorrerem nas hipóteses previstas no art. 1.638: I – castigarem imoderadamente o filho; II – deixarem o filho em abandono; III – praticarem atos atentatórios à moral e aos bons costumes; e IV – incidirem, reiteradamente, nas faltas previstas no artigo antecedente.

Prorrogação do poder familiar

Como os pais devem proceder em relação aos filhos que, conquanto atinjam a maioridade e permaneçam estudando ou concluam os estudos universitários, permanecem convivendo na residência paterna? Esta é uma pergunta que, infelizmente, não encontra resposta no ordenamento jurídico. Urge ser a lacuna preenchida para efeito de regrar as relações entre pais e filhos quando estes, após extinção legal do poder familiar, desfrutam do convívio familiar em três diferentes situações: como estudante universitário; após conclusão do curso universitário; e como não-estudante em razão da falta de interesse na continuidade dos estudos.

Na primeira situação – a de estudante universitário –, em nosso sentir, prorroga-se automática e tacitamente o poder familiar, pois não se pode conceber, nem aceitar, que o filho continue sendo sustentado pelos pais e não lhes deva obediência e respeito. Na hipótese de conclusão do curso universitário, que constitui causa extintiva do direito dos filhos a alimentos e à educação, cessaria de pleno direito o poder familiar e, por conseqüência, a reciprocidade de direitos, de modo que a permanência do filho no domicílio familiar constituiria mera permissão ou tolerância dos pais e, ainda assim, mediante o cumprimento dos deveres de obediência e respeito. Entendemos ainda viável, nesse caso, exigir-se do filho que passar a exercer atividade remunerada uma certa contribuição para as despesas da casa e, inclusive, que passe a responsabilizar-se pelo pagamento de sua quota em eventual plano de saúde familiar. Na terceira e última hipótese, em face de o filho não fazer jus à prorrogação do poder familiar e, conseqüentemente, não ter mais direito ao recebimento de alimentos pela ausência de interesse nos estudos e no próprio trabalho, sua permanência no ambiente familiar também seria um ato de mera tolerância dos pais, exigindo-se, da mesma forma, obediência e respeito.

A dificuldade maior, no entanto, consiste em equacionar a situação na qual, ocorrendo a segunda ou a terceira hipótese, o filho passe a adotar uma conduta indigna no meio familiar, seja por desrespeito e agressões físicas ou verbais aos pais, seja por vadiagem ou pelo consumo reiterado de álcool ou drogas, e os pais pretendam exclui-lo da residência paterna. Nesses casos, parece fora de dúvida que a melhor alternativa para os pais seria pleitear, junto ao Judiciário, por meio de medida cautelar inominada satisfativa, o afastamento definitivo do filho. Nesse sentido, aliás, vêm decidindo os tribunais, como no caso do TJRS:

> Cautelar inominada. Pedido de afastamento de filho da residência da família. *Fumus boni juris* e *periculum in mora*. Se o filho é maior e capaz, apto a gerir a sua própria vida, e alegadamente vem adotando comportamento agressivo e violento com a mãe, estão presentes o *fumus boni juris* e

o *periculum in mora*, sendo cabível a via coercitiva, como forma eficaz de restabelecer a paz e a segurança no âmbito da família. Recurso desprovido (Segredo de justiça). (TJRS, 7ª Câm. Cível, AI n. 70.011.606.068, rel. Sérgio Fernando de Vasconcellos Chaves, j. 10.08.2005)

Ação cautelar para afastamento de filho maior do lar materno. Relatos de agressão e violência. Interesse de agir. *Fumus boni juris*. *Periculum in mora*. Desconstituição da sentença extintiva e concessão da liminar. Insofismável o interesse de agir de quem se vê agredida e ameaçada dentro de sua própria casa, e, não podendo fazê-lo por meios próprios, necessita da intervenção do Poder Judiciário para afastar do lar o seu agressor. Somados os relatos de violência, danos pessoais e materiais, presentes o *fumus boni juris* e o *periculum in mora* autorizadores da concessão liminar da cautela. Os deveres dos pais em relação aos filhos – sobretudo quando maiores de idade – não são ilimitados, não podendo ser-lhes imposta a obrigação de tudo suportar, inclusive com exposição a risco da própria vida. Deram provimento. Unânime (Segredo de justiça). (TJRS, 7ª Câm. Cível, Ap. cível n. 70.010.018.398, rel. Luiz Felipe Brasil Santos, j. 22.12.2004)

Colisão de interesses

Segundo a norma imperativa do art. 1.692 do Código Civil, sempre que, no exercício do poder familiar, colidir interesses dos pais com os dos filhos, a requerimento destes, ou do Ministério Público, o juiz nomeará curador especial, que também deverá atuar no caso de o incapaz não possuir representante legal ou se verificar o impedimento deste.

É ainda mister a presença de curador especial, segundo a doutrina:

a) em caso de partilha de bens em que pai e filho sejam interessados;

b) quando o menor receber doação que fizer o pai;

c) quando necessária a concordância do menor na venda que o genitor pretenda efetuar a outro descendente (art. 496 do CC);

d) havendo permuta de bens entre o menor e seus pais;

e) quando do levantamento de inalienabilidade que pese sobre bem de família.

10 Regime matrimonial de bens

Generalidades

A lei faculta que os nubentes possam estabelecer, antecipadamente, o regime de bens que regerá o patrimônio do casal durante a vigência da sociedade conjugal (art.1.639 do CC). Não havendo convenção, ou sendo ela nula ou ineficaz, vigorará, quanto aos bens entre os cônjuges, o regime da comunhão parcial.

Ressalte-se que, até a entrada em vigor da Lei n. 6.515/77, na ausência de convenção expressa, presumia-se adotado o regime da comunhão universal de bens, a teor do art. 258 do Código Civil de 1916: "Não havendo convenção, ou sendo nula, vigorará, quanto aos bens entre os cônjuges, o regime de comunhão universal de bens". Após a citada lei, a qual alterou a redação do referido dispositivo, e ainda na vigência do Código de 1916, o regime legal foi alterado para o de comunhão parcial de bens.

A convenção a respeito do regime de bens é formalizada por meio da escritura pública de pacto antenupcial, que constitui pressuposto para sua validade entre os cônjuges (art. 1.653 do CC). Entretanto, para que opere efeito perante terceiros, é necessário que seja levada a registro junto ao Registro de Imóveis do domicílio dos cônjuges (art. 1.657 do CC). Em face dessa exigência e considerando as regras do Código Civil, é possível concluir que:

a) quando feito por instrumento particular, o pacto antenupcial será nulo;

b) quando realizado por escritura pública, mas sem o registro, o pacto antenupcial somente operará efeitos perante os cônjuges;

c) quando feito por escritura pública e registrado, o pacto antenupcial produzirá efeitos perante os cônjuges e perante terceiros.

Por outro lado, o pacto será ineficaz se o casamento não se realizar, posto que ele somente passa a vigorar após o casamento (art. 1.653 do CC).

A exigência de escritura pública para o pacto antenupcial não se aplica ao regime de comunhão parcial, cuja opção poderá ser reduzida a termo no processo de habilitação conforme o comando do parágrafo único do art. 1.640 do Código Civil.

Princípios dos regimes de bens

O regime matrimonial de bens orienta-se pelos princípios da variedade de regimes, da autonomia da vontade e da imutabilidade do regime, os quais serão abordados a seguir.

Princípio da variedade de regimes

Ressalte-se que o Código Civil de 1916, na esteira do Direito português e recepcionando a idéia de que o casamento envolve não só a comunhão de vidas, como também uma comunhão patrimonial e ininterrupta na consciência jurídica do povo, consagrou a comunhão universal como regime legal – depois modificado para o regime de comunhão parcial de bens em face da Lei n. 6.515/77 –, porém não como regime único. Ocorre que o Código Civil em vigor disponibiliza aos nubentes outros regimes – daí a variedade de regimes – para que possam escolher o que melhor lhes aprouver: comunhão parcial de bens, comunhão universal de bens, separação de bens e participação final nos aquestos. Caso não pretendam adotar o regime de comunhão parcial de bens, atualmente o regime legal, podem os nubentes, à evidência, optar por qualquer dos demais regimes.

Princípio da autonomia da vontade

Segundo o enunciado do art. 1.639 do Código Civil, "É lícito aos nubentes, antes de celebrado o casamento, estipular, quanto aos seus bens, o que lhes aprouver". O dispositivo revela, com absoluta clareza, o princípio da liberdade da escolha, pelos nubentes, do regime que vigorará após o casamento.

Do referido enunciado, resta evidenciado que o Código Civil faculta aos nubentes a escolha do regime de bens de sua preferência. No entanto, deixando os nubentes de exercitarem seu direito por desconhecimento da lei ou opção, a presunção é a de que pretenderam adotar o regime de comunhão parcial de bens (regime legal). A mesma imposição ocorre quando a convenção for considerada nula (quando feita por instrumento particular ou quando contrarie disposição de lei): "Não havendo convenção, ou sendo ela nula ou ineficaz, vigorará, quanto aos bens entre os cônjuges, o regime da comunhão parcial" (art. 1.640 do CC).

Frise-se, no entanto, que o princípio da autonomia não é de aplicação absoluta, tendo-se em linha de consideração a regra do art. 1.641 do Código Civil, o qual determina a obrigatoriedade da adoção do regime de separação de bens das pessoas que se incluírem nas seguintes hipóteses:

a) que contraírem casamento com inobservância das causas suspensivas da celebração do casamento;

b) maior de sessenta anos;

c) que dependerem, para casar, de suprimento judicial.

Princípio da (i)mutabilidade do regime

O Código Civil de 1916 não admitia a alteração do regime de bens (art. 230). A irrevogabilidade do regime visava, acima de tudo, a preservar o interesse dos cônjuges e o de terceiros. Os fundamentos da imutabilidade, segundo Arnold Wald (WALD, 2000, p. 98), era "a proteção à boa fé de terceiros que têm relações com o casal e a proteção dos próprios cônjuges, visando evitar que a aferição e a vida em comum entre marido e mulher venha a afetar as suas relações de ordem patrimonial".[61]

Já o Código de 2002, inspirado em outras legislações, como as da França, Bélgica, Itália, Espanha, Suíça, Alemanha e Áustria, houve por bem também admitir a alteração do regime de bens conforme o coman-

61 Acrescenta Washington de B. Monteiro (BARROS MONTEIRO, 1975, p. 132) que "O interesse dos cônjuges exige a inalterabilidade do regime, porque, depois de casados, poderia um deles, abusando de sua ascendência ou fraqueza do outro, obter a modificação em seu proveito".

do do § 2º do art. 1.639: "É admissível alteração do regime de bens, mediante autorização judicial em pedido motivado de ambos os cônjuges, apurada a procedência das razões invocadas e ressalvados os direitos de terceiros". Considerando, pois, que a modificação do regime está condicionada à avaliação judicial das razões invocadas pelo casal, além do cumprimento dos demais requisitos, mostra-se de todo razoável concluir que o direito à alteração do regime não se dá em termos absolutos.

Alteração do regime

Generalidades

Durante a vigência do Código de 1916, o regime de bens era irrevogável. No entanto, pelo atual Código, é admissível a alteração do regime de bens mediante autorização judicial em pedido motivado de ambos os cônjuges, apurada a procedência das razões invocadas e ressalvados os direitos de terceiros (art. 1.639, § 2º, do CC). Diante de tais requisitos, a conclusão a qual se permite chegar é que o direito à alteração do regime não se dá em termos absolutos por estar ela condicionada à avaliação judicial das razões invocadas pelo casal, além do cumprimento dos demais requisitos.

Pedido motivado por ambos os cônjuges. O pedido há de ser obrigatoriamente conjunto, ou seja, formulado por ambos os cônjuges, aos moldes da petição de separação judicial ou extrajudicial consensual. É inviável, pois, o pedido unilateral e, conseqüentemente, que qualquer dos cônjuges figure no pólo passivo do pedido. Trata-se de procedimento de jurisdição voluntária. Ademais, o pedido deve ser motivado, ou seja, deve ser justificado mediante relevantes fundamentos, demonstrando que a alteração não trará prejuízo para qualquer dos cônjuges.

Concessão por um juiz. Ao exigir a participação do judiciário, a lei afasta em definitivo a possibilidade de a alteração ser feita por instrumento particular. Parece fora de dúvida, pois, que somente o juiz terá a isenção necessária para avaliar a conveniência ou não da alteração do regime, notadamente em relação à ausência de prejuízo a qualquer dos cônjuges ou a terceiro.

Apurada a procedência das razões invocadas. Cumpre que as razões ou os motivos alegados pelo casal sejam relevantes para efeito de convencer o juiz da pertinência do pedido. Entendemos que a alteração não poderia ser autorizada quando, por exemplo, ficasse demonstrado que na iminência de um dos cônjuges receber herança, fosse pretendida a alteração do regime de separação de bens para o de comunhão universal com o intuito de beneficiar única e exclusivamente o outro cônjuge. Mostrar-se-ia viável, no entanto, a alteração do regime de comunhão universal para o de comunhão parcial ou para o de separação de bens na hipótese de os cônjuges pretenderem contratar sociedade entre si, em face da vedação do art. 977 do Código Civil, o qual não permite sociedade entre cônjuges casados pelo regime da comunhão universal de bens.

Ademais, consoante demonstram algumas decisões judiciais, há possibilidade de se conceder a alteração quando os requerentes casaram-se sob o regime de separação de bens por imposição legal por ambos serem menores à data do casamento:

> O caso em discussão na 3ª Turma trata de um pedido de alteração formulado por um casal do Paraná, casados sob o regime de separação de bens por imposição legal, já que eram menores à época – tinham 17 anos – em que celebrado o casamento, em 1998. Em primeira instância, concluiu-se que o regime foi adotado por imposição de lei e que os cônjuges não poderiam pedir posteriormente a alteração "ainda que em comum acordo e que tenha desaparecido a causa que determinou de regime legal". O tribunal estadual, contudo, reformou essa decisão, entendendo que a alteração do regime de casamento pode ser feita a qualquer tempo. Daí o recurso do Ministério Público ao STJ, no qual argumenta que o § 2º do art. 1.639 do Código de 2002 tem aplicação restrita aos casamentos celebrados depois da entrada em vigor da nova legislação. Ao apreciar o recurso, a Ministra Nancy Andrighi explica que o antigo Código proibia a alteração do regime de bens para os casamentos celebrados sob a sua vigência, enquanto o de 2002 permite, desde que sejam cumpridos determinados requisitos (como serem apuradas as razões apresentadas pelos cônjuges para a modificação do regime, assim como a proteção aos direitos de terceiros que eventualmente sejam atingidos pelos efeitos da alteração). A relatora destaca, ao manter a decisão do Judiciário paranaense, que o TJ permitiu a alteração porque foram satisfeitos os requisitos previstos em lei e também por não se justificar a manutenção do regime de separação obrigatória se a causa da imposição legal já cessou ante a maioridade dos cônjuges. (REsp n. 821.807)

Outra possibilidade, reconhecida pelo TJRS, consiste no direito à formação do patrimônio mínimo pelo casal:

> Apelação. Regime de bens. Alteração. Possibilidade. Direito à formação de patrimônio mínimo. O direito à formação de patrimônio mínimo autoriza a alteração de regime de bens – da comunhão para separação. A mulher ou o homem, com atividades diversas, em que o risco da atividade desenvolvida por um deles pode afetar a formação do patrimônio mínimo do outro, que desenvolve atividade de comprometimento patrimonial de menor grau, caracteriza motivação suficiente para a alteração do regime de bens. Necessária e expressa manutenção da garantia dos credores do casal sobre todos os bens presentes até o momento da alteração do regime. (8ª Câm. Cível, Ap. cível n. 70.013.141.817, rel. Des. Rui Portanova, j. 24.11.2005)

Ressalvados os direitos de terceiros. Os direitos de terceiros não poderão ser prejudicados com a alteração do regime, ou seja, os compromissos anteriormente assumidos pelos cônjuges em relação a eventuais credores do casal deverão ser respeitados ainda que o regime seja alterado. A fiança prestada por um dos cônjuges durante o regime de separação de bens, por exemplo, não exige ratificação do outro se o regime for alterado para o de comunhão universal ou comunhão parcial de bens, nos quais se faz necessária a outorga conjugal.

Deferido o pedido de alteração do regime, tem-se como desnecessária a lavratura de novo pacto, posto que a decisão judicial se sobrepõe à solenidade da escritura. O correspondente mandado servirá para registro e averbação no Registro de Imóveis nos termos em que dispõe o art. 167, I, item 12, e II, item 1, da Lei n. 6.015/73, para publicidade da sentença e sua eficácia *erga omnes*. Será o caso de também proceder-se à averbação no Registro Civil, junto à certidão de casamento dos interessados, em face da mudança no regime de bens anteriormente anotado.

Alteração dos regimes convencionados antes da vigência do Código Civil de 2002

Após a entrada em vigor do Código Civil de 2002, passou-se a discutir a respeito da possibilidade ou não de a nova regra que admite a alteração do regime de bens ser estendida, retroativamente, aos casamentos celebrados na vigência do Código de 1916, ou se a regra era de estrita aplicação aos casamentos celebrados após o atual Código. Alguns tribunais, por exemplo, o de Santa Catarina, não admite a retroatividade:

> Direito de Família. Alteração de regime de bens. Casamento celebrado sob a égide do Código Civil de 1916. Inaplicabilidade do art. 1.639, § 2º, do atual Código Civil. Imutabilidade do regime. Inteligência do art. 230 do Código Civil revogado. Sentença mantida. Recurso desprovido. O permissivo constante do § 2º do art. 1.639 do Código Civil de 2002 não é aplicável aos casamentos celebrados sob a égide do Código Civil revogado (Lei n. 3.071/16), sob pena de afronta às situações jurídicas definitivamente constituídas, *ex vi* do art. 2.039 daquele diploma legal. (3ª Câm. Cível, Ap. cível n. 2003.023.072-6, rel. Des. Marcus Tulio Sartorato, j. 14.06.2004)

Já os Tribunais de Justiça de Goiás e do Rio Grande do Sul passaram a admitir a aplicação retroativa do art. 1.639, § 2º, do atual Código Civil:

> Apelação cível em pedido de autorização judicial de mudança de regime de bens entre os cônjuges. Casamento celebrado na vigência do Código Civil de 1916. Possibilidade. A atual disposição que cuida da mutabilidade do regime de bens, art. 1.639, § 2º, é norma editada na esteira da evolução da própria vida social. A intenção do legislador de 1916, com a disposição de imutabilidade do regime de bens, era proteger a parte mais frágil da relação conjugal, àquela época, a mulher, o que não encontra mais respaldo na atual realidade jurídica e social, pois a igualdade entre marido e mulher, na sociedade conjugal, não só é preceito constitucional (art. 226, § 5º, CF/88), mas também realidade da vida contemporânea. A mudança do regime de bens somente pode ser concretizada mediante sentença judicial, não dependendo apenas da autonomia da vontade do casal, além dos demais requisitos legais, sendo abrangidos os casamentos celebrados antes da vigência do Código Civil de 2002, inclusive. Apelo conhecido e provido. (TJGO, 3ª Câm. Cível, Ap. cível n. 84.604-8/188, rel. Des. Rogério Arédio Ferreira, j. 23.06.2005)

> Apelação. Regime de bens. Alteração. Possibilidade. Direito à formação de patrimônio mínimo. É possível a alteração do regime de bens constituído

sob o Código Civil de 1916, em razão da regra do § 2º do art. 1.639 do Código Civil de 2002. Jurisprudência da Corte. (TJRS, 8ª Câm. Cível, Ap. cível n. 70.013.141.817, rel. Des. Rui Portanova, j. 24.11.2005)

Submetida a questão ao crivo do STJ, a 4ª Turma, em decisão unânime, também concluiu que o regime de bens de casamentos feitos antes da vigência do atual Código Civil brasileiro pode ser alterado. O recurso era de um casal que, em 1995, havia adotado o regime de comunhão parcial e queria, agora, passar ao de separação total. Com a decisão, os bens adquiridos antes da determinação do STJ devem permanecer sob as regras do pacto de bens anterior, vigorando o novo regime sobre os bens comprados e negócios jurídicos realizados após a autorização. O Ministro Jorge Scartezzini, relator do recurso impetrado pelo casal, explicou que o Código Civil de 2002 declara, no art. 1.639, ser "admissível a alteração do regime de bens, mediante autorização judicial em pedido motivado de ambos os cônjuges, apurada a procedência das razões invocadas e ressalvados os direitos de terceiros".

O ministro esclareceu ainda que as instâncias ordinárias, seguindo parte dos doutrinadores nacionais, adotaram uma orientação literalista ou textualista da norma, pressupondo que a permissão de alteração do regime de bens é cabível apenas aos casamentos ocorridos após a entrada em vigor do Código Civil de 2002. Essa interpretação se fundamentaria no respeito ao ato jurídico perfeito consagrado pela Constituição Federal, que forçaria a manutenção do pacto relativo ao regime de bens. Por outro lado, continua o relator, nomes de relevo na doutrina brasileira defendem a possibilidade de alteração do regime de bens com relação a casamentos ocorridos antes do atual Código Civil, desde que ressalvados os direitos de terceiros e apuradas as razões invocadas pelos cônjuges para tal pedido. "Isso porque [...] o art. 2.039 do CC/2002 ao dispor que o regime de bens quanto aos casamentos celebrados na vigência do CC/1916, 'é o por ele estabelecido', estaria determinando a incidência da legislação civil anterior exclusivamente no tocante às regras específicas a cada um dos regimes matrimoniais [...], alusivas aos aspectos peculiares dos regimes da comunhão universal e parcial e da separação de bens, do regime dotal e das doações antenupciais", esclareceu o Ministro Jorge Scartezzini.

Como a permissão de alteração de regime é norma geral relativa aos direitos patrimoniais dos cônjuges, incidiria, no entendimento do ministro, seguido com unanimidade pela 4ª Turma, imediatamente, inclusive nos casamentos realizados sob a vigência do Código Civil de 1916. Tal entendimento seria reforçado por outro artigo do atual Código, o art. 2.035, que trata dos efeitos futuros de contratos de bens em vigência quando de sua entrada em vigor, por ser norma geral de efeito imediato:

> A validade dos negócios e demais atos jurídicos, constituídos antes da entrada em vigor deste Código, obedece ao disposto nas leis anteriores, referidas no art. 2.045, mas os seus efeitos, produzidos após a vigência deste Código, aos preceitos dele se subordinam, salvo se houver sido prevista pelas partes determinada forma de execução.

O Ministro Jorge Scartezzini concluiu afirmando que impedir a possibilidade de alteração do regime de bens para casamentos realizados sob o antigo Código Civil seria uma maneira de, ignorando a necessária interpretação legal teleológica em atenção aos fins sociais e às exigências do bem comum, incentivar a fraude, na medida em que se estimularia o divórcio de casais apenas para poderem mudar o regime de bens contraído inicialmente em um novo casamento formal (REsp n. 730.546, j. 23.08.2005). Posteriormente, referido entendimento foi referendado por novo acórdão, desta vez da 3ª Turma, seguindo voto da Ministra Nancy Andrighi, relatora do processo.

O caso em discussão trata de um pedido de alteração formulado por um casal do Paraná casado sob o regime de separação de bens por imposição legal por serem menores à época – tinham 17 anos – da celebração do casamento em 1998. Em primeira instância, concluiu-se que o regime foi adotado por imposição de lei e que os cônjuges não poderiam pedir posteriormente a alteração "ainda que em comum acordo e que tenha desaparecido a causa que determinou de regime legal". O tribunal estadual, contudo, reformou essa decisão, entendendo que a alteração do regime de casamento pode ser feita a qualquer tempo. Daí o recurso do Ministério Público ao STJ, no qual se argumenta que o art. 1.639, § 2º, do Código de 2002, tem aplicação restrita aos casamentos celebrados depois da entrada em vigor da nova legislação. Ao apreciar o recurso, a Ministra Nancy Andrighi explica que o antigo Código proibia a alteração do regime de bens para os casamentos celebrados sob a sua vigência, enquanto o de 2002 permite desde que cumpridos determinados requisitos. A relatora destaca, ao manter a decisão do Judiciário paranaense, que o TJ permitiu a alteração porque foram satisfeitos os requisitos previstos em lei e também por não se justificar a manutenção do regime de separação obrigatória se a causa da imposição legal já cessou ante a maioridade dos cônjuges. Entende a ministra ser necessário distinguir os fatos e os efeitos anteriores ao atual Código que, a seu ver, permanecem sob a regência da lei antiga. "Todavia, a partir da alteração do regime de bens, passa o Código Civil de 2002 a reger a nova relação do casal", conclui (REsp n. 821.807, j. 19.10.2006). Frise-se, ademais, o Conselho de Justiça Federal já haver chegado à mesma conclusão, sintetizada no Enunciado n. 260: "Arts. 1.639, § 2º, e 2.039: A alteração do regime de bens prevista no § 2º do art. 1.639 do Código Civil também é permitida nos casamentos realizados na vigência da legislação anterior".

São reproduzidas, a seguir, normas atinentes à modificação do regime de bens que constam do Código de Normas das Corregedorias dos Estados do Paraná, Santa Catarina e Rio Grande do Sul:

CÓDIGO DE NORMAS

CORREGEDORIA-GERAL DO PARANÁ

Seção 1

Normas de Procedimento do Ofício da Família

[....]

4.1.14 . A modificação do regime de bens do casamento ocorrerá a pedido motivado de ambos os cônjuges, em procedimento de jurisdição voluntária e com a participação do Ministério Público, devendo o juiz competente determinar a publicação de edital com prazo de trinta (30) dias, a fim de imprimir publicidade à mudança, visando resguardar direitos de terceiros.

4.1.14.1. Diante da cautela que a hipótese exige, poderá o magistrado determinar seja o pedido instruído com certidões negativas fiscais, do INSS e dos Tabelionatos de Protestos e dos Cartórios Distribuidores do local do domicílio e da residência dos cônjuges.

4.1.14.2. Transitada em julgado a sentença e independentemente de determinação judicial, a escrivania expedirá mandados de averbação aos Ofícios de Registro Civil e de Imóveis, e, caso qualquer dos cônjuges seja empresário, ao Serviço de Registro Civil das Pessoas Jurídicas e à Junta Comercial.

4.1.14.3. A modificação do regime de bens será da competência da Vara de Família da respectiva comarca onde se processar a mudança.

PROVIMENTO N. 13/2003
CORREGEDORIA-GERAL DO RIO GRANDE DO SUL

Estabelece diretrizes procedimentais para a modificação do regime de bens do casamento, nos termos da Lei n. 10.406 de 10 de Janeiro de 2002 (Código Civil Brasileiro)

O Desembargador Alcides dos Santos Aguiar, Corregedor-Geral da Justiça do Estado de Santa Catarina, no uso das suas atribuições legais;

Considerando a boa iniciativa da Corregedoria-Geral da Justiça do Estado da Bahia ao editar o Provimento n. 002/2003, que inspira o presente normativo;

Considerando que a Lei n. 10.406 de 10 de Janeiro de 2002 (Código Civil Brasileiro) admite, em seu art. 1.639, § 2°, a alteração do regime de bens, mediante autorização judicial, em pedido motivado de ambos os cônjuges, apurada a procedência das razões invocadas;

Considerando que o mesmo dispositivo de lei ressalva direitos de terceiros;

Considerando a importância de uniformizar o procedimento da modificação de regime de bens para prestigiar a padronização de rotinas e para evitar prejuízo ao princípio da segurança jurídica;

Resolve:

Art. 1º A modificação do regime de bens do casamento decorrerá de pedido motivado de ambos os cônjuges, em procedimento de jurisdição voluntária, devendo o juízo competente publicar edital com prazo de 30 (trinta) dias, a fim de imprimir a devida publicidade à mudança, visando resguardar direitos de terceiros.

Art. 2º A intervenção do Ministério Público é obrigatória.

Art. 3º Transitada em julgado a sentença, serão expedidos mandados aos Cartórios de Registro Civil e de Imóveis (quando tal modalidade de bens integrar o patrimônio do casal), e, caso qualquer dos cônjuges seja empresário, ao Registro Público de Empresas Mercantis, a cargo da Junta Comercial – Jucesc (art. 1.150 do Código Civil).

Art. 4º A modificação do regime de bens é de competência do juízo da Vara de Família.

Art. 5º Este provimento entrará em vigor na data de sua publicação.

Art. 6º Revogam-se as disposições em contrário.

Florianópolis, 22 de agosto de 2003.

PROVIMENTO N. 24/2003

CORREGEDORIA-GERAL DO RIO GRANDE DO SUL

Estabelece diretrizes para a modificação do regime de bens do casamento, nos termos da Lei n. 10.406, de 10 de janeiro de 2002 (novo Código Civil).

O Excelentíssimo Senhor Desembargador Marcelo Bandeira Pereira, Corregedor-Geral da Justiça, no uso de suas atribuições legais,

Considerando que a Lei n. 10.406, de 10 de janeiro de 2002 (Código Civil brasileiro) admite, em seu art. 1.639, § 2º, a alteração do regime de bens do casamento, mediante autorização judicial, em pedido motivado de ambos os cônjuges, apurada a procedência das razões invocadas e ressalvados os direitos de terceiros;

Considerando a necessidade de uniformizar-se o procedimento judicial visando à modificação de regime de bens, para que não haja prejuízo ao princípio da segurança jurídica;

Resolve prover:

Art. 1º A modificação do regime de bens do casamento decorrerá de pedido manifestado por ambos os cônjuges, em procedimento de jurisdição voluntária, devendo o juízo competente publicar edital com prazo de trinta (30) dias, a fim de imprimir a devida publicidade à mudança, visando resguardar direitos de terceiros;

Art. 2º A intervenção do Ministério Público é necessária para a validade da mudança;

Art. 3º Após o trânsito em julgado da sentença, serão expedidos mandados de averbação aos Cartórios de Registro Civil e de Imóveis, e, caso qualquer dos cônjuges seja empresário, ao Registro Público de Empresas Mercantis;

Art. 4º A modificação do regime de bens é de competência do juízo da Vara de Família da respectiva comarca onde se processar a mudança;

> **Art. 5º** Este provimento entrará em vigor na data de sua publicação, revogadas as disposições em contrário.
>
> Publique-se.
>
> Cumpra-se.
>
> Porto Alegre, 10 de setembro de 2003.
>
> Des. Marcelo Bandeira Pereira
>
> Corregedor-Geral da Justiça

Situação que também reputamos ensejadora da modificação do regime de bens, a qual não se sujeita à regra do art. 1.639, § 2º, é a que se origina da defesa da meação de bens por um dos cônjuges por meio de embargos de terceiro. Referido direito foi conferido pelo art. 3º da Lei n. 4.121/62 (Estatuto da Mulher Casada) ao prescrever:

> **Art. 3º** Pelos títulos da dívida de qualquer natureza, firmados por um só dos cônjuges, ainda que casados pelo regime da comunhão universal, somente responderão os bens particulares do signatário e os comuns até o limite de sua meação.[62]

Dessarte, a esposa não responde pela dívida contraída apenas pelo marido se provar que a tal dívida não veio em benefício do casal, presumindo-se o prejuízo da mulher no caso de aval de seu cônjuge, salvo se este for sócio da empresa avalizada (STJ, 4ª T., REsp n. 16.950, *DJU* 05.04.1993).

Verificada a hipótese ventilada, no âmbito do regime de comunhão universal ou de comunhão parcial de bens, parece fora de dúvida que se estaria diante de um novo regime que comportaria a coexistência de bens particulares da mulher (os da meação, liberados da execução ou penhora), que não mais se comunicarão, bens comuns e outros que eventualmente forem adquiridos *a posteriori*. Semelhante conclusão também é defendida por Silvio Rodrigues (RODRIGUES, 2000, p. 154), assim expressa:

62 O art. 1.664 do Código Civil é bem mais explícito quando dispõe: "Os bens da comunhão respondem pelas obrigações contraídas pelo marido ou pela mulher para atender aos encargos da família, às despesas de administração e às decorrentes de imposição legal".

> Problema curioso é o de saber qual o destino dos bens, assim excluídos da penhora, por iniciativa da mulher, vencedora nos embargos de terceiro. Entendo que tais bens passam para o exclusivo domínio do cônjuge que os reivindicou, não mais se comunicando ao consorte, e, por conseguinte, adquirem a condição de *bens reservados.* [...] Por conseguinte, a única solução que se acomoda com o dispositivo citado é a que atribui a condição de *bens reservados* àqueles que a mulher exclui da penhora, em execução movida contra o marido, por dívidas por ele contraídas. Tais bens, que representam sua meação ou parte dela, são seus, não se comunicam e constituirão um patrimônio separado, a ela pertencente, e que não se confunde com o patrimônio comum.

O posicionamento acerca da exclusão da meação da mulher casada em bens penhorados vai ganhando contornos definidos com as seguintes distinções (TEIXEIRA, 1996, p. 668):

a) se a esposa objetiva impugnar a pretensão executiva, o remédio adequado serão os embargos à execução;

b) se deseja apenas excluir a penhora sobre sua meação, a via hábil serão os embargos de terceiro. Não obstante, com apoio nos princípios da economia e da instrumentalidade do processo, tem-se admitido que a mulher também possa postular a exclusão de sua meação em embargos à execução;

c) se a execução é movida contra o casal, porque ambos contraíram a obrigação, não assiste à mulher o direito aos embargos de terceiro.

Na união estável, como também ocorre no casamento, não cabe a defesa da meação quando demonstrado que a dívida foi contraída em benefício da família, como demonstra o seguinte julgado:

> Embargos de terceiro. União estável. Imóvel adquirido durante a relação. Dívida contraída em prol da entidade familiar. Não-preservação da meação. Demonstrado que a dívida foi contraída em benefício da entidade familiar, não há falar em resguardo da meação da companheira. Apelação desprovida. (TJRS, 20ª Câm. Cível, Ap. cível n. 70.015.193.428, rel. José Aquino Flores de Camargo, j. 24.05.2006)

Extinção do regime de bens

O regime de bens tem vigência limitada à duração do casamento. No entanto, em que pese o art. 1.576 do Código Civil somente referir como extintiva à hipótese de separação judicial, parece fora de dúvida que a extinção também se opera nos demais casos de dissolução da sociedade conjugal – morte de um dos cônjuges, anulação do casamento, divórcio e separação extrajudicial –, como, aliás, constava do art. 267 do Código de 1916 (com exceção da separação extrajudicial).

Uma outra hipótese que também pode ser apontada como extinção indireta do regime de bens adotado, acatada pelos tribunais pátrios, diz respeito à prolongada separação de fato do casal. Adotando essa linha de raciocínio, iterativa jurisprudência, inclusive do STJ, vem consolidando o entendimento de que não se comunicam os bens adquiridos por um dos cônjuges após longa separação de fato, inclusive porque, após a separação, abre-se a possibilidade de o separado de fato iniciar uma união estável com terceiro. Ora, iniciada a união estável, passa a vigorar um novo regime de bens entre o cônjuge separado de fato e sua companheira (art. 1.725 do CC), razão pela qual não se concebe a existência de dois regimes de bens simultâneos. Adotando essa linha de raciocínio, o STJ decidiu:

> A concessão da pretensão do cônjuge à meação de bens herdados pela ex-mulher, após mais de vinte anos da separação de fato, tendo o cônjuge varão constituído nova família, representaria verdadeiro enriquecimento injusto, além de que, segundo os precedentes da turma, não se comunicam os bens adquiridos por um dos cônjuges após longa separação de fato. Precedentes citados: REsp n. 60.820/RJ, *DJ* 14.08.1995, e REsp n. 127.077/ES, *DJ* 10.11.1997. (STJ, REsp n. 86.302/RS, rel. Min. Barros Monteiro, j. 17.06.1999)

No mesmo sentido, o TJSP assim decidiu (*apud* PINTO,1993, p. 93):

> Se o decurso do tempo gerou para os cônjuges o direito de postular a decretação da ruptura do vínculo conjugal, de fato desfeito pela longa separação e manifesta impossibilidade de reconciliação, não se há falar

em comunhão de bens onde tudo se rompeu: dever de fidelidade, *affectio maritalis*, vida em comum, respeito mútuo, criação da prole. O regime de bens é imutável sim. Mas se o bem foi adquirido quando nada mais havia em comum entre o casal, repugna ao Direito e à Moral, reconhecer comunhão apenas de bens e atribuir a metade desse bem ao outro cônjuge.[63]

Acresçam-se, ainda, os seguintes julgados do TJRS:

Divórcio direto. Partilha. Bens adquiridos após a separação de fato do casal. Incomunicabilidade. 1 – A aquisição de bens depois da separação de fato não enseja comunicabilidade, ainda que o casamento esteja submetido ao regime da comunhão universal. 2 – Constitui orientação jurisprudencial pacífica hoje que a ruptura efetiva da vida em comum põe termo ao regime de bens do casamento. 3 – Ficando comprovado que o desenlace se deu há mais de vinte anos, não há falar em partição das terras herdadas pela mulher por ocasião da morte da genitora. Recurso desprovido. (TJRS, 7ª Câm. Cível, Ap. cível n. 70.014.479.554, rel. Sérgio Fernando de Vasconcellos Chaves, j. 12.07.2006)

Apelação cível. Separação judicial. Partilha de bem em nome de terceiros. Impossibilidade. 1 – No âmbito da ação de separação judicial impossível proceder à partilha igualitária de imóvel em cujos registros, além do cônjuge varão, terceiros figuram como proprietários. 2 – A separação de fato faz findar o regime de bens e afasta a comunicação daqueles havidos por herança, ainda que o casamento esteja submetido ao regime da comunhão universal. Proveram em parte, à unanimidade (Segredo de justiça). (TJRS, 7ª Câm. Cível, Ap. cível n. 70.016.073.942, rel. Luiz Felipe Brasil Santos, j. 13.09.2006)

63 No mesmo sentido: TJSP, 2ª Câm. Cível, Ap. cível n., j. 25.10.1994, Repertório IOB de Jurisprudência n. 1/95, p. 11. Verifica-se, pois, a consagração do princípio geral de direito que veda o enriquecimento sem causa. "A retroação dos efeitos da sentença que extingue a sociedade conjugal alcança a data da decisão concessiva da separação de corpos, desfazendo-se aí, os deveres conjugais, o regime matrimonial e comunicação de bens" (STJ, 3ª T., REsp n. 8.716/RS, rel. Min. Cláudio Santos, j. 27.09.1993).

Regimes de bens em espécie

Regime da comunhão parcial

Regime da comunhão parcial é o regime que a lei impõe aos cônjuges quando não há convenção expressa a respeito de outro regime de bens, consoante se pode inferir do art. 1.640: "Não havendo convenção, ou sendo ela nula ou ineficaz, vigorará, quanto aos bens entre os cônjuges, o regime de comunhão parcial". Por esta razão se diz que este é o atual regime legal de bens, que substituiu o regime da comunhão universal, considerado regime legal até o advento da Lei n. 6.515/77 (Lei do Divórcio).

A comunhão parcial de bens tem como características:

a) a separação (não-comunicação) dos bens que cada cônjuge possui ao casar;

b) a comunhão (comunicação) dos bens adquiridos onerosamente por ambos os cônjuges após o casamento, independentemente de quem os adquira.

Consoante diretriz do art. 1.660 do Código Civil, incluem-se na comunhão os seguintes bens:

> I – os adquiridos na constância do casamento por título oneroso (compra e venda), ainda que só em nome de um dos cônjuges;
>
> II – os adquiridos por fato eventual (loterias, seguro, sorteios), com ou sem o concurso de trabalho ou despesa anterior;
>
> III – os adquiridos por doação, herança ou legado, em favor de ambos os cônjuges;
>
> IV – as benfeitorias em bens particulares de cada cônjuge;
>
> V – os frutos dos bens comuns, ou dos particulares de cada cônjuge, percebidos na constância do casamento, ou pendentes ao tempo de cessar a comunhão.

Acrescentem-se, ainda, como incomunicáveis, os bens cuja aquisição tiver por título uma causa anterior ao casamento (art. 1.661 do CC), por exemplo, imóvel adquirido mediante promessa de compra e venda cuja escritura somente foi lavrada um ano e três meses depois do casamento, conforme confirmado pelo STJ:

Direito Civil. Família. Imóvel cuja aquisição tem causa anterior ao casamento. Transcrição na constância da sociedade conjugal. Incomunicabilidade. Imóvel cuja aquisição tenha causa anterior ao casamento realizado sob o regime de comunhão parcial de bens, com transcrição no registro imobiliário na constância deste, é incomunicável. Inteligência do art. 272 do CC/1916 (correspondência: art. 1.661 do CC/2002). A jurisprudência deste tribunal tem abrandado a cogência da regra jurídica que sobreleva a formalidade em detrimento do direito subjetivo perseguido. Para tal temperamento, contudo, é necessário que a forma imposta esteja sobrepujando a realização da Justiça. Recurso especial não conhecido. (3ª T., REsp n. 707.092/DF, rel. Min. Nancy Andrighi, j. 28.06.2005)

De outra parte, excluem-se da comunhão (art. 1.659 do CC):

I – os bens que cada cônjuge possuir ao casar, e os que lhe sobrevierem, na constância do casamento, por doação ou sucessão, e os sub-rogados em seu lugar;

II – os bens adquiridos com valores exclusivamente pertencentes a um dos cônjuges, em sub-rogação dos bens particulares;

III – as obrigações anteriores ao casamento;

IV – as obrigações provenientes de atos ilícitos, salvo reversão em proveito do casal;

V – os bens de uso pessoal, os livros e instrumentos de profissão;

VI – os proventos do trabalho pessoal de cada cônjuge;

VII – as pensões, meios-soldos, montepios e outras rendas semelhantes.

A principal crítica que se faz ao rol do art. 1.659 é quanto ao inciso V, ou seja, a exclusão da comunhão dos instrumentos de profissão, por nem sempre tais instrumentos serem adquiridos exclusivamente pelo cônjuge que deles faz uso. Leia-se, a propósito, a crítica de Maria Berenice Dias (DIAS, "Regime de bens e algumas absurdas incomunicabilidades"):

São excluídos da comunhão os livros e os instrumentos da profissão (CC, art. 1.659, V), isso não só no regime da comunhão parcial, mas também no da comunhão universal de bens (CC, art. 1.668, V). Essa regra parece decorrer da presunção de que tais bens foram adquiridos exclusivamente pelo cônjuge que deles faz uso para o desempenho de seu trabalho. Trata-se de exceção ao princípio da comunicabilidade e, ainda assim, é uma exceção absoluta, por inadmitir prova em contrário. Não há qualquer motivo para inverter regra que tem por base o pressuposto da solidariedade familiar. Descabido atribuir exclusivamente a um dos cônjuges bens adquiridos durante o casamento, pelo simples fato de destinarem-se ao ofício profissional. Cabe trazer como exemplo consultórios dentários, tratores, caminhões e até sofisticadas aparelhagens de sons, cujos valores sabidamente são muito elevados. Sem qualquer fundamento, pressupõe a lei que foram adquiridos por quem os utiliza. Porém, o que se vê diuturnamente é exatamente o contrário: o esforço do par na aquisição dos meios para um deles desempenhar seu mister. Talvez a previsão legal tenha buscado garantir o exercício profissional e, quiçá, assegurar a quem trabalha condições de proceder ao pagamento dos alimentos ao outro cônjuge e aos filhos. Ainda assim, a regra não se justifica. Basta que se assegure, por ocasião da partilha, que tal patrimônio fique com quem os utiliza. Até é possível cogitar da indisponibilidade ou, quem sabe, impedir a partilha ou a venda dos bens indispensáveis ao exercício da atividade profissional. O que descabe é singelamente atribuir o bem a quem o utiliza.

Outra impropriedade que se permite apontar é a do inciso VI: "os proventos do trabalho pessoal de cada cônjuge". Avulta trazer uma vez mais a inconformidade da citada autora:

> Não há como excluir da universalidade dos bens comuns os proventos do trabalho pessoal de cada cônjuge (CC, art. 1.659, VI), bem como as pensões, os meios-soldos, montepios e outras rendas semelhantes (CC, art. 1.659, VII). Ora, se os ganhos do trabalho não se comunicam, nem se dividem pensões e rendimentos outros de igual natureza, praticamente tudo é incomunicável, pois a maioria das pessoas vive de seu trabalho. O fruto da atividade laborativa dos cônjuges não pode ser considerado incomunicável, e isso em qualquer dos regimes de bens, sob pena de aniquilar-se o regime patrimonial, tanto no casamento como na união estável, porquanto nesta também vigora o regime da comunhão parcial (CC, art. 1.725). Assim, quando a família sobrevive dos rendimentos do trabalho de um ou de ambos

os cônjuges, acabaria instalando-se sempre o regime da separação total de bens, ou melhor, não existiria regime de bens. De regra, é do esforço pessoal de cada um que advêm os créditos, as sobras e economias para a aquisição dos bens conjugais. Mas cabe figurar a hipótese em que um dos consortes adquire os bens para o lar, enquanto o outro apenas acumula as reservas pessoais advindas de seu trabalho. Consoante reza a lei, os bens adquiridos por aquele serão partilhados, enquanto os que este entesourou restam incomunicáveis. Flagrantemente injusto que o cônjuge que trabalha por contraprestação pecuniária, mas não converte suas economias em patrimônio, seja privilegiado e suas reservas consideradas crédito pessoal e incomunicável. Tal lógica compromete o equilíbrio da divisão das obrigações familiares. Descabido premiar o cônjuge que se esquiva de amealhar patrimônio, preferindo conservar em espécie os proventos do seu trabalho pessoal.

Regime da comunhão universal

O regime da comunhão universal importa a comunicação de todos os bens presentes e futuros dos cônjuges e suas dívidas passivas, com as exceções determinadas no art. 1.668 (art. 1.667 do CC).

Comunhão universal de bens é, pois, o regime pelo qual se consolida a comunicação de todos os bens, ou seja, tanto os levados por cada um dos nubentes para o casamento, quanto os que vierem a ser adquiridos na sua vigência. Assim, é de consenso que nesse regime ambos os cônjuges são proprietários por metade, de modo a afastar a idéia de que cada um deles seja proprietário do todo. Ademais, como sustenta Sálvio de Figueiredo Teixeira (TEIXEIRA, 1992, p. 670), tratando-se de bens comuns, a meação de cada cônjuge deve ser considerada em cada bem individuado do casal e não no conjunto do patrimônio.

Em que pese ser denominado regime de comunhão universal, a lei permite a exclusão da mencionada comunhão de certos bens especificamente arrolados no art. 1.668:

> I – os bens doados ou herdados com a cláusula de incomunicabilidade e os sub-rogados em seu lugar;
>
> II – os bens gravados de fideicomisso e o direito do herdeiro fideicomissário, antes de realizada a condição suspensiva [ocorre fideicomisso quando uma pessoa, por testamento, nomeia dois herdeiros para um mesmo fim, estabelecendo que um deles, o segundo (fideicomissário), somente entrará

no domínio do bem por morte do primeiro (fiduciário), depois de certo tempo ou depois de cumprida certa condição (art. 1.951, CC)];

III – as dívidas anteriores ao casamento, salvo se provierem de despesas com seus aprestos, ou reverterem em proveito comum;

IV – as doações antenupciais feitas por um dos cônjuges ao outro com a cláusula de incomunicabilidade;

V – os bens referidos nos incs. V a VII do art. 1.669 [V – os bens de uso pessoal, os livros e instrumentos de profissão; VI – os proventos do trabalho pessoal de cada cônjuge; VII – as pensões, meios-soldos, montepios e outras rendas semelhantes].

Regime da participação final nos aquestos

Esse novo regime, instituído pelo Código Civil de 2002 (art. 1.672), trata da participação dos cônjuges nos aquestos (bens adquiridos após o casamento) por ocasião da dissolução do casamento.

Trata-se, esse regime, de uma inovação do atual Código Civil, que houve por bem espelhar-se na legislação de países como França, Alemanha, Suécia e Hungria, entre outros.

De qualquer sorte, não só o novo regime é polêmico, como também o é a forma como se encontra disciplinado nos diversos artigos do Código, estes na sua maioria de difícil compreensão e, em alguns casos, até mesmo contraditórios. Diante desse contexto, a perspectiva que se tem é que o novo regime se prestará a inúmeras e infindáveis discussões doutrinária e jurisprudencial, sem descartar a possibilidade de outras tantas ações judiciais serem promovidas após a dissolução da sociedade conjugal.

Atento a essa questão, Álvaro Villaça Azevedo e Regina Beatriz dos Santos defendem a abolição pura e simples desse regime de bens. Referida posição também está sendo preconizada pelo Instituto Brasileiro de Direito de Família mediante a seguinte justificativa:

> O regime em exame dá margem a lesão a direito de terceiros, e é fonte permanente de potencial conflito entre os cônjuges. Ademais, é extremamente complexa sua liquidação. São conhecidas as dificuldades que gera nos países que o adotam. Por certo, assim como sucedeu com o regime dotal, acabará em desuso. De qualquer forma, sua previsão é desnecessária, uma vez que o art. 1.639 preserva o princípio da livre estipulação, concedendo

aos nubentes para, em pacto antenupcial, estabelecerem o que lhes convier, criando seu próprio regime de bens.

Já a opinião de Bianca Mota de Moraes (MORAES, 2002, p. 354) é a de que,

> uma vez preservada a existência de patrimônio próprio, no qual se integram bens adquiridos antes e *depois* do casamento, como efetivamente dispôs o Novo Código ao tratar do regime que ora se cuida (art. 1.673), não há que se temer pelo abalo da *affectio societatis* por motivos meramente patrimoniais em proporções tais que recomendassem o abandono do regime.

O novel regime de bens tem sido interpretado como um misto de separação e comunhão parcial de bens, ou seja, de um lado preserva a incomunicabilidade dos bens que cada um possui ou possa vir a adquirir individualmente após o casamento; de outro, possibilita a comunicação dos bens que, de forma deliberada, venham os cônjuges a adquirir em conjunto na vigência do matrimônio.

A diferença fundamental em relação ao regime da comunhão parcial de bens, em nosso pensar, é a seguinte: neste, salvo as exceções previstas no próprio Código, comunicam-se os bens adquiridos de forma onerosa por qualquer dos cônjuges durante o casamento; já na participação final nos aquestos, a comunicação fica restrita aos bens adquiridos onerosamente por ambos os cônjuges. Assim, embora pareça ocioso, nunca será demais alertar para a importância de, sendo o caso de compra conjunta, consignar-se expressamente, na escritura de compra, o nome de ambos os adquirentes.

Ao dispor que, nesse regime, cada cônjuge possui patrimônio próprio e que, à época da dissolução da sociedade conjugal (por separação judicial ou divórcio), cada cônjuge terá direito à metade dos bens adquiridos pelo casal a título oneroso na constância do casamento, permite-se inferir a eventual existência de três massas de bens: bens particulares do marido, bens particulares da mulher e bens comuns adquiridos onerosamente pelo casal. A característica principal do regime é, sem dúvida, a possibilidade de participação final nos aquestos, ou seja, a possibilidade da divisão, por metade, dos bens porventura adquiridos conjuntamente pelos cônjuges.

Portanto, como sustenta Bianca Mota de Moraes (*ibid.*, p. 358),

> não basta que os bens sejam adquiridos depois do casamento, nem que o sejam a título oneroso; é preciso, além disso, que sejam adquiridos pelo casal. E a lei não presume que o foram; é necessária, em caso de litígio, a produção probatória, a menos, obviamente, que o(s) bem(ns) já tenha(m) sido adquirido(s) em nome dos dois.

Na lição de Rolf Madaleno, a presunção de serem comuns os bens móveis adquiridos durante o casamento é *juris tantum*, comportando prova em contrário, preferencialmente através de notas fiscais de aquisição. Quando se tratar de móveis já pertencentes à família, trazidas pelo cônjuge ou convivente para a sua nova habitação, poderá se valer de prova testemunhal ou documental, como, por exemplo, fotografias demonstrando a precedente posse e propriedade de certos móveis, porque mostram as fotos de que eles já ornavam a primitiva casa do cônjuge ou de algum familiar seu (MADALENO, 2008, p. 593).

O regime de bens em tela constitui, por assim dizer, mescla do regime da separação total com o da comunhão parcial, uma vez que cada cônjuge mantém seu próprio patrimônio ao casar (como no regime da comunhão parcial). Na hipótese de dissolução do casamento, partilham-se somente os bens adquiridos em conjunto por ambos os cônjuges e a título oneroso, diferentemente da comunhão parcial, na qual os bens adquiridos onerosamente por qualquer dos cônjuges se comunicam. Uma das particularidades desse regime é a possibilidade dele vir a restringir-se unicamente à separação de bens, o que poderá ocorrer na eventualidade de nada vir a ser adquirido por ambos os cônjuges na vigência do casamento.

Assim, no regime de participação final nos aquestos, cada cônjuge possui patrimônio próprio, consoante disposto no art. 1.673, e lhe cabe, à época da dissolução da sociedade conjugal, direito à metade dos bens adquiridos pelo casal, a título oneroso, na constância do casamento (art. 1.672 do CC). Integram o patrimônio próprio os bens que cada cônjuge possuía ao casar e os por eles adquiridos individualmente, a qualquer título, na constância do casamento (art. 1.673 do CC). A administração desses bens é exclusiva de cada cônjuge, que os poderá livremente alienar se forem móveis (parágrafo único).

Conforme consta do art. 1.674 do Código Civil, sobrevindo a dissolução da sociedade conjugal (por morte, separação judicial ou extrajudicial, anulação ou divórcio), apurar-se-á o montante dos aquestos, excluindo-se da soma dos patrimônios próprios: "I – os bens anteriores ao casamento e os que em seu lugar se sub-rogaram; II – os que sobrevieram a cada cônjuge por sucessão ou liberalidade; III – as dívidas relativas aos bens".

Regime da separação de bens

Separação de bens é o regime pelo qual cada cônjuge conserva a propriedade exclusiva dos bens presentes e futuros (art. 1.687 do CC). Em face da impossibilidade de comunicação futura dos bens, cada cônjuge é administrador de seus próprios bens, podendo aliená-los livremente sem necessidade da outorga conjugal (art. 1.647 do CC). Considerando-se o modo de constituição, o regime da separação pode ser convencional ou legal.

Separação convencional

Separação convencional de bens é o regime originado de expressa convenção escrita entre os nubentes, formalizada por pacto antenupcial e devidamente registrada no Registro de Imóveis. Diferencia-se, evidentemente, da separação legal, imposta por lei aos nubentes que se enquadrarem nas hipóteses do art. 1.641 do Código Civil.

Separação legal

Trata-se do regime de separação obrigatória de bens, exigido expressamente pelo art. 1.641 do Código Civil para o casamento de determinadas pessoas naquele dispositivo especificadas: "I – das pessoas que o contraírem com inobservância das causas suspensivas da celebração do casamento; II – da pessoa maior de sessenta anos; III – de todos os que dependerem, para casar, de suprimento judicial".

A exigência do regime de separação para os maiores de 60 anos tem sido considerada atentatória à dignidade humana dos mais velhos, que ficam impedidos de livremente escolher o regime de bens ao se casarem com fundamento de ser incompatível com os arts. 1º, III, e 5º, I, X e LIV, da Constituição Federal. De qualquer modo, o Enunciado n. 261 do Conselho de Justiça Federal, que faz expressa referência ao art. 1.641, adita que "A obrigatoriedade do regime da separação de bens não se aplica a pessoa maior de 60 anos, quando o casamento for precedido de união estável iniciada antes dessa idade". Já o Enunciado n. 262, também editado pelo referido Conselho, admite a alteração posterior do regime de bens quando superada a causa das imposições previstas nos incisos I e III: "A obrigatoriedade da separação de bens, nas hipóteses previstas nos incs. I e III do art. 1.641 do Código Civil, não impede a alteração do regime, desde que superada a causa que o impôs".

Inaplicabilidade do regime de separação obrigatória para os conviventes maiores de 60 anos. O TJRS, afastando a aplicação analógica para restringir direitos, considerou que os conviventes, na união estável, não estão sujeitos aos efeitos do art. 1.641, II, do Código Civil:

> Apelação cível. União estável. 1 – Reconhecimento. Havendo prova documental e oral robusta e uníssona a respeito da união estável nos moldes do art. 1.723 do CC/2002, mantém-se o seu reconhecimento. 2 – Meação. Regime de bens. Separação obrigatória. Inaplicabilidade do art. 1.641, II, CC/2002. Não se aplica à união estável o art. 1.641, II, CC/2002, por afronta ao princípio constitucional da dignidade da pessoa humana, e pelo descabimento de aplicação analógica para restringir direitos. O regime de bens na união estável é o da comunhão parcial, estando correto o reconhecimento do direito à meação à autora. Apelação cível do réu desprovida. (TJRS, 8ª Câm. Cível, Ap. cível n. 70.019.235.043, rel. José Ataídes Siqueira Trindade, j. 04.10.2007)

A questão da comunicação dos aquestos. Anteriormente à edição do vigente Código Civil, o tema da comunicação dos aquestos seguia a diretriz da Súmula n. 377 do STF assim redigida: "No regime de separação legal de bens comunicam-se os bens adquiridos na constância do casamento". O STJ firmou entendimento, depois, segundo o qual o Enunciado n. 377 da Súmula do STF deve restringir-se aos aquestos resultantes da conjugação de esforços do casal:

> Esforço comum. Comunicabilidade. Súmula STF, Enunciado n. 377. Correntes. Código Civil, arts. 258/259. Recurso inacolhido. I – Em se tratando de regime de separação obrigatória (Código Civil, art. 258), comunicam-se os bens adquiridos na constância do casamento pelo esforço comum. II – O Enunciado n. 377 da Súmula STF deve restringir-se aos aquestos resultantes

da conjugação de esforços do casal, em exegese que se afeiçoa a evolução do pensamento jurídico e repudia o enriquecimento sem causa. (STJ, 4ª T., REsp n. 9.938, rel. Min. Sálvio de Figueiredo Teixeira, j. 09.06.1992)

Em 2001, no entanto, a 3ª Turma do STJ adotou integralmente o enunciado da Súmula n. 377 do STF, como se demonstra:

Casamento. Separação obrigatória. Súmula n. 377 do Supremo Tribunal Federal. Precedentes da Corte. 1 – Não violenta regra jurídica federal o julgado que admite a comunhão dos aquestos, mesmo em regime de separação obrigatória, na linha de precedentes desta turma. 2 – Recurso especial não conhecido. (3ª T., REsp n. 208.640/RS, rel. Min. Carlos Alberto Menezes Direito, j. 15.02.2001, *DJ* 28.05.2001, p. 160)

O Ministro Carlos Alberto Menezes Direito, relator do citado recurso especial, justificou seu voto da seguinte forma:

O que se discute nestes autos é a interpretação que deve ser adotada nos casos de casamento com regime obrigatório de separação (art. 258, parágrafo único, I, c/c art. 183, XIII, do CCB). O acórdão recorrido entendeu que deve ser aplicada diretamente a Súmula n. 377/STF, havendo, portanto, a comunicação dos aquestos. A jurisprudência da Corte mostra que não há uniformidade na matéria. A 4ª Turma, com a relatoria do Sr. Min. Sálvio de Figueiredo Teixeira, decidiu que no regime de separação obrigatória (art. 258 do CCB), "comunicam-se os bens adquiridos na constância do casamento pelo esforço comum" (REsp n. 9.938/SP, *DJ* 03.08.1992). A 3ª Turma, porém, com a relatoria do Sr. Min. Eduardo Ribeiro, assentou que os aquestos comunicam-se, "não importando que hajam sido ou não adquiridos com o esforço comum"(REsp n. 1.615/GO, *DJ* 12.03.1990). Naquele precedente, destacou o Sr. Min. Sálvio de Figueiredo Teixeira a divergência para concluir que a doutrina enfrenta a súmula, acabando por acolher o entendimento menos radical que subordina a comunicação ao esforço comum, na linha do magistério de Washington de Barros Monteiro e de Sílvio Rodrigues, sendo essa a sua compreensão porque "se afeiçoa à evolução do pensamento jurídico, repudia o enriquecimento sem causa e dá sentido ao enunciado n. 377 da Súmula/STF". Para a 3ª Turma, porém, com a adesão dos srs. Mins. Nilson Naves e Waldemar Zveiter, a "interpretação exata da Súmula n. 377 é no sentido de que os aquestos comunicam-se, no regime de separação legal, pelo simples fato de terem sido adquiridos na constância do casamento, não importando que haja resultado ou não do esforço comum. Neste sentido, o voto do Min. Moreira Alves transcrito no acórdão é bastante elucidativo". Em princípio, creio ser a posição agasalhada pela 3ª Turma a que melhor se ajusta ao casamento. De fato, como assinalado no acórdão recorrido, a jurisprudência passou a considerar que a convivência gera uma participação comum para a manutenção da vida familiar, admitindo-se, assim, que o esforço comum não fique concentrado na mera contribuição econômica, sendo suficiente a existência de contribuição indireta, própria da vida de casado, tal e qual construiu a jurisprudência no caso das antigas sociedades de fato, hoje, sob o regime da união estável.

Frise-se que, na redação inicial do projeto do atual Código Civil, constava expressamente, no final do art. 1.641, a expressão *sem a comunhão de aquestos*. Considerando, pois, que referida previsão foi suprimida da redação final do Código Civil de 2002, parece fora de dúvida que o entendimento do STJ, manifestado em 2001, segundo o qual a comunhão de aquestos ocorre independentemente de esforço comum na aquisição dos bens, deve ser respeitado mesmo após a entrada em vigor do vigente Código Civil.

Sociedade entre cônjuges

A partir da vigência do Código Civil de 2002, a teor do art. 977, somente as pessoas casadas por outro regime de bens que não os de comunhão universal de bens ou separação obrigatória podem constituir sociedade empresária ou sociedade simples entre si.

Conforme já demonstrado no item "Alteração do regime" deste Capítulo, hoje está consolidado o entendimento de que a referida exigência não se aplica às sociedades constituídas antes da vigência do atual Código ficando restrita às que vierem a ser constituídas após sua vigência, como demonstra o seguinte enunciado emitido pelo Conselho de Justiça Federal: "Enunciado n. 204 – Art. 977: A proibição de sociedade entre pessoas casadas sob o regime da comunhão universal ou da separação obrigatória só atinge as sociedades constituídas após a vigência do Código Civil de 2002".

Alimentos 11

Conceito

Alimentos, também denominados pensão alimentícia, são o pagamento sucessivo e continuado de certa quantia em dinheiro que uma pessoa faz a outra, em razão de parentesco ou dever de assistência, destinado a prover sua subsistência. Além do necessário à alimentação, deve a verba alimentar ser bastante para proporcionar vestuário, habitação e educação do alimentando.

De acordo com a maior ou menor abrangência da verba alimentar, os alimentos podem ser classificados em civis e naturais. São ***civis*** os alimentos destinados a manter a qualidade de vida do alimentando de modo a preservar o mesmo padrão social. São ***naturais*** os alimentos indispensáveis para garantir a subsistência, como ocorre com os alimentos prestados ao cônjuge culpado pela separação judicial (art. 1.704, parágrafo único, do CC).

Conquanto a forma mais usual de fornecer alimentos seja mediante prestação pecuniária, o Código Civil admite também a prestação *in natura*, isto é, através do fornecimento de gêneros alimentícios e outras utilidades indispensáveis ao alimentado, como se permite inferir do art. 1.701 do Código Civil, que menciona especificamente hospedagem e sustento do alimentando além do necessário a sua educação.

A obrigação de prestar alimentos no âmbito do Direito de Família, ao reverso da obrigação decorrente da vontade das partes (contrato, testamento – art. 1.920 do CC) ou da prática de ato ilícito (arts. 186, 927 e 948, II, do CC), funda-se no poder familiar, no vínculo de parentesco ou no dever de mútua assistência (casamento, união estável).

Alimentos no Direito de Família

Características

São características dos alimentos, as quais se permite abordar, as seguintes:

a) **pessoalidade:** cuida-se de direito *personalíssimo*, porquanto o beneficiário deverá, obrigatoriamente, possuir vínculo de natureza parental, matrimonial ou decorrente de união estável. O direito a alimentos inclui-se, no caso, entre os direitos estabelecidos *intuitu personae*, nos quais se tem em vista a própria pessoa que é titular, razão pela qual não pode ser objeto de cessão, compensação ou penhora (art. 1.707 do CC).

b) **inalienabilidade:** em face de sua qualificação como direito indisponível, é vedada qualquer transação a respeito dos alimentos e, conseqüentemente, sua cessão ou compensação a terceiro, inclusive a penhora (art. 1.707 do CC). Não obstante isso, têm-se consideradas válidas as convenções entre as partes no tocante à fixação do valor e ao modo de prestação dos alimentos, uma vez que, segundo prestigiada doutrina sobre direitos disponíveis, as partes poderiam efetuar uma transação plena, enquanto nos direitos indisponíveis somente se permitiria uma transação parcial. O exemplo clássico é no direito a alimentos que, apesar de indisponível, as partes podem transigir quanto ao valor.

c) **intransmissibilidade:** dada sua característica personalíssima, com o falecimento do alimentando, não pode a verba alimentar que ele recebia em vida ser transmitida a seus herdeiros. Já no referente à transmissão da obrigação do alimentante a seus sucessores, no caso de alimentos prestados a filhos, a interpretação que o TJRS vem dando ao art. 1.700 ("A obrigação de prestar alimentos transmite-se aos herdeiros do devedor, na forma do art. 1.694") é a de que tanto as prestações vencidas quanto as vincendas deverão ser adimplidas até se consumar a partilha, uma vez que, com o recebimento de bens do inventário, cessará a necessidade do alimentando (TJRS, 7ª Câm. Cível, Ap. cível n. 70.007.905.524, rel. Des. Luiz Felipe Brasil Santos, j. 19.02.2004; TJRS, 4º G. Câm. Cível, Embargos Infringentes n. 70.011.849.072, j. 08.07.2005). Tratando-se, porém, de alimentos fornecidos a ex-cônjuge ou ex-companheiro, entendemos que a obrigação dos herdeiros circunscreve-se às prestações vencidas e exigíveis até o momento da abertura da sucessão, nos estritos termos do art. 1.017 do Código de Processo Civil. Não respondem, assim, os herdeiros pela dívida cujo montante ultrapasse as forças da herança, à semelhança do que ocorre com as dívidas decorrentes de fiança (art. 836 do CC). As prestações futuras serão substituídas pela pensão previdenciária deixada pelo alimentante, a qual será dividida proporcionalmente caso o falecido tenha deixado segunda esposa ou companheira. Sendo hipótese de ex-esposa que tenha renunciado aos alimentos por ocasião da separação judicial, somente haverá direito à pensão previdenciária do ex-marido no caso de comprovação da necessidade econômica superveniente ao teor da Súmula n. 336 do STJ.

d) **irrenunciabilidade:** o credor de alimentos pode deixar de exercer, mas não pode renunciar a alimentos (art. 1.707 do CC). Assim, o fato de não exercer temporariamente seu direito não significa que o alimentando renunciou definitivamente à faculdade de obter alimentos. Questiona-se, porém, se a irrenunciabilidade restringe-se aos alimentos devidos entre parentes, *ius sanguinis*, ou é extensiva a outras espécies de alimentos, como os devidos entre cônjuges, que não são parentes consangüíneos. Todavia, entendemos que, em face do art. 1.694 do Código Civil combinado com o art. 1.707, parece fora de dúvida que, a partir de sua vigência, a irrenunciabilidade também se estende aos alimentos devidos entre cônjuges e companheiros.

e) **imprescritibilidade:** o direito de pedir alimentos não prescreve, podendo ser exercido a todo tempo, comprovada a necessidade. A prescrição somente tem lugar em relação às prestações devidas, no prazo de dois anos, a partir da data em que se vencerem, conforme dispõe o art. 206, § 2º, do CC.

f) **irrepetibilidade:** os alimentos, depois de prestados, não podem constituir objeto de ação de repetição de indébito para o fim de o alimentante obter a devolução de quantias pagas a título de alimentos provisórios quando julgada improcedente a ação de alimentos consoante autorizada doutrina. No entanto, admite-se ao que pagou indevidamente obter a restituição de terceiro, comprovado ser este o verdadeiro devedor dos alimentos, como na hipótese do art. 871 do atual Código Civil.

g) **incompensabilidade:** é vedada a compensação de verbas devidas a título de alimentos com outra dívida qualquer que o alimentado tenha contraído perante o alimentante sob pena de restar prejudicada a natureza da prestação alimentar, suprimindo ao alimentado os recursos necessários à sua subsistência (art. 1.707 do CC).

Natureza obrigacional

Partindo da premissa de que todo indivíduo tem o direito de viver, se um indivíduo não possui meios para prover sua existência e tem parentes, estes têm o dever de lhe facultar os meios de manter sua subsistência.

O direito à prestação de alimentos é recíproco entre pais e filhos, e extensivo a todos os ascendentes, recaindo a obrigação nos mais próximos em grau na falta de outros (art. 1.696 do CC). Igual direito corresponde aos parentes, cônjuges e companheiros (art. 1.694 do CC).

Obrigação alimentar dos pais

A obrigação alimentar dos pais em relação aos filhos resulta do dever de sustento e se insere entre os deveres do poder familiar. Para efeito da lei, desde que devidamente reconhecidos, ainda que de forma forçada, todos os filhos têm iguais direitos, entre os quais se inclui o direito a alimentos. Nesse sentido, a regra do art. 227, § 6º, da Constituição Federal, repetida no art. 1.596 do Código Civil: "Os filhos, havidos ou não da relação do casamento, ou por adoção, terão os mesmos direitos e qualificações, proibidas quaisquer designações discriminatórias relativas à filiação".

A obrigação alimentar dos pais em relação aos filhos abrange: filhos menores de 18 anos; os filhos maiores, provada a necessidade ou enquanto forem estudantes universitários até a idade de 24 anos; e os filhos inválidos de qualquer idade (art. 1.590 do CC). O direito de os filhos menores e os maiores incapazes perceberem alimentos independe da prova da necessidade, uma vez que esta se presume. Assim, aos filhos que convivem com os pais, os alimentos são fornecidos *in natura*, isto é, através de gêneros alimentícios, vestuário, assistência à saúde e hospedagem, além do necessário a sua educação. Para os filhos que não tenham convívio com o alimentante, por exemplo, os havidos fora do casamento, devidamente reconhecidos, e aqueles cuja guarda é deferida ao outro cônjuge, o alimentante contribuirá com uma soma pecuniária calculada pelo juiz com base na necessidade do alimentando e na possibilidade do alimentante, visando, na medida do possível, a suprir as mesmas necessidades mencionadas.

Sendo caso de menor que busca o reconhecimento por intermédio de ação de investigação de paternidade, admite-se a cumulação com a ação de alimentos. Se procedente a ação, o juiz imporá ao demandado a obrigação alimentar a partir da data da decisão, retroagindo à data de citação do demandado, nos termos da Súmula n. 277 do STJ. Há, inclusive, decisões defendendo que, nesse caso, devem os alimentos ser fixados independentemente de pedido do alimentando, conforme consta da seguinte Conclusão do Centro de Estudos do Tribunal de Justiça do Rio Grande do Sul:

> **26ª.** Em ação de investigação de paternidade, sendo menor o investigante – e presumida, em caráter relativo, a necessidade – devem ser fixados alimentos independentemente de pedido. (Unanimidade).
>
> Justificativa: Regulando a investigação de paternidade dos filhos havidos fora do casamento, dispõe o art. 7º da Lei n. 8.560/92 que "sempre que na sentença de primeiro grau se reconhecer a paternidade, nela se fixarão os alimentos (...)". Tal dicção normativa não deixa margem à dúvida acerca da obrigatoriedade dessa fixação, que não fica condicionada, portanto, à existência de pedido por parte do autor. Justifica-se, entretanto, que se limite tal entendimento aos casos em que menor o investigante, eis que nessa hipótese a necessidade é sempre presumida, o que não ocorre com relação aos maiores de idade.

O direito aos alimentos dos filhos maiores de dezoito anos funda-se no parentesco e exige a prova da necessidade. Para efeito de necessidade, podem-se citar como exemplos a necessidade de freqüentar curso universitário, o desemprego e a doença temporária. Em relação aos filhos universitários, a posição da jurisprudência majoritária é no sentido de os alimentos serem fornecidos pelos pais até os filhos atingirem a idade de 24 anos.

Convém ressaltar que já existe projeto de lei em tramitação que visa a acrescentar o § 3º ao art. 1.694, com o objetivo de contemplar expressamente o direito aos alimentos dos filhos maiores de idade, com a seguinte redação: "A obrigação de prestar alimentos entre parentes independe de ter cessado a maioridade, se comprovado que o alimentando não tem rendimentos ou meios próprios de subsistência, necessitando de recurso, especialmente para a educação". Com a maioridade, ou cessado o poder familiar por qualquer outra causa, pode o filho, portanto, requerer alimentos com base na obrigação alimentar recíproca decorrente do parentesco ou do *jus sanguinis*, competindo ao requerente, no entanto, comprovar a necessidade:

> Obrigação alimentar decorrente de pátrio poder. Dever de sustento. Cessação com a maioridade do filho. 1 – Aos pais é exigida pela Carta Política a mantença dos filhos, sobre os quais não pesa mais qualquer tipo de distinção discriminatória (cf. art. 229). 2 – No mesmo sentido dispõe o inc. IV do art. 1.566 do atual Código Civil, que corresponde ao inc. IV do art. 231 do Código Civil de 1916. 3 – Os filhos, enquanto menores, podem exigir dos pais a prestação alimentícia com base no dever de sustento decorrente do pátrio poder. 4 – Tendo a alimentada completado 24 anos, ultrapassou o limite fixado pela jurisprudência para a conclusão do curso superior, razão pela qual, está o alimentante exonerado do dever de sustento ao qual estava obrigado. 5 – Com a maioridade, ou cessado o poder familiar por qualquer outra causa, o filho pode requerer alimentos com base na obrigação alimentar recíproca decorrente do parentesco ou do *jus sanguinis*, competindo ao requerente a prova da necessidade. 6 – Manutenção do *decisum*. 7 – Desprovimento do recurso. (TJRJ, 8ª Câm. Cível, Ap. cível n. 2006.001.14.573, rel. Des. Letícia Sardas, j. 12.09.2006)

Obrigação alimentar dos avós

A regra do art. 1.696 do Código Civil é no sentido de que o direito à prestação de alimentos é extensivo a todos os ascendentes, recaindo a obrigação nos mais próximos em grau, uns em falta de outros. Incluem-se, portanto, os avós no rol dos obrigados a prover alimentos aos netos quando ausentes, falecidos ou impossibilitados os pais dos alimentandos.

O comando do art. 1.698 também reconhece a obrigação complementar do pagamento de alimentos quando o parente mais próximo não possa, sozinho, arcar com todo o ônus:

> Se o parente, que deve alimentos em primeiro lugar, não estiver em condições de suportar totalmente o encargo, serão chamados a concorrer os de grau imediato; sendo várias as pessoas obrigadas a prestar alimentos, todas devem concorrer na proporção dos respectivos recursos, e, intentada ação contra uma delas, poderão as demais ser chamadas a integrar a lide.

A regra, como se observa, é de alto significado prático, o que importa dizer, por exemplo, que, necessitando o alimentando de R$ 500,00 para sua mantença e podendo o pai somente contribuir com R$ 250,00, poderá o alimentando voltar-se contra os avós para buscar a complementação dos R$ 250,00 faltantes. Nessa linha, decisão do STJ (REsp n. 119.336, *DJ* 10.03.2003): "Os avós, tendo condições, podem ser chamados a complementar o pensionamento prestado pelo pai que não supre de modo satisfatório a necessidade dos alimentandos". Não fica descartado, porém, a possibilidade de os avós suportarem integralmente a obrigação se provada a total impossibilidade ou ausência dos pais.

A obrigação alimentar dos avós é, nesse caso, complementar e subsidiária à de ambos os cônjuges, conforme a Conclusão n. 44 do Centro de Estudos do Tribunal de Justiça do Rio Grande do Sul:

> **44ª.** A obrigação alimentar dos avós é complementar e subsidiária à de ambos os genitores, somente se configurando quando pai e mãe não dispõem de meios para prover as necessidades básicas dos filhos.
>
> Justificativa: O art. 1.696 do Código Civil dispõe que a obrigação alimentar recai nos parentes "mais próximos em grau, uns em falta de outros". Portanto, para que se configure a obrigação dos ascendentes mais remotos, é necessário que reste demonstrada a impossibilidade de todos os mais próximos em suportar o encargo alimentar. Somente se passa de um grau para o outro quando esgotada a possibilidade de todos os parentes daquele grau mais próximo. Nestas condições, somente se viabiliza a postulação de alimentos contra os avós quando o pai e a mãe não possuem condições de arcar, mesmo individualmente, com o sustento dos filhos. Precedentes: 7ª Câm. Cível, Ap. cível n. 70.004.359.915; 7ª Câm. Cível, Ap. cível n. 70.002.611.713.

Ademais, como consta de julgado do STJ, a obrigação subsidiária – em caso de inadimplemento da principal – deve ser diluída entre avós paternos e maternos, na medida de seus recursos, diante de sua divisibilidade e possibilidade de fracionamento:

> Cuida-se de ação revisional de alimentos proposta por menor impúbere, representada por sua mãe, contra o pai e o avô paterno. Os réus argüiram a necessidade de citação também dos avós maternos sob a alegação de existir litisconsórcio necessário. Pelo art. 397 do CC/1916, este Superior Tribunal havia pacificado a tese de que, na ação de alimentos proposta por netos contra o avô paterno, seria dispensável a citação dos avós maternos, por não se tratar de litisconsórcio necessário, mas sim facultativo impróprio. A questão consiste em saber se o art. 1.698 do CC/2002 tem o condão de modificar a interpretação pretoriana firmada sobre o art. 397 do Código Civil revogado. Em primeira análise, a interpretação literal do dispositivo parece conceder uma faculdade ao autor da ação de alimentos de trazer para o pólo passivo os avós paternos e/ou os avós maternos, de acordo com sua livre escolha. Todavia, essa não representa a melhor exegese. É sabido que a obrigação de prestar alimentos aos filhos é, originariamente, de ambos os pais, sendo transferida aos avós subsidiariamente, em caso de inadimplemento, em caráter complementar e sucessivo. Neste contexto, mais acertado o entendimento de que a obrigação subsidiária – em caso de inadimplemento da principal – deve ser diluída entre os avós paternos e maternos, na medida de seus recursos, diante de sua divisibilidade e possibilidade de fracionamento. Isso se justifica, pois a necessidade alimentar não deve ser pautada por quem paga, mas sim por quem recebe, representando para o alimentando maior provisionamento tantos quantos réus houver no pólo passivo da demanda. Com esse entendimento, a turma, prosseguindo o julgamento, conheceu do recurso e deu-lhe provimento para determinar a citação dos avós maternos, por se tratar da hipótese de litisconsórcio obrigatório simples. (STJ, REsp n. 658.139/RS, rel. Min. Fernando Gonçalves, j. 11.10.2005)

Frise-se, no entanto, que, para configurar a responsabilidade dos avós, é necessário comprovar a incapacidade dos pais cumprirem a obrigação. Nesse sentido, e considerando ilegal a prisão de avós por não pagarem pensão aos netos, o STJ decidiu não ser possível impetrar-se ação judicial diretamente contra os avós paternos sem comprovação de que o devedor originário – o pai – está impossibilitado de cumprir seu dever. O entendimento, firmado pela 3ª Turma, impediu a prisão dos avós, considerada legal pela Justiça de Mato Grosso do Sul.[64]

---

64 Processo HC n. 38.314, j. 25.02.2005. Consta ainda do acórdão: "G.O.M.F., o neto, tem quatro anos incompletos e, representado por sua mãe, entrou na Justiça contra os avós com uma ação de alimentos, em março de 2004, pedindo um salário-mínimo mensal, a ser depositado na conta do menor até o dia 10 de cada mês. Como não foram depositados os valores de junho e julho – totalizando R$ 520,00 –, pediu a citação de ambos para que fizessem o pagamento. A juíza de primeiro grau determinou que o menor e sua representante incluíssem o pai do menino no pólo passivo da ação, entendendo ser a medida imprescindível tendo em vista que os parentes 'mais remotos só serão obrigados quando inutilmente se recorrer aos que os precedem'. Considerou a juíza que, se admissível a ação de alimentos contra o avô, há carência da ação se qualquer dos genitores tem patrimônio hábil a sustentá-lo. Isso porque o avô só está obrigado a prestar alimentos ao neto se o pai deste não estiver em condições de concedê-los, estiver incapacitado ou falecido; 'assim, a ação de alimento não pode ser contra o ascendente de um grau sem prova de que o mais próximo não pode satisfazê-lo'. Diante disso, o pai foi incluído na ação. Os avós contestaram. Alegaram que não era possível juridicamente a formulação simultânea de pedido de alimentos contra genitores e progenitores e, desse modo, eles não teriam legitimidade para responder pela ação. Além disso, o pedido para os avós só seria possível se comprovada a impossibilidade do pai de cumprir com a responsabilidade. A juíza fixou, liminarmente, o valor a ser pago a título de pensão provisória: um salário-mínimo. E, como a mãe do menor entrou com ação de execução exigindo o pagamento, concedeu três dias para que fosse efetuado o pagamento, sob risco de prisão. A decisão levou os avós a entrar com *habeas corpus* no Tribunal de Justiça de Mato Grosso do Sul. Argumentaram que a decisão é ilegal e abusiva porque, como sabido, a obrigação de alimentar cabe primeiramente aos pais e que, estando comprovado que o devedor primário tem rendimentos suficientes, eles não têm de suportar o ônus. Afirmam, ainda, que os avós maternos também devem responder em concorrência pelos alimentos, quando comprovada a insuficiência do genitor. Requereram liminar para evitar a prisão. Como o TJ considerou legal a prisão dos avós que não pagam alimentos provisórios ao neto, foi apresentado novo *habeas corpus*, dessa vez no STJ. Sustenta a defesa que a criança não corre nenhum risco de privação do necessário, uma vez que os avós maternos afirmaram ser provedores do menor desde o seu nascimento. Relata, também, que há, na ação de alimentos, documento comprovando que o pai do menor ganha 2,25 salários-mínimos mensalmente, pelo que, em tese, pode arcar com os alimentos provisórios, que poderão ser descontados diretamente de seus vencimentos. Afora isso, o pai vem pagando meio salário-mínimo à mãe da criança, conforme acordo feito em audiência de conciliação. O relator do caso, Ministro Antônio de Pádua Ribeiro, ao apreciar o caso, destacou que o STJ vem decidindo que a responsabilidade alimentar dos avós tem como pressuposto a *falta* dos pais, a ela equiparada a incapacidade de o pai cumprir com sua obrigação. Pela jurisprudência do tribunal, não é só porque o pai deixa de admitir a obrigação alimentar devida aos seus filhos que sobre os avós deve recair a responsabilidade pelo cumprimento integral. Para o ministro, não há nos autos qualquer decisão judicial no sentido de que o pai da criança – o devedor originário – esteja incapacitado para cumprir sua obrigação. 'Aliás, sequer consta do acórdão proferido pelo tribunal *a quo* tenha o alimentando ajuizado ação de alimentos contra o seu genitor', afirma, completando: 'A ação foi proposta apenas contra os avós paternos, daí a razão de ter a juíza de Direito determinado a emenda da inicial para incluir no pólo passivo o devedor primário da obrigação alimentar, no caso, o pai do menor'. Assim, entende o relator que a prisão dos avós é ilegal".

Obrigação alimentar dos filhos

Os filhos maiores têm o dever de ajudar e amparar os pais na velhice, carência ou enfermidade. É o que consta do art. 229 da Constituição Federal, cuja leitura deve ser complementada com a do art. 1.696 do Código Civil que adita que "o direito à prestação de alimentos é recíproco entre pais e filhos [...]". Assim, com fundamento em qualquer dos dispositivos citados, podem os pais necessitados requerer dos filhos maiores e, em nosso entender, também dos filhos menores que possuam condições econômicas, os alimentos de que necessitam para sua mantença.

Os pais idosos podem entrar com ação para cobrança de pensão alimentícia contra apenas um dos filhos em razão da natureza solidária desse tipo de pagamento. No STJ, a Ministra Nancy Andrighi, acatando as alegações dos pais, concluiu que, apesar dos alimentos devidos em razão de parentesco ser obrigação de natureza conjunta, decorrente da relação autônoma de cada devedor com o credor, o Estatuto do Idoso, lei especial, contraria a lei geral ao atribuir expressamente a natureza solidária da dívida. Concluiu a relatora:

> A lei especial, art. 12, permite ao idoso optar entre os prestadores, litigar com o filho que lhe interessar, que no processo sob julgamento foi justificada dita opção em face da incapacidade econômica da outra filha (despejada por falta de pagamento dos locatícios). Por conseguinte e em conclusão, não há violação ao art. 46 do CPC, por inaplicável na espécie de dívida solidária de alimentos. (STJ, 3ª T., REsp n. 775.565, j. 26.06.2006)

A ausência de solidariedade do direito alimentar, segundo a Ministra Nancy Andrighi, sempre se mostrou incontroversa no Direito brasileiro. Clóvis Beviláqua, a seu tempo, já ensinava que "se os alimentos forem devidos por mais de uma pessoa, a prestação deverá ser cumprida por todas, na proporção dos haveres de cada uma. A obrigação de prestar alimentos não é solidária" (BEVILÁQUA, 1975, p. 866). Atualmente, o Código Civil reafirmou o preceito contido nos arts. 1.696 a 1.698. E nem poderia ser diferente, pois o reconhecimento da solidariedade implicaria admitir que todos os obrigados eram responsáveis de igual modo e por igual valor. Relativamente aos alimentos, tal não sucede, pois cada devedor é obrigado a contribuir na medida de suas possibilidades (WALD, 2005, p. 54-55).

Obrigação alimentar entre parentes

O art. 1.697, em complementação ao art. 1.696, dispõe que cabe a obrigação aos descendentes na falta de ascendentes, guardada a ordem de sucessão; e, faltando estes, aos irmãos, assim germanos (irmãos por parte de mãe e pai) como unilaterais (irmãos por parte só do pai ou só da mãe).

Somente quatro classes de parentes são, pois, obrigadas a prestação de alimentos, em ordem preferencial, formando uma verdadeira hierarquia no parentesco: pais e filhos reciprocamente; nas falta destes, os ascendentes, na ordem de sua proximidade; os descendentes, na ordem de sucessão; e os irmãos, unilaterais ou bilaterais, sem distinção ou preferência (cf. GONÇALVES, 2005, p. 481). É inadmissível, portanto, a obrigação alimentar entre pessoas ligadas pelo vínculo da afinidade, salvo sob o ponto de vista da obrigação natural.

No pertinente à possibilidade de se requerer alimentos de irmãs casadas, já foi decidido (*RT* 665/74 e 721/97) que, quando têm filhos e são inteiramente dependentes dos maridos por não exercerem atividade remunerada, não podem ser responsabilizadas pela pensão dos irmãos menores, sob pena de, por via indireta, condenarem-se os cunhados, que não estão evidentemente na linha de responsabilidade fixada pela lei civil.

A obrigação de fornecer alimentos entre parentes abrange tanto o parentesco de sangue quanto o parentesco civil originado da adoção.

Obrigação entre cônjuges e companheiros

O direito e o dever de prestar alimentos aos cônjuges e companheiros decorrem não só do dever de assistência imposto pelo art. 1.566, III, como também do art. 1.694, ambos do Código Civil. Durante o casamento, essa assistência se traduz no fornecimento de alimentos em espécie destinados à manutenção com dignidade do cônjuge ou companheiro que não exerça atividade remunerada ou não possua bens. No entanto, com a ruptura do casamento ou da união estável, a continuidade da prestação de alimentos fica condicionada ao acordo, na separação consensual, ou ao grau de participação do cônjuge na separação e sua necessidade, na separação litigiosa.

Na separação consensual, em face de fundar-se ela em acordo, é livre a estipulação dos alimentos entre os cônjuges. No entanto, o mesmo direito de convenção não constitui óbice a que qualquer dos cônjuges deixe de exercer temporariamente seu direito a alimentos, pois o atendimento a pedido posterior está assegurado não só pelo art. 1.704, como também pelo art. 1.707 do Código Civil, que veda a renúncia a alimentos. Na separação litigiosa, o comando do art. 1.702 do Código Civil é no sentido de que, sendo um dos cônjuges inocente e desprovido de recursos, prestar-lhe-á o outro a pensão alimentícia fixada pelo juiz. Por outras palavras, o cônjuge somente terá direito à percepção de pensão compatível com sua condição social se presentes as seguintes situações: inexistência de culpa pela separação e prova da necessidade dos alimentos.

Conseguintemente, em princípio, não fará jus a alimentos o cônjuge que tiver dado causa à separação em razão de abandono do lar, sem justa causa, ou tiver praticado ato de infidelidade, mesmo que dos alimentos necessite. Diz-se em princípio porque o atual Código Civil, de forma inovadora, veio estabelecer que, se o cônjuge responsável pela separação vier a necessitar de alimentos e não tiver parentes em condições de prestá-los, nem aptidão para o trabalho, o outro cônjuge será obrigado a assegurá-los em valor indispensável à sobrevivência (art. 1.704, parágrafo único).

Questão que há muito tempo tem sido alvo de controvérsia é a pertinente à possibilidade de renúncia a alimentos pelo cônjuge. Acreditamos, porém, que o atual Código Civil elucidou em definitivo a questão. Ocorre que uma interpretação sistemática dos arts. 1.694, 1.704 e 1.707 do Código permite razoavelmente concluir que a irrenunciabilidade também passou a abranger os alimentos do cônjuge e do convivente. Assim, se o art. 1.707 refere que "pode o credor não exercer, porém lhe é vedado renunciar o direito a alimentos", e o art. 1.694 adita que "podem os parentes, os cônjuges ou companheiros pedir uns aos outros os alimentos de que necessitem para viver", resta incontroverso que tanto uns quanto outros situam-se no mesmo plano jurídico e, portanto, usufruindo dos mesmos direitos em relação à verba alimentar. Demais disso, o art. 1.704 arremata, proclamando que "se um dos cônjuges separados judicialmente vier a necessitar de alimentos, será o outro obrigado a prestá-los"; de onde se infere que, tanto na hipótese de renúncia quanto na do não-exercício do direito, pode o cônjuge necessitado pleitear alimentos.

No mesmo plano de entendimento o seguinte julgado do TJMG:

> Civil. Ação de separação consensual. Homologação. Renúncia aos alimentos pela cônjuge-virago. Impossibilidade. Inteligência do art. 1.707 do Código Civil. Com o advento do atual Código Civil, não é mais possível renunciar

aos alimentos, notadamente quanto ao fato de que não mais se faz distinção em relação a quem tem direito em recebê-los. (TJMG, 5ª Câm. Cível, Ap. cível n. 1.00.024.04.3.027.663, rel. Des. Dorival Guimarães Pereira, j. 17.12.2004)

Adotando o mesmo entendimento, o Tribunal de Justiça de Goiás também decidiu que ex-mulher tem direito a pensão alimentícia após dez anos de separação, mesmo tendo dispensado o benefício por ocasião da separação judicial: "A dispensa do benefício alimentar, por ocasião da separação judicial, não obstaculariza o exercício posterior desse direito por um dos cônjuges, tendo em vista o caráter irrenunciável que se reveste tal obrigação". A decisão unânime foi relatada pelo desembargador Rogério Arédio Ferreira para quem, uma vez comprovada que houve alteração das condições econômicas em relação àquelas existentes no tempo da dissolução da sociedade conjugal, "induvidosa é a obrigação de prestar os alimentos para aqueles que os reclamam, pois a dispensa não corresponde à abdicação do direito, mas o seu exercício temporariamente". (Ap. cível n. 117.655-7/188, 2007.04.286.020, j. 22.01.2008).

Não obstante, o Projeto de Lei n. 276/2007, em tramitação, prevê restrição à renúncia do cônjuge, somente admitindo nas relações de parentesco: "Art. 1.707. Tratando-se de alimentos devidos por relação de parentesco, pode o credor não exercer, porém lhe é vedado renunciar ao direito a alimentos. Parágrafo único. O crédito de pensão alimentícia, oriundo de relação de parentesco, de casamento ou de união estável, é insuscetível de cessão, penhora ou compensação".

Todavia, mesmo que, somente para argumentar, não possa pleitear alimentos ulteriores, a mulher que a eles renunciou na separação judicial tem direito à pensão previdenciária por morte do ex-marido, comprovada a necessidade econômica superveniente, como dispõe a Súmula n. 336 do STJ: "A mulher que renunciou aos alimentos na separação judicial tem direito à pensão previdenciária por morte do ex-marido, comprovada a necessidade econômica superveniente".

Já em relação aos conviventes em união estável, o art. 1.724, complementado pelo art. 1.694, ambos do Código Civil, prescreve a obrigação de os companheiros prestarem mútua assistência, assegurando assim o direito de qualquer deles pleitear a prestação de alimentos quando presentes os pressupostos que caracterizam a união estável e atendido o binômio necessidade-possibilidade.

Cumpre mencionar, por último, que o dever de prestar alimentos cessa com o casamento, a união estável ou o concubinato (art.1.727 do CC) do credor, consoante previsão do art. 1.708 do Código Civil.

Fixação do valor dos alimentos

A fixação do valor dos alimentos é regida pelo já consagrado binômio necessidade-possibilidade, conforme previsão do art. 1.694, § 1º, do Código Civil: "Os alimentos devem ser fixados na proporção das necessidades do reclamante e dos recursos da pessoa obrigada". Como se observa, cumpre fixar o montante dos alimentos de acordo com a necessidade específica do alimentando e de modo compatível com sua condição social, inclusive para atender às necessidades de sua educação (art. 1.694 do CC), e com os rendimentos auferidos pelo alimentante, não podendo este ser compelido a pagar mais do que permitem seus ganhos, de modo que não prejudique seu próprio sustento (art. 1.695 do CC).

De qualquer modo, considerando que, não raras vezes, quem pleiteia alimentos se depara com dificuldades em obter informações seguras a respeito dos rendimentos do demandado, o TJRS, por meio de seu Centro de Estudos, editou a Conclusão n. 37 de seguinte teor:

> **37ª.** Em ação de alimentos é do réu o ônus da prova acerca de sua impossibilidade de prestar o valor postulado.
>
> Justificativa: Noticia Yussef Said Cahali, em seu clássico *Dos alimentos* (3. ed., p. 841/843) a acirrada controvérsia que grassa acerca do ônus da prova, na ação de alimentos, sobre o pressuposto da necessidade do autor. Entretanto, ao abordar o tema na perspectiva da possibilidade, é enfático o Mestre: "Quanto à outra condição há consenso sobre o ônus da prova [...]; a impossibilidade do alimentante, como fato impeditivo da pretensão do alimentando, deve ser provada pelo réu, como objeção que é". Assim, apesar de o tema não ser com freqüência abordado na jurisprudência, o consenso doutrinário que o cerca é bastante expressivo, e se justifica pela circunstância de que dificilmente o autor de uma ação de alimentos terá acesso a informações seguras sobre os rendimentos do réu. Por isso é que a própria Lei n. 5.478/68, em seu artigo 2º, carregou ao autor apenas o encargo de provar a existência do vínculo originador da obrigação alimentar e de demonstrar os recursos de que ele mesmo dispõe, deixando, assim,

evidente, que o ônus de comprovar a possibilidade do prestador é deste próprio, como fato impeditivo da pretensão alimentar deduzida.

A expressão *modo compatível com a sua condição social*, utilizada pelo Código como critério para definir a necessidade do alimentando, não corresponde aos objetivos reais da prestação alimentar em nosso sentir. Caso aquela condição fosse cumprida literalmente, seria relegar à eterna pobreza o menor necessitado e havido fora do casamento que, por exemplo, tivesse a paternidade reconhecida judicialmente e, a partir de então, passasse a receber alimentos do pai biológico. Ora, se a condição social do menor é de pobreza, o valor dos alimentos poderia, em tese, ser fixado em valor ínfimo, ou seja, valor suficiente para manter o menor na mesma condição social na qual se encontrava antes de ser reconhecido como filho. Em face disso, entendemos que a expressão que mais se ajustaria à espécie é *alimentos de que necessitem para viver com dignidade*, como consta de Projeto de Lei (PL n. 276/2007) ora em tramitação visando a alterar a redação do art. 1.694.

Como referido anteriormente, a necessidade do filho menor de 18 anos e dos incapazes se presume; a dos filhos maiores deve ser comprovada, salvo quando estudantes universitários. Já cônjuges e companheiros deverão comprovar a impossibilidade de se manter ou sua dificuldade de exercer atividade remunerada após a separação, salvo, evidentemente, quando se mostre notória, em razão de idade avançada ou doença, sua inaptidão para o trabalho. Com esse entendimento, o TJSC, em decisão unânime da 2ª Câmara de Direito Civil, decidiu ser inadmissível que, depois de um breve relacionamento de menos de dois anos entre os cônjuges, a ex-esposa, com apenas 23 anos, mulher jovem e apta para o trabalho, com situação familiar bem definida, valendo-se da pensão como um *plus* aos rendimentos provenientes de seus pais, possa querer ter direito a uma pensão mensal vitalícia. Decidiu, ademais, que o objetivo dos alimentos não é fomentar o ócio ou estimular o parasitismo. Em face disso, reduziu a pensão e limitou seu pagamento até uma data estipulada (Ap. cível n. 2002.011.522-9, rel. Des. Antônio Monteiro Rocha, j. 20.02.2003).

A aferição dos ganhos do alimentante, para o fim de avaliar sua possibilidade alimentar e fixar o percentual sobre seus ganhos líquidos, pode ser feita por intermédio de contracheque ou envelope de pagamento, quando tratar-se de funcionário público e empregado assalariado, ou mediante declaração de rendimentos para fins de imposto de renda, quando tratar-se de empresário, trabalhador autônomo e profissional liberal. Quando o devedor da pensão não tem remuneração fixa, mas vive de *bicos*, é empresário ou profissional liberal, recomenda-se arbitrar o valor em quantia certa, corrigida monetariamente de acordo com os índices oficiais. Nesse caso, não se mostra equivocado fixar o valor dos alimentos em salários-mínimos, como autoriza o TJRS, por seu Centro de Estudos, mediante a 38ª Conclusão (Precedentes: Ap. cível n. 58.904.44.130, 4ª Câm. Cível; AI n. 591.112.537, 8ª Câm. Cível; Ap. cível n. 70.004.126.041, 7ª Câm. Cível; AI n. 70.002.157.931, 2ª Câm. Cível Especial), assim justificada:

> Não é vedada a fixação dos alimentos em salários-mínimos porque a proibição constante na Constituição Federal visa impedir vinculações salariais com a finalidade de propiciar àquele piso, ao longo do tempo, um ganho real, que seria inviável de outro modo. Entretanto, tal inconveniente não ocorre com relação aos alimentos, face à natureza e finalidade próprias dessa verba, que se destina a assegurar a subsistência do alimentado e que, por isso mesmo, convém que permaneça atrelada ao salário-mínimo, quando o alimentante não desfruta de ganho salarial certo.

Sendo, porém, hipótese de salário ou vencimentos conhecidos, os magistrados, em regra, costumam arbitrar a pensão destinada pelo marido a mulher e filhos em um determinado percentual ou em um terço dos ganhos líquidos do alimentante, valor que pode variar para mais ou para menos, conforme as circunstâncias. Qualquer que seja a hipótese, não deve o valor arbitrado, evidentemente, causar prejuízo de mantença ao próprio alimentante, principalmente quando este já pague verba alimentar a outros filhos. Deve ser considerado, ainda, que, se cônjuge ou companheira exercer atividade remunerada, não só não fará jus a alimentos como também deverá contribuir para a manutenção dos filhos menores na proporção de seus bens e rendimentos (art. 1.703 do CC). Frise-se, ainda, que, mesmo quando resultante de acordo, a pensão alimentar convencionada não pode ser inferior às necessidades do cônjuge ou dos filhos porquanto, a teor do parágrafo único do art. 1.574, o juiz está autorizado a recusar a homologação e não decretar a separação judicial se apurar que a convenção não preserva suficientemente os interesses dos filhos ou de um dos cônjuges.

Outro fator que pode interferir na fixação do valor dos alimentos, de modo a reduzir-lhes ao mínimo indispensável à subsistência, é a culpa do cônjuge pela dissolução do casamento. Configurada a hipótese, caso o cônjuge declarado culpado necessite de alimentos e não tenha parentes em condições de prestá-los, nem aptidão para o trabalho, o outro cônjuge será obrigado a assegurá-los, fixando o juiz o valor indispensável à sobrevivência (art. 1.704, parágrafo único).

De qualquer modo, o juiz, ao fixar o valor dos alimentos, não é obrigado a satisfazer integralmente o pedido constante da inicial; pois, na maioria dos casos, por não conhecer com segurança o valor dos ganhos do requerido, o requerente se obriga a reduzir sua pretensão alimentar a mero cálculo estimativo.[65] Não constitui, assim, julgamento *extra* ou *ultra petita* a fixação do valor acima ou abaixo do requerido pelo alimentando.

Alteração da verba alimentar

O valor da verba alimentar é passível de, a todo tempo, ser alterada para mais ou para menos. Assim, como consta do art. 1.699 do Código, após fixados os alimentos, se sobrevier mudança na situação financeira de quem os supre ou na de quem os recebe, poderá o interessado reclamar ao juiz, conforme as circunstâncias, exoneração, redução ou majoração do encargo. Por essa razão, afirma-se que as sentenças que decidem sobre alimentos não transitam em julgado (art. 15 da Lei de Alimentos), embora a leitura correta seja, na verdade, o valor dos alimentos não transita em julgado. De qualquer modo, tratando-se de pedido de redução ou majoração, a ação a ser proposta é a ação revisional de alimentos. Sendo hipótese de pedido de exoneração, a ação competente é a ação de exoneração de alimentos.

Redução do valor

O pedido de redução da verba alimentar é, como curial, de exclusiva iniciativa do alimentante. Justifica-se, como consta do art. 1.699, quando houver mudança na situação financeira do alimentante, nos casos de

---

65 Conclusão n. 39 do Centro de Estudos do TJRS: "A pretensão alimentar pode ter caráter estimativo, tendo em vista as peculiaridades do caso concreto. Justificativa: O autor de uma ação de alimentos não dispõe, de regra, de elementos seguros de prova acerca da possibilidade do demandado. Assim, justifica-se que a pretensão alimentar, em casos tais, possua caráter meramente estimativo, que restará melhor precisado com a dilação probatória que se vier a produzir. Nestas condições, a eventual concessão de alimentos em montante superior ao que foi postulado ao início não constituirá, na espécie, julgamento *ultra petita*".

vir a sofrer redução de salário, desemprego ou doença cujo tratamento importe em maiores despesas com sua manutenção; ou na do alimentando, quando este atinja a maioridade ou passe a exercer atividade remunerada, seja filho ou ex-cônjuge.

Outra possibilidade de redução do *quantum* alimentar que vem sendo aceita pelos tribunais é a superveniência de novos filhos do alimentante com outra mulher, por meio de novo casamento ou união estável. Frise-se, no entanto, que a constituição de uma nova família, com nascimento de filho, não justifica, por si só, a redução de pensão alimentícia, sendo necessária a prova da redução da condição econômico-financeira do alimentante. Com essa conclusão, o Ministro Cesar Asfor Rocha, do STJ, negou seguimento ao recurso especial em que o pai tentava a revisão dos alimentos depositados para a filha da união anterior. O juízo de primeiro grau negou a revisão:

> a constituição de nova prole é ato volitivo do autor que não pode prejudicar a requerida (filha da união anterior). Se o autor, sabendo de suas obrigações com a prole já existente, se acha em condições de constituir outra família, deve arcar com a responsabilidade.

A sentença foi confirmada pelo TJMG. Segundo a Corte de segundo grau, o pai não comprovou a alteração de seus rendimentos nem a redução das necessidades da alimentada. Para o TJMG, "a constituição de nova família pelo alimentante não justifica, por si só, a redução da pensão alimentícia". O TJMG reiterou o entendimento da sentença de que a pensão só pode ser reduzida

> quando provada a situação fática de alteração na condição econômico-financeira do alimentante, que diz respeito à sua capacidade, ou modificação da necessidade do alimentado, não sendo razoável ter-se como elemento que autorize a diminuição do *quantum* (valor) o fato de haver o alimentante contraído nova família.

Ao negar seguimento ao recurso, o Ministro Cesar Asfor Rocha enumerou precedentes do STJ no mesmo sentido de sua decisão: "Conforme nossos precedentes, o só fato de o devedor de alimentos constituir nova família não determina a redução dos alimentos devidos a filho de união anterior". O ministro ressaltou,[66] ainda, julgados com entendimento de que

> a circunstância de o alimentante constituir nova família, com nascimento de filhos, por si só, não importa na redução da pensão alimentícia paga a filha havida de união anterior, sobretudo se não resta verificada a mudança para pior na situação econômica daquele.

Todavia, reconhecendo que a nova família implicou redução das possibilidades econômicas do alimentante e que, por essa razão, cabe a redução do valor, assim decidiu a 3ª Câmara Cível do TJGO:[67]

> Apelação Cível. Ação de Alimentos. Pensão alimentícia. Binômio necessidade-capacidade. Valor fixado. Redução do *quantum*. I – A verba alimentar deve ser arbitrada levando-se sempre em consideração o binômio necessidade-capacidade, na forma do art. 1.694, § 1º, do novo Código Civil. Assim, ao fixar o valor da pensão alimentícia, deve-se levar em conta as condições sociais do alimentado, a idade, os gastos que tem com a educação, a saúde, alimentos e lazer e a capacidade financeira do alimentante, inclusive a constituição de nova família, circunstância esta que, de certa forma, implica a redução da capacidade econômico-financeira do alimentado. II – Salário mínimo. Não há qualquer óbice à fixação dos alimentos tomando-se por base o salário-mínimo, comumente usado em ações dessa natureza, à falta de outro parâmetro. Apelo conhecido e parcialmente provido. (Ap. cível n. 108.207-5/188, 2007.00.644.118, j. 31.05.2007).

---

66 Fonte: Notícias do STJ, em 14.08.2006.

67 Em seu voto, o desembargador relator ressaltou que em cada caso deve ser analisada a real situação de quem pede e a condição econômica financeira de quem pagará, sempre considerando o princípio da proporcionalidade. João Waldeck ainda destacou que o apelante constituiu nova família, o que acarretou a redução de sua capacidade de contribuir com a pensão estipulada no primeiro acordo (um salário e meio). O relator enfatizou que, quando há mudanças das circunstâncias atuais do alimentante ou do alimentado, é possível rever a sentença e estipular outro valor a ser pago. O apelante pediu revisão de seu acordo de pensão alimentícia alegando que o valor fixado estava prejudicando seu orçamento familiar, já que havia se casado novamente e possuía outro filho. Ele disse que estava sobrevivendo com a sobra de R$ 380,00, o que estava ocasionando transtornos em suas despesas mensais: atraso nas contas de energia, água e condomínio. O apelante relatou que ficou desempregado por noventa dias, mas depositou a parcela combinada assim que retornou ao trabalho.

Diferentemente da apelação da sentença que majora o valor dos alimentos, somente aceita no efeito devolutivo, a apelação contra sentença que, em ação revisional, reduz os alimentos deve ser recebida em seu duplo efeito. É o que consta da Conclusão n. 35 do Centro de Estudos do TJRS, sob a seguinte justificativa:

> É notório que a apelação contra sentença que condena ao pagamento de alimentos deve ser recebida apenas no efeito devolutivo (art. 520, II, CPC, c/c art. 14 da Lei n. 5.478/68). De outro lado, duplo efeito deve ser conferido à apelação contra sentença que julga improcedente o pleito alimentar ou que dá procedência à exoneratória (art. 520, *caput*, CPC). A razão última de tais regras está na proteção que a lei busca conferir à parte mais fraca, no caso aquele que está pedindo alimentos. Ora, a sentença que, em ação revisional, reduz os alimentos assemelha-se à que julga procedente a exoneratória. Logo, pela mesma razão, deve a apelação contra ela ser recebida no mesmo efeito. Ademais, como lembra Yussef Said Cahali, "segundo os princípios, a exceção interpreta-se estritamente, sem possibilidade de aplicação analógica" (*Dos alimentos*, 3. ed., p. 979).

Majoração do valor

Ao reverso do que ocorre com o pedido de redução, o pedido de majoração do *quantum* alimentar consiste em providência do credor dos alimentos, quando houver mudança na situação financeira do alimentante, mediante prova de ter havido acréscimo nos seus ganhos, ou do alimentando, quando comprovado o aumento das necessidades de manutenção, saúde ou educação e a possibilidade do alimentante suportar a majoração.

Quando a sentença que determina a majoração de alimentos for objeto de apelação, impõe-se que esta seja recebida apenas no efeito devolutivo. Nesse sentido, a seguinte justificativa da Conclusão n. 36 do Centro de Estudos do TJRS: [68]

> Pelas mesmas razões invocadas na justificativa da conclusão anterior, a proteção a quem postula alimentos recomenda que se empreste efeito apenas devolutivo à apelação contra sentença que, em ação revisional,

---

68 Conclusão n. 36: "A apelação contra sentença que, em ação revisional, majora os alimentos deve ser recebida apenas no efeito devolutivo".

majora os alimentos. Assim também é a lição de Yussef Said Cahali: "a sentença que condena a majorar alimentos é de condenação à prestação de alimentos; condena a prestá-los em bases mais altas do que vinham sendo prestadas; de modo que a apelação, nos termos do art. 520, II, do CPC, deve ser recebida apenas no efeito devolutivo; os arts. 13 e 14 da Lei n. 5.478 estabelecem que às ações revisionais se emprestará o mesmo tratamento processual das ações de alimentos"(*Dos alimentos*, 3. ed., p. 979).

Exoneração de alimentos

Mediante ação específica de exoneração de alimentos, é facultado ao alimentante, desde que justificadamente, pleitear a extinção de sua obrigação alimentar. O atendimento do pedido pelo juiz mostra-se viável quando comprovada uma das seguintes hipóteses: casamento, união estável, concubinato ou procedimento indigno do cônjuge alimentado (art. 1.708 do CC); exercício de atividade remunerada pelo alimentando; maioridade dos filhos; e conclusão de curso universitário pelo filho maior de idade.

Casamento ou união estável. No alusivo aos efeitos de novo casamento dos ex-cônjuges sobre os alimentos concedidos em separação judicial, divórcio ou dissolução da união estável, o novo casamento ou nova união estável do cônjuge alimentante não o escusa da continuidade do pagamento. Somente casamento, estabelecimento de união estável, concubinato ou procedimento indigno do ex-cônjuge alimentando é que operam a extinção da obrigação do alimentante (art. 1.708 do CC). No entanto, considerando que o art. 1.708, ao empregar a expressão *credor*, demonstra não ser regra restritiva, mostra-se razoável admitir que no rol dos credores incluem-se não só os ex-cônjuges ou companheiros, mas também os próprios filhos que venham a contrair casamento, como revela o seguinte julgado:

> Ação de exoneração de alimentos. Filha maior de idade que não estuda e não trabalha. Família própria. Considerando que a alimentada é maior de idade, não estuda e nem trabalha, possui filhos e família própria, procede o pedido de exoneração, até para desestimular o ócio, sobremodo quando o pai/alimentante vive da aposentadoria de um salário mínimo e possui problemas de saúde. Negado provimento. (TJRS, 8ª Câm. Cível, Ap. cível n. 70.021.655.683, rel. Claudir Fidelis Faccenda, j. 08.11.2007)

Concubinato. O concubinato difere da união estável à medida que envolve relação entre duas pessoas dentre as quais pelo menos uma mantém íntegro o casamento com terceiro. Porém, para que sirva de fundamento para a exoneração, se faz necessária a demonstração da assistência material prestada pelo concubino a quem o credor de alimentos se uniu, como consta do Enunciado n. 265 do Conselho Federal de Justiça: "265 – Art. 1.708: Na hipótese de concubinato, haverá necessidade de demonstração da assistência material prestada pelo concubino a quem o credor de alimentos se uniu".

Procedimento indigno. Em relação a essa causa, é de consenso que nele não se inclui o simples namoro do ex-cônjuge com terceiro, porquanto, como de sabença, a separação judicial, ou o divórcio, põe termo ao dever de fidelidade recíproca. Conseguintemente, as relações sexuais eventualmente mantidas com terceiros após a dissolução da sociedade conjugal, desde que não se comprove desregramento de conduta, não servem de fundamento para o pedido de exoneração da obrigação alimentar, dado que não estão os ex-cônjuges impedidos de estabelecer novas relações e buscar novos parceiros. Nesse passo, decidiu o STJ que

> em linha de princípio, a exoneração de prestação alimentar, estipulada quando da separação consensual, somente se mostra possível em uma das seguintes situações: a) convolação de novas núpcias ou estabelecimento de relação concubinária pelo ex-cônjuge pensionado, não se caracterizando como tal o simples envolvimento afetivo, mesmo abrangendo relações sexuais; b) adoção de comportamento indigno; c) alteração das condições econômicas dos ex-cônjuges em relação às existentes ao tempo da dissolução da sociedade conjugal. (REsp n. 111.476, rel. Min. Sálvio de Figueiredo Teixeira, j. 25.03.1999)

Em relação à interpretação do que seja procedimento indigno do credor, releva reproduzir o teor do seguinte Enunciado do Conselho de Justiça Federal:

> **264.** Art. 1.708: Na interpretação do que seja procedimento indigno do credor, apto a fazer cessar o direito a alimentos, aplicam-se, por analogia, as hipóteses dos incs. I e II do art. 1.814 do Código Civil.[69]

69 "Art. 1.814. São excluídos da sucessão os herdeiros ou legatários: I – que houverem sido autores, co-autores ou partícipes de homicídio doloso, ou tentativa deste, contra a pessoa

Exercício de atividade remunerada. O fato de o alimentando estar empregado e percebendo salário constitui motivo bastante para o pedido de exoneração, notadamente quando os vencimentos sejam de tal porte que possam aproximar-se ou equiparar-se aos do próprio alimentante. Com esse entendimento, assim decidiu o TJRS:

> Apelação. Exoneração de alimentos. Adequação. Adequada a exoneração alimentícia quando alimentante e alimentado recebem remunerações semelhantes e, principalmente, quando somada a pensão alimentícia recebida pelo alimentado ao salário que aufere, totaliza valor maior do que resta ao alimentante. Negaram provimento. (TJRS, 8ª Câm. Cível, Ap. cível n. 70.021.578.760, rel. Rui Portanova, j. 08.11.2007)

Maioridade dos filhos. Como já mencionado, a maioridade dos filhos é, em princípio, causa para exoneração de alimentos. No entanto, como o direito de receber alimentos também resulta do parentesco, comprovada a necessidade ou a matrícula no ensino superior, persiste o direito de o filho continuar a receber o pensionamento. Diante disso, a jurisprudência do STJ é pacífica no sentido de que a exoneração do dever de prestar alimentos não ocorre de forma automática em razão do tão-só advento da maioridade do alimentando. Impõe-se, nesse caso, a propositura da ação de exoneração para o fim de se propiciar ao alimentando a oportunidade de se manifestar e comprovar, se for o caso, a impossibilidade de prover a própria subsistência; pois, a despeito de extinguir-se o poder familiar com a maioridade, não cessa o dever de prestar alimentos fundados no parentesco. Veja-se, a propósito, a seguinte ementa:

> Direito Civil. Família. Alimentos. Exoneração automática com a maioridade do alimentando. Impossibilidade. Precedentes. 1 – Com a maioridade cessa o poder familiar, mas não se extingue, *ipso facto*, o dever de prestar alimentos, que passam a ser devidos por força da relação de parentesco. Precedentes. 2 – Antes da extinção do encargo, mister se faz propiciar ao alimentando oportunidade para comprovar se continua necessitando

---

de cuja sucessão se tratar, seu cônjuge, companheiro, ascendente ou descendente; II – que houverem acusado caluniosamente em juízo o autor da herança ou incorrerem em crime contra a sua honra, ou de seu cônjuge ou companheiro; [...]."

dos alimentos. 3 – Recurso especial não conhecido. (REsp n. 688.902/DF, 2004/0.131.794-1, rel. Min. Fernando Gonçalves, j. 16.08.2007)

No mês de agosto de 2008, o entendimento *supra* citado foi objeto da Súmula n. 358: "O cancelamento de pensão alimentícia de filho que atingiu a maioridade está sujeito à decisão judicial, mediante contraditório, ainda que nos próprios autos".

Reajustamento das prestações

O reajustamento, conforme dispõe o art. 1.710 do Código Civil, não deve ser confundido com a revisão do valor dos alimentos. A finalidade do reajuste é, pois, a obtenção da atualização do valor da prestação que se encontra defasado ou corroído pela inflação mediante a devida correção pelos índices oficiais.

Modos de assegurar o pagamento das prestações

Para assegurar o pagamento dos alimentos pelo devedor, é facultado ao juiz (ou às partes na separação consensual) optar entre os seguintes meios:

a) desconto em folha de pagamento, mediante comunicação feita à autoridade, à empresa ou ao empregador por ofício, do qual constarão nomes do credor, do devedor, importância da prestação e tempo de sua duração (art. 734 da CPC);[70]

b) constituição de garantia real ou fidejussória (art. 21 da Lei n. 6.515/77);

c) constituição de usufruto (art. 21, §§ 1º e 2º, da Lei n. 6.515/77);

d) percepção de rendas do devedor. Quando não for possível a efetivação executiva da sentença ou do acordo mediante desconto em folha, poderão ser as prestações cobradas de alugueres de prédios ou de quaisquer outros rendimentos do devedor, que serão recebidos diretamente pelo alimentando ou por depositário nomeado pelo juiz (art. 17 da Lei n. 5.478/68).

---

70 "Art. 734. Quando o devedor for funcionário público, militar, diretor ou gerente de empresa, bem como empregado sujeito à legislação do trabalho, o juiz mandará descontar em folha de pagamento a importância da prestação alimentícia."

Alimentos provisórios

Alimentos provisórios são os fixados liminarmente no despacho inicial proferido pelo juiz na ação de alimentos proposta pelo rito especial da Lei n. 5.478/68 (Lei de Alimentos). Sua concessão depende de prova pré-constituída do direito do requerente decorrente de poder familiar, parentesco, casamento ou união estável. Logo, não podem ser concedidos em sede de ação de investigação de paternidade por ausência da aludida prova pré-constituída da filiação.

Alimentos provisionais

Provisionais são os alimentos conferidos em medida cautelar, preparatória ou incidental, de ação de separação judicial, divórcio, nulidade ou anulação de casamento ou, ainda, de alimentos (art. 852 do CPC). São também denominados alimentos *ad litem*, pois se destinam a atender às necessidade básicas da requerente e da prole e ao pagamento das despesas judiciais e honorários advocatícios enquanto tramita o processo.

A concessão dos alimentos provisionais, como ocorre com toda medida cautelar, exige comprovação de *fumus boni iuris* e *periculum in mora*. Podem também ser concedidos em ação de investigação de paternidade cumulada com pedido de alimentos (art. 7º da Lei n. 8.560/92).

Complementa o art. 853 do CPC que, ainda que a causa penda de julgamento no tribunal (segunda instância), processar-se-á no primeiro grau de jurisdição o pedido de alimentos provisionais.

Uma distinção que se impõe fazer em relação às duas modalidades de alimentos é os provisórios permanecerem até o trânsito em julgado da sentença e os provisionais poderem ser modificados ou revogados a qualquer tempo.

Execução de alimentos

Não cumprida voluntariamente a obrigação de pagar as prestações mensais ou, depois de iniciado, interrompido o pagamento pelo devedor, faculta-se ao credor promover ação de execução de alimentos. Podem os alimentos, nesse caso, ser exigidos coercitivamente por meio de execução por quantia certa contra devedor solvente na forma dos arts. 732, 733 e 735 do CPC, dependendo, porém, da vontade do exeqüente, que pode não utilizar aquelas regras, adotando somente o procedimento genérico da execução de qualquer sentença condenatória.

De qualquer sorte, como salienta Maria Berenice Dias (DIAS, 2007, p. 500), não deve o credor valer-se de duas modalidades de execução no mesmo procedimento, pois uma atrapalharia o andamento da outra. Deverá ele propor duas execuções: uma para a cobrança das três últimas parcelas vencidas (art. 733 do CPC) e outra para exigir as parcelas anteriores (art. 646 do CPC).

Ressalte-se que, na maioria dos casos, as dívidas inadimplidas resultam de devedores que não podiam ter desconto em folhas de prestações mensais por não possuírem vínculo empregatício ou já o terem perdido. Sendo, porém, hipótese em que o vínculo empregatício seja superveniente à data da fixação dos alimentos, recomenda-se, antes de promover qualquer das ações executivas, requerer ao juiz da causa o desconto em folha, como consta dos arts. 16 a 18 da Lei n. 5.478/68.

Optando pela execução do art. 733, sob pena de prisão do devedor, o credor somente poderá exigir o pagamento das três últimas parcelas,[71] uma vez que as demais parcelas, em razão da perda de seu caráter alimentar, só poderão ser objeto de ação de execução por quantia certa com fundamento no art. 732. Nesse sentido, a Súmula n. 309 do STJ: "O débito alimentar que autoriza a prisão civil do alimentante é o que compreende as três prestações anteriores ao ajuizamento da execução e as que vencerem no curso do processo".

Na petição inicial, o credor de alimentos requererá a citação do devedor para, em três dias, efetuar o pagamento, provar que o fez ou justificar a impossibilidade de efetuá-lo (art. 733) sob pena de prisão. Se o devedor não pagar nem se escusar, o juiz lhe decretará a prisão pelo prazo de até sessenta dias desde que requerido expressamente pelo credor.

No referente ao prazo de prisão, considerado controverso em face de a Lei de Alimentos limitar a sessenta dias e o § 1º do art. 733 fixar de um a três meses, consolidou-se na jurisprudência que o prazo máximo é de sessenta dias, considerando que a regra da Lei n. 5.478/68 é mais favorável ao réu (TJRS, 7ª Câm. Cível, *HC* n. 70.010.291.755, j. 01.12.2004).

71 O fundamento para limitar o pagamento às três últimas parcelas, na hipótese de pedido de prisão, é o de somente essas parcelas serem de natureza exclusivamente alimentar, uma vez que os alimentos visam a atender às necessidades atuais e futuras e não às passadas.

Movida a ação sob o rito do art. 733 do CPC, é de consenso que a alegação de desemprego do alimentante não serve de justificativa para dispensá-lo de quitar o débito alimentar, devendo haver comprovação de sua impossibilidade absoluta para atender ao pagamento; pois muitas pessoas, apesar de não possuir emprego, sobrevivem do exercício de atividades informais ou biscates. Acrescente-se, por fim, que a impossibilidade de o alimentante cumprir sua obrigação não o elide de pagar as prestações vencidas, apenas impede sua detenção, podendo o alimentando prosseguir na execução, na forma genérica, efetuando a penhora de bens do devedor e levando-os à hasta pública a fim de ver solvido o débito.

Caracterizando-se o deferimento da prisão civil, bem como o indeferimento, como decisão interlocutória, o recurso cabível é o agravo de instrumento (GONÇALVES, 2005, p. 505), nunca o *habeas corpus*.

Questão assaz controversa é a referente à possibilidade ou não da execução da dívida alimentar na hipótese de alimentos convencionados em sede de separação extrajudicial ou por escritura pública. O desembargador Luiz Felipe Brasil Santos (SANTOS, "Anotações acerca das separações e divórcios extrajudiciais – Lei 11.441/07)", do TJRS, abordou o assunto nos seguintes termos:

> Questão externa à lei em exame é a que diz com a possibilidade ou não de executar coercitivamente os alimentos fixados mediante escritura pública. Isso porque o art. 733 do CPC, ao regrar essa modalidade executória, a restringe à execução de títulos judiciais. E nesse sentido têm se manifestado, de forma quase unânime, doutrina e jurisprudência. Embora a Lei n. 11.441/2007 não tenha feito qualquer menção ao tema, pensamos que, diante da nova realidade, é necessário repensar a matéria, em uma perspectiva sistemática. Quando da entrada em vigor do Código de Processo Civil não se cogitava de o Estado-Juiz deixar de intervir no momento da dissolução da sociedade conjugal ou do vínculo matrimonial, ocasião na qual muitas vezes são feitas estipulações alimentares. Ora, se ficar mantida a restrição da execução coercitiva exclusivamente aos alimentos fixados em juízo, em muito restará desestimulada a pactuação extrajudicial que agora se busca incentivar, o que configura uma contradição insuperável, que não deve sobreviver no âmago de um mesmo ordenamento jurídico. Por isso entendemos que doravante deve ser admitida a execução coercitiva aparelhada também em pacto formalizado por instrumento público.

12 Bem de família

Generalidades

Podem os cônjuges ou a entidade familiar, mediante escritura pública ou testamento, destinar parte de seu patrimônio para instituir bem de família, desde que não ultrapasse um terço do patrimônio líquido existente ao tempo da instituição, mantidas as regras sobre a impenhorabilidade do imóvel residencial estabelecida em lei especial (art.1.711 do CC).

Bem de família, nos termos da lei, designa a propriedade destinada pelos cônjuges ou pela entidade familiar para nela ser estabelecido o domicílio conjugal, com a cláusula ou o benefício de ficar isenta de qualquer execução por dívida posterior a sua instituição. Como lucidamente preleciona Álvaro Villaça Azevedo (AZEVEDO, 1999, p. 94), "o bem de família é um meio de garantir um asilo à família, tornando-se o imóvel onde a mesma se instala domicílio impenhorável e inalienável, enquanto forem vivos os cônjuges e até que os filhos completem sua maioridade".

Modalidades de bem de família

Com o advento do atual Código, permite-se vislumbrar duas modalidades de bem de família: bem de família *legal*, involuntário ou obrigatório, previsto na Lei n. 8.009/90 e bem de família *convencional*, ou voluntário, decorrente da vontade de cônjuges, companheiros ou terceiro, com previsão nos arts. 1.711 e seguintes do Código Civil. Ao reverso do bem de família legal, que existe automaticamente, independentemente de manifestação de vontade dos beneficiários, o bem de família convencional do Código, para que surta efeito, depende de convenção expressa dos interessados (cônjuges, companheiros, família monoparental, terceiro). Ademais, essa modalidade somente pode configurar-se quando o proprietário possui dois ou mais imóveis residenciais e se propõe a designar um deles como bem de família, protegendo-o dos efeitos da penhorabilidade.

Outra diferença entre as duas modalidades de bem de família, que reputamos fundamental, refere-se ao *quantum*, uma vez que pode ser objeto de bem de família convencional até um terço do patrimônio líquido do instituidor existente ao tempo da instituição.

A inovação trazida pelo Código Civil de 2002, no parágrafo único do art. 1.711, revela-se pela possibilidade de um terceiro promover a instituição do bem de família em benefício de cônjuges ou entidade familiar. O parágrafo traz ínsita a idéia de que não se permite o benefício em favor de um só dos cônjuges ou companheiros, mas tão-somente de ambos os cônjuges ou companheiros quando configurada a sociedade conjugal ou a união estável. Sendo caso de pai ou mãe solteiro, divorciado ou viúvo, que conviva com filhos menores, hipóteses que caracterizam a família monoparental e, por conseqüência, também a entidade familiar, o bem de família não pode ser instituído somente em favor de pai ou mãe, mas sim da própria entidade familiar.

Acresce ainda o parágrafo que o ato institutivo pode ser praticado por testamento (para vigorar após a morte do testador) ou por doação (para vigorar ainda em vida do doador) e que depende da aceitação expressa dos beneficiados.

Objeto do bem de família

A lei exige que o objeto do bem de família, que pode ser urbano ou rural (com seus pertences e acessórios), não só tenha destinação residencial, mas também seja utilizado como domicílio familiar dos próprios beneficiados (art. 1.712 do CC). Desse modo, não se permitiria, por exemplo, que cônjuges que tivessem dois imóveis, sendo um utilizado para residência e outro locado a terceiros, instituíssem o bem de família justamente sobre o imóvel locado. Nem se permitiria, evidentemente, que se instituísse bem de família sobre os dois imóveis.

Acrescenta o artigo, por último, que o bem de família poderá abranger valores mobiliários, cuja renda será aplicada na conservação do imóvel e no sustento da família. Para esse efeito, constituem valores mobiliários, nos termos da Lei n. 6.385/76, ações, partes beneficiárias e debêntures, cupões desses títulos e bônus de subscrição; certificados de depósito de valores mobiliários; e outros títulos criados ou emitidos pelas sociedades anônimas, a critério do Conselho Monetário Nacional. Ao que acrescenta a Lei n. 10.198/2001:

> **Art. 1º** Constituem valores mobiliários, sujeitos ao regime da Lei n. 6.385, de 7 de dezembro de 1976, quando ofertados publicamente, os títulos ou contratos de investimento coletivo, que gerem direito de participação, de parceria ou de remuneração, inclusive resultante de prestação de serviços, cujos rendimentos advêm do esforço do empreendedor ou de terceiros.

Os valores mobiliários terão como limite, na forma do art. 1.713 do CC, o valor atribuído ao imóvel instituído em bem de família. Nesse passo, considerando-se patrimônio do casal no valor de R$ 240 mil, no qual um terço representa R$ 80 mil e o valor do imóvel residencial é de R$ 50 mil, seria possível completar os R$ 30 mil restantes com valores mobiliários, pois tal valor é inferior ao valor do imóvel.

Os valores imobiliários instituídos como bem de família não podem existir isoladamente, uma vez que devem obrigatoriamente vincular-se ao bem imóvel residencial. É o que deixa claro o § 1º ao mencionar que os valores mobiliários deverão ser devidamente individualizados no instrumento de instituição do bem de família.

Forma de instituição

Em mais um descompasso do legislador, o art. 1.714 do CC refere-se ao registro do título do bem de família sem, no entanto, fazer qualquer referência ao instrumento necessário para formalizá-lo, ou seja, se pode ser instituído (mediante testamento ou doação) por instrumento particular ou se deve ser por instrumento público. Como se sabe, nem todos os documentos que por lei (art. 167 da Lei de Registros Públicos) devem ser levados a registro, no Registro de Imóveis, devem obrigatoriamente ser formalizados por instrumento público. No tocante à instituição por doação, em princípio, nenhuma dúvida se impõe, porquanto, tratando-se de bens imóveis, o instrumento público é indispensável para o ato. Já no caso do testamento, a dúvida persiste em face da possibilidade de o ato de última vontade ser formalizado tanto por instrumento público (1.864 do CC) como particular (art. 1.876 do CC).

No entanto, é certo o registro do ato constitutivo no registro de imóveis respectivo, independentemente da forma como seja instituído, constituir requisito de validade para produzir efeito perante terceiros. Somente dessa forma se pode proporcionar a devida publicidade de modo a evitar que terceiros possam ser prejudicados em suas relações negociais com os beneficiários do bem de família.

Efeitos do bem de família

O bem de família, pelo que se pode inferir do art. 1.715 do Código Civil, produz efeitos para frente, não retroagindo a atos praticados anteriormente a sua instituição. Desse modo, a isenção de execução somente alcança as dívidas contraídas posteriormente a sua instituição. No entanto, entre essas dívidas, excluem-se do benefício de isenção de execução as decorrentes de tributos relativos ao imóvel (IPTU, ITR) e as despesas de condomínio.

Na hipótese de o imóvel ser executado em face de dívidas decorrentes de tributos ou condomínio, a regra do parágrafo único é no sentido de que, havendo saldo, este poderá ser sub-rogado em outro imóvel, ou em títulos da dívida pública, para o sustento familiar, caso o juiz não decida de outra forma.

Refere-se o art. 1.716 do Código Civil à duração dos efeitos protetivos decorrentes do bem de família, citando as hipóteses de sua extinção, ou seja: enquanto viver um dos cônjuges ou um dos companheiros, ou, ainda, enquanto sobreviver o responsável pela família monoparental (pai ou mãe solteiro, avô ou avó); a maioridade dos filhos, inexistindo qualquer dos pais ou o responsável (na família monoparental). Não obstante o silêncio deste artigo no referente à continuidade do benefício em face de filho maior, porém, incapaz, impõe-se reportar-se ao art. 1.722, que expressamente assegura esse direito: "Extingue-se, igualmente, o bem de família com a morte de ambos os cônjuges e a maioridade dos filhos, desde que não sujeitos a curatela".

Destinação do bem de família

Dispõe a regra do art. 1.717 do Código Civil que não pode o imóvel objeto de bem de família ter destinação diversa da residencial (por exemplo, locação), nem os valores mobiliários serem utilizados para outros fins senão a manutenção da família ou entidade familiar, ou mesmo um ou outro alienados, sem o consentimento dos interessados e seus representantes legais e manifestação do Ministério Público. Segue, pois, que, mesmo sendo caso de o terceiro instituidor pretender alienar o imóvel, não poderá fazê-lo unilateralmente, pois também se faz necessário autorização judicial e vista ao Ministério Público. Sendo hipótese de menores submetidos a tutela ou curatela, impõe-se o consentimento de seus representantes: tutor ou curador.

Já o art. 1.718 do mesmo Código reforça a regra protetiva aos valores mobiliários a ponto de aduzir que restarão incólumes mesmo na hipótese de liquidação da entidade administradora (instituição financeira). Caberá, neste caso, ao juiz determinar sua transferência para outra instituição similar.

Comprovada a impossibilidade da manutenção do bem de família nas condições em que foi instituído, poderá o juiz, a requerimento dos interessados, extingui-lo ou autorizar a sub-rogação dos bens que o constituem em outros, ouvidos o instituidor e o Ministério Público (art. 1.719 do CC). Trata-se, na espécie, de extinção ou sub-rogação do bem de família, que poderão ocorrer desde que comprovado, pelos interessados, impossibilidade de sua manutenção. Tal se daria, por exemplo, quando a família tivesse que, por razões profissionais, fixar residência em outra localidade ou quando houvesse impossibilidade de reparar o imóvel que tivesse sofrido processo de deterioração. Nessas e em outras hipóteses, a critério do juiz, o Código permite ao magistrado determinar a extinção do bem de família ou a sua sub-rogação em outro imóvel mediante a oitiva do instituidor e do Ministério Público.

Administração do bem de família

A administração do bem de família cabe, em regra, a ambos os cônjuges ou companheiros (art. 1.720 do CC). Acena a lei, no entanto, com a possibilidade de os interessados disporem a respeito da administração por um só dos cônjuges ou companheiros.

Ocorrendo o falecimento de ambos os cônjuges, e ainda havendo filho menor, a administração do bem de família passará para o filho mais velho se maior. Sendo todos os filhos menores, a administração competirá ao tutor.

Extinção do bem de família

Na dicção do art. 1.721 do Código Civil, a dissolução da sociedade conjugal não extingue o bem de família. Importa, primeiramente, recordar em quais hipóteses se verifica a dissolução da sociedade conjugal, nos termos do art. 1.571 do Código: morte de um dos cônjuges, nulidade ou anulação do casamento, separação judicial e divórcio judiciais e extrajudiciais. Assim, em face do que expressamente dispõe o parágrafo único, do art. 1.721, é lícito concluir que, somente na hipótese de dissolução por morte, permite-se a extinção do bem de família, desde que expressamente requerido pelo cônjuge supérstite.

Extingue-se, igualmente, o bem de família com a morte de ambos os cônjuges e a maioridade dos filhos desde que não sujeitos à curatela (art. 1.722 do CC). Embora a morte de ambos os cônjuges e a maioridade dos filhos, para efeito de extinção do bem de família, já tenham sido objeto do art. 1.716, o que se mostra de maior relevância neste artigo é a possibilidade de sua continuidade em relação aos filhos maiores e incapazes, ou sejam, os filhos sujeitos à curatela.

13 Tutela

Conceito

Na visão de Maria Helena Diniz, tutela "é um instituto de caráter assistencial, que tem por escopo substituir o pátrio poder" (poder familiar, pelo atual Código). Assim, a tutela, à semelhança da curatela e do poder familiar, tem por escopo suprir a capacidade civil do tutelado.

A expressão *tutela* significa proteção, defesa. Considerando-se, pois, a expressão no sentido amplo, quando se afirma que certos direitos estão sob a tutela de determinada lei, pretende-se dizer que os referidos direitos encontram-se protegidos por aquela lei. É o que ocorre, *v. g.*, com os direitos das crianças e dos adolescentes, que estão protegidos pelo Estatuto da Criança e do Adolescente ("Art. 1º Esta lei dispõe sobre a proteção integral à criança e ao adolescente"), e os direitos dos idosos pelo Estatuto do Idoso. Nesse contexto, considera-se a tutela *munus* ou encargo público que transfere o poder familiar ao tutor com a mesma relevância com a qual seria exercido pelos pais.

Causas determinantes da tutela

A tutela tem aplicação restrita às pessoas menores de idade e são causas determinantes para sua concretização, segundo consta do art. 1.728 do Código Civil: I – a morte ou ausência dos pais; II – a perda do poder familiar dos pais. Não há, pois, lugar para a tutela em relação a pessoas adultas ou, em relação a menores sob poder familiar de ambos ou de qualquer dos pais vivos.

De qualquer sorte, a tutela, ao ser instituída, traz consigo todas as prerrogativas que integram o poder familiar. A pessoa investida no cargo de tutor passa a exercer os mesmos direitos e obrigações inerentes ao poder familiar, devendo, portanto, representar, assistir, prestar alimentos, zelar pela educação e administrar os bens do menor sob tutela. Diz-se, nesse caso, que o tutor passa a ter o tutelado praticamente como filho, cumprindo-lhe fazer o quanto for necessário para preservar sua pessoa e seus interesses.

Espécies de tutela

Conforme seja a circunstância, a tutela pode ser testamentária, legítima, dativa ou irregular.

Tutela testamentária

Diz-se testamentária a tutela constituída mediante testamento, ou seja, quando a nomeação do tutor é feita pelo responsável pelo menor por meio de disposição de última vontade (art. 1.729, parágrafo único, do CC) de forma incidente ou não. Por outras palavras, o Código possibilita que os pais nomeiem tutor em testamento formalizado única e exclusivamente para esse fim ou por meio de cláusula específica inserida em testamento estabelecido com outras finalidades, como, por exemplo, conceder legado.

Observa-se que o Código trata a nomeação de tutor pelos pais como se esse ato fosse uma prática usual quando, na verdade, trata-se de medida excepcional. A nomeação, em regra, é feita pelo juiz. De qualquer sorte, referida providência, seja por testamento, seja por documento autêntico, somente se justificaria na hipótese de apenas um dos pais ainda estar vivo e em iminente risco de morte. Não obstante, considerando que o Código faculta a nomeação por testamento ou "qualquer outro documento autêntico", é razoável admitir que tanto a escritura pública quanto o escrito particular (com firma reconhecida) equivalem ao testamento, porquanto é intuitivo que, qualquer que seja o documento, os efeitos somente se produzirão após a morte do nomeante.

Outro requisito indispensável à validade da nomeação testamentária, consoante o art. 1.730, é estarem, no momento em que falecerem, os pais ou responsáveis exercendo o poder familiar. Ausente esse requisito, ter-se-á como nula a nomeação.

Tutela legítima

A tutela legítima é a exercida pelos parentes consangüíneos do menor desde que inexistente a tutela testamentária. Destarte, não havendo instituição de tutela por documento escrito, a nomeação será deferida, pelo juiz, na seguinte ordem (art. 1.731 do CC):

> I – aos ascendentes, preferindo o de grau mais próximo ao mais remoto;
>
> II – aos colaterais até o terceiro grau, preferindo os mais próximos aos mais remotos, e, no mesmo grau, os mais velhos aos mais moços; em qualquer dos casos, o juiz escolherá entre eles o mais apto a exercer a tutela em benefício do menor.

Em que pese a mencionada ordem de preferência, cumpre assinalar que sua observância não deve ser considerada taxativa, podendo o juiz alterá-la de acordo com as circunstâncias, segundo a idoneidade do nomeando e sua afinidade e afetividade com o menor. Como, aliás, menciona expressamente o ECA, o qual, ao referir-se à colocação do menor em família substituta mediante guarda, tutela ou adoção, assinala que na apreciação do pedido se levará em conta o grau de parentesco e a relação de afinidade ou afetividade a fim de evitar ou minorar as conseqüências decorrentes da medida (art. 28). Em qualquer circunstância, caberá ao juiz escolher o mais apto a exercer a tutela, independentemente da proximidade de grau de parentesco ou idade, de modo a preservar os altos interesses do menor.

Havendo mais de um órfão, decidiu o legislador, acertadamente, que todos eles devem submeter-se à tutela do mesmo tutor (art. 1.733 do CC). A regra tem por objetivo a manutenção dos menores no mesmo ambiente familiar. Assim, como observa Heloisa Maria Daltro Leite (LEITE, 2002, p. 462),

> criança ou adolescente que sofrem a perda dos pais, quer pela morte ou ausência, quer pela perda ou suspensão do poder familiar, não podem ser

punidos outra vez, desta feita pelo Estado, com a separação daqueles que continuam sendo sua última referência da família natural, os irmãos.

Quando se trata de menores abandonados e, evidentemente, sem parentes conhecidos, eles, a teor do art. 1.734, terão tutores compulsoriamente nomeados pelo juiz, com a ressalva de a nomeação poder também recair sobre pessoas que se apresentarem voluntariamente. Em último caso, serão recolhidos a estabelecimento público onde houver.

O entendimento dos tribunais pátrios no concernente ao juízo competente para a instituição da tutela dos menores abandonados é no sentido de que somente na hipótese de o menor encontrar-se em situação irregular (menor abandonado) se firma a competência da Vara da Infância e da Juventude. Nesse sentido, assim se pronunciou o TJSP:

> Os menores sujeitos às medidas protetivas previstas no Estatuto são aqueles que a lei anterior considerava em situação irregular. Tudo isso leva à conclusão de que determinadas demandas envolvendo menores (alimentos, destituição de pátrio poder, pedidos de guarda e tutela etc.) serão de competência do juízo de família ou da infância e da juventude, dependendo da situação jurídica da criança ou do adolescente. (Ap. cível n. 26.085-95, rel. Des. Yussef Cahali)

Tutela dativa

Denomina-se dativa a tutela deferida a terceiro, ou seja, à pessoa que não guarda relação de parentesco com o menor, quando não houver tutela testamentária nem parentes passíveis de nomeação ou, existindo, nenhum deles oferecer condições para a nomeação, forem excluídos da função ou apresentarem escusa para a nomeação (art. 1.732 do CC).

Tutela irregular

Irregular, ou de fato, é tutela que não estiver juridicamente constituída, ou seja, a tutela que não se enquadrar em uma das três modalidades citadas. Incluem-se nessa modalidade a tutela dos chamados *filhos de criação*, considerada pela doutrina mera filiação socioafetiva.

Pessoas impedidas de exercer a tutela

Não podem ser tutores e serão exoneradas, caso exerçam a função, as seguintes pessoas arroladas no art. 1.735 do Código Civil:

> I – os que não tiverem a livre administração de seus bens;
>
> II – os que, no momento da nomeação, se acharem constituídos em obrigação para com o menor, ou tiverem que fazer valer direitos contra este; e aqueles cujos pais, filhos, ou cônjuges tiverem demanda contra o menor;
>
> III – os inimigos do menor, ou de seus pais, ou que tiverem sido expressamente excluídos da tutela;
>
> IV – os condenados por crime de furto, roubo, estelionato ou falsidade, contra a família ou os costumes, tenham ou não cumprido pena;
>
> V – as pessoas de mau procedimento, ou falhas em probidade, e as culpadas de abusos em tutorias anteriores;
>
> VI – aqueles que exercerem função pública incompatível com a boa administração da tutela.

Segundo se infere da análise do dispositivo, menores, interditados por doença mental, por surdo-mudez ou por prodigalidade, falidos e insolventes não poderão exercer a tutela por não se encontrarem na livre administração de seus bens. As demais hipóteses proibitivas, como se observa, têm fulcro na colidência de interesses, na inidoneidade e na imoralidade, situações que, na presunção da lei, podem determinar prejuízos irreparáveis ao pupilo. Idoneidade, imparcialidade e comunhão de interesses entre tutor e tutelado constituem, assim, elementos preponderantes para o bom desempenho da tutela.

É pertinente, no entanto, a ressalva feita por Silvio Venosa (VENOSA, 2003, p. 412) no tocante ao inciso VI:

> injustificável a restrição exclusivamente à função pública. Há funções privadas que mais se mostram incompatíveis com a tutela, as que exigem viagens constantes, prolongada ausência do domicílio, por exemplo. O juiz haverá de ponderar no caso concreto. Essa situação, de qualquer forma, é a mais adequada para os casos de escusa da tutela.

Pessoas que podem escusar-se da tutela

A determinadas pessoas, em razão de sua condição especial, o art. 1.736 do Código Civil faculta escusarem-se de assumir o *munus* da tutela. São as seguintes:

I – as mulheres casadas;

II – os maiores de 60 anos;

III – os que tiverem sob sua autoridade mais de três filhos;

IV – os impossibilitados por enfermidade;

V – os que habitarem longe do lugar onde se haja de exercer a tutela;

VI – os que já exercerem a tutela ou curatela;

VII – os militares em serviço.

Ainda que não se enquadrem em qualquer dos incisos do art. 1.735, sendo, portanto, consideradas aptas ao exercício da tutela, as pessoas tuteláveis podem recusar-se à nomeação de tutor em todas as situações previstas no art. 1.736.

Equiparam-se às mulheres casadas as mulheres em união estável. Não se justifica, porém, que elas possam escusar-se da tutela por serem simplesmente casadas ou terem convívio estável. Tanto é injustificável que, inclusive, já se propugna a revogação do inciso I deste artigo. Revogado referido inciso, poderá a mulher, casada ou não, somente escusar-se da tutela na hipótese de ter mais de três filhos (mais de cinco filhos na previsão do Código anterior) sob sua autoridade, como consta do inciso III.

Cumpre ao nomeado formular o pedido de escusa no prazo de dez dias após a intimação para prestar compromisso (art. 1.738 do CC). Não o fazendo, entender-se-á renunciado o direito de escusa. No entanto, se ocorrer um novo motivo escusatório após a aceitação, novo prazo passará a correr para o exercício do direito de escusa.

Concordamos integralmente com aqueles que criticam a redação do art. 1.738 pela utilização da expressão *designação* do tutor. O correto seria o indigitado tutor ser intimado de sua nomeação, e, a partir daí, iniciar-se a contagem do prazo de dez dias (que prevalece sobre o prazo de cinco dias previsto pelo art. 1.192 do Código de Processo Civil) para, se for o caso, apresentar as razões da escusa com fundamento em uma ou mais hipóteses do art. 1.736. Se, porém, tempos depois de aceita a tutela, sobrevier algum daqueles motivos para a escusa da tutela (o nascimento do quarto filho, por exemplo), o prazo de dez dias se contará a partir da data de ocorrência do fato escusatório.

No tratamento dado ao tema de nomeação de tutor, o Código de Processo Civil, na dicção do art. 1.193, assevera que "O juiz decidirá de plano o pedido de escusa. Se não a admitir, exercerá o nomeado a tutela ou curatela enquanto não for dispensado por sentença transitada em julgado". Conseguintemente, tanto o art. 1.193 do CPC quanto o art. 1.739 do Código Civil não só admitem a interposição de recurso (de agravo) no tocante ao indeferimento da escusa pelo juiz, como também determinam o exercício da tutela pelo nomeado até decisão final do recurso na instância superior ou, eventualmente, nas instâncias superiores. De qualquer sorte, o encargo permanece enquanto o nomeado não for dispensado por sentença transitada em julgado podendo, inclusive, responder ele por perdas e danos que o menor venha a sofrer em face de desídia do tutor.

Funções do tutor

O Código Civil, nos arts. 1.740 a 1.743, elenca as atribuições ordinárias do tutor. Todavia, quando se fizer necessário a prática de atos que envolvam valores ou bens do menor pelo tutor, o Código exige prévia autorização judicial. Dispõe o art. 1.748 do Código Civil que referida autorização se faz necessária para a prática dos seguintes atos:

> I – pagar as dívidas do menor;
>
> II – aceitar por ele heranças, legados ou doações, ainda com encargos;
>
> III – transigir;
>
> IV – vender-lhe os bens móveis, cuja conservação não convier, e os imóveis nos casos em que for permitido (art. 1.750);
>
> V – propor em juízo as ações, ou nelas assistir o menor, e promover todas as diligências a bem deste, assim como defendê-lo nos pleitos contra eles movidos.

Ressalve-se, no entanto, que, sob pena de nulidade, não pode o tutor, mesmo com autorização judicial, realizar as seguintes transações (art. 1.749 do CC):

> I – adquirir por si, ou por interposta pessoa, mediante contrato particular, bens móveis ou imóveis pertencentes ao menor;
>
> II – dispor dos bens do menor a título gratuito;
>
> III – constituir-se cessionário de crédito, ou de direito, contra o menor.

Duração do encargo

O encargo a que são submetidos os tutores, segundo se depreende da lei, não é de duração ilimitada. Assim, segundo consta do art. 1.765, os tutores são obrigados a servir pelo período de dois anos. Prazo que, no entanto, poderá ser ampliado ou reduzido: será ampliado se o desejar o tutor e o juiz julgar conveniente (parágrafo único do art. 1.765); será reduzido se o juiz o remover ou o destituir (art. 1.766 do CC) ou sobrevier escusa legítima (art. 1.764, II, do CC).

Extinção da tutela

A tutela, como já afirmado, tem como destinatário o menor órfão de pai e mãe ou filho de pais que perderam o poder familiar. Em relação à pessoa do tutelado ou pupilo, portanto, permite-se afirmar que a extinção da tutela se opera em face das hipóteses aventadas pelo art. 1.763 do Código Civil: maioridade ou emancipação; ou caindo o menor sob poder familiar nos casos de reconhecimento (voluntário ou judicial) ou adoção.

Em relação ao tutor, a extinção ocorre nos seguintes casos (art. 1.764 do CC):

> a) transcurso do prazo de dois anos em que era obrigado a servir;
>
> b) sobrevindo qualquer das escusas legítimas do art. 1.736 do CC;
>
> c) sendo removido por enquadrar-se em uma das hipóteses do art. 1.735, tornar-se incapaz ou sendo considerado negligente ou prevaricador (art. 1.766 do CC).

14 Curatela

Conceito

Curatela é o encargo, ou função pública, conferido a uma pessoa para reger a pessoa e os bens dos maiores incapacitados para fazê-lo. Não obstante seja por muitos considerada uma penalidade, cumpre considerar a curatela como uma medida de proteção do incapaz, a exemplo do que ocorre com a tutela. É medida de proteção porquanto seu objetivo é zelar pelos interesses e patrimônio da pessoa que não possui condições de fazê-lo.

De qualquer modo, é indiscutível que a curatela somente se aperfeiçoa com a interdição. Dessa forma, mostra-se razoável afirmar que, ao passo que a capacidade do maior se presume, sua incapacidade exige comprovação mediante o devido processo legal aperfeiçoado com a sentença de interdição. Assim, não seria lícito sujeitar alguém a um processo de interdição pelo só fato de seus familiares presumirem que a pessoa não possui condições de administrar seus bens, principalmente em razão de ancianidade. Destarte, a idade avançada, por si só, não é motivo para determinar a interdição do idoso, máxime quando o próprio perito salienta que as alterações, quer na esfera física, quer na esfera psíquica, estão ainda contidas na faixa de normalidade própria ao grupo etário ao qual pertence a quem se deseja interditar (*RT* 714/120).

Sujeitos da curatela

A curatela tem como destinatário exclusivo as pessoas maiores mediante prova de sua incapacidade. Trata-se, pois, da curatela de adultos.

Eis aqui o ponto diferencial da tutela, destinada a reger a pessoa dos menores, ou seja, os incapacitados pela idade. Estão, portanto, sujeitos à curatela, na previsão do Código Civil, os adultos incapazes de reger sua própria pessoa e administrar seus bens por deficiência física ou mental, a saber (art. 1.767 do CC):

> I – aqueles que, por enfermidade ou deficiência mental, não tiverem o necessário discernimento para os atos da vida civil;
>
> II – aqueles que, por outra causa duradoura, não puderem exprimir a sua vontade;
>
> III – os deficientes mentais, os ébrios habituais e os viciados em tóxicos;
>
> IV – os excepcionais sem completo desenvolvimento mental;
>
> V – os pródigos.

Comparando-se o art. 1.767 com o art. 446 do Código de 1916, a constatação é a de que o atual Código, acertadamente, substituiu a expressão *loucos de todo o gênero*, por *enfermidade ou deficiência mental* e acrescentou os ébrios habituais, os viciados em tóxicos e os excepcionais, de difícil enquadramento na norma do Código de 1916. Assim, por absoluta ausência de previsão expressa do Código anterior, na expressão genérica *loucos de todo o gênero*, presumiam-se incluídos os alienados mentais, os psicóticos e os psicopatas e, por mais paradoxal que possa parecer, os toxicômanos, os alcoólatras crônicos, os escleróticos e as pessoas atingidas por mongolismo. Entretanto, julgamos, como outros doutrinadores, redundantes e desnecessárias as expressões *deficiência mental* (do inciso I) e *deficientes mentais* (do inciso III), bem como *excepcionais sem o completo desenvolvimento mental* (do inciso IV). Inclusive, há proposta para a supressão da expressão *os deficientes mentais*, do inciso III e do próprio inciso IV, renumerando-se o inciso V.

Tratando-se dos surdos-mudos, incluídos na previsão do inciso II, nem todos eles, evidentemente, são passíveis de curatela. A nosso juízo, aquele que demonstrar capacidade para manter conversação ou que, através de educação especial, tiver condições de exprimir sua vontade com precisão poderá ser dispensado de curatela. Em face disso, somente seria passível de interdição o surdo-mudo que demonstrasse total incapacidade de comunicação. Entretanto, ainda que houvesse necessidade de nomeação de curador, a interdição poderia ser decretada de forma parcial ou limitada à prática de certos atos (art. 1.772 do CC) (LUZ, 2004, p. 311-2).

Pródigo é a pessoa que gasta de forma imoderada ou incontrolada. É a pessoa que tende a dilapidar seu patrimônio em detrimento dos interesses familiares. Insta observar, no entanto, que a deficiência do pródigo é apenas no campo patrimonial, inexistindo, portanto, qualquer óbice quanto à prática de atos considerados de mera administração. É o que se permite inferir do enunciado do art. 1.782: "A interdição do pródigo só o privará de, sem curador, emprestar, transigir, dar quitação, alienar, hipotecar, demandar ou ser demandado, e praticar, em geral, os atos que não sejam de mera administração". Importa, por outras palavras, afirmar que a interdição do pródigo é limitada a certos atos da vida civil, isto é, a atos que tenham reflexo sobre seu patrimônio. Desse modo, em face de sua incapacidade relativa (art. 4º, IV), pode o pródigo, desde que assistido por curador, praticar todos os atos alinhados no art. 1.782. A lei apenas veda sua prática por conta própria.

Demais disso, segundo orientação da doutrina, pode o pródigo, sem a intervenção do curador, atuar como testemunha; exercer uma profissão, salvo a de comerciante; e contrair casamento, desde que adote o regime de separação de bens. Acresça-se, por derradeiro, que o vigente Código Civil possibilita que, havendo meios de recuperação do interdito, deve o curador promover-lhe tratamento em estabelecimento apropriado (art. 1.776 do CC).

Legitimidade para promover a interdição

O art. 1.768 do Código Civil versa a respeito da legitimidade para requerer a interdição judicial e, por conseqüência, a nomeação de curador para o interditando. Têm preferência, para esse efeito, os pais e, em seguida, seus substitutos legais, os tutores. Mesmo na hipótese de filho casado, os pais conservam a preferência para requerer sua interdição. Na falta dos pais, a legitimidade passa a ser do cônjuge ou dos parentes se o interditando for solteiro.

Não obstante o Código ser omisso no tocante à legitimidade do companheiro para requerer a interdição do outro, entendemos ela existir na medida em que o art. 1.775 confere, tanto ao cônjuge quanto ao companheiro, não separado judicialmente ou de fato, o direito de ser curador do outro quando interdito. De qualquer modo, o Projeto de Lei n. 276/2007, que visa a aperfeiçoar o atual Código Civil, prevê a alteração da redação do art. 1.768, II, para efeito de conferir legitimidade ao companheiro: "II – pelo cônjuge, companheiro ou por qualquer parente".

Na petição inicial, reza o art. 1.180 do Código de Processo Civil, o interessado provará sua legitimidade, especificará os fatos que revelam a anomalia psíquica e assinalará a incapacidade do interditando para reger sua pessoa e administrar seus bens. O Ministério Público somente adquirirá legitimidade nas hipóteses do art. 1.769: I – em caso de doença mental grave; II – se não existir, ou não promover a interdição alguma das pessoas designadas no art. 1.768; III – se, existindo, forem menores, ou incapazes.

A legitimidade subsidiária do Ministério Público pode ser exercida se não existir ou não promover a interdição pais, tutores, cônjuge ou parente, conforme for o caso, ou se, mesmo existindo tais pessoas, forem elas incapazes. A nosso ver, o inciso I é irrelevante posto que, em caso de doença mental, não só o Ministério Público como também as demais pessoas designadas nos incisos I e II podem promover a interdição. Assim, mostra-se razoável entender que, em qualquer hipótese de incapacidade do curatelando, a iniciativa do Ministério Público somente poderá verificar-se diante da omissão ou da incapacidade das pessoas que possuem legitimidade preferencial para promoverem a interdição.

Quando a interdição for proposta por parentes do interditando, impõe-se a intervenção do Ministério Público nos termos do art. 82, II, do CPC, o qual atuará como fiscal da lei. No entanto, quando a interdição for proposta pelo próprio Ministério Público, o art. 1.770 exige a nomeação de defensor ao suposto incapaz, devendo tal ônus recair sobre o curador especial, em geral membro da Defensoria Pública.

Processo de interdição

Por exigência do art. 1.771, cumpre ao juiz, antes de pronunciar-se acerca da interdição, assistido por especialistas, examinar pessoalmente o argüido de incapacidade. O exame pessoal, que é a audiência com o interditando, é, por evidente, providência e condição indispensáveis para o juiz efetivamente aquilatar não só a pertinência do alegado pelo requerente como também o grau ou o nível de incapacidade do interditando para estabelecer os limites da interdição.

O interditando será citado para, em dia designado, comparecer perante o juiz, que o examinará, interrogando-o minuciosamente acerca de sua vida, negócios, bens e do mais que lhe parecer necessário para ajuizar seu estado mental, reduzidas aos autos as perguntas e respostas (art. 1.181 do CPC).

O interrogatório do interditando é de fundamental importância. Relevante, nesse sentido, o dizer de Silvio Venosa (VENOSA, 2003, p. 435):[72]

> pode ocorrer que o estado de debilidade mental não permita qualquer manifestação ou locomoção por parte do citado. Se o interditando não puder locomover-se, o juiz deverá dirigir-se ao local onde ele se encontra para realizar o interrogatório. Se a pessoa não puder expressar-se, o juiz deverá fazer constar o fato no auto, descrevendo o mais que for de interesse para o processo.

No prazo de cinco dias, contados da audiência interrogatória, poderá o interditando impugnar o pedido, representado por advogado, pelo Ministério Público ou por curador à lide (art. 1.182 do CPC). Resta esclarecido, portanto, que somente após obter a impressão pessoal a respeito das verdadeiras condições do interditando e receber eventual impugnação, o juiz deverá submeter o interditando ao exame de especialistas; no caso, à perícia médica. Assim, conforme dispõe o art. 1.183 do CPC, decorrido o prazo para a impugnação, o juiz nomeará perito para proceder ao exame do interditando. Apresentado o laudo, o juiz designará audiência de instrução e julgamento.

Na hipótese de declaração da interdição de deficiente mental, ébrio habitual, viciado em tóxicos e excepcionais sem completo desenvolvimento mental, o juiz assinará os limites da curatela levando em consideração o desenvolvimento mental do interdito. Nesses casos, as restri-

---

72 Acrescenta ainda o citado autor à página 436, que "não podemos esquecer que o pedido de interdição pode mascarar interesse de familiares em tomar posse de bens do parente. Já enfrentamos, mais de uma vez, situação na qual o interditando, apesar de idade avançada, era perfeitamente lúcido e, inclusive, declinou que os parentes tentavam enganá-lo com o processo. Posteriormente, o exame psiquiátrico confirmou sua lucidez".

ções poderão estar reduzidas às enumeradas no art. 1.782 (art. 1.772 do CC): "A interdição do pródigo só o privará de, sem curador, emprestar, transigir, dar quitação, alienar, hipotecar, demandar ou ser demandado, e praticar, em geral, os atos que não sejam de mera administração". Assim, considerando o fato de que o pródigo (inciso V) tem sua interdição limitada ao que prescreve o art. 1.782, por exclusão, os demais casos previstos nos incisos I e II não são passíveis de curatela limitada, e sim de curatela plena.

A interdição, como refere o art. 1.773 do Código, deve ser decretada por sentença. Quanto aos efeitos da decisão do juiz, consta desse artigo, no que é acompanhado pelo art. 1.184 do CPC, que a sentença, embora sujeita a recurso, produz efeitos desde logo. Significa, pois, que o recurso de apelação, que eventualmente seja interposto, não opera efeito suspensivo à decisão prolatada.

Em complementação, adita o art. 1.184 do CPC que a sentença será inscrita no Registro de Pessoas Naturais e publicada pela imprensa local e pelo órgão oficial por três vezes, com intervalo de dez dias, constando do edital os nomes do interdito e do curador, a causa da interdição e os limites da curatela.

Pessoas que podem ser curadoras

Na redação do art. 1.775, "O cônjuge ou companheiro, não separado judicialmente ou de fato, é, de direito, curador do outro, quando interdito". Trata-se, nesse caso, da curatela legítima, pela qual se nomeia preferencialmente curador cônjuge ou companheiro, com a condição de que não só ainda permaneça casado ou em união estável, como também de que ainda conviva com o curatelando. Concretizada a curatela, a partir de então o cônjuge ou companheiro curador passará a exercer, com exclusividade, a direção da família, cabendo-lhe a administração dos bens (art. 1.570 do CC).

Ainda no âmbito da curatela legítima, mas agora de forma subsidiária, ou seja, na falta de cônjuge ou companheiro, defere-se a curadoria aos ascendentes, recaindo entre esses a preferência por pai ou mãe. Na falta desses, será curador o descendente mais próximo que se demonstrar mais apto para exercer a curadoria (§§ 1º e 2º).

Incidirá, em último caso, a curadoria *dativa*. Ou seja, inexistindo cônjuge ou companheiro, ascendentes e descendentes, ou, existindo, sejam consideradas incapazes ou inidôneas de exercer a curatela, faculta-se ao juiz nomear curador qualquer outra pessoa, podendo a escolha recair sobre um parente na linha colateral ou até mesmo sobre terceiro que não guarde nenhuma relação de parentesco com o curatelando (§ 3º).

Extinção da curatela

O Código Civil é omisso no tangente à extinção da curatela. Diante disso, entendemos aplicável à espécie a regra do art. 1.186 do CPC, que determina a extinção da curatela, ou seja, o levantamento da interdição quando cessar a causa que a determinou. Assim, considerando que a causa da interdição do ébrio é o vício ao álcool, se, submetido a tratamento, vier a livrar-se do vício, poderá requerer o levantamento da interdição.

A legitimidade para requerer o levantamento encontra previsão no art. 1.186, § 1º, do CPC, assim redigido: "O pedido de levantamento poderá ser feito pelo interditado e será apensado aos autos da interdição. O juiz nomeará perito para proceder ao exame de sanidade no interditado e após apresentação do laudo designará audiência de instrução e julgamento".

Sendo hipótese de interdição de pródigo, efetivado mediante pedido formulado pelo cônjuge, vindo este a falecer ou divorciar-se, poderá o próprio interditado requerer o levantamento da interdição, desde que não tenha ascendentes ou descendentes.

Curatela dos nascituros

Dar-se-á curador ao nascituro se a mulher grávida enviuvar e não estiver exercendo o poder familiar, conforme dispõe o art. 1.779 do CC. Observa Rolf Madaleno que existem três teorias quanto à personalidade do nascituro: para a teoria *natalista*, majoritariamente adotada, a personalidade começa no nascimento com vida e, portanto, o nascituro não tem personalidade jurídica, como lhe falta capacidade de direito; já para a teoria *condicionalista*, a personalidade fica condicionada ao nascimento com vida, ou seja, nascendo com vida, a personalidade do nascituro retroage à data de sua concepção e durante a gestação o nascituro tem seus direitos pessoais e patrimoniais sob condição suspensiva, enquanto, para a teoria *concepcionista*, a personalidade do homem começa a partir da concepção, e desde este momento é considerado pessoa (MADALENO, 2008, p. 859).

Contudo, em nosso sentir, a nomeação de curador somente se justifica quando demonstrada a necessidade de preservar direitos do nascituro, como, por exemplo, o de receber herança, legado ou doação, configurados após o nascimento com vida. Nesse caso, a curatela tem sua duração limitada à data do nascimento do nascituro, uma vez que, após o nascimento, é necessária a nomeação de um tutor para o menor em razão do não-exercício do poder familiar pela mãe (art. 1.728, II, do CC). Caso a mãe do nascituro estiver interdita, seu curador será o mesmo do nascituro (parágrafo único). Nessa modalidade de curatela, como intuitivo, não ocorre processo de interdição.

Curatela própria

Curatela própria ou a pedido é a curatela requerida pelo próprio interessado, enfermo ou portador de deficiência física, com a finalidade de o curador cuidar de todos ou de alguns de seus negócios ou bens (art. 1.780 do CC). Também nesse caso não há decretação de interdição.

Curadorias especiais

Curadorias especiais são as curadorias instituídas temporariamente para a prática de determinados atos de forma que, depois de concluídos estes, esgota-se automaticamente a função do curador. Em regra, essas curadorias são exercidas pelos membros do Ministério Público ou advogados nomeados pelo juiz da causa, dando origem à expressão *curador ad hoc*.

Entre as hipóteses de concessão de curadorias especiais podem ser citadas as seguintes:

a) ao herdeiro instituído ou legatário quando menores; casos em que o testador poderá nomear-lhes curador especial para os bens deixados, ainda que o menor se ache sob o poder familiar ou sob tutela (art. 1.733, § 2º, do CC);

b) quando houver colidência de interesses, ou seja, sempre que, no exercício do poder familiar, os interesses do menor colidirem com os interesses dos pais (art. 1.692 do CC) como, por exemplo, nos processos de inventário em que haja herdeiros menores e quando se proceder à venda judicial de bens de menores;

c) quando houver herança jacente (art. 1.819 do CC);

d) concedida ao réu revel citado por edital ou com hora certa (art. 9º, I e II, do CPC).

No pertinente à escusa e à remoção do curador, aplicam-se as mesmas normas relativas à tutela, *ex vi* do art. 1.781.

Legislação

LEI N. 5.478, DE 25 DE JULHO DE 1968

Dispõe sobre ação de alimentos e dá outras providências.

O PRESIDENTE DA REPÚBLICA:

Faço saber que o CONGRESSO NACIONAL decreta e eu sanciono a seguinte Lei:

▪ **Art. 1º** A ação de alimentos é de rito especial, independe de prévia distribuição e de anterior concessão do benefício de gratuidade.

§ 1º A distribuição será determinada posteriormente por ofício do juízo, inclusive para o fim de registro do feito.

§ 2º A parte que não estiver em condições de pagar as custas do processo, sem prejuízo do sustento próprio ou de sua família, gozará do benefício da gratuidade, por simples afirmativa dessas condições perante o juiz, sob pena de pagamento até o décuplo das custas judiciais.

§ 3º Presume-se pobre, até prova em contrário, quem afirmar essa condição, nos termos desta Lei.

§ 4º A impugnação do direito à gratuidade não suspende o curso do processo de alimentos e será feita em autos apartados.

▪ **Art. 2º** O credor, pessoalmente ou por intermédio de advogado, dirigir-se-á ao juiz competente, qualificando-se, e exporá suas necessidades, provando, apenas, o parentesco ou a obrigação de alimentar do devedor, indicando seu nome e sobrenome, residência ou local de trabalho, profissão e naturalidade, quanto ganha aproximadamente ou os recursos de que dispõe.

§ 1º Dispensar-se-á a produção inicial de documentos probatórios:

I – quando existente em notas, registros, repartições ou estabelecimentos públicos e ocorrer impedimento ou demora em extrair certidões;

II – quando estiverem em poder do obrigado as prestações alimentícias ou de terceiro residente em lugar incerto ou não sabido.

§ 2º Os documentos públicos ficam isentos de reconhecimento de firma.

§ 3º Se o credor comparecer pessoalmente e não indicar profissional que haja concordado em assisti-lo, o juiz designará desde logo quem o deva fazer.

▪ **Art. 3º** O pedido será apresentado por escrito, em três vias, e deverá conter a indicação do juiz a quem for dirigido, os elementos referidos no artigo anterior e um histórico sumário dos fatos.

§ 1º Se houver sido designado pelo juiz defensor para assistir o solicitante, na forma prevista no art. 2º, formulará o designado, dentro de 24 (vinte e quatro) horas da nomeação, o pedido, por escrito, podendo, se achar conveniente, indicar seja a solicitação verbal reduzida a termo.

§ 2º O termo previsto no parágrafo anterior será em três vias, datadas e assinadas pelo escrivão, observado, no que couber, o disposto no *caput* do presente artigo.

▪ **Art. 4º** Ao despachar o pedido, o juiz fixará desde logo alimentos provisórios a serem pagos pelo devedor, salvo se o credor expressamente declarar que deles não necessita.

Parágrafo único. Se se tratar de alimentos provisórios pedidos pelo cônjuge, casado pelo regime da comunhão universal de bens, o juiz determinará igualmente que seja entregue ao credor, mensalmente, parte da renda líquida dos bens comuns, administrados pelo devedor.

▪ **Art. 5º** O escrivão, dentro de 48 (quarenta e oito) horas, remeterá ao devedor a segunda via da petição ou do termo, juntamente com a cópia do despacho do juiz, e a comunicação do dia e hora da realização da audiência de conciliação e julgamento.

§ 1º Na designação da audiência, o juiz fixará o prazo razoável que possibilite ao réu a contestação da ação proposta e a eventualidade de citação por edital.

§ 2º A comunicação, que será feita mediante registro postal isento de taxas e com aviso de recebimento, importa em citação, para todos os efeitos legais.

§ 3º Se o réu criar embaraços ao recebimento da citação, ou não for encontrado, repetir-se-á a diligência por intermédio do oficial de justiça, servindo de mandado a terceira via da petição ou do termo.

§ 4º Impossibilitada a citação do réu por qualquer dos modos acima previstos, será ele citado por edital afixado na sede do juízo e publicado três vezes consecutivas no órgão oficial do Estado, correndo a despesa por conta do vencido, a final, sendo previamente a conta juntada aos autos.

§ 5º O edital deverá conter um resumo do pedido inicial, a íntegra do despacho nele exarado, a data e a hora da audiência.

§ 6º O autor será notificado da data e hora da audiência no ato de recebimento da petição, ou da lavratura do termo.

§ 7º O juiz, ao marcar a audiência, oficiará ao empregador do réu, ou, se o mesmo for funcionário público, ao responsável por sua repartição, solicitando o envio, no máximo até a data marcada para a audiência, de informações sobre o salário ou os vencimentos do devedor, sob as penas previstas no art. 22 desta Lei.

§ 8º A citação do réu, mesmo no caso dos arts. 200 e 201 do Código de Processo Civil, far-se-á na forma do § 2º do art. 5º desta Lei.

▪ **Art. 6º** Na audiência de conciliação e julgamento deverão estar presentes autor e réu, independentemente de intimação e de comparecimento de seus representantes.

▪ **Art. 7º** O não-comparecimento do autor determina o arquivamento do pedido, e a ausência do réu importa em revelia, além de confissão quanto à matéria de fato.

▪ **Art. 8º** Autor e réu comparecerão à audiência acompanhados de suas testemunhas, três no máximo, apresentando, nessa ocasião, as demais provas.

▪ **Art. 9º** Aberta a audiência, lida a petição, ou o termo, e a resposta, se houver, ou dispensada a leitura, o juiz ouvirá as partes litigantes e o representante do Ministério Público, propondo conciliação.

§ 1º Se houver acordo, lavrar-se-á o respectivo termo, que será assinado pelo juiz, escrivão, partes e representantes do Ministério Público.

§ 2º Não havendo acordo, o juiz tomará o depoimento pessoal das partes e das testemunhas, ouvidos os peritos se houver, podendo julgar o efeito sem a mencionada produção de provas, se as partes concordarem.

▪ **Art. 10.** A audiência de julgamento será contínua; mas, se não for possível por motivo de força maior concluí-la no mesmo dia, o juiz marcará a sua continuação para o primeiro dia desimpedido independentemente de novas intimações.

Art. 11. Terminada a instrução poderão as partes e o Ministério Público aduzir alegações finais, em prazo não excedente de 10 (dez) minutos para cada um.

Parágrafo único. Em seguida, o juiz renovará a proposta de conciliação e, não sendo aceita, ditará sua sentença, que conterá sucinto relatório do ocorrido na audiência.

Art. 12. Da sentença serão as partes intimadas, pessoalmente ou através de seus representantes, na própria audiência, ainda quando ausentes, desde que intimadas de sua realização.

Art. 13. O disposto nesta Lei aplica-se igualmente, no que couber, às ações ordinárias de desquite, nulidade e anulação de casamento, à revisão de sentenças proferidas em pedidos de alimentos e respectivas execuções.

§ 1º Os alimentos provisórios fixados na inicial poderão ser revistos a qualquer tempo, se houver modificação na situação financeira das partes, mas o pedido será sempre processado em apartado.

§ 2º Em qualquer caso, os alimentos fixados retroagem à data da citação.

§ 3º Os alimentos provisórios serão devidos até a decisão final, inclusive o julgamento do recurso extraordinário.

Art. 14. Da sentença caberá apelação no efeito devolutivo.

Art. 15. A decisão judicial sobre alimentos não transita em julgado e pode a qualquer tempo ser revista em face da modificação da situação financeira dos interessados.

Art. 16. Na execução da sentença ou do acordo nas ações de alimentos será observado o disposto no art. 734 e seu parágrafo único do Código de Processo Civil.

Art. 17. Quando não for possível a efetivação executiva da sentença ou do acordo mediante desconto em folha, poderão ser as prestações cobradas de alugueres de prédios ou de quaisquer outros rendimentos do devedor, que serão recebidos diretamente pelo alimentado ou por depositário nomeado pelo juiz.

Art. 18. Se, ainda assim, não for possível a satisfação do débito, poderá o credor requerer a execução da sentença na forma dos arts. 732, 733 e 735 do Código de Processo Civil.

Art. 19. O juiz, para instrução da causa, ou na execução da sentença ou do acordo, poderá tomar todas as providências necessárias para seu esclarecimento ou para o cumprimento do julgado ou do acordo, inclusive a decretação de prisão do devedor até 60 (sessenta) dias.

§ 1º O cumprimento integral da pena de prisão não eximirá o devedor do pagamento das prestações alimentícias, vincendas ou vencidas e não pagas.

§ 2º Da decisão que decretar a prisão do devedor, caberá agravo de instrumento.

§ 3º A interposição do agravo não suspende a execução da ordem de prisão.

Art. 20. As repartições públicas, civis ou militares, inclusive do Imposto de Renda, darão todas as informações necessárias à instrução dos processos previstos nesta Lei e à execução do que for decidido ou acordado em juízo.

Art. 21. O art. 244 do Código Penal passa a vigorar com a seguinte redação:

"Art. 244. Deixar, sem justa causa, de prover a subsistência do cônjuge, ou de filho menor de 18 (dezoito) anos ou inapto para o trabalho ou de ascendente inválido ou valetudinário, não lhes proporcionando os recursos necessários ou faltando ao pagamento de pensão alimentícia judicialmente acordada, fixada ou majorada, deixar, sem justa causa, de socorrer descendente ou ascendente gravemente enfermo:

Pena – Detenção de 1 (um) a 4 (quatro) anos e multa, de 1 (uma) a 10 (dez) vezes o maior salário mínimo vigente no País.

Parágrafo único. Nas mesmas penas incide quem, sendo solvente, frustra ou ilide, de qualquer modo, inclusive por abandono injustificado de emprego ou função, o pagamento de pensão alimentícia judicialmente acordada, fixada ou majorada".

A Lei n. 10.741, de 01.10.2003, deu nova redação ao *caput* do art. 244 do CP.

▪ **Art. 22.** Constitui crime contra a administração da Justiça deixar o empregador ou funcionário público de prestar ao juízo competente as informações necessárias à instrução de processo ou execução de sentença ou acordo que fixe pensão alimentícia:

Pena – Detenção de 6 (seis) meses a 1 (um) ano, sem prejuízo da pena acessória de suspensão do emprego de 30 (trinta) a 90 (noventa) dias.

Parágrafo único. Nas mesmas penas incide quem, de qualquer modo, ajuda o devedor a eximir-se ao pagamento de pensão alimentícia judicialmente acordada, fixada ou majorada, ou se recusa, ou procrastina a executar ordem de descontos em folhas de pagamento, expedida pelo juiz competente.

▪ **Art. 23.** A prescrição qüinqüenal referida no art. 178, § 10, I, do Código Civil só alcança as prestações mensais e não o direito a alimentos, que, embora irrenunciável, pode ser provisoriamente dispensado.

Refere-se ao CC/1916.

▪ **Art. 24.** A parte responsável pelo sustento da família, e que deixar a residência comum por motivo, que não necessitará declarar, poderá tomar a iniciativa de comunicar ao juízo os rendimentos de que dispõe e de pedir a citação do credor, para comparecer à audiência de conciliação e julgamento destinada à fixação dos alimentos a que está obrigada.

▪ **Art. 25.** A prestação não-pecuniária estabelecida no art. 403 do Código Civil só pode ser autorizada pelo juiz se a ela anuir o alimentando capaz.

Refere-se ao CC/1916.

▪ **Art. 26.** É competente para as ações de alimentos decorrentes da aplicação do Decreto Legislativo n. 10, de 13 de novembro de 1958, e Decreto n. 56.826, de 02 de setembro de 1965, o juízo federal da capital da Unidade Federativa Brasileira em que reside o devedor, sendo considerada instituição intermediária, para os fins dos referidos decretos, a Procuradoria-Geral da República.

Parágrafo único. Nos termos do inciso III, do art. 2º, da Convenção Internacional sobre Ações de Alimentos, o Governo Brasileiro comunicará, sem demora, ao secretário-geral das Nações Unidas, o disposto neste artigo.

▪ **Art. 27.** Aplicam-se supletivamente nos processos regulados por esta Lei as disposições do Código de Processo Civil.

▪ **Art. 28.** Esta Lei entrará em vigor 30 (trinta) dias depois de sua publicação.

▪ **Art. 29.** Revogam-se as disposições em contrário.

Brasília, 25 de julho de 1968;
147º da Independência
e 80º da República.

A. Costa e Silva
Luís Antônio da Gama e Silva

LEI N. 6.515, DE 26 DE DEZEMBRO DE 1977

Regula os casos de dissolução da sociedade conjugal e do casamento, seus efeitos e respectivos processos, e dá outras providências.

O PRESIDENTE DA REPÚBLICA:

Faço saber que o CONGRESSO NACIONAL decreta e eu sanciono a seguinte Lei:

▪ **Art. 1º** A separação judicial, a dissolução do casamento, ou a cessação de seus efeitos civis, de que trata a Emenda Constitucional n. 9, de 28 de junho de 1977, ocorrerão nos casos e segundo a forma que esta Lei regula.

CAPÍTULO I DA DISSOLUÇÃO DA SOCIEDADE CONJUGAL

▪ **Art. 2º** A sociedade conjugal termina:

I – pela morte de um dos cônjuges;

II – pela nulidade ou anulação do casamento;

III – pela separação judicial;

IV – pelo divórcio.

Parágrafo único. O casamento válido somente se dissolve pela morte de um dos cônjuges ou pelo divórcio.

Seção I
Dos Casos e Efeitos da Separação Judicial

▪ **Art. 3º** A separação judicial põe termo aos deveres de coabitação, fidelidade recíproca e ao regime matrimonial de bens, como se o casamento fosse dissolvido.

§ 1º O procedimento judicial da separação caberá somente aos cônjuges, e, no caso de incapacidade, serão representados por curador, ascendente ou irmão.

§ 2º O juiz deverá promover todos os meios para que as partes se reconciliem ou transijam, ouvindo pessoal e separadamente cada uma delas e, a seguir, reunindo-as em sua presença, se assim considerar necessário.

§ 3º Após a fase prevista no parágrafo anterior, se os cônjuges pedirem, os advogados deverão ser chamados a assistir aos entendimentos e deles participar.

▪ **Art. 4º** Dar-se-á a separação judicial por mútuo consentimento dos cônjuges, se forem casados há mais de 2 (dois) anos, manifestado perante o juiz e devidamente homologado.

O art. 1.574 do Código Civil reduziu o prazo para 1 (um) ano.

▪ **Art. 5º** A separação judicial pode ser pedida por um só dos cônjuges quando imputar ao outro conduta desonrosa ou qualquer ato que importe em grave violação dos deveres do casamento e torne insuportável a vida em comum.

§ 1º A separação judicial pode, também, ser pedida se um dos cônjuges provar a ruptura da vida em comum há mais de 1 (um) ano consecutivo, e a impossibilidade de sua reconstituição.

§ 2º O cônjuge pode ainda pedir a separação judicial quando o outro estiver acometido de grave doença mental, manifestada após o casamento, que torne impossível a continuação da vida em comum, desde que, após uma duração de 5 (cinco) anos, a enfermidade tenha sido reconhecida de cura improvável.

O art. 1.572, § 2º, do Código Civil, reduziu o prazo para 2 (dois) anos.

§ 3º Nos casos dos parágrafos anteriores, reverterão, ao cônjuge que não houver pedido a separação judicial, os remanescentes dos bens que levou para o casamento, e, se o regime de bens adotado o permitir, também a meação nos adquiridos na constância da sociedade conjugal.

▪ **Art. 6º** Nos casos dos §§ 1º e 2º do artigo anterior, a separação judicial poderá ser negada, se constituir, respectivamente, causa de agravamento das condições pessoais ou da doença do outro cônjuge, ou determinar, em qualquer caso, conseqüências morais de excepcional gravidade para os filhos menores.

▪ **Art. 7º** A separação judicial importará na separação de corpos e na partilha de bens.

§ 1º A separação de corpos poderá ser determinada como medida cautelar (art. 796 do Código de Processo Civil).

§ 2º A partilha de bens poderá ser feita mediante proposta dos cônjuges e homologada pelo juiz ou por este decidida.

▪ **Art. 8º** A sentença que julgar a separação judicial produz seus efeitos à data de seu trânsito em julgado, ou à da decisão que tiver concedido separação cautelar.

Seção II
Da Proteção da Pessoa dos Filhos

▪ **Art. 9º** No caso de dissolução da sociedade conjugal pela separação judicial consensual (art. 4º), observar-se-á o que os cônjuges acordarem sobre a guarda dos filhos.

▪ **Art. 10.** Na separação judicial fundada no *caput* do art. 5º, os filhos menores ficarão com o cônjuge que a ela não houver dado causa.

§ 1º Se pela separação judicial forem responsáveis ambos os cônjuges, os filhos menores ficarão em poder da mãe, salvo se o juiz verificar que de tal solução possa advir prejuízo de ordem moral para eles.

§ 2º Verificado que não devem os filhos permanecer em poder da mãe nem do pai, deferirá o juiz a sua guarda a pessoa notoriamente idônea da família de qualquer dos cônjuges.

▪ **Art. 11.** Quando a separação judicial ocorrer com fundamento no § 1º do art. 5º, os filhos ficarão em poder do cônjuge em cuja companhia estavam durante o tempo de ruptura da vida em comum.

▪ **Art. 12.** Na separação judicial fundada no § 2º do art. 5º, o juiz deferirá a entrega dos filhos ao cônjuge que estiver em condições de assumir, normalmente, a responsabilidade de sua guarda e educação.

▪ **Art. 13.** Se houver motivos graves, poderá o juiz, em qualquer caso, a bem dos filhos, regular por maneira diferente da estabelecida nos artigos anteriores a situação deles com os pais.

▪ **Art. 14.** No caso de anulação do casamento, havendo filhos comuns, observar-se-á o disposto nos arts. 10 e 13.

Parágrafo único. Ainda que nenhum dos cônjuges esteja de boa-fé ao contrair o casamento, seus efeitos civis aproveitarão aos filhos comuns.

▪ **Art. 15.** Os pais, em cuja guarda não estejam os filhos, poderão visitá-los e tê-los em sua companhia, segundo fixar o juiz, bem como fiscalizar sua manutenção e educação.

▪ **Art. 16.** As disposições relativas à guarda e à prestação de alimentos aos filhos menores estendem-se aos filhos maiores inválidos.

Seção III
Do Uso do Nome

▪ **Art. 17.** Vencida na ação de separação judicial (art. 5º, *caput*), voltará a mulher a usar o nome de solteira.

§ 1º Aplica-se, ainda, o disposto neste artigo, quando é da mulher a iniciativa da separação judicial com fundamento nos §§ 1º e 2º do art. 5º.

§ 2º Nos demais casos, caberá à mulher a opção pela conservação do nome de casada.

▪ **Art. 18.** Vencedora na ação de separação judicial (art. 5º, *caput*), poderá a mulher renunciar, a qualquer momento, ao direito de usar o nome do marido.

Seção IV
Dos Alimentos

▪ **Art. 19.** O cônjuge responsável pela separação judicial prestará ao outro, se dela necessitar, a pensão que o juiz fixar.

▪ **Art. 20.** Para manutenção dos filhos, os cônjuges, separados judicialmente, contribuirão na proporção de seus recursos.

▪ **Art. 21.** Para assegurar o pagamento da pensão alimentícia, o juiz poderá determinar a constituição de garantia real ou fidejussória.

§ 1º Se o cônjuge credor preferir, o juiz poderá determinar que a pensão consista no usufruto de determinados bens do cônjuge devedor.

§ 2º Aplica-se, também, o disposto no parágrafo anterior, se o cônjuge credor justificar a possibilidade do não-recebimento regular da pensão.

▪ **Art. 22.** Salvo decisão judicial, as prestações alimentícias, de qualquer natureza, serão corrigidas monetariamente na forma dos índices de atualização das Obrigações do Tesouro Nacional – OTN.

Parágrafo único. No caso do não-pagamento das referidas prestações no vencimento, o devedor responderá, ainda, por custas e honorários de advogado apurados simultaneamente.

▪ **Art. 23.** A obrigação de prestar alimentos transmite-se aos herdeiros do devedor, na forma do art. 1.796 do Código Civil.

Refere-se ao CC/1916.

CAPÍTULO II
DO DIVÓRCIO

▪ **Art. 24.** O divórcio põe termo ao casamento e aos efeitos civis do matrimônio religioso.

Parágrafo único. O pedido somente competirá aos cônjuges, podendo, contudo, ser exercido, em caso de incapacidade, por curador, ascendente ou irmão.

▪ **Art. 25.** A conversão em divórcio da separação judicial dos cônjuges existente há mais de 1 (um) ano, contada da data da decisão ou da que concedeu a medida cautelar correspondente (art. 8°), será decretada por sentença, da qual não constará referência à causa que a determinou.

Parágrafo único. A sentença de conversão determinará que a mulher volte a usar o nome que tinha antes de contrair matrimônio, só conservando o nome de família do ex-marido se a alteração prevista neste artigo acarretar:

I – evidente prejuízo para a sua identificação;

II – manifesta distinção entre o seu nome de família e dos filhos havidos da união dissolvida;

III – dano grave reconhecido em decisão judicial.

▪ **Art. 26.** No caso de divórcio resultante da separação prevista nos §§ 1º e 2º do art. 5º, o cônjuge que teve a iniciativa da separação continuará com o dever de assistência ao outro (Código Civil, art. 231, III).

Refere-se ao cc/1916.

▪ **Art. 27.** O divórcio não modificará os direitos e deveres dos pais em relação aos filhos.

Parágrafo único. O novo casamento de qualquer dos pais ou de ambos também não importará restrição a esses direitos e deveres.

▪ **Art. 28.** Os alimentos devidos pelos pais e fixados na sentença de separação poderão ser alterados a qualquer tempo.

▪ **Art. 29.** O novo casamento do cônjuge credor da pensão extinguirá a obrigação do cônjuge devedor.

▪ **Art. 30.** Se o cônjuge devedor da pensão vier a casar-se, o novo casamento não alterará sua obrigação.

▪ **Art. 31.** Não se decretará o divórcio se ainda não houver sentença definitiva de separação judicial, ou se esta não tiver decidido sobre a partilha dos bens.

▪ **Art. 32.** A sentença definitiva do divórcio produzirá efeitos depois de registrada no Registro Público competente.

▪ **Art. 33.** Se os cônjuges divorciados quiserem restabelecer a união conjugal só poderão fazê-lo mediante novo casamento.

CAPÍTULO III
DO PROCESSO

▪ **Art. 34.** A separação judicial consensual se fará pelo procedimento previsto nos arts. 1.120 e 1.124 do Código de Processo Civil, e as demais pelo procedimento ordinário.

§ 1º A petição será também assinada pelos advogados das partes ou pelo advogado escolhido de comum acordo.

§ 2º O juiz pode recusar a homologação e não decretar a separação judicial, se comprovar que a convenção não preserva suficientemente os interesses dos filhos ou de um dos cônjuges.

§ 3º Se os cônjuges não puderem ou não souberem assinar, é lícito que outrem o faça a rogo deles.

§ 4º As assinaturas, quando não lançadas na presença do juiz, serão, obrigatoriamente, reconhecidas por tabelião.

▪ **Art. 35.** A conversão da separação judicial em divórcio será feita mediante pedido de qualquer dos cônjuges.

Parágrafo único. O pedido será apensado aos autos da separação judicial (art. 48).

▪ **Art. 36.** Do pedido referido no artigo anterior, será citado o outro cônjuge, em cuja resposta não caberá reconvenção.

Parágrafo único. A contestação só pode fundar-se em:

I – falta do decurso de 1 (um) ano da separação judicial;

II – descumprimento das obrigações assumidas pelo requerente na separação.

▪ **Art. 37.** O juiz conhecerá diretamente do pedido, quando não houver contestação ou necessidade de produzir prova em audiência, e proferirá sentença dentro em 10 (dez) dias.

§ 1º A sentença limitar-se-á à conversão da separação em divórcio, que não poderá ser negada, salvo se provada qualquer das hipóteses previstas no parágrafo único do artigo anterior.

§ 2º A improcedência do pedido de conversão não impede que o mesmo cônjuge o renove, desde que satisfeita a condição anteriormente descumprida.

▪ **Art. 38.** *(Revogado pela Lei n. 7.841, de 17.10.1989.)*

▪ **Art. 39.** No Capítulo III do Título II do Livro IV do Código de Processo Civil, as expressões "desquite por mútuo consentimento", "desquite" e "desquite litigioso" são substituídas por "separação consensual" e "separação judicial".

CAPÍTULO IV
DAS DISPOSIÇÕES FINAIS E TRANSITÓRIAS

▪ **Art. 40.** No caso de separação de fato, e desde que completados 2 (dois) anos consecutivos, poderá ser promovida ação de divórcio, na qual deverá ser comprovado decurso do tempo da separação.

§ 1º *(Revogado pela Lei n. 7.841, de 17.10.1989.)*

§ 2º No divórcio consensual, o procedimento adotado será o previsto nos arts. 1.120 a 1.124 do Código de Processo Civil, observadas, ainda, as seguintes normas:

I – a petição conterá a indicação dos meios probatórios da separação de fato, e será instruída com a prova documental já existente;

II – a petição fixará o valor da pensão do cônjuge que dela necessitar para sua manutenção, e indicará as garantias para o cumprimento da obrigação assumida;

III – se houver prova testemunhal, ela será produzida na audiência de ratificação do pedido de divórcio, a qual será obrigatoriamente realizada;

IV – a partilha dos bens deverá ser homologada pela sentença do divórcio.

§ 3º Nos demais casos, adotar-se-á o procedimento ordinário.

▪ **Art. 41.** As causas de desquite em curso na data da vigência desta Lei, tanto as que se processam pelo procedimento especial quanto as de procedimento ordinário, passam automaticamente a visar à separação judicial.

▪ **Art. 42.** As sentenças já proferidas em causas de desquite são equiparadas, para os efeitos desta Lei, às de separação judicial.

▪ **Art. 43.** Se, na sentença do desquite, não tiver sido homologada ou decidida a partilha dos bens, ou quando esta não tenha sido feita posteriormente, a decisão de conversão disporá sobre ela.

▪ **Art. 44.** Contar-se-á o prazo de separação judicial a partir da data em que, por decisão judicial proferida em qualquer processo, mesmo nos de jurisdição voluntária, for determinada ou presumida a separação dos cônjuge.

▪ **Art. 45.** Quando o casamento se seguir a uma comunhão de vida entre os nubentes, existente antes de 28 de junho de 1977, que haja perdurado por 10 (dez) anos consecutivos ou da qual tenha resultado filhos, o regime matrimonial de bens será estabelecido livremente, não se lhe aplicando o disposto no art. 258, parágrafo único, II, do Código Civil.

Refere-se ao CC/1916.

▪ **Art. 46.** Seja qual for a causa da separação judicial, e o modo como esta se faça, é permitido aos cônjuges restabelecer a todo o tempo a sociedade conjugal, nos termos em que fora constituída, contanto que o façam mediante requerimento nos autos da ação de separação.

Parágrafo único. A reconciliação em nada prejudicará os direitos de terceiros, adquiridos antes e durante a separação, seja qual for o regime de bens.

▪ **Art. 47.** Se os autos do desquite ou os da separação judicial tiverem sido extraviados, ou se encontrarem em outra circunscrição judiciária, o pedido de conversão em divórcio será instruído com a certidão da sentença, ou da sua averbação no assento de casamento.

▪ **Art. 48.** Aplica-se o disposto no artigo anterior, quando a mulher desquitada tiver domicílio diverso daquele em que se julgou o desquite.

▪ **Art. 49.** Os §§ 5º e 6º do art. 7º da Lei de Introdução ao Código Civil passam a vigorar com a seguinte redação:

"Art. 7º..

§ 5º O estrangeiro casado, que se naturalizar brasileiro, pode, mediante expressa anuência de seu cônjuge, requerer ao juiz, no ato de entrega do decreto de naturalização, se apostile ao mesmo a adoção do regime de comunhão parcial de bens, respeitados os direitos de terceiros e dada esta adoção ao competente registro.

§ 6º O divórcio realizado no estrangeiro, se um ou ambos os cônjuges forem brasileiros, só será reconhecido no Brasil depois de três anos da data da sentença, salvo se houver sido antecedida de separação judicial por igual prazo, caso em que a homologação produzirá efeito imediato, obedecidas as condições estabelecidas para a eficácia das sentenças estrangeiras no país. O Supremo Tribunal Federal, na forma de seu regimento interno, poderá reexaminar, a requerimento do interessado, decisões já proferidas em pedidos de homologação de sentenças estrangeiras de divórcio de brasileiros, a fim de que passem a produzir todos os efeitos legais".

▪ **Art. 50.** São introduzidas no Código Civil as alterações seguintes:

Alterações prejudicadas pela revogação do Código Civil de 1916.

▪ **Art. 51.** A Lei n. 883, de 21 de outubro de 1949, passa a vigorar com as seguintes alterações:

1) "Art. 1º ....

Parágrafo único. Ainda na vigência do casamento qualquer dos cônjuges poderá reconhecer o filho havido fora do matrimônio, em testamento cerrado, aprovado antes ou depois do nascimento do filho, e, nessa parte, irrevogável."

2) "Art. 2º Qualquer que seja a natureza da filiação, o direito à herança será reconhecido em igualdade de condições."

3) "Art. 4º ....

Parágrafo único. Dissolvida a sociedade conjugal do que foi condenado a prestar alimentos, quem os obteve não precisa propor ação de investigação para ser reconhecido, cabendo, porém, aos interessados o direito de impugnar a filiação."

4) "Art. 9º O filho havido fora do casamento e reconhecido pode ser privado da herança nos casos dos arts. 1.595 e 1.744 do Código Civil."

▪ **Art. 52.** O n. I do art. 100, o n. II do art. 155 e o § 2º do art. 733 do Código de Processo Civil passam a vigorar com a seguinte redação:

"Art. 100..

I – da residência da mulher, para a ação de separação dos cônjuges e a conversão desta em divórcio, e para a anulação de casamento".

"Art. 155..

II – que dizem respeito a casamento, filiação, separação dos cônjuges, conversão desta em divórcio, alimentos e guarda de menores".

"Art. 733. ....

§ 2º O cumprimento da pena não exime o devedor do pagamento das prestações vencidas e vincendas".

▪ **Art. 53.** A presente Lei entra em vigor na data de sua publicação.

▪ **Art. 54.** Revogam-se os arts. 315 a 328 e o § 1º do art. 1.605 do Código Civil e as demais disposições em contrário.

Refere-se ao Código Civil de 1916.

Brasília, 26 de dezembro de 1977;
156º da Independência
e 89º da República.

ERNESTO GEISEL
Armando Falcão

LEI N. 8.069, DE 13 DE JULHO DE 1990

Dispõe sobre o Estatuto da Criança e do Adolescente, e dá outras providências.

O PRESIDENTE DA REPÚBLICA:

Faço saber que o CONGRESSO NACIONAL decreta e eu sanciono a seguinte Lei:

LIVRO I PARTE GERAL

TÍTULO I DAS DISPOSIÇÕES PRELIMINARES

▪ **Art. 1º** Esta Lei dispõe sobre a proteção integral à criança e ao adolescente.

▪ **Art. 2º** Considera-se criança, para os efeitos desta Lei, a pessoa até doze anos de idade incompletos, e adolescente aquela entre doze e dezoito anos de idade.

Parágrafo único. Nos casos expressos em lei, aplica-se excepcionalmente este Estatuto às pessoas entre dezoito e vinte e um anos de idade.

▪ **Art. 3º** A criança e o adolescente gozam de todos os direitos fundamentais inerentes à pessoa humana, sem prejuízo da proteção integral de que trata esta Lei, assegurando-se-lhes, por lei ou por outros meios, todas as oportunidades e facilidades, a fim de lhes facultar o desenvolvimento físico, mental, moral, espiritual e social, em condições de liberdade e de dignidade.

▪ **Art. 4º** É dever da família, da comunidade, da sociedade em geral e do Poder Público assegurar, com absoluta prioridade, a efetivação dos direitos referentes à vida, à saúde, à alimentação, à educação, ao esporte, ao lazer, à profissionalização, à cultura, à dignidade, ao respeito, à liberdade e à convivência familiar e comunitária.

Parágrafo único. A garantia de prioridade compreende:

a) primazia de receber proteção e socorro em quaisquer circunstâncias;

b) precedência de atendimento nos serviços públicos ou de relevância pública;

c) preferência na formulação e na execução das políticas sociais públicas;

d) destinação privilegiada de recursos públicos nas áreas relacionadas com a proteção à infância e à juventude.

▪ **Art. 5º** Nenhuma criança ou adolescente será objeto de qualquer forma de negligência, discriminação, exploração, violência, crueldade e opressão, punido na forma da lei qualquer atentado, por ação ou omissão, aos seus direitos fundamentais.

▪ **Art. 6º** Na interpretação desta Lei levar-se-ão em conta os fins sociais a que ela se dirige, as exigências do bem comum, os direitos e deveres individuais e coletivos, e a condição peculiar da criança e do adolescente como pessoas em desenvolvimento.

TÍTULO II
DOS DIREITOS FUNDAMENTAIS

CAPÍTULO I
DO DIREITO À VIDA E À SAÚDE

▪ **Art. 7º** A criança e o adolescente têm direito a proteção à vida e à saúde, mediante a efetivação de políticas sociais públicas que permitam o nascimento e o desenvolvimento sadio e harmonioso, em condições dignas de existência.

▪ **Art. 8º** É assegurado a gestante, através do Sistema Único de Saúde, o atendimento pré e perinatal.

§ 1º A gestante será encaminhada aos diferentes níveis de atendimento, segundo critérios médicos específicos, obedecendo-se aos princípios de regionalização e hierarquização do Sistema.

§ 2º A parturiente será atendida preferencialmente pelo mesmo médico que a acompanhou na fase pré-natal.

§ 3º Incumbe ao Poder Público propiciar apoio alimentar à gestante e à nutriz que dele necessitem.

▪ **Art. 9º** O Poder Público, as instituições e os empregadores propiciarão condições adequadas ao aleitamento materno, inclusive aos filhos de mães submetidas a medida privativa de liberdade.

▪ **Art. 10.** Os hospitais e demais estabelecimentos de atenção à saúde de gestantes, públicos e particulares, são obrigados a:

I – manter registro das atividades desenvolvidas, através de prontuários individuais, pelo prazo de dezoito anos;

II – identificar o recém-nascido mediante o registro de sua impressão plantar e digital e da impressão digital da mãe, sem prejuízo de outras formas normatizadas pela autoridade administrativa competente;

III – proceder a exames visando ao diagnóstico e terapêutica de anormalidades no metabolismo do recém-nascido, bem como prestar orientação aos pais;

IV – fornecer declaração de nascimento onde constem necessariamente as intercorrências do parto e do desenvolvimento do neonato;

V – manter alojamento conjunto, possibilitando ao neonato a permanência junto à mãe.

▪ **Art. 11.** É assegurado atendimento integral à saúde da criança e do adolescente, por intermédio do Sistema Único de Saúde, garantido o acesso universal e igualitário às ações e serviços para promoção, proteção e recuperação da saúde.

§ 1º A criança e o adolescente portadores de deficiência receberão atendimento especializado.

§ 2º Incumbe ao Poder Público fornecer gratuitamente àqueles que necessitarem os medicamentos, próteses e outros recursos relativos ao tratamento, habilitação ou reabilitação.

▪ **Art. 12.** Os estabelecimentos de atendimento à saúde deverão proporcionar condições para a permanência em tempo integral de um dos pais ou responsável, nos casos de internação de criança ou adolescente.

▪ **Art. 13.** Os casos de suspeita ou confirmação de maus-tratos contra criança ou adolescente serão obrigatoriamente comunicados ao Conselho Tutelar da respectiva localidade, sem prejuízo de outras providências legais.

▪ **Art. 14.** O Sistema Único de Saúde promoverá programas de assistência médica e odontológica para a prevenção das enfermidades que ordinariamente afetam a população infantil, e campanhas de educação sanitária para pais, educadores e alunos.

Parágrafo único. É obrigatória a vacinação das crianças nos casos recomendados pelas autoridades sanitárias.

CAPÍTULO II
DO DIREITO À LIBERDADE, AO RESPEITO E À DIGNIDADE

▪ **Art. 15.** A criança e o adolescente têm direito à liberdade, ao respeito e à dignidade como pessoas humanas em processo de desenvolvimento e como sujeitos de direitos civis, humanos e sociais garantidos na Constituição e nas leis.

▪ **Art. 16.** O direito à liberdade compreende os seguintes aspectos:

I – ir, vir e estar nos logradouros públicos e espaços comunitários, ressalvadas as restrições legais;

II – opinião e expressão;

III – crença e culto religioso;

IV – brincar, praticar esportes e divertir-se;

V – participar da vida familiar e comunitária, sem discriminação;

VI – participar da vida política, na forma da lei;

VII – buscar refúgio, auxílio e orientação.

▪ **Art. 17.** O direito ao respeito consiste na inviolabilidade da integridade física, psíquica e moral da criança e do adolescente, abrangendo a preservação da imagem, da identidade, da autonomia, dos valores, idéias e crenças, dos espaços e objetos pessoais.

▪ **Art. 18.** É dever de todos velar pela dignidade da criança e do adolescente, pondo-os a salvo de qualquer tratamento desumano, violento, aterrorizante, vexatório ou constrangedor.

CAPÍTULO III
DO DIREITO À CONVIVÊNCIA FAMILIAR E COMUNITÁRIA

Seção I
Disposições Gerais

▪ **Art. 19.** Toda criança ou adolescente tem direito a ser criado e educado no seio da sua família e, excepcionalmente, em família substituta, assegurada a convivência familiar e comunitária, em ambiente livre da presença de pessoas dependentes de substâncias entorpecentes.

▪ **Art. 20.** Os filhos, havidos ou não da relação do casamento, ou por adoção, terão os mesmos direitos e qualificações, proibidas quaisquer designações discriminatórias relativas à filiação.

▪ **Art. 21.** O pátrio poder será exercido, em igualdade de condições, pelo pai e pela mãe, na forma do que dispuser a legislação civil, assegurado a qualquer deles o direito de, em caso de discordância, recorrer à autoridade judiciária competente para a solução da divergência.

▪ **Art. 22.** Aos pais incumbe o dever de sustento, guarda e educação dos filhos menores, cabendo-lhes ainda, no interesse destes, a obrigação de cumprir e fazer cumprir as determinações judiciais.

▪ **Art. 23.** A falta ou a carência de recursos materiais não constitui motivo suficiente para a perda ou a suspensão do pátrio poder.

Parágrafo único. Não existindo outro motivo que por si só autorize a decretação da medida, a criança ou o adolescente será mantido em sua família de origem, a qual deverá obrigatoriamente ser incluída em programas oficiais de auxílio.

▪ **Art. 24.** A perda e a suspensão do pátrio poder serão decretadas judicialmente, em procedimento contraditório, nos casos previstos na legislação civil, bem como na hipótese de descumprimento injustificado dos deveres e obrigações a que alude o art. 22.

Seção II
Da Família Natural

▪ **Art. 25.** Entende-se por família natural a comunidade formada pelos pais ou qualquer deles e seus descendentes.

▪ **Art. 26.** Os filhos havidos fora do casamento poderão ser reconhecidos pelos pais, conjunta ou separadamente, no próprio termo de nascimento, por testamento, mediante escritura ou outro documento público, qualquer que seja a origem da filiação.

Parágrafo único. O reconhecimento pode preceder o nascimento do filho ou suceder-lhe ao falecimento, se deixar descendentes.

▪ **Art. 27.** O reconhecimento do estado de filiação é direito personalíssimo, indisponível e imprescritível, podendo ser exercitado contra os pais ou seus herdeiros, sem qualquer restrição, observado o segredo de Justiça.

Seção III
Da Família Substituta

Subseção I
Disposições Gerais

▪ **Art. 28.** A colocação em família substituta far-se-á mediante guarda, tutela ou adoção, independentemente da situação jurídica da criança ou adolescente, nos termos desta Lei.

§ 1º Sempre que possível, a criança ou adolescente deverá ser previamente ouvido e a sua opinião devidamente considerada.

§ 2º Na apreciação do pedido levar-se-á em conta o grau de parentesco e a relação de afinidade ou de afetividade, a fim de evitar ou minorar as conseqüências decorrentes da medida.

▪ **Art. 29.** Não se deferirá colocação em família substituta a pessoa que revele, por qualquer modo, incompatibilidade com a natureza da medida ou não ofereça ambiente familiar adequado.

▪ **Art. 30.** A colocação em família substituta não admitirá transferência da criança ou adolescente a terceiros ou a entidades governamentais ou não-governamentais, sem autorização judicial.

▪ **Art. 31.** A colocação em família substituta estrangeira constitui medida excepcional, somente admissível na modalidade de adoção.

▪ **Art. 32.** Ao assumir a guarda ou a tutela, o responsável prestará compromisso de bem e fielmente desempenhar o encargo, mediante termo nos autos.

Subseção II
Da Guarda

▪ **Art. 33.** A guarda obriga à prestação de assistência material, moral e educacional à criança ou adolescente, conferindo a seu detentor o direito de opor-se a terceiros, inclusive aos pais.

§ 1º A guarda destina-se a regularizar a posse de fato, podendo ser deferida, liminar ou incidentalmente, nos procedimentos de tutela e adoção, exceto no de adoção por estrangeiros.

§ 2º Excepcionalmente, deferir-se-á a guarda, fora dos casos de tutela e adoção, para atender a situações peculiares ou suprir a falta eventual dos pais ou responsável, podendo ser deferido o direito de representação para a prática de atos determinados.

§ 3º A guarda confere à criança ou adolescente a condição de dependente, para todos os fins e efeitos de direito, inclusive previdenciários.

▪ **Art. 34.** O Poder Público estimulará, através de assistência jurídica, incentivos fiscais e subsídios, o acolhimento, sob a forma de guarda, de criança ou adolescente órfão ou abandonado.

▪ **Art. 35.** A guarda poderá ser revogada a qualquer tempo, mediante ato judicial fundamentado, ouvido o Ministério Público.

Subseção III
Da Tutela

▪ **Art. 36.** A tutela será deferida, nos termos da lei civil, a pessoa de até vinte e um anos incompletos.

Parágrafo único. O deferimento da tutela pressupõe a prévia decretação da perda ou suspensão do pátrio poder e implica necessariamente o dever de guarda.

▪ **Art. 37.** A especialização de hipoteca legal será dispensada, sempre que o tutelado não possuir bens ou rendimentos ou por qualquer outro motivo relevante.

Parágrafo único. A especialização de hipoteca legal será também dispensada se os bens, porventura existentes em nome do tutelado, constarem de instrumento público, devidamente registrado no registro de imóveis, ou se os rendimentos forem suficientes apenas para a mantença do tutelado, não havendo sobra significativa ou provável.

▪ **Art. 38.** Aplica-se à destituição da tutela o disposto no art. 24.

Subseção IV
Da Adoção

▪ **Art. 39.** A adoção de criança e de adolescente reger-se-á segundo o disposto nesta Lei.

Parágrafo único. É vedada a adoção por procuração.

▪ **Art. 40.** O adotando deve contar com, no máximo, dezoito anos à data do pedido, salvo se já estiver sob a guarda ou tutela dos adotantes.

▪ **Art. 41.** A adoção atribui a condição de filho ao adotado, com os mesmos direitos e deveres, inclusive sucessórios, desligando-o de qualquer vínculo com pais e parentes, salvo os impedimentos matrimoniais.

§ 1º Se um dos cônjuges ou concubinos adota o filho do outro, mantêm-se os vínculos de filiação entre o adotado e o cônjuge ou concubino do adotante e os respectivos parentes.

§ 2º É recíproco o direito sucessório entre o adotado, seus descendentes, o adotante, seus ascendentes, descendentes e colaterais até o 4º grau, observada a ordem de vocação hereditária.

▪ **Art. 42.** Podem adotar os maiores de vinte e um anos, independentemente de estado civil.

§ 1º Não podem adotar os ascendentes e os irmãos do adotando.

§ 2º A adoção por ambos os cônjuges ou concubinos poderá ser formalizada, desde que um deles tenha completado vinte e um anos de idade, comprovada a estabilidade da família.

§ 3º O adotante há de ser, pelo menos, dezesseis anos mais velho do que o adotando.

§ 4º Os divorciados e os judicialmente separados poderão adotar conjuntamente, contanto que acordem sobre a guarda e o regime de visitas, e desde que o estágio de convivência tenha sido iniciado na constância da sociedade conjugal.

§ 5º A adoção poderá ser deferida ao adotante que, após inequívoca manifestação de vontade, vier a falecer no curso do procedimento, antes de prolatada a sentença.

▪ **Art. 43.** A adoção será deferida quando apresentar reais vantagens para o adotando e fundar-se em motivos legítimos.

▪ **Art. 44.** Enquanto não der conta de sua administração e saldar o seu alcance, não pode o tutor ou o curador adotar o pupilo ou o curatelado.

▪ **Art. 45.** A adoção depende do consentimento dos pais ou do representante legal do adotando.

§ 1º O consentimento será dispensado em relação à criança ou adolescente cujos pais sejam desconhecidos ou tenham sido destituídos do pátrio poder.

§ 2º Em se tratando de adotando maior de doze anos de idade, será também necessário o seu consentimento.

▪ **Art. 46.** A adoção será precedida de estágio de convivência com a criança ou adolescente, pelo prazo que a autoridade judiciária fixar, observadas as peculiaridades do caso.

§ 1º O estágio de convivência poderá ser dispensado se o adotando não tiver mais de um ano de idade ou se, qualquer que seja a sua idade, já estiver na companhia do adotante durante tempo suficiente para se poder avaliar a conveniência da constituição do vínculo.

§ 2º Em caso de adoção por estrangeiro residente ou domiciliado fora do País, o estágio de convivência, cumprido no território nacional, será de no mínimo quinze dias para crianças de até dois anos de idade, e de no mínimo trinta dias quando se tratar de adotando acima de dois anos de idade.

▪ **Art. 47.** O vínculo da adoção constitui-se por sentença judicial, que será inscrita no registro civil mediante mandado do qual não se fornecerá certidão.

§ 1º A inscrição consignará o nome dos adotantes como pais, bem como o nome de seus ascendentes.

§ 2º O mandado judicial, que será arquivado, cancelará o registro original do adotado.

§ 3º Nenhuma observação sobre a origem do ato poderá constar nas certidões do registro.

§ 4º A critério da autoridade judiciária, poderá ser fornecida certidão para a salvaguarda de direitos.

§ 5º A sentença conferirá ao adotado o nome do adotante e, a pedido deste, poderá determinar a modificação do prenome.

§ 6º A adoção produz seus efeitos a partir do trânsito em julgado da sentença, exceto na hipótese prevista no art. 42, § 5º, caso em que terá força retroativa à data do óbito.

▪ **Art. 48.** A adoção é irrevogável.

▪ **Art. 49.** A morte dos adotantes não restabelece o pátrio poder dos pais naturais.

▪ **Art. 50.** A autoridade judiciária manterá, em cada comarca ou foro regional, um registro de crianças e adolescentes em condições de serem adotados e outro de pessoas interessadas na adoção.

§ 1º O deferimento da inscrição dar-se-á após prévia consulta aos órgãos técnicos do juizado, ouvido o Ministério Público.

§ 2º Não será deferida a inscrição se o interessado não satisfizer os requisitos legais, ou verificada qualquer das hipóteses previstas no art. 29.

▪ **Art. 51.** Cuidando-se de pedido de adoção formulado por estrangeiro residente ou domiciliado fora do País, observar-se-á o disposto no art. 31.

§ 1º O candidato deverá comprovar, mediante documento expedido pela autoridade competente do respectivo domicílio, estar devidamente habilitado à adoção, consoante as leis do seu país, bem como apresentar estudo psicossocial elaborado por agência especializada e credenciada no país de origem.

§ 2º A autoridade judiciária, de ofício ou a requerimento do Ministério Público, poderá determinar a apresentação do texto pertinente à legislação estrangeira, acompanhado de prova da respectiva vigência.

§ 3º Os documentos em língua estrangeira serão juntados aos autos, devidamente autenticados pela autoridade consular, observados os tratados e convenções internacionais, e acompanhados da respectiva tradução, por tradutor público juramentado.

§ 4º Antes de consumada a adoção não será permitida a saída do adotando do território nacional.

▪ **Art. 52.** A adoção internacional poderá ser condicionada a estudo prévio e análise de uma comissão estadual judiciária de adoção, que fornecerá o respectivo laudo de habilitação para instruir o processo competente.

Parágrafo único. Competirá à comissão manter registro centralizado de interessados estrangeiros em adoção.

CAPÍTULO IV
DO DIREITO À EDUCAÇÃO, À CULTURA, AO ESPORTE E AO LAZER

▪ **Art. 53.** A criança e o adolescente têm direito à educação, visando ao pleno desenvolvimento de sua pessoa, preparo para o exercício da cidadania e qualificação para o trabalho, assegurando-se-lhes:

I – igualdade de condições para o acesso e permanência na escola;

II – direito de ser respeitado por seus educadores;

III – direito de contestar critérios avaliativos, podendo recorrer às instâncias escolares superiores;

IV – direito de organização e participação em entidades estudantis;

V – acesso à escola pública e gratuita próxima de sua residência.

Parágrafo único. É direito dos pais ou responsáveis ter ciência do processo pedagógico, bem como participar da definição das propostas educacionais.

▪ **Art. 54.** É dever do Estado assegurar à criança e ao adolescente:

I – ensino fundamental, obrigatório e gratuito, inclusive para os que a ele não tiveram acesso na idade própria;

II – progressiva extensão da obrigatoriedade e gratuidade ao ensino médio;

III – atendimento educacional especializado aos portadores de deficiência, preferencialmente na rede regular de ensino;

IV – atendimento em creche e pré-escola às crianças de zero a seis anos de idade;

V – acesso aos níveis mais elevados do ensino, da pesquisa e da criação artística, segundo a capacidade de cada um;

VI – oferta de ensino noturno regular, adequado às condições do adolescente trabalhador;

VII – atendimento no ensino fundamental, através de programas suplementares de material didático-escolar, transporte, alimentação e assistência à saúde.

§ 1º O acesso ao ensino obrigatório e gratuito é direito público subjetivo.

§ 2º O não-oferecimento do ensino obrigatório pelo Poder Público ou sua oferta irregular importa responsabilidade da autoridade competente.

§ 3º Compete ao Poder Público recensear os educandos no ensino fundamental, fazer-lhes a chamada e zelar, junto aos pais ou responsável, pela freqüência à escola.

▪ **Art. 55.** Os pais ou responsável têm a obrigação de matricular seus filhos ou pupilos na rede regular de ensino.

▪ **Art. 56.** Os dirigentes de estabelecimentos de ensino fundamental comunicarão ao Conselho Tutelar os casos de:

I – maus-tratos envolvendo seus alunos;

II – reiteração de faltas injustificadas e de evasão escolar, esgotados os recursos escolares;

III – elevados níveis de repetência.

▪ **Art. 57.** O Poder Público estimulará pesquisas, experiências e novas propostas relativas a calendário, seriação, currículo, metodologia, didática e avaliação, com vistas à inserção de crianças e adolescentes excluídos do ensino fundamental obrigatório.

▪ **Art. 58.** No processo educacional respeitar-se-ão os valores culturais, artísticos e históricos próprios do contexto social da criança e do adolescente, garantindo-se a estes a liberdade de criação e o acesso às fontes de cultura.

▪ **Art. 59.** Os Municípios, com apoio dos Estados e da União, estimularão e facilitarão a destinação de recursos e espaços para programações culturais, esportivas e de lazer voltadas para a infância e a juventude.

CAPÍTULO V
DO DIREITO À PROFISSIONALIZAÇÃO E À PROTEÇÃO NO TRABALHO

▪ **Art. 60.** É proibido qualquer trabalho a menores de quatorze anos de idade, salvo na condição de aprendiz.

▪ **Art. 61.** A proteção ao trabalho dos adolescentes é regulada por legislação especial, sem prejuízo do disposto nesta Lei.

▪ **Art. 62.** Considera-se aprendizagem a formação técnico-profissional ministrada segundo as diretrizes e bases da legislação de educação em vigor.

▪ **Art. 63.** A formação técnico-profissional obedecerá aos seguintes princípios:

I – garantia de acesso e freqüência obrigatória ao ensino regular;

II – atividade compatível com o desenvolvimento do adolescente;

III – horário especial para o exercício das atividades.

▪ **Art. 64.** Ao adolescente até quatorze anos de idade é assegurada bolsa de aprendizagem.

▪ **Art. 65.** Ao adolescente aprendiz, maior de quatorze anos, são assegurados os direitos trabalhistas e previdenciários.

▪ **Art. 66.** Ao adolescente portador de deficiência é assegurado trabalho protegido.

▪ **Art. 67.** Ao adolescente empregado, aprendiz, em regime familiar de trabalho, aluno de escola técnica, assistido em entidade governamental ou não-governamental, é vedado trabalho:

I – noturno, realizado entre as vinte e duas horas de um dia e as cinco horas do dia seguinte;

II – perigoso, insalubre ou penoso;

III – realizado em locais prejudiciais à sua formação e ao seu desenvolvimento físico, psíquico, moral e social;

IV – realizado em horários e locais que não permitam a freqüência à escola.

▪ **Art. 68.** O programa social que tenha por base o trabalho educativo, sob responsabilidade de entidade governamental ou não-governamental sem fins lucrativos, deverá assegurar ao adolescente que dele participe condições de capacitação para o exercício de atividade regular remunerada.

§ 1º Entende-se por trabalho educativo a atividade laboral em que as exigências pedagógicas relativas ao desenvolvimento pessoal e social do educando prevalecem sobre o aspecto produtivo.

§ 2º A remuneração que o adolescente recebe pelo trabalho efetuado ou a participação na venda dos produtos de seu trabalho não desfigura o caráter educativo.

▪ **Art. 69.** O adolescente tem direito à profissionalização e à proteção no trabalho, observados os seguintes aspectos, entre outros:

I – respeito à condição peculiar de pessoa em desenvolvimento;

II – capacitação profissional adequada ao mercado de trabalho.

TÍTULO III
DA PREVENÇÃO

CAPÍTULO I
DISPOSIÇÕES GERAIS

▪ **Art. 70.** É dever de todos prevenir a ocorrência de ameaça ou violação dos direitos da criança e do adolescente.

▪ **Art. 71.** A criança e o adolescente têm direito a informação, cultura, lazer, esportes, diversões, espetáculos e produtos e serviços que respeitem sua condição peculiar de pessoa em desenvolvimento.

▪ **Art. 72.** As obrigações previstas nesta Lei não excluem da prevenção especial outras decorrentes dos princípios por ela adotados.

▪ **Art. 73.** A inobservância das normas de prevenção importará em responsabilidade da pessoa física ou jurídica, nos termos desta Lei.

CAPÍTULO II
DA PREVENÇÃO ESPECIAL

Seção I
Da Informação, Cultura, Lazer, Esportes, Diversões e Espetáculos

▪ **Art. 74.** O Poder Público, através do órgão competente, regulará as diversões e espetáculos públicos, informando sobre a natureza deles, as faixas etárias a que não se recomendem, locais e horários em que sua apresentação se mostre inadequada.

Parágrafo único. Os responsáveis pelas diversões e espetáculos públicos deverão afixar, em lugar visível e de fácil acesso, à entrada do local de exibição, informação destacada sobre a natureza do espetáculo e a faixa etária especificada no certificado de classificação.

▪ **Art. 75.** Toda criança ou adolescente terá acesso às diversões e espetáculos públicos classificados como adequados à sua faixa etária.

Parágrafo único. As crianças menores de dez anos somente poderão ingressar e permanecer nos locais de apresentação ou exibição quando acompanhadas dos pais ou responsável.

▪ **Art. 76.** As emissoras de rádio e televisão somente exibirão, no horário recomendado para o público infanto-juvenil, programas com finalidades educativas, artísticas, culturais e informativas.

Parágrafo único. Nenhum espetáculo será apresentado ou anunciado sem aviso de sua classificação, antes de sua transmissão, apresentação ou exibição.

▪ **Art. 77.** Os proprietários, diretores, gerentes e funcionários de empresas que explorem a venda ou aluguel de fitas de programação em vídeo cuidarão para que não haja venda ou locação em desacordo com a classificação atribuída pelo órgão competente.

Parágrafo único. As fitas a que alude este artigo deverão exibir, no invólucro, informação sobre a natureza da obra e a faixa etária a que se destinam.

▪ **Art. 78.** As revistas e publicações contendo material impróprio ou inadequado a crianças e adolescentes deverão ser comercializadas em embalagem lacrada, com a advertência de seu conteúdo.

Parágrafo único. As editoras cuidarão para que as capas que contenham mensagens pornográficas ou obscenas sejam protegidas com embalagem opaca.

▪ **Art. 79.** As revistas e publicações destinadas ao público infanto-juvenil não poderão conter ilustrações, fotografias, legendas, crônicas ou anúncios de bebidas alcoólicas, tabaco, armas e munições, e deverão respeitar os valores éticos e sociais da pessoa e da família.

▪ **Art. 80.** Os responsáveis por estabelecimentos que explorem comercialmente bilhar, sinuca ou congênere ou por casas de jogos, assim entendidas as que realizem apostas, ainda que eventualmente, cuidarão para que não seja permitida a entrada e a permanência de crianças e adolescentes no local, afixando aviso para orientação do público.

Seção II
Dos Produtos e Serviços

▪ **Art. 81.** É proibida a venda à criança ou ao adolescente de:

I – armas, munições e explosivos;

II – bebidas alcoólicas;

III – produtos cujos componentes possam causar dependência física ou psíquica ainda que por utilização indevida;

IV – fogos de estampido e de artifício, exceto aqueles que pelo seu reduzido potencial sejam incapazes de provocar qualquer dano físico em caso de utilização indevida;

V – revistas e publicações a que alude o art. 78;

VI – bilhetes lotéricos e equivalentes.

▪ **Art. 82.** É proibida a hospedagem de criança ou adolescente em hotel, motel, pensão ou estabelecimento congênere, salvo se autorizado ou acompanhado pelos pais ou responsável.

Seção III
Da Autorização para Viajar

▪ **Art. 83.** Nenhuma criança poderá viajar para fora da comarca onde reside, desacompanhada dos pais ou responsável, sem expressa autorização judicial.

§ 1º A autorização não será exigida quando:

a) tratar-se de comarca contígua à da residência da criança, se na mesma unidade da Federação, ou incluída na mesma região metropolitana;

b) a criança estiver acompanhada:

1. de ascendente ou colateral maior, até o terceiro grau, comprovado documentalmente o parentesco;

2. de pessoa maior, expressamente autorizada pelo pai, mãe ou responsável.

§ 2º A autoridade judiciária poderá, a pedido dos pais ou responsável, conceder autorização válida por dois anos.

▪ **Art. 84.** Quando se tratar de viagem ao exterior, a autorização é dispensável, se a criança ou adolescente:

I – estiver acompanhado de ambos os pais ou responsável;

II – viajar na companhia de um dos pais, autorizado expressamente pelo outro através de documento com firma reconhecida.

▪ **Art. 85.** Sem prévia e expressa autorização judicial, nenhuma criança ou adolescente nascido em território nacional poderá sair do País em companhia de estrangeiro residente ou domiciliado no exterior.

LIVRO II
PARTE ESPECIAL

TÍTULO I
DA POLÍTICA DE ATENDIMENTO

CAPÍTULO I
DISPOSIÇÕES GERAIS

▪ **Art. 86.** A política de atendimento dos direitos da criança e do adolescente far-se-á através de um conjunto articulado de ações governamentais e não-governamentais, da União, dos Estados, do Distrito Federal e dos Municípios.

▪ **Art. 87.** São linhas de ação da política de atendimento:

I – políticas sociais básicas;

II – políticas e programas de assistência social, em caráter supletivo, para aqueles que deles necessitem;

III – serviços especiais de prevenção e atendimento médico e psicossocial às vítimas de negligência, maus-tratos, exploração, abuso, crueldade e opressão;

IV – serviço de identificação e localização de pais, responsável, crianças e adolescentes desaparecidos;

V – proteção jurídico-social por entidades de defesa dos direitos da criança e do adolescente.

▪ **Art. 88.** São diretrizes da política de atendimento:

I – municipalização do atendimento;

II – criação de conselhos municipais, estaduais e nacional dos direitos da criança e do adolescente, órgãos deliberativos e controladores das ações em todos os níveis, assegurada a participação popular paritária por meio de organizações representativas, segundo leis federal, estaduais e municipais;

III – criação e manutenção de programas específicos, observada a descentralização político-administrativa;

IV – manutenção de fundos nacional, estaduais e municipais vinculados aos respectivos conselhos dos direitos da criança e do adolescente;

V – integração operacional de órgãos do Judiciário, Ministério Público, Defensoria, Segurança Pública e Assistência Social, preferencialmente em um mesmo local, para efeito de agilização do atendimento inicial a adolescente a quem se atribua autoria de ato infracional;

VI – mobilização da opinião pública no sentido da indispensável participação dos diversos segmentos da sociedade.

▪ **Art. 89.** A função de membro do Conselho Nacional e dos conselhos estaduais e municipais dos direitos da criança e do adolescente é considerada de interesse público relevante e não será remunerada.

CAPÍTULO II
DAS ENTIDADES DE ATENDIMENTO

Seção I
Disposições Gerais

Art. 90. As entidades de atendimento são responsáveis pela manutenção das próprias unidades, assim como pelo planejamento e execução de programas de proteção e sócio-educativos destinados a crianças e adolescentes, em regime de:

I – orientação e apoio sócio-familiar;

II – apoio sócio-educativo em meio aberto;

III – colocação familiar;

IV – abrigo;

V – liberdade assistida;

VI – semiliberdade;

VII – internação.

Parágrafo único. As entidades governamentais e não-governamentais deverão proceder a inscrição de seus programas, especificando os regimes de atendimento, na forma definida neste artigo, junto ao Conselho Municipal dos Direitos da Criança e do Adolescente, o qual manterá registro das inscrições e de suas alterações, do que fará comunicação ao Conselho Tutelar e à autoridade judiciária.

Art. 91. As entidades não-governamentais somente poderão funcionar depois de registradas no Conselho Municipal dos Direitos da Criança e do Adolescente, o qual comunicará o registro ao Conselho Tutelar e à autoridade judiciária da respectiva localidade.

Parágrafo único. Será negado o registro à entidade que:

a) não ofereça instalações físicas em condições adequadas de habitabilidade, higiene, salubridade e segurança;

b) não apresente plano de trabalho compatível com os princípios desta Lei;

c) esteja irregularmente constituída;

d) tenha em seus quadros pessoas inidôneas.

Art. 92. As entidades que desenvolvam programas de abrigo deverão adotar os seguintes princípios:

I – preservação dos vínculos familiares;

II – integração em família substituta, quando esgotados os recursos de manutenção na família de origem;

III – atendimento personalizado e em pequenos grupos;

IV – desenvolvimento de atividades em regime de co-educação;

V – não-desmembramento de grupos de irmãos;

VI – evitar, sempre que possível, a transferência para outras entidades de crianças e adolescentes abrigados;

VII – participação na vida da comunidade local;

VIII – preparação gradativa para o desligamento;

IX – participação de pessoas da comunidade no processo educativo.

Parágrafo único. O dirigente de entidade de abrigo é equiparado ao guardião, para todos os efeitos de direito.

Art. 93. As entidades que mantenham programas de abrigo poderão, em caráter excepcional e de urgência, abrigar crianças e adolescentes sem prévia determinação da autoridade competente, fazendo comunicação do fato até o 2º dia útil imediato.

Art. 94. As entidades que desenvolvem programas de internação têm as seguintes obrigações, entre outras:

I – observar os direitos e garantias de que são titulares os adolescentes;

II – não restringir nenhum direito que não tenha sido objeto de restrição na decisão de internação;

III – oferecer atendimento personalizado, em pequenas unidades e grupos reduzidos;

IV – preservar a identidade e oferecer ambiente de respeito e dignidade ao adolescente;

V – diligenciar no sentido do restabelecimento e da preservação dos vínculos familiares;

VI – comunicar à autoridade judiciária, periodicamente, os casos em que se mostre inviável ou impossível o reatamento dos vínculos familiares;

VII – oferecer instalações físicas em condições adequadas de habitabilidade, higiene, salubridade e segurança e os objetos necessários à higiene pessoal;

VIII – oferecer vestuário e alimentação suficientes e adequados à faixa etária dos adolescentes atendidos;

IX – oferecer cuidados médicos, psicológicos, odontológicos e farmacêuticos;

X – propiciar escolarização e profissionalização;

XI – propiciar atividades culturais, esportivas e de lazer;

XII – propiciar assistência religiosa àqueles que desejarem, de acordo com suas crenças;

XIII – proceder a estudo social e pessoal de cada caso;

XIV – reavaliar periodicamente cada caso, com intervalo máximo de seis meses, dando ciência dos resultados à autoridade competente;

XV – informar, periodicamente, o adolescente internado sobre sua situação processual;

XVI – comunicar às autoridades competentes todos os casos de adolescentes portadores de moléstias infecto-contagiosas;

XVII – fornecer comprovante de depósito dos pertences dos adolescentes;

XVIII – manter programas destinados ao apoio e acompanhamento de egressos;

XIX – providenciar os documentos necessários ao exercício da cidadania àqueles que não os tiverem;

XX – manter arquivo de anotações onde constem data e circunstâncias do atendimento, nome do adolescente, seus pais ou responsável, parentes, endereços, sexo, idade, acompanhamento da sua formação, relação de seus pertences e demais dados que possibilitem sua identificação e a individualização do atendimento.

§ 1º Aplicam-se, no que couber, as obrigações constantes deste artigo às entidades que mantêm programa de abrigo.

§ 2º No cumprimento das obrigações a que alude este artigo as entidades utilizarão preferencialmente os recursos da comunidade.

Seção II
Da Fiscalização das Entidades

▪ **Art. 95.** As entidades governamentais e não-governamentais, referidas no art. 90, serão fiscalizadas pelo Judiciário, pelo Ministério Público e pelos Conselhos Tutelares.

▪ **Art. 96.** Os planos de aplicação e as prestações de contas serão apresentados ao Estado ou ao Município, conforme a origem das dotações orçamentárias.

▪ **Art. 97.** São medidas aplicáveis às entidades de atendimento que descumprirem obrigação constante do art. 94, sem prejuízo da responsabilidade civil e criminal de seus dirigentes ou prepostos:

I – às entidades governamentais:

a) advertência;

b) afastamento provisório de seus dirigentes;

c) afastamento definitivo de seus dirigentes;

d) fechamento de unidade ou interdição de programa;

II – às entidades não-governamentais:

a) advertência;

b) suspensão total ou parcial do repasse de verbas públicas;

c) interdição de unidades ou suspensão de programa;

d) cassação do registro.

Parágrafo único. Em caso de reiteradas infrações cometidas por entidades de atendimento, que coloquem em risco os direitos assegurados nesta Lei, deverá ser o fato comunicado ao Ministério Público ou representado perante autoridade judiciária competente para as providências cabíveis, inclusive suspensão das atividades ou dissolução da entidade.

TÍTULO II
DAS MEDIDAS DE PROTEÇÃO

CAPÍTULO I
DISPOSIÇÕES GERAIS

▪ **Art. 98.** As medidas de proteção à criança e ao adolescente são aplicáveis sempre que os direitos reconhecidos nesta Lei forem ameaçados ou violados:

I – por ação ou omissão da sociedade ou do Estado;

II – por falta, omissão ou abuso dos pais ou responsável;

III – em razão de sua conduta.

CAPÍTULO II
DAS MEDIDAS ESPECÍFICAS DE PROTEÇÃO

▪ **Art. 99.** As medidas previstas neste Capítulo poderão ser aplicadas isolada ou cumulativamente, bem como substituídas a qualquer tempo.

▪ **Art. 100.** Na aplicação das medidas levar-se-ão em conta as necessidades pedagógicas, preferindo-se aquelas que visem ao fortalecimento dos vínculos familiares e comunitários.

▪ **Art. 101.** Verificada qualquer das hipóteses previstas no art. 98, a autoridade competente poderá determinar, dentre outras, as seguintes medidas:

I – encaminhamento aos pais ou responsável, mediante termo de responsabilidade;

II – orientação, apoio e acompanhamento temporários;

III – matrícula e freqüência obrigatórias em estabelecimento oficial de ensino fundamental;

IV – inclusão em programa comunitário ou oficial de auxílio à família, à criança e ao adolescente;

V – requisição de tratamento médico, psicológico ou psiquiátrico, em regime hospitalar ou ambulatorial;

VI – inclusão em programa oficial ou comunitário de auxílio, orientação e tratamento a alcoólatras e toxicômanos;

VII – abrigo em entidade;

VIII – colocação em família substituta.

Parágrafo único. O abrigo é medida provisória e excepcional, utilizável como forma de transição para a colocação em família substituta, não implicando privação de liberdade.

▪ **Art. 102.** As medidas de proteção de que trata este Capítulo serão acompanhadas da regularização do registro civil.

§ 1º Verificada a inexistência de registro anterior, o assento de nascimento da criança ou adolescente será feito à vista dos elementos disponíveis, mediante requisição da autoridade judiciária.

§ 2º Os registros e certidões necessários à regularização de que trata este artigo são isentos de multas, custas e emolumentos, gozando de absoluta prioridade.

TÍTULO III
DA PRÁTICA DE ATO INFRACIONAL

CAPÍTULO I
DISPOSIÇÕES GERAIS

▪ **Art. 103.** Considera-se ato infracional a conduta descrita como crime ou contravenção penal.

▪ **Art. 104.** São penalmente inimputáveis os menores de dezoito anos, sujeitos às medidas previstas nesta Lei.

Parágrafo único. Para os efeitos desta Lei, deve ser considerada a idade do adolescente à data do fato.

▪ **Art. 105.** Ao ato infracional praticado por criança corresponderão as medidas previstas no art. 101.

CAPÍTULO II
DOS DIREITOS INDIVIDUAIS

▪ **Art. 106.** Nenhum adolescente será privado de sua liberdade senão em flagrante de ato infracional ou por ordem escrita e fundamentada da autoridade judiciária competente.

Parágrafo único. O adolescente tem direito à identificação dos responsáveis pela sua apreensão, devendo ser informado acerca de seus direitos.

▪ **Art. 107.** A apreensão de qualquer adolescente e o local onde se encontra recolhido serão incontinenti comunicados à autoridade judiciária competente e à família do apreendido ou à pessoa por ele indicada.

Parágrafo único. Examinar-se-á desde logo e sob pena de responsabilidade, a possibilidade de liberação imediata.

▪ **Art. 108.** A internação, antes da sentença, pode ser determinada pelo prazo máximo de quarenta e cinco dias.

Parágrafo único. A decisão deverá ser fundamentada e basear-se em indícios suficientes de autoria e materialidade, demonstrada a necessidade imperiosa da medida.

▪ **Art. 109.** O adolescente civilmente identificado não será submetido a identificação compulsória pelos órgãos policiais, de proteção e judiciais, salvo para efeito de confrontação, havendo dúvida fundada.

CAPÍTULO III
DAS GARANTIAS PROCESSUAIS

▪ **Art. 110.** Nenhum adolescente será privado de sua liberdade sem o devido processo legal.

▪ **Art. 111.** São asseguradas ao adolescente, entre outras, as seguintes garantias:

I – pleno e formal conhecimento da atribuição de ato infracional, mediante citação ou meio equivalente;

II – igualdade na relação processual, podendo confrontar-se com vítimas e testemunhas e produzir todas as provas necessárias à sua defesa;

III – defesa técnica por advogado;

IV – assistência judiciária gratuita e integral aos necessitados, na forma da lei;

V – direito de ser ouvido pessoalmente pela autoridade competente;

VI – direito de solicitar a presença de seus pais ou responsável em qualquer fase do procedimento.

CAPÍTULO IV
DAS MEDIDAS SÓCIO-EDUCATIVAS

Seção I
Disposições Gerais

▪ **Art. 112.** Verificada a prática de ato infracional, a autoridade competente poderá aplicar ao adolescente as seguintes medidas:

I – advertência;

II – obrigação de reparar o dano;

III – prestação de serviços à comunidade;

IV – liberdade assistida;

V – inserção em regime de semiliberdade;

VI – internação em estabelecimento educacional;

VII – qualquer uma das previstas no art. 101, I a VI.

§ 1º A medida aplicada ao adolescente levará em conta a sua capacidade de cumpri-la, as circunstâncias e a gravidade da infração.

§ 2º Em hipótese alguma e sob pretexto algum, será admitida a prestação de trabalho forçado.

§ 3º Os adolescentes portadores de doença ou deficiência mental receberão tratamento individual e especializado, em local adequado às suas condições.

▪ **Art. 113.** Aplica-se a este Capítulo o disposto nos arts. 99 e 100.

▪ **Art. 114.** A imposição das medidas previstas nos incisos II a VI do art. 112 pressupõe a existência de provas suficientes da autoria e da materialidade da infração, ressalvada a hipótese de remissão, nos termos do art. 127.

Parágrafo único. A advertência poderá ser aplicada sempre que houver prova da materialidade e indícios suficientes da autoria.

Seção II
Da Advertência

▪ **Art. 115.** A advertência consistirá em admoestação verbal, que será reduzida a termo e assinada.

Seção III
Da Obrigação de Reparar o Dano

▪ **Art. 116.** Em se tratando de ato infracional com reflexos patrimoniais, a autoridade poderá determinar, se for o caso, que o adolescente restitua a coisa, promova o ressarcimento do dano, ou, por outra forma, compense o prejuízo da vítima.

Parágrafo único. Havendo manifesta impossibilidade, a medida poderá ser substituída por outra adequada.

Seção IV
Da Prestação de Serviços à Comunidade

▪ **Art. 117.** A prestação de serviços comunitários consiste na realização de tarefas gratuitas de interesse geral, por período não excedente a seis meses, junto a entidades assistenciais, hospitais, escolas e outros estabelecimentos congêneres, bem como em programas comunitários ou governamentais.

Parágrafo único. As tarefas serão atribuídas conforme as aptidões do adolescente, devendo ser cumpridas durante jornada máxima de oito horas semanais, aos sábados, domingos e feriados ou em dias úteis, de modo a não prejudicar a freqüência à escola ou à jornada normal de trabalho.

Seção V
Da Liberdade Assistida

▪ **Art. 118.** A liberdade assistida será adotada sempre que se afigurar a medida mais adequada para o fim de acompanhar, auxiliar e orientar o adolescente.

§ 1º A autoridade designará pessoa capacitada para acompanhar o caso, a qual poderá ser recomendada por entidade ou programa de atendimento.

§ 2º A liberdade assistida será fixada pelo prazo mínimo de seis meses, podendo a qualquer tempo ser prorrogada, revogada ou substituída por outra medida, ouvido o orientador, o Ministério Público e o defensor.

▪ **Art. 119.** Incumbe ao orientador, com o apoio e a supervisão da autoridade competente, a realização dos seguintes encargos, entre outros:

I – promover socialmente o adolescente e sua família, fornecendo-lhes orientação e inserindo-os, se necessário, em programa oficial ou comunitário de auxílio e assistência social;

II – supervisionar a freqüência e o aproveitamento escolar do adolescente, promovendo, inclusive, sua matrícula;

III – diligenciar no sentido da profissionalização do adolescente e de sua inserção no mercado de trabalho;

IV – apresentar relatório do caso.

Seção VI
Do Regime de Semiliberdade

▪ **Art. 120.** O regime de semiliberdade pode ser determinado desde o início, ou como forma de transição para o meio aberto, possibilitada a realização de atividades externas, independentemente de autorização judicial.

§ 1º É obrigatória a escolarização e a profissionalização, devendo, sempre que possível, ser utilizados os recursos existentes na comunidade.

§ 2º A medida não comporta prazo determinado, aplicando-se, no que couber, as disposições relativas à internação.

Seção VII
Da Internação

▪ **Art. 121.** A internação constitui medida privativa da liberdade, sujeita aos princípios de brevidade, excepcionalidade e respeito à condição peculiar de pessoa em desenvolvimento.

§ 1º Será permitida a realização de atividades externas, a critério da equipe técnica da entidade, salvo expressa determinação judicial em contrário.

§ 2º A medida não comporta prazo determinado, devendo sua manutenção ser reavaliada, mediante decisão fundamentada, no máximo a cada seis meses.

§ 3º Em nenhuma hipótese o período máximo de internação excederá a três anos.

§ 4º Atingido o limite estabelecido no parágrafo anterior, o adolescente deverá ser liberado, colocado em regime de semiliberdade ou de liberdade assistida.

§ 5º A liberação será compulsória aos vinte e um anos de idade.

§ 6º Em qualquer hipótese a desinternação será precedida de autorização judicial, ouvido o Ministério Público.

▪ **Art. 122.** A medida de internação só poderá ser aplicada quando:

I – tratar-se de ato infracional cometido mediante grave ameaça ou violência a pessoa;

II – por reiteração no cometimento de outras infrações graves;

III – por descumprimento reiterado e injustificável da medida anteriormente imposta.

§ 1º O prazo de internação na hipótese do inciso III deste artigo não poderá ser superior a três meses.

§ 2º Em nenhuma hipótese será aplicada a internação, havendo outra medida adequada.

▪ **Art. 123.** A internação deverá ser cumprida em entidade exclusiva para adolescentes, em local distinto daquele destinado ao abrigo, obedecida rigorosa separação por critérios de idade, compleição física e gravidade da infração.

Parágrafo único. Durante o período de internação, inclusive provisória, serão obrigatórias atividades pedagógicas.

▪ **Art. 124.** São direitos do adolescente privado de liberdade, entre outros, os seguintes:

I – entrevistar-se pessoalmente com o representante do Ministério Público;

II – peticionar diretamente a qualquer autoridade;

III – avistar-se reservadamente com seu defensor;

IV – ser informado de sua situação processual, sempre que solicitada;

V – ser tratado com respeito e dignidade;

VI – permanecer internado na mesma localidade ou naquela mais próxima ao domicílio de seus pais ou responsável;

VII – receber visitas, ao menos semanalmente;

VIII – corresponder-se com seus familiares e amigos;

IX – ter acesso aos objetos necessários à higiene e asseio pessoal;

X – habitar alojamento em condições adequadas de higiene e salubridade;

XI – receber escolarização e profissionalização;

XII – realizar atividades culturais, esportivas e de lazer;

XIII – ter acesso aos meios de comunicação social;

XIV – receber assistência religiosa, segundo a sua crença, e desde que assim o deseje;

XV – manter a posse de seus objetos pessoais e dispor de local seguro para guardá-los, recebendo comprovante daqueles porventura depositados em poder da entidade;

XVI – receber, quando de sua desinternação, os documentos pessoais indispensáveis à vida em sociedade.

§ 1º Em nenhum caso haverá incomunicabilidade.

§ 2º A autoridade judiciária poderá suspender temporariamente a visita, inclusive de pais ou responsável, se existirem motivos sérios e fundados de sua prejudicialidade aos interesses do adolescente.

▪ **Art. 125.** É dever do Estado zelar pela integridade física e mental dos internos, cabendo-lhe adotar as medidas adequadas de contenção e segurança.

CAPÍTULO V
DA REMISSÃO

▪ **Art. 126.** Antes de iniciado o procedimento judicial para apuração de ato infracional, o representante do Ministério Público poderá conceder a remissão, como forma de exclusão do processo, atendendo às circunstâncias e conseqüências do fato, ao contexto social, bem como à personalidade do adolescente e sua maior ou menor participação no ato infracional.

Parágrafo único. Iniciado o procedimento, a concessão da remissão pela autoridade judiciária importará na suspensão ou extinção do processo.

▪ **Art. 127.** A remissão não implica necessariamente o reconhecimento ou comprovação da responsabilidade, nem prevalece para efeito de antecedentes, podendo incluir eventualmente a aplicação de qualquer das medidas previstas em lei, exceto a colocação em regime de semiliberdade e a internação.

▪ **Art. 128.** A medida aplicada por força da remissão poderá ser revista judicialmente, a qualquer tempo, mediante pedido expresso do adolescente ou de seu representante legal, ou do Ministério Público.

TÍTULO IV
DAS MEDIDAS PERTINENTES AOS PAIS OU RESPONSÁVEL

▪ **Art. 129.** São medidas aplicáveis aos pais ou responsável:

I – encaminhamento a programa oficial ou comunitário de proteção à família;

II – inclusão em programa oficial ou comunitário de auxílio, orientação e tratamento a alcoólatras e toxicômanos;

III – encaminhamento a tratamento psicológico ou psiquiátrico;

IV – encaminhamento a cursos ou programas de orientação;

V – obrigação de matricular o filho ou pupilo e acompanhar sua freqüência e aproveitamento escolar;

VI – obrigação de encaminhar a criança ou adolescente a tratamento especializado;

VII – advertência;

VIII – perda da guarda;

IX – destituição da tutela;

X – suspensão ou destituição do pátrio poder.

Parágrafo único. Na aplicação das medidas previstas nos incisos IX e X deste artigo, observar-se-á o disposto nos arts. 23 e 24.

▪ **Art. 130.** Verificada a hipótese de maus-tratos, opressão ou abuso sexual impostos pelos pais ou responsável, a autoridade judiciária poderá determinar, como medida cautelar, o afastamento do agressor da moradia comum.

TÍTULO V
DO CONSELHO TUTELAR

CAPÍTULO I
DISPOSIÇÕES GERAIS

▪ **Art. 131.** O Conselho Tutelar é órgão permanente e autônomo, não jurisdicional, encarregado pela sociedade de zelar pelo cumprimento dos direitos da criança e do adolescente, definidos nesta Lei.

▪ **Art. 132.** Em cada Município haverá, no mínimo, um Conselho Tutelar composto de cinco membros, escolhidos pela comunidade local para mandato de três anos, permitida uma recondução.

▪ **Art. 133.** Para a candidatura a membro do Conselho Tutelar, serão exigidos os seguintes requisitos:

I – reconhecida idoneidade moral;

II – idade superior a vinte e um anos;

III – residir no município.

▪ **Art. 134.** Lei Municipal disporá sobre local, dia e horário de funcionamento do Conselho Tutelar, inclusive quanto a eventual remuneração de seus membros.

Parágrafo único. Constará da Lei Orçamentária Municipal previsão dos recursos necessários ao funcionamento do Conselho Tutelar.

▪ **Art. 135.** O exercício efetivo da função de conselheiro constituirá serviço público relevante, estabelecerá presunção de idoneidade moral e assegurará prisão especial, em caso de crime comum, até o julgamento definitivo.

CAPÍTULO II
DAS ATRIBUIÇÕES DO CONSELHO

▪ **Art. 136.** São atribuições do Conselho Tutelar:

I – atender as crianças e adolescentes nas hipóteses previstas nos arts. 98 e 105, aplicando as medidas previstas no art. 101, I a VI;

II – atender e aconselhar os pais ou responsável, aplicando as medidas previstas no art. 129, I a VII;

III – promover a execução de suas decisões, podendo para tanto:

a) requisitar serviços públicos nas áreas de saúde, educação, serviço social, previdência, trabalho e segurança;

b) representar junto à autoridade judiciária nos casos de descumprimento injustificado de suas deliberações;

IV – encaminhar ao Ministério Público notícia de fato que constitua infração administrativa ou penal contra os direitos da criança ou adolescente;

V – encaminhar à autoridade judiciária os casos de sua competência;

VI – providenciar a medida estabelecida pela autoridade judiciária, dentre as previstas no art. 101, de I a VI, para o adolescente autor de ato infracional;

VII – expedir notificações;

VIII – requisitar certidões de nascimento e de óbito de criança ou adolescente quando necessário;

IX – assessorar o Poder Executivo local na elaboração da proposta orçamentária para planos e programas de atendimento dos direitos da criança e do adolescente;

X – representar, em nome da pessoa e da família, contra a violação dos direitos previstos no art. 220, § 3º, inciso II da Constituição Federal;

XI – representar ao Ministério Público, para efeito das ações de perda ou suspensão do pátrio poder.

▪ **Art. 137.** As decisões do Conselho Tutelar somente poderão ser revistas pela autoridade judiciária a pedido de quem tenha legítimo interesse.

CAPÍTULO III
DA COMPETÊNCIA

▪ **Art. 138.** Aplica-se ao Conselho Tutelar a regra de competência constante do art. 147.

CAPÍTULO IV
DA ESCOLHA DOS CONSELHEIROS

▪ **Art. 139.** O processo para a escolha dos membros do Conselho Tutelar será estabelecido em lei municipal e realizado sob a responsabilidade do Conselho Municipal dos Direitos da Criança e do Adolescente, e a fiscalização do Ministério Público.

CAPÍTULO V
DOS IMPEDIMENTOS

▪ **Art. 140.** São impedidos de servir no mesmo Conselho marido e mulher, ascendentes e descendentes, sogro e genro ou nora, irmãos, cunhados, durante o cunhadio, tio e sobrinho, padrasto ou madrasta e enteado.

Parágrafo único. Estende-se o impedimento do conselheiro, na forma deste artigo, em relação à autoridade judiciária e ao representante do Ministério Público com atuação na Justiça da Infância e da Juventude, em exercício na Comarca, Foro Regional ou Distrital.

TÍTULO VI
DO ACESSO À JUSTIÇA

CAPÍTULO I
DISPOSIÇÕES GERAIS

▪ **Art. 141.** É garantido o acesso de toda criança ou adolescente à Defensoria Pública, ao Ministério Público e ao Poder Judiciário, por qualquer de seus órgãos.

§ 1º A assistência judiciária gratuita será prestada aos que dela necessitarem, através de defensor público ou advogado nomeado.

§ 2º As ações judiciais da competência da Justiça da Infância e da Juventude são isentas de custas e emolumentos, ressalvada a hipótese de litigância de má-fé.

▪ **Art. 142.** Os menores de dezesseis anos serão representados e os maiores de dezesseis e menores de vinte e um anos assistidos por seus pais, tutores ou curadores, na forma da legislação civil ou processual.

Parágrafo único. A autoridade judiciária dará curador especial à criança ou adolescente, sempre que os interesses destes colidirem com os de seus pais ou responsável, ou quando carecer de representação ou assistência legal ainda que eventual.

▪ **Art. 143.** É vedada a divulgação de atos judiciais, policiais e administrativos que digam respeito a crianças e adolescentes a que se atribua autoria de ato infracional.

Parágrafo único. Qualquer notícia a respeito do fato não poderá identificar a criança ou adolescente, vedando-se fotografia, referência a nome, apelido, filiação, parentesco, residência e, inclusive, iniciais do nome e sobrenome.

▪ **Art. 144.** A expedição de cópia ou certidão de atos a que se refere o artigo anterior somente será deferida pela autoridade judiciária competente, se demonstrado o interesse e justificada a finalidade.

CAPÍTULO II DA JUSTIÇA DA INFÂNCIA E DA JUVENTUDE

Seção I Disposições Gerais

▪ **Art. 145.** Os Estados e o Distrito Federal poderão criar varas especializadas e exclusivas da infância e da juventude, cabendo ao Poder Judiciário estabelecer sua proporcionalidade por número de habitantes, dotá-las de infra-estrutura e dispor sobre o atendimento, inclusive em plantões.

Seção II Do Juiz

▪ **Art. 146.** A autoridade a que se refere esta Lei é o Juiz da Infância e da Juventude, ou o juiz que exerce essa função, na forma da Lei de Organização Judiciária local.

▪ **Art. 147.** A competência será determinada:

I – pelo domicílio dos pais ou responsável;

II – pelo lugar onde se encontre a criança ou adolescente, à falta dos pais ou responsável.

§ 1º Nos casos de ato infracional, será competente a autoridade do lugar da ação ou omissão, observadas as regras de conexão, continência e prevenção.

§ 2º A execução das medidas poderá ser delegada à autoridade competente da residência dos pais ou responsável, ou do local onde sediar-se a entidade que abrigar a criança ou adolescente.

§ 3º Em caso de infração cometida através de transmissão simultânea de rádio ou televisão, que atinja mais de uma comarca, será competente, para aplicação da penalidade, a autoridade judiciária do local da sede estadual da emissora ou rede, tendo a sentença eficácia para todas as transmissoras ou retransmissoras do respectivo Estado.

▪ **Art. 148.** A Justiça da Infância e da Juventude é competente para:

I – conhecer de representações promovidas pelo Ministério Público, para apuração de ato infracional atribuído a adolescente, aplicando as medidas cabíveis;

II – conceder a remissão, como forma de suspensão ou extinção do processo;

III – conhecer de pedidos de adoção e seus incidentes;

IV – conhecer de ações civis fundadas em interesses individuais, difusos ou coletivos afetos à criança e ao adolescente, observado o disposto no art. 209;

V – conhecer de ações decorrentes de irregularidades em entidades de atendimento, aplicando as medidas cabíveis;

VI – aplicar penalidades administrativas nos casos de infrações contra norma de proteção à criança ou adolescentes;

VII – conhecer de casos encaminhados pelo Conselho Tutelar, aplicando as medidas cabíveis.

Parágrafo único. Quando se tratar de criança ou adolescente nas hipóteses do art. 98, é também competente a Justiça da Infância e da Juventude para o fim de:

a) conhecer de pedidos de guarda e tutela;

b) conhecer de ações de destituição do pátrio poder, perda ou modificação da tutela ou guarda;

c) suprir a capacidade ou o consentimento para o casamento;

d) conhecer de pedidos baseados em discordância paterna ou materna, em relação ao exercício do pátrio poder;

e) conceder a emancipação, nos termos da lei civil, quando faltarem os pais;

f) designar curador especial em casos de apresentação de queixa ou representação, ou de outros procedimentos judiciais ou extrajudiciais em que haja interesses de criança ou adolescente;

g) conhecer de ações de alimentos;

h) determinar o cancelamento, a retificação e o suprimento dos registros de nascimento e óbito.

Art. 149. Compete à autoridade judiciária disciplinar, através de portaria, ou autorizar, mediante alvará:

I – a entrada e permanência de criança ou adolescente, desacompanhado dos pais ou responsável, em:

a) estádio, ginásio e campo desportivo;

b) bailes ou promoções dançantes;

c) boate ou congêneres;

d) casa que explore comercialmente diversões eletrônicas;

e) estúdios cinematográficos, de teatro, rádio e televisão;

II – a participação de criança e adolescente em:

a) espetáculos públicos e seus ensaios;

b) certames de beleza.

§ 1º Para os fins do disposto neste artigo, a autoridade judiciária levará em conta, dentre outros fatores:

a) os princípios desta Lei;

b) as peculiaridades locais;

c) a existência de instalações adequadas;

d) o tipo de freqüência habitual ao local;

e) a adequação do ambiente a eventual participação ou freqüência de crianças e adolescentes;

f) a natureza do espetáculo.

§ 2º As medidas adotadas na conformidade deste artigo deverão ser fundamentadas, caso a caso, vedadas as determinações de caráter geral.

Seção III
Dos Serviços Auxiliares

▪ **Art. 150.** Cabe ao Poder Judiciário, na elaboração de sua proposta orçamentária, prever recursos para manutenção de equipe interprofissional, destinada a assessorar a Justiça da Infância e da Juventude.

▪ **Art. 151.** Compete à equipe interprofissional, dentre outras atribuições que lhe forem reservadas pela legislação local, fornecer subsídios por escrito, mediante laudos, ou verbalmente, na audiência, e bem assim desenvolver trabalhos de aconselhamento, orientação, encaminhamento, prevenção e outros, tudo sob a imediata subordinação à autoridade judiciária, assegurada a livre manifestação do ponto de vista técnico.

CAPÍTULO III
DOS PROCEDIMENTOS

Seção I
Disposições Gerais

▪ **Art. 152.** Aos procedimentos regulados nesta Lei aplicam-se subsidiariamente as normas gerais previstas na legislação processual pertinente.

▪ **Art. 153.** Se a medida judicial a ser adotada não corresponder a procedimento previsto nesta ou em outra lei, a autoridade judiciária poderá investigar os fatos e ordenar de ofício as providências necessárias, ouvido o Ministério Público.

▪ **Art. 154.** Aplica-se às multas o disposto no art. 214.

Seção II
Da Perda e da Suspensão do Pátrio Poder

▪ **Art. 155.** O procedimento para a perda ou a suspensão do pátrio poder terá início por provocação do Ministério Público ou de quem tenha legítimo interesse.

▪ **Art. 156.** A petição inicial indicará:

I – a autoridade judiciária a que for dirigida;

II – o nome, o estado civil, a profissão e a residência do requerente e do requerido, dispensada a qualificação em se tratando de pedido formulado por representante do Ministério Público;

III – a exposição sumária do fato e o pedido;

IV – as provas que serão produzidas, oferecendo, desde logo, o rol de testemunhas e documentos.

▪ **Art. 157.** Havendo motivo grave, poderá a autoridade judiciária, ouvido o Ministério Público, decretar a suspensão do pátrio poder, liminar ou incidentalmente, até o julgamento definitivo da causa, ficando a criança ou adolescente confiado a pessoa idônea, mediante termo de responsabilidade.

▪ **Art. 158.** O requerido será citado para, no prazo de dez dias, oferecer resposta escrita, indicando as provas a serem produzidas e oferecendo desde logo o rol de testemunhas e documentos.

Parágrafo único. Deverão ser esgotados todos os meios para a citação pessoal.

▪ **Art. 159.** Se o requerido não tiver possibilidade de constituir advogado, sem prejuízo do próprio sustento e de sua família, poderá requerer, em cartório, que lhe seja nomeado dativo, ao qual incumbirá a apresentação de resposta, contando-se o prazo a partir da intimação do despacho de nomeação.

▪ **Art. 160.** Sendo necessário, a autoridade judiciária requisitará de qualquer repartição ou órgão público a apresentação de documento que interesse à causa, de ofício ou a requerimento das partes ou do Ministério Público.

▪ **Art. 161.** Não sendo contestado o pedido, a autoridade judiciária dará vista dos autos ao Ministério Público, por cinco dias, salvo quando este for o requerente, decidindo em igual prazo.

§ 1º Havendo necessidade, a autoridade judiciária poderá determinar a realização de estudo social ou perícia por equipe interprofissional, bem como a oitiva de testemunhas.

§ 2º Se o pedido importar em modificação de guarda, será obrigatória, desde que possível e razoável, a oitiva da criança ou adolescente.

▪ **Art. 162.** Apresentada a resposta, a autoridade judiciária dará vista dos autos ao Ministério Público, por cinco dias, salvo quando este for o requerente, designando, desde logo, audiência de instrução e julgamento.

§ 1º A requerimento de qualquer das partes, do Ministério Público, ou de ofício, a autoridade judiciária poderá determinar a realização de estudo social ou, se possível, de perícia por equipe interprofissional.

§ 2º Na audiência, presentes as partes e o Ministério Público, serão ouvidas as testemunhas, colhendo-se oralmente o parecer técnico, salvo quando apresentado por escrito, manifestando-se sucessivamente o requerente, o requerido e o Ministério Público, pelo tempo de vinte minutos cada um, prorrogável por mais dez. A decisão será proferida na audiência, podendo a autoridade judiciária, excepcionalmente, designar data para sua leitura no prazo máximo de cinco dias.

▪ **Art. 163.** A sentença que decretar a perda ou a suspensão do pátrio poder será averbada à margem do registro de nascimento da criança ou adolescente.

Seção III
Da Destituição da Tutela

▪ **Art. 164.** Na destituição da tutela, observar-se-á o procedimento para a remoção de tutor previsto na lei processual civil e, no que couber, o disposto na seção anterior.

Seção IV
Da Colocação em Família Substituta

▪ **Art. 165.** São requisitos para a concessão de pedidos de colocação em família substituta:

I – qualificação completa do requerente e de seu eventual cônjuge, ou companheiro, com expressa anuência deste;

II – indicação de eventual parentesco do requerente e de seu cônjuge, ou companheiro, com a criança ou adolescente, especificando se tem ou não parente vivo;

III – qualificação completa da criança ou adolescente e de seus pais, se conhecidos;

IV – indicação do cartório onde foi inscrito nascimento, anexando, se possível, uma cópia da respectiva certidão;

V – declaração sobre a existência de bens, direitos ou rendimentos relativos à criança ou ao adolescente.

Parágrafo único. Em se tratando de adoção, observar-se-ão também os requisitos específicos.

▪ **Art. 166.** Se os pais forem falecidos, tiverem sido destituídos ou suspensos do pátrio poder, ou houverem aderido expressamente ao pedido de colocação em família substituta, este poderá ser formulado diretamente em cartório, em petição assinada pelos próprios requerentes.

Parágrafo único. Na hipótese de concordância dos pais, eles serão ouvidos pela autoridade judiciária e pelo representante do Ministério Público, tomando-se por termo as declarações.

▪ **Art. 167.** A autoridade judiciária, de ofício ou a requerimento das partes ou do Ministério Público, determinará a realização de estudo social ou, se possível, perícia por equipe interprofissional, decidindo sobre a concessão de guarda provisória, bem como, no caso de adoção, sobre o estágio de convivência.

▪ **Art. 168.** Apresentado o relatório social ou o laudo pericial, e ouvida, sempre que possível, a criança ou o adolescente, dar-se-á vista dos autos ao Ministério Público, pelo prazo de cinco dias, decidindo a autoridade judiciária em igual prazo.

▪ **Art. 169.** Nas hipóteses em que a destituição da tutela, a perda ou a suspensão do pátrio poder constituir pressuposto lógico da medida principal de colocação em família substituta, será observado o procedimento contraditório previsto nas Seções II e III deste Capítulo.

Parágrafo único. A perda ou a modificação da guarda poderá ser decretada nos mesmos autos do procedimento, observado o disposto no art. 35.

▪ **Art. 170.** Concedida a guarda ou a tutela, observar-se-á o disposto no art. 32, e, quanto à adoção, o contido no art. 47.

Seção V
Da Apuração de Ato Infracional Atribuído a Adolescente

▪ **Art. 171.** O adolescente apreendido por força de ordem judicial será, desde logo, encaminhado à autoridade judiciária.

▪ **Art. 172.** O adolescente apreendido em flagrante de ato infracional será, desde logo, encaminhado à autoridade policial competente.

Parágrafo único. Havendo repartição policial especializada para atendimento de adolescente e em se tratando de ato infracional praticado em co-autoria com maior, prevalecerá a atribuição da repartição especializada, que, após as providências necessárias e conforme o caso, encaminhará o adulto à repartição policial própria.

▪ **Art. 173.** Em caso de flagrante de ato infracional cometido mediante violência ou grave ameaça a pessoa, a autoridade policial, sem prejuízo do disposto nos arts. 106, parágrafo único, e 107, deverá:

I – lavrar auto de apreensão, ouvidos as testemunhas e o adolescente;

II – apreender o produto e os instrumentos da infração;

III – requisitar os exames ou perícias necessários à comprovação da materialidade e autoria da infração.

Parágrafo único. Nas demais hipóteses de flagrante, a lavratura do auto poderá ser substituída por boletim de ocorrência circunstanciada.

▪ **Art. 174.** Comparecendo qualquer dos pais ou responsável, o adolescente será prontamente liberado pela autoridade policial, sob termo de compromisso e responsabilidade de sua apresentação ao representante do Ministério Público, no mesmo dia ou, sendo impossível, no primeiro dia útil imediato, exceto quando, pela gravidade do ato infracional e sua repercussão social, deva o adolescente permanecer sob internação para garantia de sua segurança pessoal ou manutenção da ordem pública.

▪ **Art. 175.** Em caso de não-liberação, a autoridade policial encaminhará, desde logo, o adolescente ao representante do Ministério Público, juntamente com cópia do auto de apreensão ou boletim de ocorrência.

§ 1º Sendo impossível a apresentação imediata, a autoridade policial encaminhará o adolescente a entidade de atendimento, que fará a apresentação ao representante do Ministério Público no prazo de vinte e quatro horas.

§ 2º Nas localidades onde não houver entidade de atendimento, a apresentação far-se-á pela autoridade policial. À falta de repartição policial especializada, o adolescente aguardará a apresentação em dependência separada da destinada a maiores, não podendo, em qualquer hipótese, exceder o prazo referido no parágrafo anterior.

▪ **Art. 176.** Sendo o adolescente liberado, a autoridade policial encaminhará imediatamente ao representante do Ministério Público cópia do auto de apreensão ou boletim de ocorrência.

▪ **Art. 177.** Se, afastada a hipótese de flagrante, houver indícios de participação de adolescente na prática de ato infracional, a autoridade policial encaminhará ao representante do Ministério Público relatório das investigações e demais documentos.

▪ **Art. 178.** O adolescente a quem se atribua autoria de ato infracional não poderá ser conduzido ou transportado em compartimento fechado de veículo policial, em condições atentatórias à sua dignidade, ou que impliquem risco à sua integridade física ou mental, sob pena de responsabilidade.

▪ **Art. 179.** Apresentado o adolescente, o representante do Ministério Público, no mesmo dia e à vista do auto de apreensão, boletim de ocorrência ou relatório policial, devidamente autuados pelo cartório judicial e com informação sobre os antecedentes do adolescente, procederá imediata e informalmente à sua oitiva e, em sendo possível, de seus pais ou responsável, vítima e testemunhas.

Parágrafo único. Em caso de não-apresentação, o representante do Ministério Público notificará os pais ou responsável para apresentação do adolescente, podendo requisitar o concurso das Polícias Civil e Militar.

▪ **Art. 180.** Adotadas as providências a que alude o artigo anterior, o representante do Ministério Público poderá:

I – promover o arquivamento dos autos;

II – conceder a remissão;

III – representar à autoridade judiciária para aplicação de medida sócio-educativa.

Veja Súmula n. 108, STJ.

▪ **Art. 181.** Promovido o arquivamento dos autos ou concedida a remissão pelo representante do Ministério Público, mediante termo fundamentado, que conterá o resumo dos fatos, os autos serão conclusos à autoridade judiciária para homologação.

§ 1º Homologado o arquivamento ou a remissão, a autoridade judiciária determinará, conforme o caso, o cumprimento da medida.

§ 2º Discordando, a autoridade judiciária fará remessa dos autos ao Procurador-Geral de Justiça, mediante despacho fundamentado, e este oferecerá representação, designará outro membro do Ministério Público para apresentá-la, ou ratificará o arquivamento ou a remissão, que só então estará a autoridade judiciária obrigada a homologar.

▪ **Art. 182.** Se, por qualquer razão, o representante do Ministério Público não promover o arquivamento ou conceder a remissão, oferecerá representação à autoridade judiciária, propondo a instauração de procedimento para aplicação da medida sócio-educativa que se afigurar a mais adequada.

§ 1º A representação será oferecida por petição, que conterá o breve resumo dos fatos e a classificação do ato infracional e, quando necessário, o rol de testemunhas, podendo ser deduzida oralmente, em sessão diária instalada pela autoridade judiciária.

§ 2º A representação independe de prova pré-constituída da autoria e materialidade.

▪ **Art. 183.** O prazo máximo e improrrogável para a conclusão do procedimento, estando o adolescente internado provisoriamente, será de quarenta e cinco dias.

▪ **Art. 184.** Oferecida a representação, a autoridade judiciária designará audiência de apresentação do adolescente, decidindo, desde logo, sobre a decretação ou manutenção da internação, observado o disposto no art. 108 e parágrafo.

§ 1º O adolescente e seus pais ou responsável serão cientificados do teor da representação, e notificados a comparecer à audiência, acompanhados de advogado.

§ 2º Se os pais ou responsável não forem localizados, a autoridade judiciária dará curador especial ao adolescente.

§ 3º Não sendo localizado o adolescente, a autoridade judiciária expedirá mandado de busca e apreensão, determinando o sobrestamento do feito, até a efetiva apresentação.

§ 4º Estando o adolescente internado, será requisitada a sua apresentação, sem prejuízo da notificação dos pais ou responsável.

▪ **Art. 185.** A internação, decretada ou mantida pela autoridade judiciária, não poderá ser cumprida em estabelecimento prisional.

§ 1º Inexistindo na comarca entidade com as características definidas no art. 123, o adolescente deverá ser imediatamente transferido para a localidade mais próxima.

§ 2º Sendo impossível a pronta transferência, o adolescente aguardará sua remoção em repartição policial, desde que em seção isolada dos adultos e com instalações apropriadas, não podendo ultrapassar o prazo máximo de cinco dias, sob pena de responsabilidade.

▪ **Art. 186.** Comparecendo o adolescente, seus pais ou responsável, a autoridade judiciária procederá à oitiva dos mesmos, podendo solicitar opinião de profissional qualificado.

§ 1º Se a autoridade judiciária entender adequada a remissão, ouvirá o representante do Ministério Público, proferindo decisão.

§ 2º Sendo o fato grave, passível de aplicação de medida de internação ou colocação em regime de semiliberdade, a autoridade judiciária, verificando que o adolescente não possui advogado constituído, nomeará defensor, designando, desde logo, audiência em continuação, podendo determinar a realização de diligências e estudo do caso.

§ 3º O advogado constituído ou o defensor nomeado, no prazo de três dias contado da audiência de apresentação, oferecerá defesa prévia e rol de testemunhas.

§ 4º Na audiência em continuação, ouvidas as testemunhas arroladas na representação e na defesa prévia, cumpridas as diligências e juntado o relatório da equipe interprofissional, será dada a palavra ao representante do Ministério Público e ao defensor, sucessivamente, pelo tempo de vinte minutos para cada um, prorrogável por mais dez, a critério da autoridade judiciária, que em seguida proferirá decisão.

▪ **Art. 187.** Se o adolescente, devidamente notificado, não comparecer, injustificadamente, à audiência de apresentação, a autoridade judiciária designará nova data, determinando sua condução coercitiva.

▪ **Art. 188.** A remissão, como forma de extinção ou suspensão do processo, poderá ser aplicada em qualquer fase do procedimento, antes da sentença.

▪ **Art. 189.** A autoridade judiciária não aplicará qualquer medida, desde que reconheça na sentença:

I – estar provada a inexistência do fato;

II – não haver prova da existência do fato;

III – não constituir o fato ato infracional;

IV – não existir prova de ter o adolescente concorrido para o ato infracional.

Parágrafo único. Na hipótese deste artigo, estando o adolescente internado, será imediatamente colocado em liberdade.

▪ **Art. 190.** A intimação da sentença que aplicar medida de internação ou regime de semiliberdade será feita:

I – ao adolescente e ao seu defensor;

II – quando não for encontrado o adolescente, a seus pais ou responsável, sem prejuízo do defensor.

§ 1º Sendo outra a medida aplicada, a intimação far-se-á unicamente na pessoa do defensor.

§ 2º Recaindo a intimação na pessoa do adolescente, deverá este manifestar se deseja ou não recorrer da sentença.

Seção VI
Da Apuração de Irregularidades em Entidade de Atendimento

▪ **Art. 191.** O procedimento de apuração de irregularidades em entidade governamental e não-governamental terá início mediante portaria da autoridade judiciária ou representação do Ministério Público ou do Conselho Tutelar, onde conste, necessariamente, resumo dos fatos.

Parágrafo único. Havendo motivo grave, poderá a autoridade judiciária, ouvido o Ministério Público, decretar liminarmente o afastamento provisório do dirigente da entidade, mediante decisão fundamentada.

▪ **Art. 192.** O dirigente da entidade será citado para, no prazo de dez dias, oferecer resposta escrita, podendo juntar documentos e indicar as provas a produzir.

▪ **Art. 193.** Apresentada ou não a resposta, e sendo necessário, a autoridade judiciária designará audiência de instrução e julgamento, intimando as partes.

§ 1º Salvo manifestação em audiência, as partes e o Ministério Público terão cinco dias para oferecer alegações finais, decidindo a autoridade judiciária em igual prazo.

§ 2º Em se tratando de afastamento provisório ou definitivo de dirigente de entidade governamental, a autoridade judiciária oficiará à autoridade administrativa imediatamente superior ao afastado, marcando prazo para a substituição.

§ 3º Antes de aplicar qualquer das medidas, a autoridade judiciária poderá fixar prazo para a remoção das irregularidades verificadas. Satisfeitas as exigências, o processo será extinto, sem julgamento de mérito.

§ 4º A multa e a advertência serão impostas ao dirigente da entidade ou programa de atendimento.

Seção VII
Da Apuração de Infração Administrativa às Normas de Proteção à Criança e ao Adolescente

▪ **Art. 194.** O procedimento para imposição de penalidade administrativa por infração às normas de proteção à criança e ao adolescente terá início por representação do Ministério Público, ou do Conselho Tutelar, ou auto de infração elaborado por servidor efetivo ou voluntário credenciado, e assinado por duas testemunhas, se possível.

§ 1º No procedimento iniciado com o auto de infração, poderão ser usadas fórmulas impressas, especificando-se a natureza e as circunstâncias da infração.

§ 2º Sempre que possível, à verificação da infração seguir-se-á a lavratura do auto, certificando-se, em caso contrário, dos motivos do retardamento.

▪ **Art. 195.** O requerido terá prazo de dez dias para apresentação de defesa, contado da data da intimação, que será feita:

I – pelo autuante, no próprio auto, quando este for lavrado na presença do requerido;

II – por oficial de justiça ou funcionário legalmente habilitado, que entregará cópia do auto ou da representação ao requerido, ou a seu representante legal, lavrando certidão;

III – por via postal, com aviso de recebimento, se não for encontrado o requerido ou seu representante legal;

IV – por edital, com prazo de trinta dias, se incerto ou não sabido o paradeiro do requerido ou de seu representante legal.

▪ **Art. 196.** Não sendo apresentada a defesa no prazo legal, a autoridade judiciária dará vista dos autos ao Ministério Público, por cinco dias, decidindo em igual prazo.

▪ **Art. 197.** Apresentada a defesa, a autoridade judiciária procederá na conformidade do artigo anterior, ou, sendo necessário, designará audiência de instrução e julgamento.

Parágrafo único. Colhida a prova oral, manifestar-se-ão sucessivamente o Ministério Público e o procurador do requerido, pelo tempo de vinte minutos para cada um, prorrogável por mais dez, a critério da autoridade judiciária, que em seguida proferirá sentença.

CAPÍTULO IV
DOS RECURSOS

▪ **Art. 198.** Nos procedimentos afetos à Justiça da Infância e da Juventude fica adotado o sistema recursal do Código de Processo Civil, aprovado pela Lei n. 5.869, de 11 de janeiro de 1973, e suas alterações posteriores, com as seguintes adaptações:

I – os recursos serão interpostos independentemente de preparo;

II – em todos os recursos, salvo o de agravo de instrumento e de embargos de declaração, o prazo para interpor e para responder será sempre de dez dias;

III – os recursos terão preferência de julgamento e dispensarão revisor;

IV – o agravado será intimado para, no prazo de cinco dias, oferecer resposta e indicar as peças a serem trasladadas;

V – será de quarenta e oito horas o prazo para a extração, a conferência e o conserto do traslado;

VI – a apelação será recebida em seu efeito devolutivo. Será também conferido efeito suspensivo quando interposta contra sentença que deferir a adoção por estrangeiro e, a juízo da autoridade judiciária, sempre que houver perigo de dano irreparável ou de difícil reparação;

VII – antes de determinar a remessa dos autos à superior instância, no caso de apelação, ou do instrumento, no caso de agravo, a autoridade judiciária proferirá despacho fundamentado, mantendo ou reformando a decisão, no prazo de cinco dias;

VIII – mantida a decisão apelada ou agravada, o escrivão remeterá os autos ou o instrumento à superior instância dentro de vinte e quatro horas, independentemente de novo pedido do recorrente; se a reformar, a remessa dos autos dependerá de pedido expresso da parte interessada ou do Ministério Público, no prazo de cinco dias, contados da intimação.

▪ **Art. 199.** Contra as decisões proferidas com base no art. 149 caberá recurso de apelação.

CAPÍTULO V
DO MINISTÉRIO PÚBLICO

▪ **Art. 200.** As funções do Ministério Público, previstas nesta Lei, serão exercidas nos termos da respectiva Lei Orgânica.

▪ **Art. 201.** Compete ao Ministério Público:

I – conceder a remissão como forma de exclusão do processo;

II – promover e acompanhar os procedimentos relativos às infrações atribuídas a adolescentes;

III – promover e acompanhar as ações de alimentos e os procedimentos de suspensão e destituição do pátrio poder, nomeação e remoção de tutores, curadores e guardiães, bem como oficiar em todos os demais procedimentos da competência da Justiça da Infância e da Juventude;

IV – promover, de ofício ou por solicitação dos interessados, a especialização e a inscrição de hipoteca legal e a prestação de contas dos tutores, curadores e quaisquer administradores de bens de crianças e adolescentes nas hipóteses do art. 98;

V – promover o inquérito civil e a ação civil pública para a proteção dos interesses individuais, difusos ou coletivos relativos à infância e à adolescência, inclusive os definidos no art. 220, § 3º, inciso II, da Constituição Federal;

VI – instaurar procedimentos administrativos e, para instruí-los:

a) expedir notificações para colher depoimentos ou esclarecimentos e, em caso de não-comparecimento injustificado, requisitar condução coercitiva, inclusive pela polícia civil ou militar;

b) requisitar informações, exames, perícias e documentos de autoridades municipais, estaduais e federais, da administração direta ou indireta, bem como promover inspeções e diligências investigatórias;

c) requisitar informações e documentos a particulares e instituições privadas;

VII – instaurar sindicâncias, requisitar diligências investigatórias e determinar a instauração de inquérito policial, para apuração de ilícitos ou infrações às normas de proteção à infância e à juventude;

VIII – zelar pelo efetivo respeito aos direitos e garantias legais assegurados às crianças e adolescentes, promovendo as medidas judiciais e extrajudiciais cabíveis;

IX – impetrar mandado de segurança, de injunção e *habeas corpus*, em qualquer juízo, instância ou tribunal, na defesa dos interesses sociais e individuais indisponíveis afetos à criança e ao adolescente;

X – representar ao juízo visando à aplicação de penalidade por infrações cometidas contra as normas de proteção à infância e à juventude, sem prejuízo da promoção da responsabilidade civil e penal do infrator, quando cabível;

XI – inspecionar as entidades públicas e particulares de atendimento e os programas de que trata esta Lei, adotando de pronto as medidas administrativas ou judiciais necessárias à remoção de irregularidades porventura verificadas;

XII – requisitar força policial, bem como a colaboração dos serviços médicos, hospitalares, educacionais e de assistência social, públicos ou privados, para o desempenho de suas atribuições.

§ 1º A legitimação do Ministério Público para as ações cíveis previstas neste artigo não impede a de terceiros, nas mesmas hipóteses, segundo dispuserem a Constituição e esta Lei.

§ 2º As atribuições constantes deste artigo não excluem outras, desde que compatíveis com a finalidade do Ministério Público.

§ 3º O representante do Ministério Público, no exercício de suas funções, terá livre acesso a todo local onde se encontre criança ou adolescente.

§ 4º O representante do Ministério Público será responsável pelo uso indevido das informações e documentos que requisitar, nas hipóteses legais de sigilo.

§ 5º Para o exercício da atribuição de que trata o inciso VIII deste artigo, poderá o representante do Ministério Público:

a) reduzir a termo as declarações do reclamante, instaurando o competente procedimento, sob sua presidência;

b) entender-se diretamente com a pessoa ou autoridade reclamada, em dia, local e horário previamente notificados ou acertados;

c) efetuar recomendações visando à melhoria dos serviços públicos e de relevância pública afetos à criança e ao adolescente, fixando prazo razoável para sua perfeita adequação.

▪ **Art. 202.** Nos processos e procedimentos em que não for parte, atuará obrigatoriamente o Ministério Público na defesa dos direitos e interesses de que cuida esta Lei, hipótese em que terá vista dos autos depois das partes, podendo juntar documentos e requerer diligências, usando os recursos cabíveis.

▪ **Art. 203.** A intimação do Ministério Público, em qualquer caso, será feita pessoalmente.

▪ **Art. 204.** A falta de intervenção do Ministério Público acarreta a nulidade do feito, que será declarada de ofício pelo juiz ou a requerimento de qualquer interessado.

▪ **Art. 205.** As manifestações processuais do representante do Ministério Público deverão ser fundamentadas.

CAPÍTULO VI
DO ADVOGADO

▪ **Art. 206.** A criança ou o adolescente, seus pais ou responsável, e qualquer pessoa que tenha legítimo interesse na solução da lide poderão intervir nos procedimentos de que trata esta Lei, através de advogado, o qual será intimado para todos os atos, pessoalmente ou por publicação oficial, respeitado o segredo de justiça.

Parágrafo único. Será prestada assistência judiciária integral e gratuita àqueles que dela necessitarem.

▪ **Art. 207.** Nenhum adolescente a quem se atribua a prática de ato infracional, ainda que ausente ou foragido, será processado sem defensor.

§ 1º Se o adolescente não tiver defensor, ser-lhe-á nomeado pelo juiz, ressalvado o direito de, a todo tempo, constituir outro de sua preferência.

§ 2º A ausência do defensor não determinará o adiamento de nenhum ato do processo, devendo o juiz nomear substituto, ainda que provisoriamente, ou para o só efeito do ato.

§ 3º Será dispensada a outorga de mandato, quando se tratar de defensor nomeado ou, sendo constituído, tiver sido indicado por ocasião de ato formal com a presença da autoridade judiciária.

CAPÍTULO VII
DA PROTEÇÃO JUDICIAL DOS INTERESSES INDIVIDUAIS, DIFUSOS E COLETIVOS

▪ **Art. 208.** Regem-se pelas disposições desta Lei as ações de responsabilidade por ofensa aos direitos assegurados à criança e ao adolescente, referentes ao não-oferecimento ou oferta irregular:

I – do ensino obrigatório;

II – de atendimento educacional especializado aos portadores de deficiência;

III – de atendimento em creche e pré-escola às crianças de zero a seis anos de idade;

IV – de ensino noturno regular, adequado às condições do educando;

V – de programas suplementares de oferta de material didático-escolar, transporte e assistência à saúde do educando do ensino fundamental;

VI – de serviço de assistência social visando à proteção à família, à maternidade, à infância e à adolescência, bem como ao amparo às crianças e adolescentes que dele necessitem;

VII – de acesso às ações e serviços de saúde;

VIII – de escolarização e profissionalização dos adolescentes privados de liberdade.

§ 1º As hipóteses previstas neste artigo não excluem da proteção judicial outros interesses individuais, difusos ou coletivos, próprios da infância e da adolescência, protegidos pela Constituição e pela Lei.

§ 2º A investigação do desaparecimento de crianças ou adolescentes será realizada imediatamente após notificação aos órgãos competentes, que deverão comunicar o fato aos portos, aeroportos, Polícia Rodoviária e companhias de transporte interestaduais e internacionais, fornecendo-lhes todos os dados necessários à identificação do desaparecido.

▪ **Art. 209.** As ações previstas neste Capítulo serão propostas no foro do local onde ocorreu ou deva ocorrer a ação ou omissão, cujo juízo terá competência absoluta para processar a causa, ressalvadas a competência da Justiça Federal e a competência originária dos tribunais superiores.

▪ **Art. 210.** Para as ações cíveis fundadas em interesses coletivos ou difusos, consideram-se legitimados concorrentemente:

I – o Ministério Público;

II – a União, os Estados, os Municípios, o Distrito Federal e os Territórios;

III – as associações legalmente constituídas há pelo menos um ano e que incluam entre seus fins institucionais a defesa dos interesses e direitos protegidos por esta Lei, dispensada a autorização da assembléia, se houver prévia autorização estatutária.

§ 1º Admitir-se-á litisconsórcio facultativo entre os Ministérios Públicos da União e dos Estados na defesa dos interesses e direitos de que cuida esta Lei.

§ 2º Em caso de desistência ou abandono da ação por associação legitimada, o Ministério Público ou outro legitimado poderá assumir a titularidade ativa.

▪ **Art. 211.** Os órgãos públicos legitimados poderão tomar dos interessados compromisso de ajustamento de sua conduta às exigências legais, o qual terá eficácia de título executivo extrajudicial.

▪ **Art. 212.** Para defesa dos direitos e interesses protegidos por esta Lei, são admissíveis todas as espécies de ações pertinentes.

§ 1º Aplicam-se às ações previstas neste Capítulo as normas do Código de Processo Civil.

§ 2º Contra atos ilegais ou abusivos de autoridade pública ou agente de pessoa jurídica no exercício de atribuições do

Poder Público, que lesem direito líquido e certo previsto nesta Lei, caberá ação mandamental, que se regerá pelas normas da lei do mandado de segurança.

▪ **Art. 213.** Na ação que tenha por objeto o cumprimento de obrigação de fazer ou não fazer, o juiz concederá a tutela específica da obrigação ou determinará providências que assegurem o resultado prático equivalente ao do adimplemento.

§ 1º Sendo relevante o fundamento da demanda e havendo justificado receio de ineficácia do provimento final, é lícito ao juiz conceder a tutela liminarmente ou após justificação prévia, citando o réu.

§ 2º O juiz poderá, na hipótese do parágrafo anterior ou na sentença, impor multa diária ao réu, independentemente de pedido do autor, se for suficiente ou compatível com a obrigação, fixando prazo razoável para o cumprimento do preceito.

§ 3º A multa só será exigível do réu após o trânsito em julgado da sentença favorável ao autor, mas será devida desde o dia em que se houver configurado o descumprimento.

▪ **Art. 214.** Os valores das multas reverterão ao fundo gerido pelo Conselho dos Direitos da Criança e do Adolescente do respectivo município.

§ 1º As multas não recolhidas até trinta dias após o trânsito em julgado da decisão serão exigidas através de execução promovida pelo Ministério Público, nos mesmos autos, facultada igual iniciativa aos demais legitimados.

§ 2º Enquanto o fundo não for regulamentado, o dinheiro ficará depositado em estabelecimento oficial de crédito, em conta com correção monetária.

▪ **Art. 215.** O juiz poderá conferir efeito suspensivo aos recursos, para evitar dano irreparável à parte.

▪ **Art. 216.** Transitada em julgado a sentença que impuser condenação ao Poder Público, o juiz determinará a remessa de peças à autoridade competente, para apuração da responsabilidade civil e administrativa do agente a que se atribua a ação ou omissão.

▪ **Art. 217.** Decorridos sessenta dias do trânsito em julgado da sentença condenatória sem que a associação autora lhe promova a execução, deverá fazê-lo o Ministério Público, facultada igual iniciativa aos demais legitimados.

▪ **Art. 218.** O juiz condenará a associação autora a pagar ao réu os honorários advocatícios arbitrados na conformidade do § 4º do art. 20 da Lei n. 5.869, de 11 de janeiro de 1973 – Código de Processo Civil, quando reconhecer que a pretensão é manifestamente infundada.

Parágrafo único. Em caso de litigância de má-fé, a associação autora e os diretores responsáveis pela propositura da ação serão solidariamente condenados ao décuplo das custas, sem prejuízo de responsabilidade por perdas e danos.

▪ **Art. 219.** Nas ações de que trata este Capítulo, não haverá adiantamento de custas, emolumentos, honorários periciais e quaisquer outras despesas.

▪ **Art. 220.** Qualquer pessoa poderá e o servidor público deverá provocar a iniciativa do Ministério Público, prestando-lhe informações sobre fatos que constituam objeto de ação civil, e indicando-lhe os elementos de convicção.

▪ **Art. 221.** Se, no exercício de suas funções, os juízos e tribunais tiverem conhecimento de fatos que possam ensejar a propositura de ação civil, remeterão peças ao Ministério Público para as providências cabíveis.

▪ **Art. 222.** Para instruir a petição inicial, o interessado poderá requerer às autoridades competentes as certidões e informações que julgar necessárias, que serão fornecidas no prazo de quinze dias.

▪ **Art. 223.** O Ministério Público poderá instaurar, sob sua presidência, inquérito civil, ou requisitar, de qualquer pessoa, organismo público ou particular, certidões, informações, exames ou perícias, no prazo que assinalar, o qual não poderá ser inferior a dez dias úteis.

§ 1º Se o órgão do Ministério Público, esgotadas todas as diligências, se convencer da inexistência de fundamento para a propositura da ação cível, promoverá o arquivamento dos autos do inquérito civil ou das peças informativas, fazendo-o fundamentadamente.

§ 2º Os autos do inquérito civil ou as peças de informação arquivados serão remetidos, sob pena de se incorrer em falta grave, no prazo de três dias, ao Conselho Superior do Ministério Público.

§ 3º Até que seja homologada ou rejeitada a promoção de arquivamento, em sessão do Conselho Superior do Ministério Público, poderão as associações legitimadas apresentar razões escritas ou documentos, que serão juntados aos autos do inquérito ou anexados às peças de informação.

§ 4º A promoção de arquivamento será submetida a exame e deliberação do Conselho Superior do Ministério Público, conforme dispuser o seu regimento.

§ 5º Deixando o Conselho Superior de homologar a promoção de arquivamento, designará, desde logo, outro órgão do Ministério Público para o ajuizamento da ação.

▪ **Art. 224.** Aplicam-se subsidiariamente, no que couber, as disposições da Lei n. 7.347, de 24 de julho de 1985.

TÍTULO VII
DOS CRIMES E DAS INFRAÇÕES ADMINISTRATIVAS

CAPÍTULO I
DOS CRIMES

Seção I
Disposições Gerais

▪ **Art. 225.** Este Capítulo dispõe sobre crimes praticados contra a criança e o adolescente, por ação ou omissão, sem prejuízo do disposto na legislação penal.

▪ **Art. 226.** Aplicam-se aos crimes definidos nesta Lei as normas da Parte Geral do Código Penal e, quanto ao processo, as pertinentes ao Código de Processo Penal.

▪ **Art. 227.** Os crimes definidos nesta Lei são de ação pública incondicionada.

Seção II
Dos Crimes em Espécie

▪ **Art. 228.** Deixar o encarregado de serviço ou o dirigente de estabelecimento de atenção à saúde de gestante de manter registro das atividades desenvolvidas, na forma e prazo referidos no art. 10 desta Lei, bem como de fornecer à parturiente ou a seu responsável, por ocasião da alta médica, declaração de nascimento, onde constem as intercorrências do parto e do desenvolvimento do neonato:

Pena – detenção de seis meses a dois anos.

Parágrafo único. Se o crime é culposo:

Pena – detenção de dois a seis meses, ou multa.

▪ **Art. 229.** Deixar o médico, enfermeiro ou dirigente de estabelecimento de atenção à saúde de gestante de identificar corretamente o neonato e a parturiente, por ocasião do parto, bem como deixar de proceder aos exames referidos no art. 10 desta Lei:

Pena – detenção de seis meses a dois anos.

Parágrafo único. Se o crime é culposo:

Pena – detenção de dois a seis meses, ou multa.

▪ **Art. 230.** Privar a criança ou o adolescente de sua liberdade, procedendo à sua apreensão sem estar em flagrante de ato infracional ou inexistindo ordem escrita da autoridade judiciária competente:

Pena – detenção de seis meses a dois anos.

Parágrafo único. Incide na mesma pena aquele que procede à apreensão sem observância das formalidades legais.

▪ **Art. 231.** Deixar a autoridade policial responsável pela apreensão de criança ou adolescente de fazer imediata comunicação à autoridade judiciária competente e à família do apreendido ou à pessoa por ele indicada:

Pena – detenção de seis meses a dois anos.

▪ **Art. 232.** Submeter criança ou adolescente sob sua autoridade, guarda ou vigilância a vexame ou a constrangimento:

Pena – detenção de seis meses a dois anos.

▪ **Art. 233.** *(Revogado pela Lei n. 9.455, de 07.04.1997.)*

▪ **Art. 234.** Deixar a autoridade competente, sem justa causa, de ordenar a imediata liberação de criança ou adolescente, tão logo tenha conhecimento da ilegalidade da apreensão:

Pena – detenção de seis meses a dois anos.

▪ **Art. 235.** Descumprir, injustificadamente, prazo fixado nesta Lei em benefício de adolescente privado de liberdade:

Pena – detenção de seis meses a dois anos.

▪ **Art. 236.** Impedir ou embaraçar a ação de autoridade judiciária, membro do Conselho Tutelar ou representante do Ministério Público no exercício de função prevista nesta Lei:

Pena – detenção de seis meses a dois anos.

▪ **Art. 237.** Subtrair criança ou adolescente ao poder de quem o tem sob sua guarda em virtude de lei ou ordem judicial, com o fim de colocação em lar substituto:

Pena – reclusão de dois a seis anos, e multa.

▪ **Art. 238.** Prometer ou efetivar a entrega de filho ou pupilo a terceiro, mediante paga ou recompensa:

Pena – reclusão de um a quatro anos, e multa.

Parágrafo único. Incide nas mesmas penas quem oferece ou efetiva a paga ou recompensa.

▪ **Art. 239.** Promover ou auxiliar a efetivação de ato destinado ao envio de criança ou adolescente para o exterior com inobservância das formalidades legais ou com o fito de obter lucro:

Pena – reclusão de quatro a seis anos, e multa.

Parágrafo único. Se há emprego de violência, grave ameaça ou fraude:

Pena – reclusão, de 6 (seis) a 8 (oito) anos, além da pena correspondente à violência.

▪ **Art. 240.** Produzir ou dirigir representação teatral, televisiva, cinematográfica, atividade fotográfica ou de qualquer outro meio visual, utilizando-se de criança ou adolescente em cena pornográfica, de sexo explícito ou vexatória:

Pena – reclusão, de dois a seis anos, e multa.

§ 1º Incorre na mesma pena quem, nas condições referidas neste artigo, contracena com criança ou adolescente.

§ 2º A pena é de 3 (três) a 8 (oito) anos:

I – se o agente comete o crime no exercício de cargo ou função;

II – se o agente comete o crime com o fim de obter para si ou para outrem vantagem patrimonial.

▪ **Art. 241.** Apresentar, produzir, vender, fornecer, divulgar ou publicar, por qualquer meio de comunicação, inclusive rede mundial de computadores ou internet, fotografias ou imagens com pornografia ou cenas de sexo explícito envolvendo criança ou adolescente:

Pena – reclusão de 2 (dois) a 6 (seis) anos, e multa.

§ 1º Incorre na mesma pena quem:

I – agencia, autoriza, facilita ou, de qualquer modo, intermedeia a participação de criança ou adolescente em produção referida neste artigo;

II – assegura os meios ou serviços para o armazenamento das fotografias, cenas ou imagens produzidas na forma do *caput* neste artigo;

III – assegura, por qualquer meio, o acesso, na rede mundial de computadores ou internet, das fotografias, cenas ou imagens produzidas na forma do *caput* deste artigo.

§ 2º A pena é de reclusão de 3 (três) a 8 (oito) anos:

I – se o agente comete o crime prevalecendo-se do exercício de cargo ou função;

II – se o agente comete o crime com o fim de obter para si ou para outrem vantagem patrimonial.

▪ **Art. 242.** Vender, fornecer ainda que gratuitamente ou entregar, de qualquer forma, a criança ou adolescente arma, munição ou explosivo:

Pena – reclusão, de 3 (três) a 6 (seis) anos.

▪ **Art. 243.** Vender, fornecer ainda que gratuitamente, ministrar ou entregar, de qualquer forma, a criança ou adolescente, sem justa causa, produtos cujos componentes possam causar dependência física ou psíquica, ainda que por utilização indevida:

Pena – detenção de 2 (dois) a 4 (quatro) anos, e multa, se o fato não constitui crime mais grave.

▪ **Art. 244.** Vender, fornecer ainda que gratuitamente ou entregar, de qualquer forma, a criança ou adolescente fogos de estampido ou de artifício, exceto aqueles que, pelo seu reduzido potencial, sejam incapazes de provocar qualquer dano físico em caso de utilização indevida:

Pena – detenção de seis meses a dois anos, e multa.

▪ **Art. 244-A.** Submeter criança ou adolescente, como tais definidos no *caput* do art. 2º desta Lei, à prostituição ou à exploração sexual:

Pena – reclusão de quatro a dez anos, e multa.

§ 1º Incorrem nas mesmas penas o proprietário, o gerente ou o responsável pelo local em que se verifique a submissão de criança ou adolescente às práticas referidas no *caput* deste artigo.

§ 2º Constitui efeito obrigatório da condenação a cassação da licença de localização e de funcionamento do estabelecimento.

CAPÍTULO II
DAS INFRAÇÕES ADMINISTRATIVAS

▪ **Art. 245.** Deixar o médico, professor ou responsável por estabelecimento de atenção à saúde e de ensino fundamental, pré-escola ou creche, de comunicar à autoridade competente os casos de que tenha conhecimento, envolvendo suspeita ou confirmação de maus-tratos contra criança ou adolescente:

Pena – multa de três a vinte salários de referência, aplicando-se o dobro em caso de reincidência.

▪ **Art. 246.** Impedir o responsável ou funcionário de entidade de atendimento o exercício dos direitos constantes nos incisos II, III, VII, VIII e XI do art. 124 desta Lei:

Pena – multa de três a vinte salários de referência, aplicando-se o dobro em caso de reincidência.

▪ **Art. 247.** Divulgar, total ou parcialmente, sem autorização devida, por qualquer meio de comunicação, nome, ato ou documento de procedimento policial, administrativo ou judicial relativo a criança ou adolescente a que se atribua ato infracional:

Pena – multa de três a vinte salários de referência, aplicando-se o dobro em caso de reincidência.

§ 1º Incorre na mesma pena quem exibe, total ou parcialmente, fotografia de criança ou adolescente envolvido em ato infracional, ou qualquer ilustração que lhe diga respeito ou se refira a atos que lhe sejam atribuídos, de forma a permitir sua identificação, direta ou indiretamente.

§ 2º Se o fato for praticado por órgão de imprensa ou emissora de rádio ou televisão, além da pena prevista neste artigo, a autoridade judiciária poderá determinar a apreensão da publicação ou a suspensão da programação da emissora até por dois dias, bem como da publicação do periódico até por dois números.

A ADIn n. 869-2, de 04.08.1999, declarou a inconstitucionalidade da expressão "ou a suspensão da programação da emissora até por dois dias, bem como da publicação do periódico até por dois números", deste parágrafo.

▪ **Art. 248.** Deixar de apresentar à autoridade judiciária de seu domicílio, no prazo de cinco dias, com o fim de regularizar a guarda, adolescente trazido de outra comarca para a prestação de serviço doméstico, mesmo que autorizado pelos pais ou responsável:

Pena – multa de três a vinte salários de referência, aplicando-se o dobro em caso de reincidência, independentemente das despesas de retorno do adolescente, se for o caso.

▪ **Art. 249.** Descumprir, dolosa ou culposamente, os deveres inerentes ao pátrio poder ou decorrente de tutela ou guarda, bem assim determinação da autoridade judiciária ou Conselho Tutelar:

Pena – multa de três a vinte salários de referência, aplicando-se o dobro em caso de reincidência.

▪ **Art. 250.** Hospedar criança ou adolescente, desacompanhado dos pais ou responsável ou sem autorização escrita destes, ou da autoridade judiciária, em hotel, pensão, motel ou congênere:

Pena – multa de dez a cinqüenta salários de referência; em caso de reincidência, a autoridade judiciária poderá determinar o fechamento do estabelecimento por até quinze dias.

▪ **Art. 251.** Transportar criança ou adolescente, por qualquer meio, com inobservância do disposto nos arts. 83, 84 e 85 desta Lei:

Pena – multa de três a vinte salários de referência, aplicando-se o dobro em caso de reincidência.

▪ **Art. 252.** Deixar o responsável por diversão ou espetáculo público de afixar, em lugar visível e de fácil acesso, à entrada do local de exibição, informação destacada sobre a natureza da diversão ou espetáculo e a faixa etária especificada no certificado de classificação:

Pena – multa de três a vinte salários de referência, aplicando-se o dobro em caso de reincidência.

▪ **Art. 253.** Anunciar peças teatrais, filmes ou quaisquer representações ou espetáculos, sem indicar os limites de idade a que não se recomendem:

Pena – multa de três a vinte salários de referência, duplicada em caso de reincidência, aplicável, separadamente, à casa de espetáculo e aos órgãos de divulgação ou publicidade.

▪ **Art. 254.** Transmitir, através de rádio ou televisão, espetáculo em horário diverso do autorizado ou sem aviso de sua classificação:

Pena – multa de vinte a cem salários de referência; duplicada em caso de reincidência a autoridade judiciária poderá determinar a suspensão da programação da emissora por até dois dias.

▪ **Art. 255.** Exibir filme, trailer, peça, amostra ou congênere classificado pelo órgão competente como inadequado às crianças ou adolescentes admitidos ao espetáculo:

Pena – multa de vinte a cem salários de referência; na reincidência, a autoridade poderá determinar a suspensão do espetáculo ou o fechamento do estabelecimento por até quinze dias.

▪ **Art. 256.** Vender ou locar a criança ou adolescente fita de programação em vídeo, em desacordo com a classificação atribuída pelo órgão competente:

Pena – multa de três a vinte salários de referência; em caso de reincidência, a autoridade judiciária poderá determinar o fechamento do estabelecimento por até quinze dias.

▪ **Art. 257.** Descumprir obrigação constante dos arts. 78 e 79 desta Lei:

Pena – multa de três a vinte salários de referência, duplicando-se a pena em caso de reincidência, sem prejuízo de apreensão da revista ou publicação.

▪ **Art. 258.** Deixar o responsável pelo estabelecimento ou o empresário de observar o que dispõe esta Lei sobre o acesso de criança ou adolescente aos locais de diversão, ou sobre sua participação no espetáculo:

Pena – multa de três a vinte salários de referência; em caso de reincidência, a autoridade judiciária poderá determinar o fechamento do estabelecimento por até quinze dias.

DISPOSIÇÕES FINAIS E TRANSITÓRIAS

▪ **Art. 259.** A União, no prazo de noventa dias contados da publicação deste Estatuto, elaborará projeto de lei dispondo sobre a criação ou adaptação de seus órgãos às diretrizes da política de atendimento fixadas no art. 88 e ao que estabelece o Título V do Livro II.

Parágrafo único. Compete aos Estados e Municípios promoverem a adaptação de seus órgãos e programas às diretrizes e princípios estabelecidos nesta Lei.

▪ **Art. 260.** Os contribuintes poderão deduzir do imposto devido, na declaração do Imposto sobre a Renda, o total das doações feitas aos Fundos dos Direitos da Criança e do Adolescente – nacional, estaduais ou municipais – devidamente comprovadas, obedecidos os limites estabelecidos em Decreto do Presidente da República.

§ 1º *(Revogado pela Lei n. 9.532, de 10.12.1997.)*

§ 2º Os Conselhos Municipais, Estaduais e Nacional dos Direitos da Criança e do Adolescente fixarão critérios de utilização, através de planos de aplicação das doações subsidiadas e demais receitas, aplicando necessariamente percentual para incentivo ao acolhimento, sob a forma de guarda, de criança ou adolescente, órfão ou abandonado, na forma do disposto no art. 227, § 3º, VI, da Constituição Federal.

§ 3º O Departamento da Receita Federal, do Ministério da Economia, Fazenda e Planejamento, regulamentará a comprovação das doações feitas aos fundos, nos termos deste artigo.

§ 4º O Ministério Público determinará em cada comarca a forma de fiscalização da aplicação, pelo Fundo Municipal dos Direitos da Criança e do Adolescente, dos incentivos fiscais referidos neste artigo.

▪ **Art. 261.** À falta dos Conselhos Municipais dos Direitos da Criança e do Adolescente, os registros, inscrições e alterações a que se referem os arts. 90, parágrafo único, e 91 desta Lei serão efetuados perante a autoridade judiciária da comarca a que pertencer a entidade.

Parágrafo único. A União fica autorizada a repassar aos Estados e Municípios, e os Estados aos Municípios, os recursos referentes aos programas e atividades previstos nesta Lei, tão logo estejam criados os Conselhos dos Direitos da Criança e do Adolescente nos seus respectivos níveis.

▪ **Art. 262.** Enquanto não instalados os Conselhos Tutelares, as atribuições a eles conferidas serão exercidas pela autoridade judiciária.

▪ **Art. 263.** O Decreto-lei n. 2.848, de 07 de dezembro de 1940, Código Penal, passa a vigorar com as seguintes alterações:

"1) Art. 121...

§ 4º No homicídio culposo, a pena é aumentada de um terço, se o crime resulta de inobservância de regra técnica de profissão, arte ou ofício, ou se o agente deixa de prestar imediato socorro à vítima, não procura diminuir as conseqüências do seu ato, ou foge para evitar prisão em flagrante. Sendo doloso o homicídio, a pena é aumentada de um terço, se o crime é praticado contra pessoa menor de quatorze anos.

2) Art. 129...

§ 7º Aumenta-se a pena de um terço, se ocorrer qualquer das hipóteses do art. 121, § 4º.

§ 8º Aplica-se à lesão culposa o disposto no § 5º do art. 121.

3) Art. 136...

§ 3º Aumenta-se a pena de um terço, se o crime é praticado contra pessoa menor de quatorze anos.

4) Art. 213...

Parágrafo único. Se a ofendida é menor de quatorze anos:

Pena – reclusão de quatro a dez anos.

5) Art. 214...

Parágrafo único. Se o ofendido é menor de quatorze anos:

Pena – reclusão de três a nove anos".

▪ **Art. 264.** O art. 102 da Lei n. 6.015, de 31 de dezembro de 1973, fica acrescido do seguinte item:

"Art. 102...

6) a perda e a suspensão do pátrio poder".

▪ **Art. 265.** A Imprensa Nacional e demais gráficas da União, da administração direta ou indireta, inclusive fundações instituídas e mantidas pelo Poder Público Federal promoverão edição popular do texto integral deste Estatuto, que será posto à disposição das escolas e das entidades de atendimento e de defesa dos direitos da criança e do adolescente.

▪ **Art. 266.** Esta Lei entra em vigor noventa dias após sua publicação.

Parágrafo único. Durante o período de vacância deverão ser promovidas atividades e campanhas de divulgação e esclarecimentos acerca do disposto nesta Lei.

▪ **Art. 267.** Revogam-se as Leis ns. 4.513, de 1964, e 6.697, de 10 de outubro de 1979 (Código de Menores), e as demais disposições em contrário.

Brasília, 13 de julho de 1990;
169º da Independência
e 102º da República.

FERNANDO COLLOR
Bernardo Cabral / Carlos Chiarelli
Antônio Magri / Margarida Procópio

LEI N. 8.560, DE 29 DE DEZEMBRO DE 1992

Regula a investigação de paternidade dos filhos havidos fora do casamento e dá outras providências.

O PRESIDENTE DA REPÚBLICA:

Faço saber que o CONGRESSO NACIONAL decreta e eu sanciono a seguinte Lei:

▪ **Art. 1º** O reconhecimento dos filhos havidos fora do casamento é irrevogável e será feito:

I – no registro de nascimento;

II – por escritura pública ou escrito particular, a ser arquivado em cartório;

III – por testamento, ainda que incidentalmente manifestado;

IV – por manifestação expressa e direta perante o juiz, ainda que o reconhecimento não haja sido o objeto único e principal do ato que o contém.

▪ **Art. 2º** Em registro de nascimento de menor apenas com a maternidade estabelecida, o oficial remeterá ao juiz certidão integral do registro e o nome e prenome, profissão, identidade e residência do suposto pai, a fim de ser averiguada oficiosamente a procedência da alegação.

§ 1º O juiz, sempre que possível, ouvirá a mãe sobre a paternidade alegada e mandará, em qualquer caso, notificar o suposto pai, independente de seu estado civil, para que se manifeste sobre a paternidade que lhe é atribuída.

§ 2º O juiz, quando entender necessário, determinará que a diligência seja realizada em segredo de justiça.

§ 3º No caso do suposto pai confirmar expressamente a paternidade, será lavrado termo de reconhecimento e remetida certidão ao oficial do registro, para a devida averbação.

§ 4º Se o suposto pai não atender no prazo de 30 (trinta) dias a notificação judicial, ou negar a alegada paternidade, o juiz remeterá os autos ao representante do Ministério Público para que intente, havendo elementos suficientes, a ação de investigação de paternidade.

§ 5º A iniciativa conferida ao Ministério Público não impede a quem tenha legítimo interesse de intentar investigação, visando a obter o pretendido reconhecimento da paternidade.

▪ **Art. 3º** É vedado legitimar e reconhecer filho na ata do casamento.

Parágrafo único. É ressalvado o direito de averbar alteração do patronímico materno, em decorrência do casamento, no termo de nascimento do filho.

▪ **Art. 4º** O filho maior não pode ser reconhecido sem o seu consentimento.

▪ **Art. 5º** No registro de nascimento não se fará qualquer referência à natureza da filiação, à sua ordem em relação a outros irmãos do mesmo prenome, exceto gêmeos, ao lugar e cartório do casamento dos pais e ao estado civil destes.

▪ **Art. 6º** Das certidões de nascimento não constarão indícios de a concepção haver sido decorrente de relação extraconjugal.

§ 1º Não deverá constar, em qualquer caso, o estado civil dos pais e a natureza da filiação, bem como o lugar e cartório do casamento, proibida referência à presente Lei.

§ 2º São ressalvadas autorizações ou requisições judiciais de certidões de inteiro teor, mediante decisão fundamentada, assegurados os direitos, as garantias e interesses relevantes do registrado.

▪ **Art. 7º** Sempre que na sentença de primeiro grau se reconhecer a paternidade, nela se fixarão os alimentos provisionais ou definitivos do reconhecido que deles necessite.

▪ **Art. 8º** Os registros de nascimento, anteriores à data da presente Lei, poderão ser retificados por decisão judicial, ouvido o Ministério Público.

▪ **Art. 9º** Esta Lei entra em vigor na data de sua publicação.

▪ **Art. 10.** São revogados os arts. 332, 337 e 347 do Código Civil e demais disposições em contrário.

Refere-se ao Código Civil de 1916.

Brasília, 29 de dezembro de 1992;
171º da Independência e 104º da República.

ITAMAR FRANCO
Maurício Corrêa

LEI N. 8.971, DE 29 DE DEZEMBRO DE 1994

Regula o direito dos companheiros a alimentos e à sucessão.

O PRESIDENTE DA REPÚBLICA:

Faço saber que o CONGRESSO NACIONAL decreta e eu sanciono a seguinte Lei:

▪ **Art. 1º** A companheira comprovada de um homem solteiro, separado judicialmente, divorciado ou viúvo, que com ele viva há mais de 5 (cinco) anos, ou dele tenha prole, poderá valer-se do disposto na Lei n. 5.478, de 25 de julho de 1968, enquanto não constituir nova união e desde que prove a necessidade.

Parágrafo único. Igual direito e nas mesmas condições é reconhecido ao companheiro de mulher solteira, separada judicialmente, divorciada ou viúva.

▪ **Art. 2º** As pessoas referidas no artigo anterior participarão da sucessão do(a) companheiro(a) nas seguintes condições:

I – o(a) companheiro(a) sobrevivente terá direito enquanto não constituir nova união, ao usufruto de quarta parte dos bens do *de cujus*, se houver filhos deste ou comuns;

II – o(a) companheiro(a) sobrevivente terá direito, enquanto não constituir nova união, ao usufruto da metade dos bens do *de cujus*, se não houver filhos, embora sobrevivam ascendentes;

III – na falta de descendentes e de ascendentes, o(a) companheiro(a) sobrevivente terá direito à totalidade da herança.

▪ **Art. 3º** Quando os bens deixados pelo(a) autor(a) da herança resultarem de atividade em que haja colaboração do(a) companheiro(a), terá o sobrevivente direito à metade dos bens.

▪ **Art. 4º** Esta Lei entra em vigor na data de sua publicação.

▪ **Art. 5º** Revogam-se as disposições em contrário.

Brasília, 29 de dezembro de 1994;
173º da Independência e 106º da República.

ITAMAR FRANCO
Alexandre de Paula Dupeyrat Martins

LEI N. 9.263, DE 12 DE JANEIRO DE 1996

Regula o § 7º do art. 226 da Constituição Federal, que trata do planejamento familiar, estabelece penalidades e dá outras providências.

O PRESIDENTE DA REPÚBLICA:

Faço saber que o CONGRESSO NACIONAL decreta e eu sanciono a seguinte Lei:

CAPÍTULO I
DO PLANEJAMENTO FAMILIAR

▪ **Art. 1º** O planejamento familiar é direito de todo cidadão, observado o disposto nesta Lei.

▪ **Art. 2º** Para fins desta Lei, entende-se planejamento familiar como o conjunto de ações de regulação da fecundidade que garanta direitos iguais de constituição, limitação ou aumento da prole pela mulher, pelo homem ou pelo casal.

Parágrafo único. É proibida a utilização das ações a que se refere o *caput* para qualquer tipo de controle demográfico.

▪ **Art. 3º** O planejamento familiar é parte integrante do conjunto de ações de atenção à mulher, ao homem ou ao casal, dentro de uma visão de atendimento global e integral à saúde.

Parágrafo único. As instâncias gestoras do Sistema Único de Saúde, em todos os seus níveis, na prestação das ações previstas no *caput*, obrigam-se a garantir, em toda a sua rede de serviços, no que respeita a atenção à mulher, ao homem ou ao casal, programa de atenção integral à saúde, em todos os seus ciclos vitais, que inclua, como atividades básicas, entre outras:

I – a assistência à concepção e contracepção;

II – o atendimento pré-natal;

III – a assistência ao parto, ao puerpério e ao neonato;

IV – o controle das doenças sexualmente transmissíveis;

V – o controle e prevenção do câncer cérvico-uterino, do câncer de mama e do câncer de pênis.

▪ **Art. 4º** O planejamento familiar orienta-se por ações preventivas e educativas e pela garantia de acesso igualitário a informações, meios, métodos e técnicas disponíveis para a regulação da fecundidade.

Parágrafo único. O Sistema Único de Saúde promoverá o treinamento de recursos humanos, com ênfase na capacitação do pessoal técnico, visando a promoção de ações de atendimento à saúde reprodutiva.

▪ **Art. 5º** É dever do Estado, através do Sistema Único de Saúde, em associação, no que couber, às instâncias componentes do sistema educacional, promover condições e recursos informativos, educacionais, técnicos e científicos que assegurem o livre exercício do planejamento familiar.

▪ **Art. 6º** As ações de planejamento familiar serão exercidas pelas instituições públicas e privadas, filantrópicas ou não, nos termos desta Lei e das normas de funcionamento e mecanismos de fiscalização estabelecidos pelas instâncias gestoras do Sistema Único de Saúde.

Parágrafo único. Compete à direção nacional do Sistema Único de Saúde definir as normas gerais de planejamento familiar.

▪ **Art. 7º** É permitida a participação direta ou indireta de empresas ou capitais estrangeiros nas ações e pesquisas de planejamento familiar, desde que autorizada, fiscalizada e controlada pelo órgão de direção nacional do Sistema Único de Saúde.

▪ **Art. 8º** A realização de experiências com seres humanos no campo da regulação da fecundidade somente será permitida se previamente autorizada, fiscalizada e controlada pela direção nacional do Sistema Único de Saúde e atendidos os critérios estabelecidos pela Organização Mundial de Saúde.

▪ **Art. 9º** Para o exercício do direito ao planejamento familiar, serão oferecidos todos os métodos e técnicas de concepção e contracepção cientificamente aceitos e que não coloquem em risco a vida e a saúde das pessoas, garantida a liberdade de opção.

Parágrafo único. A prescrição a que se refere o *caput* só poderá ocorrer mediante avaliação e acompanhamento clínico e com informação sobre os seus riscos, vantagens, desvantagens e eficácia.

▪ **Art. 10.** Somente é permitida a esterilização voluntária nas seguintes situações:

I – em homens e mulheres com capacidade civil plena e maiores de 25 (vinte e cinco) anos de idade ou, pelo menos, com 2 (dois) filhos vivos, desde que observado o prazo mínimo de 60 (sessenta) dias entre a manifestação da vontade e o ato cirúrgico, período no qual será propiciado à pessoa interessada acesso a serviço de regulação da fecundidade, incluindo aconselhamento por equipe multidisciplinar, visando desencorajar a esterilização precoce;

II – risco à vida ou à saúde da mulher ou do futuro concepto, testemunhado em relatório escrito e assinado por 2 (dois) médicos.

§ 1º É condição para que se realize a esterilização, o registro de expressa manifestação da vontade em documento escrito e firmado, após a informação a respeito dos riscos da cirurgia, possíveis efeitos colaterais, dificuldades de sua reversão e opções de contracepção reversíveis existentes.

§ 2º É vedada a esterilização cirúrgica em mulher durante os períodos de parto ou aborto, exceto nos casos de comprovada necessidade, por cesarianas sucessivas anteriores.

§ 3º Não será considerada a manifestação de vontade, na forma do § 1º, expressa durante a ocorrência de alterações na capacidade de discernimento por influência de álcool, drogas, estados emocionais alterados ou incapacidade mental temporária ou permanente.

§ 4º A esterilização cirúrgica como método contraceptivo somente será executada através da laqueadura tubária, vasectomia ou de outro método cientificamente aceito, sendo vedada através da histerectomia e ooforectomia.

§ 5º Na vigência de sociedade conjugal, a esterilização depende do consentimento expresso de ambos os cônjuges.

§ 6º A esterilização cirúrgica em pessoas absolutamente incapazes somente poderá ocorrer mediante autorização judicial, regulamentada na forma da Lei.

▪ **Art. 11.** Toda esterilização cirúrgica será objeto de notificação compulsória à direção do Sistema Único de Saúde.

▪ **Art. 12.** É vedada a indução ou instigamento individual ou coletivo à prática da esterilização cirúrgica.

▪ **Art. 13.** É vedada a exigência de atestado de esterilização ou de teste de gravidez para quaisquer fins.

▪ **Art. 14.** Cabe à instância gestora do Sistema Único de Saúde, guardado o seu nível de competência e atribuições, cadastrar, fiscalizar e controlar as instituições e serviços que realizam ações e pesquisas na área do planejamento familiar.

Parágrafo único. Só podem ser autorizadas a realizar esterilização cirúrgica as instituições que ofereçam todas as opções de meios e métodos de contracepção reversíveis.

CAPÍTULO II
DOS CRIMES E DAS PENALIDADES

▪ **Art. 15.** Realizar esterilização cirúrgica em desacordo com o estabelecido no art. 10 desta Lei.

Pena – reclusão, de 2 (dois) a 8 (oito) anos, e multa, se a prática não constitui crime mais grave.

Parágrafo único. A pena é aumentada de 1/3 (um terço) se a esterilização for praticada:

I – durante os períodos de parto ou aborto, salvo o disposto no inciso II do art. 10 desta Lei;

II – com manifestação da vontade do esterilizado expressa durante a ocorrência de alterações na capacidade de discernimento por influência de álcool, drogas, estados emocionais alterados ou incapacidade mental temporária ou permanente;

III – através de histerectomia e ooforectomia;

IV – em pessoa absolutamente incapaz, sem autorização judicial;

V – através de cesária indicada para fim exclusivo de esterilização.

▪ **Art. 16.** Deixar o médico de notificar à autoridade sanitária as esterilizações cirúrgicas que realizar.

Pena – detenção, de 6 (seis) meses a 2 (dois) anos, e multa.

▪ **Art. 17.** Induzir ou instigar dolosamente a prática de esterilização cirúrgica.

Pena – reclusão, de 1 (um) a 2 (dois) anos.

Parágrafo único. Se o crime for cometido contra a coletividade, caracteriza-se como genocídio, aplicando-se o disposto na Lei n. 2.889, de 1º de outubro de 1956.

▪ **Art. 18.** Exigir atestado de esterilização para qualquer fim.

Pena – reclusão, de 1 (um) a 2 (dois) anos, e multa.

▪ **Art. 19.** Aplica-se aos gestores e responsáveis por instituições que permitam a prática de qualquer dos atos ilícitos previstos nesta Lei o disposto no *caput* e nos §§ 1º e 2º do art. 29 do Decreto-lei n. 2.848, de 07 de dezembro de 1940 – Código Penal.

▪ **Art. 20.** As instituições a que se refere o artigo anterior sofrerão as seguintes sanções, sem prejuízo das aplicáveis aos agentes do ilícito, aos co-autores ou aos partícipes:

I – se particular a instituição:

a) de duzentos a trezentos e sessenta dias-multa e, se reincidente, suspensão das atividades ou descredenciamento, sem direito a qualquer indenização ou cobertura de gastos ou investimentos efetuados;

b) proibição de estabelecer contratos ou convênios com entidades públicas e de se beneficiar de créditos oriundos de instituições governamentais ou daquelas em que o Estado é acionista;

II – se pública a instituição, afastamento temporário ou definitivo dos agentes do ilícito, dos gestores e responsáveis dos cargos ou funções ocupados, sem prejuízo de outras penalidades.

▪ **Art. 21.** Os agentes do ilícito e, se for o caso, as instituições a que pertençam ficam obrigados a reparar os danos morais e materiais decorrentes de esterilização não autorizada na forma desta Lei, observados, nesse caso, o disposto nos arts. 159, 1.518 e 1.521 e seu parágrafo único do Código Civil, combinados com o art. 63 do Código de Processo Penal.

CAPÍTULO III
DAS DISPOSIÇÕES FINAIS

▪ **Art. 22.** Aplica-se subsidiariamente a esta Lei o disposto no Decreto-lei n. 2.848, de 07 de dezembro de 1940 – Código Penal, e, em especial, nos seus arts. 29, *caput*, e §§ 1º e 2º; 43, *caput* e incisos I, II e III; 44, *caput* e incisos I, II e III e parágrafo único; 45, *caput* e incisos I e II; 46, *caput* e parágrafo único; 47, *caput* e incisos I, II e III; 48, *caput* e parágrafo único; 49, *caput* e §§ 1º e 2º; 50, *caput*, § 1º e alíneas e § 2º; 51, *caput* e §§ 1º e 2º; 52; 56; 129, *caput* e § 1º, incisos I, II e III, § 2º, incisos I, III e IV e § 3º.

▪ **Art. 23.** O Poder Executivo regulamentará esta Lei no prazo de 90 (noventa) dias, a contar da data de sua publicação.

▪ **Art. 24.** Esta Lei entra em vigor na data de sua publicação.

▪ **Art. 25.** Revogam-se as disposições em contrário.

Brasília, 12 de janeiro de 1996;
175º da Independência
e 108º da República.

FERNANDO HENRIQUE CARDOSO
Adib Jatene

LEI N. 9.278, DE 10 DE MAIO DE 1996

Regula o § 3º do art. 226 da Constituição Federal.

O PRESIDENTE DA REPÚBLICA:

Faço saber que o CONGRESSO NACIONAL decreta e eu sanciono a seguinte Lei:

▪ **Art. 1º** É reconhecida como entidade familiar a convivência duradoura, pública e contínua, de um homem e uma mulher, estabelecida com objetivo de constituição de família.

▪ **Art. 2º** São direitos e deveres iguais dos conviventes:

I – respeito e consideração mútuos;

II – assistência moral e material recíproca;

III – guarda, sustento e educação dos filhos comuns.

▪ Art. 3º *(Vetado.)*

▪ Art. 4º *(Vetado.)*

▪ Art. 5º Os bens móveis e imóveis adquiridos por um ou por ambos os conviventes na constância da união estável e a título oneroso, são considerados fruto do trabalho e da colaboração comum, passando a pertencer a ambos, em condomínio e em partes iguais, salvo estipulação contrária em contrato escrito.

§ 1º Cessa a presunção do *caput* deste artigo se a aquisição patrimonial ocorrer com o produto de bens adquiridos anteriormente ao início da união.

§ 2º A administração do patrimônio comum dos conviventes compete a ambos, salvo estipulação contrária em contrato escrito.

▪ Art. 6º *(Vetado.)*

▪ Art. 7º Dissolvida a união estável por rescisão, a assistência material prevista nesta Lei será prestada por um dos conviventes ao que dela necessitar, a título de alimentos.

Parágrafo único. Dissolvida a união estável por morte de um dos conviventes, o sobrevivente terá direito real de habitação, enquanto viver ou não constituir nova união ou casamento, relativamente ao imóvel destinado à residência da família.

▪ Art. 8º Os conviventes poderão, de comum acordo e a qualquer tempo, requerer a conversão da união estável em casamento, por requerimento ao Oficial do Registro Civil da Circunscrição de seu domicílio.

▪ Art. 9º Toda matéria relativa à união estável é de competência do juízo da Vara de Família, assegurado o segredo de justiça.

▪ Art. 10. Esta Lei entra em vigor na data de sua publicação.

▪ Art. 11. Revogam-se as disposições em contrário.

Brasília, 10 de maio de 1996;
175º da Independência e 108º da República.

FERNANDO HENRIQUE CARDOSO
Milton Seligman

PORTARIA N. 048, DE 11 DE FEVEREIRO DE 1999

Regulamenta os procedimentos relativos à esterilização voluntária.

MINISTÉRIO DA SAÚDE SECRETARIA DE ASSISTÊNCIA À SAÚDE

PORTARIA N. 048, DE 11 DE FEVEREIRO DE 1999

Secretário de Assistência à Saúde, no uso de suas atribuições,

Considerando o disposto no artigo 6º e parágrafo único e artigo 10 da Lei n. 9.263, de 12 de janeiro de 1996, publicada no Diário Oficial n. 010, de 15 de janeiro de 1996 e Diário Oficial n. 159, de 20 de agosto de 1997, que regula o parágrafo 7º da Constituição Federal, que trata do planejamento familiar, estabelece penalidades e dá outras providências, e

Considerando a necessidade de estabelecer normas de funcionamento e mecanismos de fiscalização para execução dessas ações pelas instâncias gestoras do Sistema Único de Saúde, resolve:

▪ Art. 1º Incluir nos Grupos de Procedimentos da Tabela do Sistema de Informações Hospitalares do Sistema Único de Saúde – SIH/SUS os seguintes códigos de procedimentos:

1 – no Grupo de Procedimentos Cirurgia Obstétrica III - código 35.100.03-6 o procedimento 35.082.01.1 – Cesariana com Laqueadura Tubária em Pacientes com Cesarianas Sucessivas Anteriores/Risco de Vida.

2 – no Grupo de Procedimentos Cirurgia Obstétrica V – código 35.100.05-2 o procedimento 35.083.01.8 – Cesariana com Laqueadura Tubária em Pacientes com Cesarianas Sucessivas Anteriores/ Risco de Vida com Atendimento RN na Sala de Parto.

3 – no Grupo de Procedimentos Cirurgia Obstétrica VII – código 35.100.07-9 o procedimento 35.084.01.4 – Cesariana com Laqueadura Tubária em Pacientes

com Cesarianas Sucessivas Anteriores/ Risco de Vida em Hospitais Amigo da Criança.

4 – no Grupo de Procedimentos Cirurgia Obstétrica IX – código 35.100.09-5 o procedimento 35.085.01.0 – Cesariana com Laqueadura Tubária em Pacientes com Cesarianas Sucessivas Anteriores em gestante de alto risco.

▪ **Art. 2º** Manter, no Grupo de Procedimentos Cirurgia de Trompas II – código 34.104.02.0, da Tabela SIH/SUS, o procedimento: 34.022.04.0 – Laqueadura Tubária.

▪ **Art. 3º** Manter, no Grupo de Procedimentos Cirurgia do Cordão Espermático III – código 31.109.03-9, da Tabela do SIH/SUS, o procedimento vasectomia parcial ou completa – código 31.005.09-8.

▪ **Art. 4º** De acordo com o disposto no artigo 10 da Lei n. 9.263, de 12 de janeiro de 1996, que regula o parágrafo 7º da Constituição Federal, que trata do planejamento familiar, estabelece penalidades e dá outras providências; somente é permitida a esterilização voluntária sob as seguintes condições:

I – em homens e mulheres com capacidade civil plena e maiores de 25 anos de idade ou, pelo menos, com dois filhos vivos, desde que observado o prazo mínimo de sessenta dias entre a manifestação da vontade e o ato cirúrgico, período no qual será propiciado, a pessoa interessada, acesso ao serviço de regulação da fecundidade, incluindo aconselhamento por equipe multidisciplinar, visando a desencorajar a esterilização precoce.

II – em caso de risco à vida ou à saúde da mulher ou do futuro concepto, testemunhado em relatório escrito e assinado por dois médicos.

III – a esterilização cirúrgica como método contraceptivo somente será executada por laqueadura tubária, vasectomia ou de outro método cientificamente aceito, sendo vedada por meio de histerectomia e ooforectomia.

IV – será obrigatório constar no prontuário médico o registro de expressa manifestação da vontade em documento escrito e firmado, após a informação dos riscos da cirurgia, possíveis efeitos colaterais, dificuldade de reversão e opções de contracepção reversíveis existentes.

Parágrafo único. É vedada a esterilização cirúrgica em mulher durante períodos de parto, aborto ou até o 42º dia do pósparto ou aborto, exceto nos casos de comprovada necessidade, por cesarianas sucessivas anteriores, ou quando a mulher for portadora de doença de base e a exposição a segundo ato cirúrgico ou anestésico representar maior risco para sua saúde. Neste caso, a indicação deverá ser testemunhada em relatório escrito e assinado por dois médicos.

▪ **Art 5º** Cabe aos gestores estaduais e municipais de saúde, em condição de Gestão Plena do Sistema Municipal (NOB-96), procederem ao credenciamento das unidades de saúde para a realização dos procedimentos de Cesariana com Laqueadura Tubária em Pacientes com Cesarianas Sucessivas Anteriores/Risco de Vida, Laqueadura Tubária e Vasectomia, conforme modelo em anexo.

Parágrafo único. No âmbito do Sistema Único de Saúde somente poderão realizar esterilização cirúrgica as instituições que atenderem aos seguintes critérios:

I – estar autorizada pelo gestor estadual ou municipal;

II – oferecer todas as opções de meios e métodos contraceptivos reversíveis; e

III – comprovar a existência de médico capacitado para realização do ato.

▪ **Art. 6º** Os gestores estaduais e municipais de saúde deverão encaminhar ao Departamento de Análise da Produção dos Serviços de Saúde/DAPS/SAS, cópia da portaria de credenciamento das unidades no prazo de 05 dias a contar da publicação em Diário Oficial, para cumprimento dos efeitos desta Portaria, permanecendo a ficha em poder do gestor.

▪ **Art. 7º** Na cobrança destes procedimentos por meio da AIH, deverá ser obrigatoriamente utilizado o código Z30.2 esterilização, da Classificação Estatística

Internacional de Doenças e Problemas Relacionados à Saúde – CID 10ª Revisão.

▪ **Art. 8º** É obrigatório o preenchimento da ficha de registro individual de notificação de esterilização, modelo em anexo, quando da realização dos procedimentos Cesariana com Laqueadura Tubária em Pacientes com Cesarianas Sucessivas Anteriores/Risco de Vida, Laqueadura Tubária e Vasectomia, devendo a mesma ser arquivada junto ao prontuário do paciente.

▪ **Art. 9º** A Secretaria de Assistência à Saúde/SAS normatizará, em portaria específica, o preenchimento da AIH, nos casos dos procedimentos relativos aos artigos 1º e 2º, bem como as formas de operacionalização.

▪ **Art. 10.** Esta Portaria entra em vigor na data de sua publicação e revoga a Portaria GS/SAS/MS n. 144, de 20 de novembro de 1997, publicada no *DO* n. 227, de 24 de novembro de 1997.

LEI N. 10.741, DE 1º DE OUTUBRO DE 2003

Dispõe sobre o Estatuto do Idoso e dá outras providências.

O PRESIDENTE DA REPÚBLICA:

Faço saber que o CONGRESSO NACIONAL decreta e eu sanciono a seguinte Lei:

TÍTULO I
DISPOSIÇÕES PRELIMINARES

▪ **Art. 1º** É instituído o Estatuto do Idoso, destinado a regular os direitos assegurados às pessoas com idade igual ou superior a 60 (sessenta) anos.

▪ **Art. 2º** O idoso goza de todos os direitos fundamentais inerentes à pessoa humana, sem prejuízo da proteção integral de que trata esta Lei, assegurando-se-lhe, por lei ou por outros meios, todas as oportunidades e facilidades, para preservação de sua saúde física e mental e seu aperfeiçoamento moral, intelectual, espiritual e social, em condições de liberdade e dignidade.

▪ **Art. 3º** É obrigação da família, da comunidade, da sociedade e do Poder Público assegurar ao idoso, com absoluta prioridade, a efetivação do direito à vida, à saúde, à alimentação, à educação, à cultura, ao esporte, ao lazer, ao trabalho, à cidadania, à liberdade, à dignidade, ao respeito e à convivência familiar e comunitária.

Parágrafo único. A garantia de prioridade compreende:

I – atendimento preferencial imediato e individualizado junto aos órgãos públicos e privados prestadores de serviços à população;

II – preferência na formulação e na execução de políticas sociais públicas específicas;

III – destinação privilegiada de recursos públicos nas áreas relacionadas com a proteção ao idoso;

IV – viabilização de formas alternativas de participação, ocupação e convívio do idoso com as demais gerações;

V – priorização do atendimento do idoso por sua própria família, em detrimento do atendimento asilar, exceto dos que não a possuam ou careçam de condições de manutenção da própria sobrevivência;

VI – capacitação e reciclagem dos recursos humanos nas áreas de geriatria e gerontologia e na prestação de serviços aos idosos;

VII – estabelecimento de mecanismos que favoreçam a divulgação de informações de caráter educativo sobre os aspectos biopsicossociais de envelhecimento;

VIII – garantia de acesso à rede de serviços de saúde e de assistência social locais;

IX – prioridade no recebimento da restituição do Imposto de Renda.

▪ **Art. 4º** Nenhum idoso será objeto de qualquer tipo de negligência, discriminação, violência, crueldade ou opressão, e todo atentado aos seus direitos, por ação ou omissão, será punido na forma da lei.

§ 1º É dever de todos prevenir a ameaça ou violação aos direitos do idoso.

§ 2º As obrigações previstas nesta Lei não excluem da prevenção outras decorrentes dos princípios por ela adotados.

▪ **Art. 5º** A inobservância das normas de prevenção importará em responsabilidade à pessoa física ou jurídica nos termos da lei.

▪ **Art. 6º** Todo cidadão tem o dever de comunicar à autoridade competente qualquer forma de violação a esta Lei que tenha testemunhado ou de que tenha conhecimento.

▪ **Art. 7º** Os Conselhos Nacional, Estaduais, do Distrito Federal e Municipais do Idoso, previstos na Lei n. 8.842, de 04 de janeiro de 1994, zelarão pelo cumprimento dos direitos do idoso, definidos nesta Lei.

TÍTULO II
DOS DIREITOS FUNDAMENTAIS

CAPÍTULO I
DO DIREITO À VIDA

▪ **Art. 8º** O envelhecimento é um direito personalíssimo e a sua proteção um direito social, nos termos desta Lei e da legislação vigente.

▪ **Art. 9º** É obrigação do Estado, garantir à pessoa idosa a proteção à vida e à saúde, mediante efetivação de políticas sociais públicas que permitam um envelhecimento saudável e em condições de dignidade.

CAPÍTULO II
DO DIREITO À LIBERDADE, AO RESPEITO E À DIGNIDADE

▪ **Art. 10.** É obrigação do Estado e da sociedade, assegurar à pessoa idosa a liberdade, o respeito e a dignidade, como pessoa humana e sujeito de direitos civis, políticos, individuais e sociais, garantidos na Constituição e nas leis.

§ 1º O direito à liberdade compreende, entre outros, os seguintes aspectos:

I – faculdade de ir, vir e estar nos logradouros públicos e espaços comunitários, ressalvadas as restrições legais;

II – opinião e expressão;

III – crença e culto religioso;

IV – prática de esportes e de diversões;

V – participação na vida familiar e comunitária;

VI – participação na vida política, na forma da lei;

VII – faculdade de buscar refúgio, auxílio e orientação.

§ 2º O direito ao respeito consiste na inviolabilidade da integridade física, psíquica e moral, abrangendo a preservação da imagem, da identidade, da autonomia, de valores, idéias e crenças, dos espaços e dos objetos pessoais.

§ 3º É dever de todos zelar pela dignidade do idoso, colocando-o a salvo de qualquer tratamento desumano, violento, aterrorizante, vexatório ou constrangedor.

CAPÍTULO III
DOS ALIMENTOS

▪ **Art. 11.** Os alimentos serão prestados ao idoso na forma da lei civil.

▪ **Art. 12.** A obrigação alimentar é solidária, podendo o idoso optar entre os prestadores.

▪ **Art. 13.** As transações relativas a alimentos poderão ser celebradas perante o Promotor de Justiça ou Defensor Público, que as referendará, e passarão a ter efeito de título executivo extrajudicial nos termos da lei processual civil.

▪ **Art. 14.** Se o idoso ou seus familiares não possuírem condições econômicas de prover o seu sustento, impõe-se ao Poder Público esse provimento, no âmbito da assistência social.

CAPÍTULO IV
DO DIREITO À SAÚDE

▪ **Art. 15.** É assegurada a atenção integral à saúde do idoso, por intermédio do Sistema Único de Saúde – SUS, garantindo-lhe o acesso universal e igualitário, em conjunto articulado e contínuo das ações e serviços, para a prevenção, promoção, proteção e recuperação da saúde, incluindo a atenção especial às doenças que afetam preferencialmente os idosos.

§ 1º A prevenção e a manutenção da saúde do idoso serão efetivadas por meio de:

I – cadastramento da população idosa em base territorial;

II – atendimento geriátrico e gerontológico em ambulatórios;

III – unidades geriátricas de referência, com pessoal especializado nas áreas de geriatria e gerontologia social;

IV – atendimento domiciliar, incluindo a internação, para a população que dele necessitar e esteja impossibilitada de se locomover, inclusive para idosos abrigados e acolhidos por instituições públicas, filantrópicas ou sem fins lucrativos e eventualmente conveniadas com o Poder Público, nos meios urbano e rural;

V – reabilitação orientada pela geriatria e gerontologia, para redução das seqüelas decorrentes do agravo da saúde.

§ 2º Incumbe ao Poder Público fornecer aos idosos, gratuitamente, medicamentos, especialmente os de uso continuado, assim como próteses, órteses e outros recursos relativos ao tratamento, habilitação ou reabilitação.

§ 3º É vedada a discriminação do idoso nos planos de saúde pela cobrança de valores diferenciados em razão da idade.

§ 4º Os idosos portadores de deficiência ou com limitação incapacitante terão atendimento especializado, nos termos da lei.

▪ **Art. 16.** Ao idoso internado ou em observação é assegurado o direito a acompanhante, devendo o órgão de saúde proporcionar as condições adequadas para a sua permanência em tempo integral, segundo o critério médico.

Parágrafo único. Caberá ao profissional de saúde responsável pelo tratamento conceder autorização para o acompanhamento do idoso ou, no caso de impossibilidade, justificá-la por escrito.

▪ **Art. 17.** Ao idoso que esteja no domínio de suas faculdades mentais é assegurado o direito de optar pelo tratamento de saúde que lhe for reputado mais favorável.

Parágrafo único. Não estando o idoso em condições de proceder à opção, esta será feita:

I – pelo curador, quando o idoso for interditado;

II – pelos familiares, quando o idoso não tiver curador ou este não puder ser contactado em tempo hábil;

III – pelo médico, quando ocorrer iminente risco de vida e não houver tempo hábil para consulta a curador ou familiar;

IV – pelo próprio médico, quando não houver curador ou familiar conhecido, caso em que deverá comunicar o fato ao Ministério Público.

▪ **Art. 18.** As instituições de saúde devem atender aos critérios mínimos para o atendimento às necessidades do idoso, promovendo o treinamento e a capacitação dos profissionais, assim como orientação a cuidadores familiares e grupos de auto-ajuda.

▪ **Art. 19.** Os casos de suspeita ou confirmação de maus-tratos contra idoso serão obrigatoriamente comunicados pelos profissionais de saúde a quaisquer dos seguintes órgãos:

I – autoridade policial;

II – Ministério Público;

III – Conselho Municipal do Idoso;

IV – Conselho Estadual do Idoso;

V – Conselho Nacional do Idoso.

CAPÍTULO V
DA EDUCAÇÃO, CULTURA, ESPORTE E LAZER

▪ **Art. 20.** O idoso tem direito a educação, cultura, esporte, lazer, diversões, espetáculos, produtos e serviços que respeitem sua peculiar condição de idade.

▪ **Art. 21.** O Poder Público criará oportunidades de acesso do idoso à educação, adequando currículos, metodologias e material didático aos programas educacionais a ele destinados.

§ 1º Os cursos especiais para idosos incluirão conteúdo relativo às técnicas de comunicação, computação e demais avanços tecnológicos, para sua integração à vida moderna.

§ 2º Os idosos participarão das comemorações de caráter cívico ou cultural, para transmissão de conhecimentos e vivências às demais gerações, no sentido da preservação da memória e da identidade culturais.

▪ **Art. 22.** Nos currículos mínimos dos diversos níveis de ensino formal serão inseridos conteúdos voltados ao processo de envelhecimento, ao respeito e à valorização do idoso, de forma a eliminar o preconceito e a produzir conhecimentos sobre a matéria.

▪ **Art. 23.** A participação dos idosos em atividades culturais e de lazer será proporcionada mediante descontos de pelo menos 50% (cinqüenta por cento) nos ingressos para eventos artísticos, culturais, esportivos e de lazer, bem como o acesso preferencial aos respectivos locais.

▪ **Art. 24.** Os meios de comunicação manterão espaços ou horários especiais voltados aos idosos, com finalidade informativa, educativa, artística e cultural, e ao público sobre o processo de envelhecimento.

▪ **Art. 25.** O Poder Público apoiará a criação de universidade aberta para as pessoas idosas e incentivará a publicação de livros e periódicos, de conteúdo e padrão editorial adequados ao idoso, que facilitem a leitura, considerada a natural redução da capacidade visual.

CAPÍTULO VI
DA PROFISSIONALIZAÇÃO E DO TRABALHO

▪ **Art. 26.** O idoso tem direito ao exercício de atividade profissional, respeitadas suas condições físicas, intelectuais e psíquicas.

▪ **Art. 27.** Na admissão do idoso em qualquer trabalho ou emprego, é vedada a discriminação e a fixação de limite máximo de idade, inclusive para concursos, ressalvados os casos em que a natureza do cargo o exigir.

Parágrafo único. O primeiro critério de desempate em concurso público será a idade, dando-se preferência ao de idade mais elevada.

▪ **Art. 28.** O Poder Público criará e estimulará programas de:

I – profissionalização especializada para os idosos, aproveitando seus potenciais e habilidades para atividades regulares e remuneradas;

II – preparação dos trabalhadores para a aposentadoria, com antecedência mínima de 1 (um) ano, por meio de estímulo a novos projetos sociais, conforme seus interesses, e de esclarecimento sobre os direitos sociais e de cidadania;

III – estímulo às empresas privadas para admissão de idosos ao trabalho.

CAPÍTULO VII
DA PREVIDÊNCIA SOCIAL

▪ **Art. 29.** Os benefícios de aposentadoria e pensão do Regime Geral da Previdência Social observarão, na sua concessão, critérios de cálculo que preservem o valor real dos salários sobre os quais incidiram contribuição, nos termos da legislação vigente.

Parágrafo único. Os valores dos benefícios em manutenção serão reajustados na mesma data de reajuste do salário-mínimo, *pro rata*, de acordo com suas respectivas datas de início ou do seu último reajustamento, com base em percentual definido em regulamento, observados os critérios estabelecidos pela Lei n. 8.213, de 24 de julho de 1991.

▪ **Art. 30.** A perda da condição de segurado não será considerada para a concessão da aposentadoria por idade, desde que a pessoa conte com, no mínimo, o tempo de contribuição correspondente ao exigido para efeito de carência na data de requerimento do benefício.

Parágrafo único. O cálculo do valor do benefício previsto no *caput* observará o disposto no *caput* e § 2º do art. 3º da Lei n. 9.876, de 26 de novembro de 1999, ou, não havendo salários-de-contribuição recolhidos a partir da competência de julho de 1994, o disposto no art. 35 da Lei n. 8.213, de 1991.

▪ **Art. 31.** O pagamento de parcelas relativas a benefícios, efetuado com atraso por responsabilidade da Previdência Social, será atualizado pelo mesmo índice utilizado para os reajustamentos dos benefícios do Regime Geral de Previdência Social, verificado no período compreendido entre o mês que deveria ter sido pago e o mês do efetivo pagamento.

▪ **Art. 32.** O Dia Mundial do Trabalho, 1º de Maio, é a data-base dos aposentados e pensionistas.

CAPÍTULO VIII
DA ASSISTÊNCIA SOCIAL

▪ **Art. 33.** A assistência social aos idosos será prestada, de forma articulada, conforme os princípios e diretrizes previstos na Lei Orgânica da Assistência Social, na Política Nacional do Idoso, no Sistema Único de Saúde e demais normas pertinentes.

▪ **Art. 34.** Aos idosos, a partir de 65 (sessenta e cinco) anos, que não possuam meios para prover sua subsistência, nem de tê-la provida por sua família, é assegurado o benefício mensal de 1 (um) salário-mínimo, nos termos da Lei Orgânica da Assistência Social – Loas.

Parágrafo único. O benefício já concedido a qualquer membro da família nos termos do *caput* não será computado para os fins do cálculo da renda familiar *per capita* a que se refere a Loas.

▪ **Art. 35.** Todas as entidades de longa permanência, ou casa-lar, são obrigadas a firmar contrato de prestação de serviços com a pessoa idosa abrigada.

§ 1º No caso de entidades filantrópicas, ou casa-lar, é facultada a cobrança de participação do idoso no custeio da entidade.

§ 2º O Conselho Municipal do Idoso ou o Conselho Municipal da Assistência Social estabelecerá a forma de participação prevista no § 1º, que não poderá exceder a 70% (setenta por cento) de qualquer benefício previdenciário ou de assistência social percebido pelo idoso.

§ 3º Se a pessoa idosa for incapaz, caberá a seu representante legal firmar o contrato a que se refere o *caput* deste artigo.

▪ **Art. 36.** O acolhimento de idosos em situação de risco social, por adulto ou núcleo familiar, caracteriza a dependência econômica, para os efeitos legais.

CAPÍTULO IX
DA HABITAÇÃO

▪ **Art. 37.** O idoso tem direito a moradia digna, no seio da família natural ou substituta, ou desacompanhado de seus familiares, quando assim o desejar, ou, ainda, em instituição pública ou privada.

§ 1º A assistência integral na modalidade de entidade de longa permanência será prestada quando verificada inexistência de grupo familiar, casa-lar, abandono ou carência de recursos financeiros próprios ou da família.

§ 2º Toda instituição dedicada ao atendimento ao idoso fica obrigada a manter identificação externa visível, sob pena de interdição, além de atender toda a legislação pertinente.

§ 3º As instituições que abrigarem idosos são obrigadas a manter padrões de habitação compatíveis com as necessidades deles, bem como provê-los com alimentação regular e higiene indispensáveis às normas sanitárias e com estas condizentes, sob as penas da lei.

▪ **Art. 38.** Nos programas habitacionais, públicos ou subsidiados com recursos públicos, o idoso goza de prioridade na aquisição de imóvel para moradia própria, observado o seguinte:

I – reserva de 3% (três por cento) das unidades residenciais para atendimento aos idosos;

II – implantação de equipamentos urbanos comunitários voltados ao idoso;

III – eliminação de barreiras arquitetônicas e urbanísticas, para garantia de acessibilidade ao idoso;

IV – critérios de financiamento compatíveis com os rendimentos de aposentadoria e pensão.

CAPÍTULO X
DO TRANSPORTE

▪ **Art. 39.** Aos maiores de 65 (sessenta e cinco) anos fica assegurada a gratuidade dos transportes coletivos públicos urbanos e semi-urbanos, exceto nos serviços seletivos e especiais, quando prestados paralelamente aos serviços regulares.

§ 1º Para ter acesso à gratuidade, basta que o idoso apresente qualquer documento pessoal que faça prova de sua idade.

§ 2º Nos veículos de transporte coletivo de que trata este artigo, serão reservados 10% (dez por cento) dos assentos para os idosos, devidamente identificados com a placa de reservado preferencialmente para idosos.

§ 3º No caso das pessoas compreendidas na faixa etária entre 60 (sessenta) e 65 (sessenta e cinco) anos, ficará a critério da legislação local dispor sobre as condições para exercício da gratuidade nos meios de transporte previstos no *caput* deste artigo.

▪ **Art. 40.** No sistema de transporte coletivo interestadual observar-se-á, nos termos da legislação específica:

I – a reserva de 2 (duas) vagas gratuitas por veículo para idosos com renda igual ou inferior a 2 (dois) salários-mínimos;

II – desconto de 50% (cinqüenta por cento), no mínimo, no valor das passagens, para os idosos que excederem as vagas gratuitas, com renda igual ou inferior a 2 (dois) salários-mínimos.

Parágrafo único. Caberá aos órgãos competentes definir os mecanismos e os critérios para o exercício dos direitos previstos nos incisos I e II.

▪ **Art. 41.** É assegurada a reserva, para os idosos, nos termos da lei local, de 5% (cinco por cento) das vagas nos estacionamentos públicos e privados, as quais deverão ser posicionadas de forma a garantir a melhor comodidade ao idoso.

▪ **Art. 42.** É assegurada a prioridade do idoso no embarque no sistema de transporte coletivo.

TÍTULO III
DAS MEDIDAS DE PROTEÇÃO

CAPÍTULO I
DAS DISPOSIÇÕES GERAIS

▪ **Art. 43.** As medidas de proteção ao idoso são aplicáveis sempre que os direitos reconhecidos nesta Lei forem ameaçados ou violados:

I – por ação ou omissão da sociedade ou do Estado;

II – por falta, omissão ou abuso da família, curador ou entidade de atendimento;

III – em razão de sua condição pessoal.

CAPÍTULO II
DAS MEDIDAS ESPECÍFICAS DE PROTEÇÃO

▪ **Art. 44.** As medidas de proteção ao idoso previstas nesta Lei poderão ser aplicadas, isolada ou cumulativamente, e levarão em conta os fins sociais a que se destinam e o fortalecimento dos vínculos familiares e comunitários.

▪ **Art. 45.** Verificada qualquer das hipóteses previstas no art. 43, o Ministério Público ou o Poder Judiciário, a requerimento daquele, poderá determinar, dentre outras, as seguintes medidas:

I – encaminhamento à família ou curador, mediante termo de responsabilidade;

II – orientação, apoio e acompanhamento temporários;

III – requisição para tratamento de sua saúde, em regime ambulatorial, hospitalar ou domiciliar;

IV – inclusão em programa oficial ou comunitário de auxílio, orientação e tratamento a usuários dependentes de drogas lícitas ou ilícitas, ao próprio idoso ou à pessoa de sua convivência que lhe cause perturbação;

V – abrigo em entidade;

VI – abrigo temporário.

TÍTULO IV
DA POLÍTICA DE ATENDIMENTO AO IDOSO

CAPÍTULO I
DISPOSIÇÕES GERAIS

▪ **Art. 46.** A política de atendimento ao idoso far-se-á por meio do conjunto articulado de ações governamentais e não-governamentais da União, dos Estados, do Distrito Federal e dos Municípios.

▪ **Art. 47.** São linhas de ação da política de atendimento:

I – políticas sociais básicas, previstas na Lei n. 8.842, de 04 de janeiro de 1994;

II – políticas e programas de assistência social, em caráter supletivo, para aqueles que necessitarem;

III – serviços especiais de prevenção e atendimento às vítimas de negligência, maus-tratos, exploração, abuso, crueldade e opressão;

IV – serviço de identificação e localização de parentes ou responsáveis por idosos abandonados em hospitais e instituições de longa permanência;

V – proteção jurídico-social por entidades de defesa dos direitos dos idosos;

VI – mobilização da opinião pública no sentido da participação dos diversos segmentos da sociedade no atendimento do idoso.

CAPÍTULO II
DAS ENTIDADES DE ATENDIMENTO AO IDOSO

▪ **Art. 48.** As entidades de atendimento são responsáveis pela manutenção das próprias unidades, observadas as normas de planejamento e execução emanadas do órgão competente da Política Nacional do Idoso, conforme a Lei n. 8.842, de 1994.

Parágrafo único. As entidades governamentais e não-governamentais de assistência ao idoso ficam sujeitas à inscrição de seus programas, junto ao órgão competente da Vigilância Sanitária e Conselho Municipal da Pessoa Idosa, e em sua falta, junto ao Conselho Estadual ou Nacional da Pessoa Idosa, especificando os regimes de atendimento, observados os seguintes requisitos:

I – oferecer instalações físicas em condições adequadas de habitabilidade, higiene, salubridade e segurança;

II – apresentar objetivos estatutários e plano de trabalho compatíveis com os princípios desta Lei;

III – estar regularmente constituída;

IV – demonstrar a idoneidade de seus dirigentes.

▪ **Art. 49.** As entidades que desenvolvam programas de institucionalização de longa permanência adotarão os seguintes princípios:

I – preservação dos vínculos familiares;

II – atendimento personalizado e em pequenos grupos;

III – manutenção do idoso na mesma instituição, salvo em caso de força maior;

IV – participação do idoso nas atividades comunitárias, de caráter interno e externo;

V – observância dos direitos e garantias dos idosos;

VI – preservação da identidade do idoso e oferecimento de ambiente de respeito e dignidade.

Parágrafo único. O dirigente de instituição prestadora de atendimento ao idoso responderá civil e criminalmente pelos atos que praticar em detrimento do idoso, sem prejuízo das sanções administrativas.

▪ **Art. 50.** Constituem obrigações das entidades de atendimento:

I – celebrar contrato escrito de prestação de serviço com o idoso, especificando o tipo de atendimento, as obrigações da entidade e prestações decorrentes do contrato, com os respectivos preços, se for o caso;

II – observar os direitos e as garantias de que são titulares os idosos;

III – fornecer vestuário adequado, se for pública, e alimentação suficiente;

IV – oferecer instalações físicas em condições adequadas de habitabilidade;

V – oferecer atendimento personalizado;

VI – diligenciar no sentido da preservação dos vínculos familiares;

VII – oferecer acomodações apropriadas para recebimento de visitas;

VIII – proporcionar cuidados à saúde, conforme a necessidade do idoso;

IX – promover atividades educacionais, esportivas, culturais e de lazer;

X – propiciar assistência religiosa àqueles que desejarem, de acordo com suas crenças;

XI – proceder a estudo social e pessoal de cada caso;

XII – comunicar à autoridade competente de saúde toda ocorrência de idoso portador de doenças infecto-contagiosas;

XIII – providenciar ou solicitar que o Ministério Público requisite os documentos necessários ao exercício da cidadania àqueles que não os tiverem, na forma da lei;

XIV – fornecer comprovante de depósito dos bens móveis que receberem dos idosos;

XV – manter arquivo de anotações onde constem data e circunstâncias do atendimento, nome do idoso, responsável, parentes, endereços, cidade, relação de seus pertences, bem como o valor de contribuições, e suas alterações, se houver, e demais dados que possibilitem sua identificação e a individualização do atendimento;

XVI – comunicar ao Ministério Público, para as providências cabíveis, a situação de abandono moral ou material por parte dos familiares;

XVII – manter no quadro de pessoal profissionais com formação específica.

▪ **Art. 51.** As instituições filantrópicas ou sem fins lucrativos prestadoras de serviço ao idoso terão direito à assistência judiciária gratuita.

CAPÍTULO III
DA FISCALIZAÇÃO DAS ENTIDADES DE ATENDIMENTO

▪ **Art. 52.** As entidades governamentais e não-governamentais de atendimento ao idoso serão fiscalizadas pelos Conselhos do Idoso, Ministério Público, Vigilância Sanitária e outros previstos em lei.

▪ **Art. 53.** O art. 7º da Lei n. 8.842, de 1994, passa a vigorar com a seguinte redação:

"Art. 7º Compete aos Conselhos de que trata o art. 6º desta Lei a supervisão, o acompanhamento, a fiscalização e a avaliação da política nacional do idoso, no âmbito das respectivas instâncias político-administrativas".

▪ **Art. 54.** Será dada publicidade das prestações de contas dos recursos públicos e privados recebidos pelas entidades de atendimento.

▪ **Art. 55.** As entidades de atendimento que descumprirem as determinações desta Lei ficarão sujeitas, sem prejuízo da responsabilidade civil e criminal de seus dirigentes ou prepostos, às seguintes penalidades, observado o devido processo legal:

I – as entidades governamentais:

a) advertência;

b) afastamento provisório de seus dirigentes;

c) afastamento definitivo de seus dirigentes;

d) fechamento de unidade ou interdição de programa;

II – as entidades não-governamentais:

a) advertência;

b) multa;

c) suspensão parcial ou total do repasse de verbas públicas;

d) interdição de unidade ou suspensão de programa;

e) proibição de atendimento a idosos a bem do interesse público.

§ 1º Havendo danos aos idosos abrigados ou qualquer tipo de fraude em relação ao programa, caberá o afastamento provisório dos dirigentes ou a interdição da unidade e a suspensão do programa.

§ 2º A suspensão parcial ou total do repasse de verbas públicas ocorrerá quando verificada a má aplicação ou desvio de finalidade dos recursos.

§ 3º Na ocorrência de infração por entidade de atendimento, que coloque em risco os direitos assegurados nesta Lei, será o fato comunicado ao Ministério Público, para as providências cabíveis, inclusive para promover a suspensão das atividades ou dissolução da entidade, com a proibição de atendimento a idosos a bem do interesse público, sem prejuízo das providências a serem tomadas pela Vigilância Sanitária.

§ 4º Na aplicação das penalidades, serão consideradas a natureza e a gravidade da infração cometida, os danos que dela provierem para o idoso, as circunstâncias agravantes ou atenuantes e os antecedentes da entidade.

CAPÍTULO IV
DAS INFRAÇÕES ADMINISTRATIVAS

▪ **Art. 56.** Deixar a entidade de atendimento de cumprir as determinações do art. 50 desta Lei:

Pena – multa de R$ 500,00 (quinhentos reais) a R$ 3.000,00 (três mil reais), se o fato não for caracterizado como crime, podendo haver a interdição do estabelecimento até que sejam cumpridas as exigências legais.

Parágrafo único. No caso de interdição do estabelecimento de longa permanência, os idosos abrigados serão transferidos para outra instituição, a expensas do estabelecimento interditado, enquanto durar a interdição.

▪ **Art. 57.** Deixar o profissional de saúde ou o responsável por estabelecimento de saúde ou instituição de longa permanência de comunicar à autoridade competente os casos de crimes contra idoso de que tiver conhecimento:

Pena – multa de R$ 500,00 (quinhentos reais) a R$ 3.000,00 (três mil reais), aplicada em dobro no caso de reincidência.

▪ **Art. 58.** Deixar de cumprir as determinações desta Lei sobre a prioridade no atendimento ao idoso:

Pena – multa de R$ 500,00 (quinhentos reais) a R$ 1.000,00 (um mil reais) e multa civil a ser estipulada pelo juiz, conforme o dano sofrido pelo idoso.

CAPÍTULO V
DA APURAÇÃO ADMINISTRATIVA DE INFRAÇÃO ÀS NORMAS DE PROTEÇÃO AO IDOSO

▪ **Art. 59.** Os valores monetários expressos no Capítulo IV serão atualizados anualmente, na forma da lei.

▪ **Art. 60.** O procedimento para a imposição de penalidade administrativa por infração às normas de proteção ao idoso terá início com requisição do Ministério Público ou auto de infração elaborado por servidor efetivo e assinado, se possível, por duas testemunhas.

§ 1º No procedimento iniciado com o auto de infração poderão ser usadas fórmulas impressas, especificando-se a natureza e as circunstâncias da infração.

§ 2º Sempre que possível, à verificação da infração seguir-se-á a lavratura do auto, ou este será lavrado dentro de 24 (vinte e quatro) horas, por motivo justificado.

▪ **Art. 61.** O autuado terá prazo de 10 (dez) dias para a apresentação da defesa, contado da data da intimação, que será feita:

I – pelo autuante, no instrumento de autuação, quando for lavrado na presença do infrator;

II – por via postal, com aviso de recebimento.

▪ **Art. 62.** Havendo risco para a vida ou à saúde do idoso, a autoridade competente aplicará à entidade de atendimento as sanções regulamentares, sem prejuízo da iniciativa e das providências que vierem a ser adotadas pelo Ministério Público ou pelas demais instituições legitimadas para a fiscalização.

▪ **Art. 63.** Nos casos em que não houver risco para a vida ou a saúde da pessoa idosa abrigada, a autoridade competente aplicará à entidade de atendimento as sanções regulamentares, sem prejuízo da iniciativa e das providências que vierem a ser adotadas pelo Ministério Público ou pelas demais instituições legitimadas para a fiscalização.

CAPÍTULO VI
DA APURAÇÃO JUDICIAL DE IRREGULARIDADES EM ENTIDADE DE ATENDIMENTO

▪ **Art. 64.** Aplicam-se, subsidiariamente, ao procedimento administrativo de que trata este Capítulo as disposições das Leis ns. 6.437, de 20 de agosto de 1977, e 9.784, de 29 de janeiro de 1999.

▪ **Art. 65.** O procedimento de apuração de irregularidade em entidade governamental e não-governamental de atendimento ao idoso terá início mediante petição fundamentada de pessoa interessada ou iniciativa do Ministério Público.

▪ **Art. 66.** Havendo motivo grave, poderá a autoridade judiciária, ouvido o Ministério Público, decretar liminarmente o afastamento provisório do dirigente da entidade ou outras medidas que julgar adequadas, para evitar lesão aos direitos do idoso, mediante decisão fundamentada.

▪ **Art. 67.** O dirigente da entidade será citado para, no prazo de 10 (dez) dias, oferecer resposta escrita, podendo juntar documentos e indicar as provas a produzir.

▪ **Art. 68.** Apresentada a defesa, o juiz procederá na conformidade do art. 69 ou, se necessário, designará audiência de instrução e julgamento, deliberando sobre a necessidade de produção de outras provas.

§ 1º Salvo manifestação em audiência, as partes e o Ministério Público terão 5 (cinco) dias para oferecer alegações finais, decidindo a autoridade judiciária em igual prazo.

§ 2º Em se tratando de afastamento provisório ou definitivo de dirigente de entidade governamental, a autoridade judiciária oficiará a autoridade administrativa imediatamente superior ao afastado, fixando-lhe prazo de 24 (vinte e quatro) horas para proceder à substituição.

§ 3º Antes de aplicar qualquer das medidas, a autoridade judiciária poderá fixar prazo para a remoção das irregularidades verificadas. Satisfeitas as exigências, o processo será extinto, sem julgamento do mérito.

§ 4º A multa e a advertência serão impostas ao dirigente da entidade ou ao responsável pelo programa de atendimento.

TÍTULO V
DO ACESSO À JUSTIÇA

CAPÍTULO I
DISPOSIÇÕES GERAIS

▪ **Art. 69.** Aplica-se, subsidiariamente, às disposições deste Capítulo, o procedimento sumário previsto no Código de Processo Civil, naquilo que não contrarie os prazos previstos nesta Lei.

▪ **Art. 70.** O Poder Público poderá criar varas especializadas e exclusivas do idoso.

▪ **Art. 71.** É assegurada prioridade na tramitação dos processos e procedimentos e na execução dos atos e diligências judiciais em que figure como parte ou interveniente pessoa com idade igual ou superior a 60 (sessenta) anos, em qualquer instância.

§ 1º O interessado na obtenção da prioridade a que alude este artigo, fazendo prova de sua idade, requererá o benefício à autoridade judiciária competente para decidir o feito, que determinará as providências a serem cumpridas, anotando-se essa circunstância em local visível nos autos do processo.

§ 2º A prioridade não cessará com a morte do beneficiado, estendendo-se em favor do cônjuge supérstite, companheiro ou companheira, com união estável, maior de 60 (sessenta) anos.

§ 3º A prioridade se estende aos processos e procedimentos na Administração Pública, empresas prestadoras de serviços públicos e instituições financeiras, ao atendimento preferencial junto à Defensoria Pública da União, dos Estados e do Distrito Federal em relação aos Serviços de Assistência Judiciária.

§ 4º Para o atendimento prioritário será garantido ao idoso o fácil acesso aos assentos e caixas, identificados com a destinação a idosos em local visível e caracteres legíveis.

CAPÍTULO II
DO MINISTÉRIO PÚBLICO

▪ **Art. 72.** *(Vetado.)*

▪ **Art. 73.** As funções do Ministério Público, previstas nesta Lei, serão exercidas nos termos da respectiva Lei Orgânica.

▪ **Art. 74.** Compete ao Ministério Público:

I – instaurar o inquérito civil e a ação civil pública para a proteção dos direitos e interesses difusos ou coletivos, individuais indisponíveis e individuais homogêneos do idoso;

II – promover e acompanhar as ações de alimentos, de interdição total ou parcial, de designação de curador especial, em circunstâncias que justifiquem a medida e oficiar em todos os feitos em que se discutam os direitos de idosos em condições de risco;

III – atuar como substituto processual do idoso em situação de risco, conforme o disposto no art. 43 desta Lei;

IV – promover a revogação de instrumento procuratório do idoso, nas hipóteses previstas no art. 43 desta Lei, quando necessário ou o interesse público justificar;

V – instaurar procedimento administrativo e, para instruí-lo:

a) expedir notificações, colher depoimentos ou esclarecimentos e, em caso de não comparecimento injustificado da pessoa notificada, requisitar condução coercitiva, inclusive pela Polícia Civil ou Militar;

b) requisitar informações, exames, perícias e documentos de autoridades municipais, estaduais e federais, da administração direta e indireta, bem como promover inspeções e diligências investigatórias;

c) requisitar informações e documentos particulares de instituições privadas;

VI – instaurar sindicâncias, requisitar diligências investigatórias e a instauração de inquérito policial, para a apuração de ilícitos ou infrações às normas de proteção ao idoso;

VII – zelar pelo efetivo respeito aos direitos e garantias legais assegurados ao idoso, promovendo as medidas judiciais e extrajudiciais cabíveis;

VIII – inspecionar as entidades públicas e particulares de atendimento e os programas de que trata esta Lei, adotando de pronto as medidas administrativas ou judiciais necessárias à remoção de irregularidades porventura verificadas;

IX – requisitar força policial, bem como a colaboração dos serviços de saúde, educacionais e de assistência social, públicos, para o desempenho de suas atribuições;

X – referendar transações envolvendo interesses e direitos dos idosos previstos nesta Lei.

§ 1º A legitimação do Ministério Público para as ações cíveis previstas neste artigo não impede a de terceiros, nas mesmas hipóteses, segundo dispuser a lei.

§ 2º As atribuições constantes deste artigo não excluem outras, desde que compatíveis com a finalidade e atribuições do Ministério Público.

§ 3º O representante do Ministério Público, no exercício de suas funções, terá livre acesso a toda entidade de atendimento ao idoso.

▪ **Art. 75.** Nos processos e procedimentos em que não for parte, atuará obrigatoriamente o Ministério Público na defesa dos direitos e interesses de que cuida esta Lei, hipóteses em que terá vista dos autos depois das partes, podendo juntar documentos, requerer diligências e produção de outras provas, usando os recursos cabíveis.

▪ **Art. 76.** A intimação do Ministério Público, em qualquer caso, será feita pessoalmente.

▪ **Art. 77.** A falta de intervenção do Ministério Público acarreta a nulidade do feito, que será declarada de ofício pelo juiz ou a requerimento de qualquer interessado.

CAPÍTULO III
DA PROTEÇÃO JUDICIAL DOS INTERESSES DIFUSOS COLETIVOS E INDIVIDUAIS INDISPONÍVEIS OU HOMOGÊNEOS

▪ **Art. 78.** As manifestações processuais do representante do Ministério Público deverão ser fundamentadas.

▪ **Art. 79.** Regem-se pelas disposições desta Lei as ações de responsabilidade por ofensa aos direitos assegurados ao idoso, referentes à omissão ou ao oferecimento insatisfatório de:

I – acesso às ações e serviços de saúde;

II – atendimento especializado ao idoso portador de deficiência ou com limitação incapacitante;

III – atendimento especializado ao idoso portador de doença infecto-contagiosa;

IV – serviço de assistência social visando ao amparo do idoso.

Parágrafo único. As hipóteses previstas neste artigo não excluem da proteção judicial outros interesses difusos, coletivos, individuais indisponíveis ou homogêneos, próprios do idoso, protegidos em lei.

▪ **Art. 80.** As ações previstas neste Capítulo serão propostas no foro do domicílio do idoso, cujo juízo terá competência absoluta para processar a causa, ressalvadas as competências da Justiça Federal e a competência originária dos Tribunais Superiores.

▪ **Art. 81.** Para as ações cíveis fundadas em interesses difusos, coletivos, individuais indisponíveis ou homogêneos, consideram-se legitimados, concorrentemente:

I – o Ministério Público;

II – a União, os Estados, o Distrito Federal e os Municípios;

III – a Ordem dos Advogados do Brasil;

IV – as associações legalmente constituídas há pelo menos 1 (um) ano e que incluam entre os fins institucionais a defesa dos interesses e direitos da pessoa idosa, dispensada a autorização da assembléia, se houver prévia autorização estatutária.

§ 1º Admitir-se-á litisconsórcio facultativo entre os Ministérios Públicos da União e dos Estados na defesa dos interesses e direitos de que cuida esta Lei.

§ 2º Em caso de desistência ou abandono da ação por associação legitimada, o Ministério Público ou outro legitimado deverá assumir a titularidade ativa.

▪ **Art. 82.** Para defesa dos interesses e direitos protegidos por esta Lei, são admissíveis todas as espécies de ação pertinentes.

Parágrafo único. Contra atos ilegais ou abusivos de autoridade pública ou agente de pessoa jurídica no exercício de atribuições de Poder Público, que lesem direito líquido e certo previsto nesta Lei, caberá ação mandamental, que se regerá pelas normas da lei do mandado de segurança.

▪ **Art. 83.** Na ação que tenha por objeto o cumprimento de obrigação de fazer ou não-fazer, o juiz concederá a tutela específica da obrigação ou determinará providências que assegurem o resultado prático equivalente ao adimplemento.

§ 1º Sendo relevante o fundamento da demanda e havendo justificado receio de ineficácia do provimento final, é lícito ao juiz conceder a tutela liminarmente ou após justificação prévia, na forma do art. 273 do Código de Processo Civil.

§ 2º O juiz poderá, na hipótese do § 1º ou na sentença, impor multa diária ao réu, independentemente do pedido do autor, se for suficiente ou compatível com a obrigação, fixando prazo razoável para o cumprimento do preceito.

§ 3º A multa só será exigível do réu após o trânsito em julgado da sentença favorável ao autor, mas será devida desde o dia em que se houver configurado.

▪ **Art. 84.** Os valores das multas previstas nesta Lei reverterão ao Fundo do Idoso, onde houver, ou na falta deste, ao Fundo Municipal de Assistência Social, ficando vinculados ao atendimento ao idoso.

Parágrafo único. As multas não recolhidas até 30 (trinta) dias após o trânsito em julgado da decisão serão exigidas por meio de execução promovida pelo Ministério Público, nos mesmos autos, facultada igual iniciativa aos demais legitimados em caso de inércia daquele.

▪ **Art. 85.** O juiz poderá conferir efeito suspensivo aos recursos, para evitar dano irreparável à parte.

▪ **Art. 86.** Transitada em julgado a sentença que impuser condenação ao Poder Público, o juiz determinará a remessa de peças à autoridade competente, para apuração da responsabilidade civil e administrativa do agente a que se atribua a ação ou omissão.

▪ **Art. 87.** Decorridos 60 (sessenta) dias do trânsito em julgado da sentença condenatória favorável ao idoso sem que o autor lhe promova a execução, deverá fazê-lo o Ministério Público, facultada, igual iniciativa aos demais legitimados, como assistentes ou assumindo o pólo ativo, em caso de inércia desse órgão.

▪ **Art. 88.** Nas ações de que trata este Capítulo, não haverá adiantamento de custas, emolumentos, honorários periciais e quaisquer outras despesas.

Parágrafo único. Não se imporá sucumbência ao Ministério Público.

▪ **Art. 89.** Qualquer pessoa poderá, e o servidor deverá, provocar a iniciativa do Ministério Público, prestando-lhe informações sobre os fatos que constituam objeto de ação civil e indicando-lhe os elementos de convicção.

▪ **Art. 90.** Os agentes públicos em geral, os juízes e tribunais, no exercício de suas funções, quando tiverem conhecimento de fatos que possam configurar crime de ação pública contra idoso ou ensejar a propositura de ação para sua defesa, devem encaminhar as peças pertinentes ao Ministério Público, para as providências cabíveis.

▪ **Art. 91.** Para instruir a petição inicial, o interessado poderá requerer às autoridades competentes as certidões e informações que julgar necessárias, que serão fornecidas no prazo de 10 (dez) dias.

▪ **Art. 92.** O Ministério Público poderá instaurar sob sua presidência, inquérito civil, ou requisitar, de qualquer pessoa, organismo público ou particular, certidões, informações, exames ou perícias, no prazo que assinalar, o qual não poderá ser inferior a 10 (dez) dias.

§ 1º Se o órgão do Ministério Público, esgotadas todas as diligências, se convencer da inexistência de fundamento para a propositura da ação civil ou de peças informativas, determinará o seu arquivamento, fazendo-o fundamentadamente.

§ 2º Os autos do inquérito civil ou as peças de informação arquivados serão remetidos, sob pena de se incorrer em falta grave, no prazo de 3 (três) dias, ao Conselho Superior do Ministério Público ou à Câmara de Coordenação e Revisão do Ministério Público.

§ 3º Até que seja homologado ou rejeitado o arquivamento, pelo Conselho Superior do Ministério Público ou por Câmara de Coordenação e Revisão do Ministério Público, as associações legitimadas poderão apresentar razões escritas ou documentos, que serão juntados ou anexados às peças de informação.

§ 4º Deixando o Conselho Superior ou a Câmara de Coordenação e Revisão do Ministério Público de homologar a promoção de arquivamento, será designado outro membro do Ministério Público para o ajuizamento da ação.

TÍTULO VI
DOS CRIMES

CAPÍTULO I
DISPOSIÇÕES GERAIS

▪ **Art. 93.** Aplicam-se subsidiariamente, no que couber, as disposições da Lei n. 7.347, de 24 de julho de 1985.

▪ **Art. 94.** Aos crimes previstos nesta Lei, cuja pena máxima privativa de liberdade não ultrapasse 4 (quatro) anos, aplica-se o procedimento previsto na Lei n. 9.099, de 26 de setembro de 1995, e, subsidiariamente, no que couber, as disposições do Código Penal e do Código de Processo Penal.

CAPÍTULO II
DOS CRIMES EM ESPÉCIE

▪ **Art. 95.** Os crimes definidos nesta Lei são de ação penal pública incondicionada, não se lhes aplicando os arts. 181 e 182 do Código Penal.

▪ **Art. 96.** Discriminar pessoa idosa, impedindo ou dificultando seu acesso a operações bancárias, aos meios de transporte, ao direito de contratar ou por qualquer outro meio ou instrumento necessário ao exercício da cidadania, por motivo de idade:

Pena – reclusão de 6 (seis) meses a 1 (um) ano e multa.

§ 1º Na mesma pena incorre quem desdenhar, humilhar, menosprezar ou discriminar pessoa idosa, por qualquer motivo.

§ 2º A pena será aumentada de 1/3 (um terço) se a vítima se encontrar sob os cuidados ou responsabilidade do agente.

▪ **Art. 97.** Deixar de prestar assistência ao idoso, quando possível fazê-lo sem risco pessoal, em situação de iminente perigo, ou recusar, retardar ou dificultar sua assistência à saúde, sem justa causa, ou não pedir, nesses casos, o socorro de autoridade pública:

Pena – detenção de 6 (seis) meses a 1 (um) ano e multa.

Parágrafo único. A pena é aumentada de metade, se da omissão resulta lesão corporal de natureza grave, e triplicada, se resulta a morte.

▪ **Art. 98.** Abandonar o idoso em hospitais, casas de saúde, entidades de longa permanência, ou congêneres, ou não prover suas necessidades básicas, quando obrigado por lei ou mandado:

Pena – detenção de 6 (seis) meses a 3 (três) anos e multa.

▪ **Art. 99.** Expor a perigo a integridade e a saúde, física ou psíquica, do idoso, submetendo-o a condições desumanas ou degradantes ou privando-o de alimentos e cuidados indispensáveis, quando obrigado a fazê-lo, ou sujeitando-o a trabalho excessivo ou inadequado:

Pena – detenção de 2 (dois) meses a 1 (um) ano e multa.

§ 1º Se do fato resulta lesão corporal de natureza grave:

Pena – reclusão de 1 (um) a 4 (quatro) anos.

§ 2º Se resulta a morte:

Pena – reclusão de 4 (quatro) a 12 (doze) anos.

▪ **Art. 100.** Constitui crime punível com reclusão de 6 (seis) meses a 1 (um) ano e multa:

I – obstar o acesso de alguém a qualquer cargo público por motivo de idade;

II – negar a alguém, por motivo de idade, emprego ou trabalho;

III – recusar, retardar ou dificultar atendimento ou deixar de prestar assistência à saúde, sem justa causa, a pessoa idosa;

IV – deixar de cumprir, retardar ou frustrar, sem justo motivo, a execução de ordem judicial expedida na ação civil a que alude esta Lei;

V – recusar, retardar ou omitir dados técnicos indispensáveis à propositura da ação civil objeto desta Lei, quando requisitados pelo Ministério Público.

▪ **Art. 101.** Deixar de cumprir, retardar ou frustrar, sem justo motivo, a execução de ordem judicial expedida nas ações em que for parte ou interveniente o idoso:

Pena – detenção de 6 (seis) meses a 1 (um) ano e multa.

▪ **Art. 102.** Apropriar-se de ou desviar bens, proventos, pensão ou qualquer outro rendimento do idoso, dando-lhes aplicação diversa da de sua finalidade:

Pena – reclusão de 1 (um) a 4 (quatro) anos e multa.

▪ **Art. 103.** Negar o acolhimento ou a permanência do idoso, como abrigado, por recusa deste em outorgar procuração à entidade de atendimento:

Pena – detenção de 6 (seis) meses a 1 (um) ano e multa.

▪ **Art. 104.** Reter o cartão magnético de conta bancária relativa a benefícios, proventos ou pensão do idoso, bem como qualquer outro documento com objetivo de assegurar recebimento ou ressarcimento de dívida:

Pena – detenção de 6 (seis) meses a 2 (dois) anos e multa.

▪ **Art. 105.** Exibir ou veicular, por qualquer meio de comunicação, informações ou imagens depreciativas ou injuriosas à pessoa do idoso:

Pena – detenção de 1 (um) a 3 (três) anos e multa.

▪ **Art. 106.** Induzir pessoa idosa sem discernimento de seus atos a outorgar procuração para fins de administração de bens ou deles dispor livremente:

Pena – reclusão de 2 (dois) a 4 (quatro) anos.

▪ **Art. 107.** Coagir, de qualquer modo, o idoso a doar, contratar, testar ou outorgar procuração:

Pena – reclusão de 2 (dois) a 5 (cinco) anos.

▪ **Art. 108.** Lavrar ato notarial que envolva pessoa idosa sem discernimento de seus atos, sem a devida representação legal:

Pena – reclusão de 2 (dois) a 4 (quatro) anos.

TÍTULO VII
DISPOSIÇÕES FINAIS E TRANSITÓRIAS

▪ **Art. 109.** Impedir ou embaraçar ato do representante do Ministério Público ou de qualquer outro agente fiscalizador:

Pena – reclusão de 6 (seis) meses a 1 (um) ano e multa.

▪ **Art. 110.** O Decreto-lei n. 2.848, de 07 de dezembro de 1940, Código Penal, passa a vigorar com as seguintes alterações:

"Art. 61. ....

....

....

II – ....

....

h) contra criança, maior de 60 (sessenta) anos, enfermo ou mulher grávida;

....".

"Art. 121. ....

....

§ 4° No homicídio culposo, a pena é aumentada de 1/3 (um terço), se o crime resulta de inobservância de regra técnica de profissão, arte ou ofício, ou se o agente deixa de prestar imediato socorro à vítima, não procura diminuir as conseqüências do seu ato, ou foge para evitar prisão em flagrante. Sendo doloso o homicídio, a pena é aumentada de 1/3 (um terço) se o crime é praticado contra pessoa menor de 14 (quatorze) ou maior de 60 (sessenta) anos.

....".

"Art. 133. ....

....

§ 3° ....

....

III – se a vítima é maior de 60 (sessenta) anos."

"Art. 140. ....

....

§ 3° Se a injúria consiste na utilização de elementos referentes a raça, cor, etnia, religião, origem ou a condição de pessoa idosa ou portadora de deficiência:

....".

"Art. 141. ....

....

IV – contra pessoa maior de 60 (sessenta) anos ou portadora de deficiência, exceto no caso de injúria.

....".

"Art. 148. ....

....

§ 1° ....

I – se a vítima é ascendente, descendente, cônjuge do agente ou maior de 60 (sessenta) anos.

....".

"Art. 159. ....

....

§ 1° Se o seqüestro dura mais de 24 (vinte e quatro) horas, se o seqüestrado é menor de 18 (dezoito) ou maior de 60 (sessenta) anos, ou se o crime é cometido por bando ou quadrilha.

....".

"Art. 183. ....

....

III – se o crime é praticado contra pessoa com idade igual ou superior a 60 (sessenta) anos."

"Art. 244. Deixar, sem justa causa, de prover a subsistência do cônjuge, ou de filho menor de 18 (dezoito) anos ou inapto para o trabalho, ou de ascendente inválido ou maior de 60 (sessenta) anos, não lhes proporcionando os recursos necessários ou faltando ao pagamento de pensão alimentícia judicialmente acordada, fixada ou majorada; deixar, sem justa causa, de socorrer descendente ou ascendente, gravemente enfermo:

....".

▪ **Art. 111.** O art. 21 do Decreto-lei n. 3.688, de 03 de outubro de 1941, Lei das Contravenções Penais, passa a vigorar acrescido do seguinte parágrafo único:

"Art. 21...

....

Parágrafo único. Aumenta-se a pena de 1/3 (um terço) até a metade se a vítima é maior de 60 (sessenta) anos".

▪ Art. 112. O inciso II do § 4º do art. 1º da Lei n. 9.455, de 07 de abril de 1997, passa a vigorar com a seguinte redação:

"Art. 1º...

....

§ 4º...

II – se o crime é cometido contra criança, gestante, portador de deficiência, adolescente ou maior de 60 (sessenta) anos;

....".

▪ Art. 113. O inciso III do art. 18 da Lei n. 6.368, de 21 de outubro de 1976, passa a vigorar com a seguinte redação:

A Lei n. 6.368, de 21.10.1976, foi revogada pela Lei n. 11.343, de 23.08.2006.

▪ Art. 114. O art. 1º da Lei n. 10.048, de 08 de novembro de 2000, passa a vigorar com a seguinte redação:

"Art. 1º As pessoas portadoras de deficiência, os idosos com idade igual ou superior a 60 (sessenta) anos, as gestantes, as lactantes e as pessoas acompanhadas por crianças de colo terão atendimento prioritário, nos termos desta Lei".

▪ Art. 115. O Orçamento da Seguridade Social destinará ao Fundo Nacional de Assistência Social, até que o Fundo Nacional do Idoso seja criado, os recursos necessários, em cada exercício financeiro, para aplicação em programas e ações relativos ao idoso.

▪ Art. 116. Serão incluídos nos censos demográficos dados relativos à população idosa do País.

▪ Art. 117. O Poder Executivo encaminhará ao Congresso Nacional projeto de lei revendo os critérios de concessão do Benefício de Prestação Continuada previsto na Lei Orgânica da Assistência Social, de forma a garantir que o acesso ao direito seja condizente com o estágio de desenvolvimento socio-econômico alcançado pelo País.

▪ Art. 118. Esta Lei entra em vigor decorridos 90 (noventa) dias da sua publicação, ressalvado o disposto no *caput* do art. 36, que vigorará a partir de 1º de janeiro de 2004.

Brasília, 1º de outubro de 2003;
182º da Independência
e 115º da República.

LUIZ INÁCIO LULA DA SILVA

LEI N. 11.340, DE 07 DE AGOSTO DE 2006

Cria mecanismos para coibir a violência doméstica e familiar contra a mulher, nos termos do § 8º do art. 226 da Constituição Federal, da Convenção sobre a Eliminação de Todas as Formas de Discriminação contra as Mulheres e da Convenção Interamericana para Prevenir, Punir e Erradicar a Violência contra a Mulher; dispõe sobre a criação dos Juizados de Violência Doméstica e Familiar contra a Mulher; altera o Código de Processo Penal, o Código Penal e a Lei de Execução Penal; e dá outras providências.

O PRESIDENTE DA REPÚBLICA:

Faço saber que o CONGRESSO NACIONAL decreta e eu sanciono a seguinte Lei:

TÍTULO I
DISPOSIÇÕES PRELIMINARES

▪ Art. 1º Esta Lei cria mecanismos para coibir e prevenir a violência doméstica e familiar contra a mulher, nos termos do § 8º do art. 226 da Constituição Federal, da Convenção sobre a Eliminação de Todas as Formas de Violência contra a Mulher, da Convenção Interamericana para Prevenir, Punir e Erradicar a Violência contra a Mulher e de outros tratados internacionais ratificados pela República Federativa do Brasil; dispõe sobre a criação dos Juizados de Violência Doméstica e Familiar contra a Mulher; e estabelece medidas de assistência e proteção às mulheres em situação de violência doméstica e familiar.

▪ **Art. 2º** Toda mulher, independentemente de classe, raça, etnia, orientação sexual, renda, cultura, nível educacional, idade e religião, goza dos direitos fundamentais inerentes à pessoa humana, sendo-lhe asseguradas as oportunidades e facilidades para viver sem violência, preservar sua saúde física e mental e seu aperfeiçoamento moral, intelectual e social.

▪ **Art. 3º** Serão asseguradas às mulheres as condições para o exercício efetivo dos direitos à vida, à segurança, à saúde, à alimentação, à educação, à cultura, à moradia, ao acesso à justiça, ao esporte, ao lazer, ao trabalho, à cidadania, à liberdade, à dignidade, ao respeito e à convivência familiar e comunitária.

§ 1º O poder público desenvolverá políticas que visem garantir os direitos humanos das mulheres no âmbito das relações domésticas e familiares no sentido de resguardá-las de toda forma de negligência, discriminação, exploração, violência, crueldade e opressão.

§ 2º Cabe à família, à sociedade e ao poder público criar as condições necessárias para o efetivo exercício dos direitos enunciados no *caput*.

▪ **Art. 4º** Na interpretação desta Lei, serão considerados os fins sociais a que ela se destina e, especialmente, as condições peculiares das mulheres em situação de violência doméstica e familiar.

TÍTULO II
DA VIOLÊNCIA DOMÉSTICA E FAMILIAR CONTRA A MULHER

CAPÍTULO I
DISPOSIÇÕES GERAIS

▪ **Art. 5º** Para os efeitos desta Lei, configura violência doméstica e familiar contra a mulher qualquer ação ou omissão baseada no gênero que lhe cause morte, lesão, sofrimento físico, sexual ou psicológico e dano moral ou patrimonial:

I – no âmbito da unidade doméstica, compreendida como o espaço de convívio permanente de pessoas, com ou sem vínculo familiar, inclusive as esporadicamente agregadas;

II – no âmbito da família, compreendida como a comunidade formada por indivíduos que são ou se consideram aparentados, unidos por laços naturais, por afinidade ou por vontade expressa;

III – em qualquer relação íntima de afeto, na qual o agressor conviva ou tenha convivido com a ofendida, independentemente de coabitação.

Parágrafo único. As relações pessoais enunciadas neste artigo independem de orientação sexual.

▪ **Art. 6º** A violência doméstica e familiar contra a mulher constitui uma das formas de violação dos direitos humanos.

CAPÍTULO II
DAS FORMAS DE VIOLÊNCIA DOMÉSTICA E FAMILIAR CONTRA A MULHER

▪ **Art. 7º** São formas de violência doméstica e familiar contra a mulher, entre outras:

I – a violência física, entendida como qualquer conduta que ofenda sua integridade ou saúde corporal;

II – a violência psicológica, entendida como qualquer conduta que lhe cause dano emocional e diminuição da autoestima ou que lhe prejudique e perturbe o pleno desenvolvimento ou que vise degradar ou controlar suas ações, comportamentos, crenças e decisões, mediante ameaça, constrangimento, humilhação, manipulação, isolamento, vigilância constante, perseguição contumaz, insulto, chantagem, ridicularização, exploração e limitação do direito de ir e vir ou qualquer outro meio que lhe cause prejuízo à saúde psicológica e à autodeterminação;

III – a violência sexual, entendida como qualquer conduta que a constranja a presenciar, a manter ou a participar de relação sexual não desejada, mediante intimidação, ameaça, coação ou uso da força; que a induza a comercializar ou a utilizar, de qualquer modo, a sua sexualidade, que a impeça de usar qualquer método contraceptivo ou que a force ao matrimônio, à gravidez, ao aborto ou à prostituição, mediante coação, chantagem, suborno ou manipulação; ou que limite ou anule o exercício de seus direitos sexuais e reprodutivos;

IV – a violência patrimonial, entendida como qualquer conduta que configure retenção, subtração, destruição parcial ou total de seus objetos, instrumentos de trabalho, documentos pessoais, bens, valores e direitos ou recursos econômicos, incluindo os destinados a satisfazer suas necessidades;

V – a violência moral, entendida como qualquer conduta que configure calúnia, difamação ou injúria.

TÍTULO III
DA ASSISTÊNCIA À MULHER EM SITUAÇÃO DE VIOLÊNCIA DOMÉSTICA E FAMILIAR

CAPÍTULO I
DAS MEDIDAS INTEGRADAS DE PREVENÇÃO

▪**Art. 8º** A política pública que visa coibir a violência doméstica e familiar contra a mulher far-se-á por meio de um conjunto articulado de ações da União, dos Estados, do Distrito Federal e dos Municípios e de ações não-governamentais, tendo por diretrizes:

I – a integração operacional do Poder Judiciário, do Ministério Público e da Defensoria Pública com as áreas de segurança pública, assistência social, saúde, educação, trabalho e habitação;

II – a promoção de estudos e pesquisas, estatísticas e outras informações relevantes, com a perspectiva de gênero e de raça ou etnia, concernentes às causas, às conseqüências e à freqüência da violência doméstica e familiar contra a mulher, para a sistematização de dados, a serem unificados nacionalmente, e a avaliação periódica dos resultados das medidas adotadas;

III – o respeito, nos meios de comunicação social, dos valores éticos e sociais da pessoa e da família, de forma a coibir os papéis estereotipados que legitimem ou exacerbem a violência doméstica e familiar, de acordo com o estabelecido no inciso III do art. 1º, no inciso IV do art. 3º e no inciso IV do art. 221 da Constituição Federal;

IV – a implementação de atendimento policial especializado para as mulheres, em particular nas Delegacias de Atendimento à Mulher;

V – a promoção e a realização de campanhas educativas de prevenção da violência doméstica e familiar contra a mulher, voltadas ao público escolar e à sociedade em geral, e a difusão desta Lei e dos instrumentos de proteção aos direitos humanos das mulheres;

VI – a celebração de convênios, protocolos, ajustes, termos ou outros instrumentos de promoção de parceria entre órgãos governamentais ou entre estes e entidades não-governamentais, tendo por objetivo a implementação de programas de erradicação da violência doméstica e familiar contra a mulher;

VII – a capacitação permanente das Polícias Civil e Militar, da Guarda Municipal, do Corpo de Bombeiros e dos profissionais pertencentes aos órgãos e às áreas enunciados no inciso I quanto às questões de gênero e de raça ou etnia;

VIII – a promoção de programas educacionais que disseminem valores éticos de irrestrito respeito à dignidade da pessoa humana com a perspectiva de gênero e de raça ou etnia;

IX – o destaque, nos currículos escolares de todos os níveis de ensino, para os conteúdos relativos aos direitos humanos, à eqüidade de gênero e de raça ou etnia e ao problema da violência doméstica e familiar contra a mulher.

CAPÍTULO II
DA ASSISTÊNCIA À MULHER EM SITUAÇÃO DE VIOLÊNCIA DOMÉSTICA E FAMILIAR

▪ **Art. 9º** A assistência à mulher em situação de violência doméstica e familiar será prestada de forma articulada e conforme os princípios e as diretrizes previstos na Lei Orgânica da Assistência Social, no Sistema Único de Saúde, no Sistema Único de Segurança Pública, entre outras normas e políticas públicas de proteção, e emergencialmente quando for o caso.

§ 1º O juiz determinará, por prazo certo, a inclusão da mulher em situação de violência doméstica e familiar no cadastro de programas assistenciais do governo federal, estadual e municipal.

§ 2º O juiz assegurará à mulher em situação de violência doméstica e familiar, para preservar sua integridade física e psicológica:

I – acesso prioritário à remoção quando servidora pública, integrante da administração direta ou indireta;

II – manutenção do vínculo trabalhista, quando necessário o afastamento do local de trabalho, por até seis meses.

§ 3º A assistência à mulher em situação de violência doméstica e familiar compreenderá o acesso aos benefícios decorrentes do desenvolvimento científico e tecnológico, incluindo os serviços de contracepção de emergência, a profilaxia das Doenças Sexualmente Transmissíveis (DST) e da Síndrome da Imunodeficiência Adquirida (AIDS) e outros procedimentos médicos necessários e cabíveis nos casos de violência sexual.

CAPÍTULO III
DO ATENDIMENTO PELA AUTORIDADE POLICIAL

▪ **Art. 10.** Na hipótese da iminência ou da prática de violência doméstica e familiar contra a mulher, a autoridade policial que tomar conhecimento da ocorrência adotará, de imediato, as providências legais cabíveis.

Parágrafo único. Aplica-se o disposto no *caput* deste artigo ao descumprimento de medida protetiva de urgência deferida.

▪ **Art. 11.** No atendimento à mulher em situação de violência doméstica e familiar, a autoridade policial deverá, entre outras providências:

I – garantir proteção policial, quando necessário, comunicando de imediato ao Ministério Público e ao Poder Judiciário;

II – encaminhar a ofendida ao hospital ou posto de saúde e ao Instituto Médico Legal;

III – fornecer transporte para a ofendida e seus dependentes para abrigo ou local seguro, quando houver risco de vida;

IV – se necessário, acompanhar a ofendida para assegurar a retirada de seus pertences do local da ocorrência ou do domicílio familiar;

V – informar à ofendida os direitos a ela conferidos nesta Lei e os serviços disponíveis.

▪ **Art. 12.** Em todos os casos de violência doméstica e familiar contra a mulher, feito o registro da ocorrência, deverá a autoridade policial adotar, de imediato, os seguintes procedimentos, sem prejuízo daqueles previstos no Código de Processo Penal:

I – ouvir a ofendida, lavrar o boletim de ocorrência e tomar a representação a termo, se apresentada;

II – colher todas as provas que servirem para o esclarecimento do fato e de suas circunstâncias;

III – remeter, no prazo de 48 (quarenta e oito) horas, expediente apartado ao juiz com o pedido da ofendida, para a concessão de medidas protetivas de urgência;

IV – determinar que se proceda ao exame de corpo de delito da ofendida e requisitar outros exames periciais necessários;

V – ouvir o agressor e as testemunhas;

VI – ordenar a identificação do agressor e fazer juntar aos autos sua folha de antecedentes criminais, indicando a existência de mandado de prisão ou registro de outras ocorrências policiais contra ele;

VII – remeter, no prazo legal, os autos do inquérito policial ao juiz e ao Ministério Público.

§ 1º O pedido da ofendida será tomado a termo pela autoridade policial e deverá conter:

I – qualificação da ofendida e do agressor;

II – nome e idade dos dependentes;

III – descrição sucinta do fato e das medidas protetivas solicitadas pela ofendida.

§ 2º A autoridade policial deverá anexar ao documento referido no § 1º o boletim de ocorrência e cópia de todos os documentos disponíveis em posse da ofendida.

§ 3º Serão admitidos como meios de prova os laudos ou prontuários médicos fornecidos por hospitais e postos de saúde.

TÍTULO IV
DOS PROCEDIMENTOS

CAPÍTULO I
DISPOSIÇÕES GERAIS

▪ **Art. 13.** Ao processo, ao julgamento e à execução das causas cíveis e criminais decorrentes da prática de violência doméstica e familiar contra a mulher aplicar-se-ão as normas dos Códigos de Processo Penal e Processo Civil e da legislação específica relativa à criança, ao adolescente e ao idoso que não conflitarem com o estabelecido nesta Lei.

▪ **Art. 14.** Os Juizados de Violência Doméstica e Familiar contra a Mulher, órgãos da Justiça Ordinária com competência cível e criminal, poderão ser criados pela União, no Distrito Federal e nos Territórios, e pelos Estados, para o processo, o julgamento e a execução das causas decorrentes da prática de violência doméstica e familiar contra a mulher.

Parágrafo único. Os atos processuais poderão realizar-se em horário noturno, conforme dispuserem as normas de organização judiciária.

▪ **Art. 15.** É competente, por opção da ofendida, para os processos cíveis regidos por esta Lei, o Juizado:

I – do seu domicílio ou de sua residência;

II – do lugar do fato em que se baseou a demanda;

III – do domicílio do agressor.

▪ **Art. 16.** Nas ações penais públicas condicionadas à representação da ofendida de que trata esta Lei, só será admitida a renúncia à representação perante o juiz, em audiência especialmente designada com tal finalidade, antes do recebimento da denúncia e ouvido o Ministério Público.

▪ **Art. 17.** É vedada a aplicação, nos casos de violência doméstica e familiar contra a mulher, de penas de cesta básica ou outras de prestação pecuniária, bem como a substituição de pena que implique o pagamento isolado de multa.

CAPÍTULO II
DAS MEDIDAS PROTETIVAS DE URGÊNCIA

Seção I
Disposições Gerais

▪ **Art. 18.** Recebido o expediente com o pedido da ofendida, caberá ao juiz, no prazo de 48 (quarenta e oito) horas:

I – conhecer do expediente e do pedido e decidir sobre as medidas protetivas de urgência;

II – determinar o encaminhamento da ofendida ao órgão de assistência judiciária, quando for o caso;

III – comunicar ao Ministério Público para que adote as providências cabíveis.

▪ **Art. 19.** As medidas protetivas de urgência poderão ser concedidas pelo juiz, a requerimento do Ministério Público ou a pedido da ofendida.

§ 1º As medidas protetivas de urgência poderão ser concedidas de imediato, independentemente de audiência das partes e de manifestação do Ministério

Público, devendo este ser prontamente comunicado.

§ 2º As medidas protetivas de urgência serão aplicadas isolada ou cumulativamente, e poderão ser substituídas a qualquer tempo por outras de maior eficácia, sempre que os direitos reconhecidos nesta Lei forem ameaçados ou violados.

§ 3º Poderá o juiz, a requerimento do Ministério Público ou a pedido da ofendida, conceder novas medidas protetivas de urgência ou rever aquelas já concedidas, se entender necessário à proteção da ofendida, de seus familiares e de seu patrimônio, ouvido o Ministério Público.

▪ **Art. 20.** Em qualquer fase do inquérito policial ou da instrução criminal, caberá a prisão preventiva do agressor, decretada pelo juiz, de ofício, a requerimento do Ministério Público ou mediante representação da autoridade policial.

Parágrafo único. O juiz poderá revogar a prisão preventiva se, no curso do processo, verificar a falta de motivo para que subsista, bem como de novo decretá-la, se sobrevierem razões que a justifiquem.

▪ **Art. 21.** A ofendida deverá ser notificada dos atos processuais relativos ao agressor, especialmente dos pertinentes ao ingresso e à saída da prisão, sem prejuízo da intimação do advogado constituído ou do defensor público.

Parágrafo único. A ofendida não poderá entregar intimação ou notificação ao agressor.

Seção II
Das Medidas Protetivas de Urgência que Obrigam o Agressor

▪ **Art. 22.** Constatada a prática de violência doméstica e familiar contra a mulher, nos termos desta Lei, o juiz poderá aplicar, de imediato, ao agressor, em conjunto ou separadamente, as seguintes medidas protetivas de urgência, entre outras:

I – suspensão da posse ou restrição do porte de armas, com comunicação ao órgão competente, nos termos da Lei n. 10.826, de 22 de dezembro de 2003;

II – afastamento do lar, domicílio ou local de convivência com a ofendida;

III – proibição de determinadas condutas, entre as quais:

a) aproximação da ofendida, de seus familiares e das testemunhas, fixando o limite mínimo de distância entre estes e o agressor;

b) contato com a ofendida, seus familiares e testemunhas por qualquer meio de comunicação;

c) freqüentação de determinados lugares a fim de preservar a integridade física e psicológica da ofendida;

IV – restrição ou suspensão de visitas aos dependentes menores, ouvida a equipe de atendimento multidisciplinar ou serviço similar;

V – prestação de alimentos provisionais ou provisórios.

§ 1º As medidas referidas neste artigo não impedem a aplicação de outras previstas na legislação em vigor, sempre que a segurança da ofendida ou as circunstâncias o exigirem, devendo a providência ser comunicada ao Ministério Público.

§ 2º Na hipótese de aplicação do inciso I, encontrando-se o agressor nas condições mencionadas no *caput* e incisos do art. 6º da Lei n. 10.826, de 22 de dezembro de 2003, o juiz comunicará ao respectivo órgão, corporação ou instituição as medidas protetivas de urgência concedidas e determinará a restrição do porte de armas, ficando o superior imediato do agressor responsável pelo cumprimento da determinação judicial, sob pena de incorrer nos crimes de prevaricação ou de desobediência, conforme o caso.

§ 3º Para garantir a efetividade das medidas protetivas de urgência, poderá o juiz requisitar, a qualquer momento, auxílio da força policial.

§ 4º Aplica-se às hipóteses previstas neste artigo, no que couber, o disposto no *caput* e nos §§ 5º e 6º do art. 461 da Lei n. 5.869, de 11 de janeiro de 1973 (Código de Processo Civil).

Seção III
Das Medidas Protetivas de Urgência à Ofendida

▪ Art. 23. Poderá o juiz, quando necessário, sem prejuízo de outras medidas:

I – encaminhar a ofendida e seus dependentes a programa oficial ou comunitário de proteção ou de atendimento;

II – determinar a recondução da ofendida e a de seus dependentes ao respectivo domicílio, após afastamento do agressor;

III – determinar o afastamento da ofendida do lar, sem prejuízo dos direitos relativos a bens, guarda dos filhos e alimentos;

IV – determinar a separação de corpos.

▪ Art. 24. Para a proteção patrimonial dos bens da sociedade conjugal ou daqueles de propriedade particular da mulher, o juiz poderá determinar, liminarmente, as seguintes medidas, entre outras:

I – restituição de bens indevidamente subtraídos pelo agressor à ofendida;

II – proibição temporária para a celebração de atos e contratos de compra, venda e locação de propriedade em comum, salvo expressa autorização judicial;

III – suspensão das procurações conferidas pela ofendida ao agressor;

IV – prestação de caução provisória, mediante depósito judicial, por perdas e danos materiais decorrentes da prática de violência doméstica e familiar contra a ofendida.

Parágrafo único. Deverá o juiz oficiar ao cartório competente para os fins previstos nos incisos II e III deste artigo.

CAPÍTULO III
DA ATUAÇÃO DO MINISTÉRIO PÚBLICO

▪ Art. 25. O Ministério Público intervirá, quando não for parte, nas causas cíveis e criminais decorrentes da violência doméstica e familiar contra a mulher.

▪ Art. 26. Caberá ao Ministério Público, sem prejuízo de outras atribuições, nos casos de violência doméstica e familiar contra a mulher, quando necessário:

I – requisitar força policial e serviços públicos de saúde, de educação, de assistência social e de segurança, entre outros;

II – fiscalizar os estabelecimentos públicos e particulares de atendimento à mulher em situação de violência doméstica e familiar, e adotar, de imediato, as medidas administrativas ou judiciais cabíveis no tocante a quaisquer irregularidades constatadas;

III – cadastrar os casos de violência doméstica e familiar contra a mulher.

CAPÍTULO IV
DA ASSISTÊNCIA JUDICIÁRIA

▪ Art. 27. Em todos os atos processuais, cíveis e criminais, a mulher em situação de violência doméstica e familiar deverá estar acompanhada de advogado, ressalvado o previsto no art. 19 desta Lei.

▪ Art. 28. É garantido a toda mulher em situação de violência doméstica e familiar o acesso aos serviços de Defensoria Pública ou de Assistência Judiciária Gratuita, nos termos da lei, em sede policial e judicial, mediante atendimento específico e humanizado.

TÍTULO V
DA EQUIPE DE ATENDIMENTO MULTIDISCIPLINAR

▪ Art. 29. Os Juizados de Violência Doméstica e Familiar contra a Mulher que vierem a ser criados poderão contar com uma equipe de atendimento multidisciplinar, a ser integrada por profissionais especializados nas áreas psicossocial, jurídica e de saúde.

▪ Art. 30. Compete à equipe de atendimento multidisciplinar, entre outras atribuições que lhe forem reservadas pela legislação local, fornecer subsídios por escrito ao juiz, ao Ministério Público e à Defensoria Pública, mediante laudos ou verbalmente em audiência, e desenvolver trabalhos de orientação, encaminhamento, prevenção e outras medidas, voltados para a ofendida, o agressor e os familiares, com especial atenção às crianças e aos adolescentes.

▪ Art. 31. Quando a complexidade do caso exigir avaliação mais aprofundada, o juiz poderá determinar a manifestação de profissional especializado, mediante a indicação da equipe de atendimento multidisciplinar.

▪ **Art. 32.** O Poder Judiciário, na elaboração de sua proposta orçamentária, poderá prever recursos para a criação e manutenção da equipe de atendimento multidisciplinar, nos termos da Lei de Diretrizes Orçamentárias.

TÍTULO VI
DISPOSIÇÕES TRANSITÓRIAS

▪ **Art. 33.** Enquanto não estruturados os Juizados de Violência Doméstica e Familiar contra a Mulher, as varas criminais acumularão as competências cível e criminal para conhecer e julgar as causas decorrentes da prática de violência doméstica e familiar contra a mulher, observadas as previsões do Título IV desta Lei, subsidiada pela legislação processual pertinente.

Parágrafo único. Será garantido o direito de preferência, nas varas criminais, para o processo e o julgamento das causas referidas no *caput*.

TÍTULO VII
DISPOSIÇÕES FINAIS

▪ **Art. 34.** A instituição dos Juizados de Violência Doméstica e Familiar contra a Mulher poderá ser acompanhada pela implantação das curadorias necessárias e do serviço de assistência judiciária.

▪ **Art. 35.** A União, o Distrito Federal, os Estados e os Municípios poderão criar e promover, no limite das respectivas competências:

I – centros de atendimento integral e multidisciplinar para mulheres e respectivos dependentes em situação de violência doméstica e familiar;

II – casas-abrigos para mulheres e respectivos dependentes menores em situação de violência doméstica e familiar;

III – delegacias, núcleos de defensoria pública, serviços de saúde e centros de perícia médico-legal especializados no atendimento à mulher em situação de violência doméstica e familiar;

IV – programas e campanhas de enfrentamento da violência doméstica e familiar;

V – centros de educação e de reabilitação para os agressores.

▪ **Art. 36.** A União, os Estados, o Distrito Federal e os Municípios promoverão a adaptação de seus órgãos e de seus programas às diretrizes e aos princípios desta Lei.

▪ **Art. 37.** A defesa dos interesses e direitos transindividuais previstos nesta Lei poderá ser exercida, concorrentemente, pelo Ministério Público e por associação de atuação na área, regularmente constituída há pelo menos um ano, nos termos da legislação civil.

Parágrafo único. O requisito da pré-constituição poderá ser dispensado pelo juiz quando entender que não há outra entidade com representatividade adequada para o ajuizamento da demanda coletiva.

▪ **Art. 38.** As estatísticas sobre a violência doméstica e familiar contra a mulher serão incluídas nas bases de dados dos órgãos oficiais do Sistema de Justiça e Segurança a fim de subsidiar o sistema nacional de dados e informações relativo às mulheres.

Parágrafo único. As Secretarias de Segurança Pública dos Estados e do Distrito Federal poderão remeter suas informações criminais para a base de dados do Ministério da Justiça.

▪ **Art. 39.** A União, os Estados, o Distrito Federal e os Municípios, no limite de suas competências e nos termos das respectivas leis de diretrizes orçamentárias, poderão estabelecer dotações orçamentárias específicas, em cada exercício financeiro, para a implementação das medidas estabelecidas nesta Lei.

▪ **Art. 40.** As obrigações previstas nesta Lei não excluem outras decorrentes dos princípios por ela adotados.

▪ **Art. 41.** Aos crimes praticados com violência doméstica e familiar contra a mulher, independentemente da pena prevista, não se aplica a Lei n. 9.099, de 26 de setembro de 1995.

▪ **Art. 42.** O art. 313 do Decreto-lei n. 3.689, de 03 de outubro de 1941 (Código de Processo Penal), passa a vigorar acrescido do seguinte inciso IV:

"Art. 313. ....

....

IV – se o crime envolver violência doméstica e familiar contra a mulher, nos termos da lei específica, para garantir a execução das medidas protetivas de urgência."

▪ **Art. 43.** A alínea *f* do inciso II do art. 61 do Decreto-lei n. 2.848, de 07 de dezembro de 1940 (Código Penal), passa a vigorar com a seguinte redação:

"Art. 61. ....

....

II – ....

....

f) com abuso de autoridade ou prevalecendo-se de relações domésticas, de coabitação ou de hospitalidade, ou com violência contra a mulher na forma da lei específica;

.... "

▪ **Art. 44.** O art. 129 do Decreto-lei n. 2.848, de 07 de dezembro de 1940 (Código Penal), passa a vigorar com as seguintes alterações:

"Art. 129. ....

....

§ 9º Se a lesão for praticada contra ascendente, descendente, irmão, cônjuge ou companheiro, ou com quem conviva ou tenha convivido, ou, ainda, prevalecendo-se o agente das relações domésticas, de coabitação ou de hospitalidade:

Pena – detenção, de 3 (três) meses a 3 (três) anos.

....

§ 11. Na hipótese do § 9º deste artigo, a pena será aumentada de um terço se o crime for cometido contra pessoa portadora de deficiência."

▪ **Art. 45.** O art. 152 da Lei n. 7.210, de 11 de julho de 1984 (Lei de Execução Penal), passa a vigorar com a seguinte redação:

"Art. 152. ....

Parágrafo único. Nos casos de violência doméstica contra a mulher, o juiz poderá determinar o comparecimento obrigatório do agressor a programas de recuperação e reeducação."

▪ **Art. 46.** Esta Lei entra em vigor 45 (quarenta e cinco) dias após sua publicação.

Brasília, 07 de agosto de 2006;
185º da Independência
e 118º da República.

LUIZ INÁCIO LULA DA SILVA
Dilma Rousseff

LEI N. 11.441, DE 04 DE JANEIRO DE 2007

Altera dispositivos da Lei n. 5.869, de 11 de janeiro de 1973 – Código de Processo Civil, possibilitando a realização de inventário, partilha, separação consensual e divórcio consensual por via administrativa.

O PRESIDENTE DA REPÚBLICA:

Faço saber que o CONGRESSO NACIONAL decreta e eu sanciono a seguinte Lei:

▪ **Art. 1º** Os arts. 982 e 983 da Lei n. 5.869, de 11 de janeiro de 1973 – Código de Processo Civil, passam a vigorar com a seguinte redação:

"Art. 982. Havendo testamento ou interessado incapaz, proceder-se-á ao inventário judicial; se todos forem capazes e concordes, poderá fazer-se o inventário e a partilha por escritura pública, a qual constituirá título hábil para o registro imobiliário.

Parágrafo único. O tabelião somente lavrará a escritura pública se todas as partes interessadas estiverem assistidas por advogado comum ou advogados de cada uma delas, cuja qualificação e assinatura constarão do ato notorial."

"Art. 983. O processo de inventário e partilha deve ser aberto dentro de 60 (sessenta) dias a contar da abertura da sucessão, ultimando-se nos 12 (doze) meses subseqüentes, podendo o juiz prorrogar tais prazos, de ofício ou a requerimento de parte.

Parágrafo único. (Revogado)".

▪ **Art. 2º** O art. 1.031 da Lei n. 5.869, de 1973 – Código de Processo Civil, passa a vigorar com a seguinte redação:

"Art. 1.031. A partilha amigável, celebrada entre partes capazes, nos termos do art. 2.015 da Lei n. 10.406, de 10 de janeiro de 2002 – Código Civil, será homologada de plano pelo juiz, mediante a prova da quitação dos tributos relativos aos bens do espólio e às suas rendas, com observância dos arts. 1.032 a 1.035 desta Lei.

...."

▪ **Art. 3º** A Lei n. 5.869, de 1973 – Código de Processo Civil, passa a vigorar acrescida do seguinte art. 1.124-A:

"Art. 1.124-A. A separação consensual e o divórcio consensual, não havendo filhos menores ou incapazes do casal e observados os requisitos legais quanto aos prazos, poderão ser realizados por escritura pública, da qual constarão as disposições relativas à descrição e à partilha dos bens comuns e à pensão alimentícia e, ainda, ao acordo quanto à retomada pelo cônjuge de seu nome de solteiro ou à manutenção do nome adotado quando se deu o casamento.

§ 1º A escritura não depende de homologação judicial e constitui título hábil para o registro civil e o registro de imóveis.

§ 2º O tabelião somente lavrará a escritura se os contratantes estiverem assistidos por advogado comum ou advogados de cada um deles, cuja qualificação e assinatura constarão do ato notorial.

§ 3º A escritura e demais atos notoriais serão gratuitos àqueles que se declararem pobres sob as penas da lei".

▪ **Art. 4º** Esta Lei entra em vigor na data de sua publicação.

▪ **Art. 5º** Revoga-se o parágrafo único do art. 983 da Lei n. 5.869, de 11 de janeiro de 1973 – Código de Processo Civil.

Brasília, 04 de janeiro de 2007;
186º da Independência
e 119º da República.

LUIZ INÁCIO LULA DA SILVA
Márcio Thomaz Bastos

RESOLUÇÃO N. 35, DE 24 DE ABRIL DE 2007

Disciplina a aplicação da Lei n. 11.441/2007 pelos serviços notariais e de registro.

A PRESIDENTE DO CONSELHO NACIONAL DE JUSTIÇA, no uso de suas atribuições constitucionais e regimentais, e tendo em vista o disposto no art. 19, I, do Regimento Interno deste Conselho, e

Considerando que a aplicação da Lei n. 11.441/2007 tem gerado muitas divergências;

Considerando que a finalidade da referida lei foi tornar mais ágeis e menos onerosos os atos a que se refere e, ao mesmo tempo, descongestionar o Poder Judiciário;

Considerando a necessidade de adoção de medidas uniformes quanto à aplicação da Lei n. 11.441/2007 em todo o território nacional, com vistas a prevenir e evitar conflitos;

Considerando as sugestões apresentadas pelos Corregedores-Gerais de Justiça dos Estados e do Distrito Federal em reunião promovida pela Corregedoria Nacional de Justiça;

Considerando que, sobre o tema, foram ouvidos o Conselho Federal da Ordem dos Advogados do Brasil e a Associação dos Notários e Registradores do Brasil;

RESOLVE:

Seção I
Disposições de Caráter Geral

▪ **Art. 1º** Para a lavratura dos atos notariais de que trata a Lei n. 11.441/2007, é livre a escolha do tabelião de notas, não se aplicando as regras de competência do Código de Processo Civil.

▪ **Art. 2º** É facultada aos interessados a opção pela via judicial ou extrajudicial; podendo ser solicitada, a qualquer momento, a suspensão, pelo prazo de 30 dias, ou a desistência da via judicial, para promoção da via extrajudicial.

▪ **Art. 3º** As escrituras públicas de inventário e partilha, separação e divórcio consensuais não dependem de homologação judicial e são títulos hábeis para o registro civil e o registro imobiliário, para a transferência de bens e direitos, bem como para promoção de todos os atos necessários à materialização das transferências de bens e levantamento de valores (Detran, Junta Comercial, Registro Civil de Pessoas Jurídicas, instituições financeiras, companhias telefônicas, etc.)

▪ **Art. 4º** O valor dos emolumentos deverá corresponder ao efetivo custo e à adequada e suficiente remuneração dos serviços prestados, conforme estabelecido no parágrafo único do art. 1º da Lei n. 10.169/2000, observando-se, quanto a sua fixação, as regras previstas no art. 2º da citada lei.

▪ **Art. 5º** É vedada a fixação de emolumentos em percentual incidente sobre o valor do negócio jurídico objeto dos serviços notariais e de registro (Lei n. 10.169, de 2000, art. 3º, inciso II).

▪ **Art. 6º** A gratuidade prevista na Lei n. 11.441/2007 compreende as escrituras de inventário, partilha, separação e divórcio consensuais.

▪ **Art. 7º** Para a obtenção da gratuidade de que trata a Lei n. 11.441/2007, basta a simples declaração dos interessados de que não possuem condições de arcar com os emolumentos, ainda que as partes estejam assistidas por advogado constituído.

▪ **Art. 8º** É necessária a presença do advogado, dispensada a procuração, ou do defensor público, na lavratura das escrituras decorrentes da Lei n. 11.441/2007, nelas constando seu nome e registro na OAB.

▪ **Art. 9º** É vedada ao tabelião a indicação de advogado às partes, que deverão comparecer para o ato notarial acompanhadas de profissional de sua confiança. Se as partes não dispuserem de condições econômicas para contratar advogado, o tabelião deverá recomendar-lhes a Defensoria Pública, onde houver, ou, na sua falta, a Seccional da Ordem dos Advogados do Brasil.

▪ **Art. 10.** É desnecessário o registro de escritura pública decorrente da Lei n. 11.441/2007 no Livro "E" de Ofício de Registro Civil das Pessoas Naturais, entretanto, o Tribunal de Justiça deverá promover, no prazo de 180 dias, medidas adequadas para a unificação dos dados que concentrem as informações dessas escrituras no âmbito estadual, possibilitando as buscas, preferencialmente, sem ônus para o interessado.

Seção II
Disposições Referentes ao Inventário e à Partilha

▪ **Art 11.** É obrigatória a nomeação de interessado, na escritura pública de inventário e partilha, para representar o espólio, com poderes de inventariante, no cumprimento de obrigações ativas ou passivas pendentes, sem necessidade de seguir a ordem prevista no art. 990 do Código de Processo Civil.

▪ **Art. 12.** Admitem-se inventário e partilha extrajudiciais com viúvo(a) ou herdeiro(s) capazes, inclusive por emancipação, representado(s) por procuração formalizada por instrumento público com poderes especiais, vedada a acumulação de funções de mandatário e de assistente das partes.

▪ **Art. 13.** A escritura pública pode ser retificada desde que haja o consentimento de todos os interessados. Os erros materiais poderão ser corrigidos, de ofício ou mediante requerimento de qualquer das partes, ou de seu procurador, por averbação à margem do ato notarial ou, não havendo espaço, por escrituração própria lançada no livro das escrituras públicas e anotação remissiva.

▪ **Art. 14.** Para as verbas previstas na Lei n. 6.858/80, é também admissível a escritura pública de inventário e partilha.

▪ **Art. 15.** O recolhimento dos tributos incidentes deve anteceder a lavratura da escritura.

▪ **Art. 16.** É possível a promoção de inventário extrajudicial por cessionário de direitos hereditários, mesmo na hipótese de cessão de parte do acervo, desde que todos os herdeiros estejam presentes e concordes.

▪ **Art. 17.** Os cônjuges dos herdeiros deverão comparecer ao ato de lavratura da escritura pública de inventário e partilha quando houver renúncia ou algum tipo de partilha que importe em transmissão, exceto se o casamento se der sob o regime da separação absoluta.

▪ **Art. 18.** O(A) companheiro(a) que tenha direito à sucessão é parte, observada a necessidade de ação judicial se o autor da herança não deixar outro sucessor ou não houver consenso de todos os herdeiros, inclusive quanto ao reconhecimento da união estável.

▪ **Art. 19.** A meação de companheiro(a) pode ser reconhecida na escritura pública, desde que todos os herdeiros e interessados na herança, absolutamente capazes, estejam de acordo.

▪ **Art. 20.** As partes e respectivos cônjuges devem estar, na escritura, nomeados e qualificados (nacionalidade; profissão; idade; estado civil; regime de bens; data do casamento; pacto antenupcial e seu registro imobiliário, se houver; número do documento de identidade; número de inscrição no CPF/MF; domicílio e residência).

▪ **Art. 21.** A escritura pública de inventário e partilha conterá a qualificação completa do autor da herança; o regime de bens do casamento; pacto antenupcial e seu registro imobiliário, se houver; dia e lugar em que faleceu o autor da herança; data da expedição da certidão de óbito; livro, folha, número do termo e unidade de serviço em que consta o registro do óbito; e a menção ou declaração dos herdeiros de que o autor da herança não deixou testamento e outros herdeiros, sob as penas da lei.

▪ **Art. 22.** Na lavratura da escritura deverão ser apresentados os seguintes documentos: a) certidão de óbito do autor da herança; b) documento de identidade oficial e CPF das partes e do autor da herança; c) certidão comprobatória do vínculo de parentesco dos herdeiros; d) certidão de casamento do cônjuge sobrevivente e dos herdeiros casados e pacto antenupcial, se houver; e) certidão de propriedade de bens imóveis e direitos a eles relativos; f) documentos necessários à comprovação da titularidade dos bens móveis e direitos, se houver; g) certidão negativa de tributos; e h) Certificado de Cadastro de Imóvel Rural – CCIR, se houver imóvel rural a ser partilhado.

▪ **Art. 23.** Os documentos apresentados no ato da lavratura da escritura devem ser originais ou em cópias autenticadas, salvo os de identidade das partes, que sempre serão originais.

▪ **Art. 24.** A escritura pública deverá fazer menção aos documentos apresentados.

▪ **Art. 25.** É admissível a sobrepartilha por escritura pública, ainda que referente a inventário e partilha judiciais já findos, mesmo que o herdeiro, hoje maior e capaz, fosse menor ou incapaz ao tempo do óbito ou do processo judicial.

▪ **Art. 26.** Havendo um só herdeiro, maior e capaz, com direito à totalidade da herança, não haverá partilha, lavrando-se a escritura de inventário e adjudicação dos bens.

▪ **Art. 27.** A existência de credores do espólio não impedirá a realização do inventário e partilha, ou adjudicação, por escritura pública.

▪ **Art. 28.** É admissível inventário negativo por escritura pública.

▪ **Art. 29.** É vedada a lavratura de escritura pública de inventário e partilha referente a bens localizados no exterior.

▪ **Art. 30.** Aplica-se a Lei n. 11.441/2007 aos casos de óbitos ocorridos antes de sua vigência.

▪ **Art. 31.** A escritura pública de inventário e partilha pode ser lavrada a qualquer tempo, cabendo ao tabelião fiscalizar o recolhimento de eventual multa, conforme previsão em legislação tributária estadual e distrital específicas.

▪ **Art. 32.** O tabelião poderá se negar a lavrar a escritura de inventário ou partilha se houver fundados indícios de fraude ou em caso de dúvidas sobre a declaração de vontade de algum dos herdeiros, fundamentando a recusa por escrito.

Seção III
Disposições Comuns à Separação e Divórcio Consensuais

▪ **Art. 33.** Para a lavratura da escritura pública de separação e de divórcio consensuais, deverão ser apresentados: a) certidão de casamento; b) documento de identidade oficial e CPF/MF; c) pacto antenupcial, se houver; d) certidão de nascimento ou outro documento de identidade oficial dos filhos absolutamente capazes, se houver; e) certidão de propriedade de bens imóveis e direitos a eles relativos; e f) documentos necessários à comprovação da titularidade dos bens móveis e direitos, se houver.

▪ **Art. 34.** As partes devem declarar ao tabelião, no ato da lavratura da escritura, que não têm filhos comuns ou, havendo, que são absolutamente capazes, indicando seus nomes e as datas de nascimento.

▪ **Art. 35.** Da escritura, deve constar declaração das partes de que estão cientes das conseqüências da separação e do divórcio, firmes no propósito de pôr fim à sociedade conjugal ou ao vínculo matrimonial, respectivamente, sem hesitação, com recusa de reconciliação.

▪ **Art. 36.** O comparecimento pessoal das partes é dispensável à lavratura de escritura pública de separação e divórcio consensuais, sendo admissível ao(s) separando(s) ou ao(s) divorciando(s) se fazer representar por mandatário constituído, desde que por instrumento público com poderes especiais, descrição das cláusulas essenciais e prazo de validade de trinta dias.

▪ **Art. 37.** Havendo bens a serem partilhados na escritura, distinguir-se-á o que é do patrimônio individual de cada cônjuge, se houver, do que é do patrimônio comum do casal, conforme o regime de bens, constando isso do corpo da escritura.

▪ **Art. 38.** Na partilha em que houver transmissão de propriedade do patrimônio individual de um cônjuge ao outro, ou a partilha desigual do patrimônio comum, deverá ser comprovado o recolhimento do tributo devido sobre a fração transferida.

▪ **Art. 39.** A partilha em escritura pública de separação e divórcio consensuais far-se-á conforme as regras da partilha em inventário extrajudicial, no que couber.

▪ **Art. 40.** O traslado da escritura pública de separação e divórcio consensuais será apresentado ao Oficial de Registro Civil do respectivo assento de casamento, para a averbação necessária, independente de autorização judicial e de audiência do Ministério Público.

▪ **Art. 41.** Havendo alteração do nome de algum cônjuge em razão de escritura de separação, restabelecimento da sociedade conjugal ou divórcio consensuais, o Oficial de Registro Civil que averbar o ato no assento de casamento também anotará a alteração no respectivo assento de nascimento, se de sua unidade, ou, se de outra, comunicará ao Oficial competente para a necessária anotação.

▪ **Art. 42.** Não há sigilo nas escrituras públicas de separação e divórcio consensuais.

▪ **Art. 43.** Na escritura pública deve constar que as partes foram orientadas sobre a necessidade de apresentação de seu traslado no registro civil do assento de casamento, para a averbação devida.

▪ **Art. 44.** É admissível, por consenso das partes, escritura pública de retificação das cláusulas de obrigações alimentares ajustadas na separação e no divórcio consensuais.

▪ **Art. 45.** A escritura pública de separação ou divórcio consensuais, quanto ao ajuste do uso do nome de casado, pode ser retificada mediante declaração unilateral do interessado na volta ao uso do nome de solteiro, em nova escritura pública, com assistência de advogado.

▪ **Art. 46.** O tabelião poderá se negar a lavrar a escritura de separação ou divórcio se houver fundados indícios de prejuízo a um dos cônjuges ou em caso de dúvidas sobre a declaração de vontade, fundamentando a recusa por escrito.

Seção IV
Disposições Referentes à Separação Consensual

▪ **Art. 47.** São requisitos para lavratura da escritura pública de separação consensual: a) um ano de casamento; b) manifestação da vontade espontânea e isenta de vícios em não mais manter a sociedade conjugal e desejar a separação conforme as cláusulas ajustadas; c) ausência de filhos menores não emancipados ou incapazes do casal; e d) assistência das partes por advogado, que poderá ser comum.

▪ **Art. 48.** O restabelecimento de sociedade conjugal pode ser feito por escritura pública, ainda que a separação tenha sido judicial. Neste caso, é necessária e suficiente a apresentação de certidão da sentença de separação ou da averbação da separação no assento de casamento.

▪ **Art. 49.** Em escritura pública de restabelecimento de sociedade conjugal, o tabelião deve: a) fazer constar que as partes foram orientadas sobre a necessidade de apresentação de seu traslado no registro civil do assento de casamento, para a averbação devida; b) anotar o restabelecimento à margem da escritura pública de separação consensual, quando esta for de sua serventia, ou, quando de outra, comunicar o restabelecimento, para a anotação necessária na serventia competente; e c) comunicar o restabelecimento ao juízo da separação judicial, se for o caso.

▪ **Art. 50.** A sociedade conjugal não pode ser restabelecida com modificações.

▪ **Art. 51.** A averbação do restabelecimento da sociedade conjugal somente poderá ser efetivada depois da averbação da separação no registro civil, podendo ser simultâneas.

Seção V
Disposições Referentes ao Divórcio Consensual

▪ **Art. 52.** A Lei n. 11.441/2007 permite, na forma extrajudicial, tanto o divórcio direto como a conversão da separação em divórcio. Neste caso, é dispensável a apresentação de certidão atualizada do processo judicial, bastando a certidão da averbação da separação no assento de casamento.

▪ **Art. 53.** A declaração dos cônjuges não basta para a comprovação do implemento do lapso de dois anos de separação no divórcio direto. Deve o tabelião observar se o casamento foi realizado há mais de dois anos e a prova documental da separação, se houver, podendo colher declaração de testemunha, que consignará na própria escritura pública. Caso o notário se recuse a lavrar a escritura, deverá formalizar a respectiva nota, desde que haja pedido das partes neste sentido.

▪ **Art. 54.** Esta Resolução entra em vigor na data de sua publicação.

Ministra Ellen Gracie
Presidente

PROVIMENTO N. 118, DE 07 DE MAIO DE 2007

Dispõe sobre a aplicação da Lei n. 11.441, de 4 de janeiro de 2007, disciplinando as atividades profissionais dos advogados em escrituras públicas de inventários, partilhas, separações e divórcios.

O Conselho Federal da Ordem dos Advogados do Brasil, no uso das atribuições que lhe são conferidas pelo art. 54, V, da Lei n. 8.906/94, tendo em vista as disposições da Lei n. 11.441, de 4 de janeiro de 2007, e considerando o decidido nos autos da Proposição n. 2007.31.00203-01, RESOLVE:

▪ **Art. 1º** Nos termos do disposto na Lei n. 11.441, de 04.01.2007, é indispensável a intervenção de advogado nos casos de inventários, partilhas, separações e divórcios por meio de escritura pública, devendo constar do ato notarial o nome, o número de identidade e a assinatura dos profissionais.

§ 1º Para viabilizar o exercício profissional, prestando assessoria às partes, o advogado deve estar regulamente inscrito perante a Ordem dos Advogados do Brasil.

§ 2º Constitui infração disciplinar valer-se de agenciador de causas, mediante participação nos honorários a receber, angariar ou captar causas, com ou sem intervenção de terceiros, e assinar qualquer escrito para fim extrajudicial que não tenha feito, ou em que não tenha colaborado, sendo vedada a atuação de advogado que esteja direta ou indiretamente vinculado ao cartório respectivo, ou a serviço deste, e lícita a advocacia em causa própria.

▪ **Art. 2º** Os Conselhos da OAB ou as Subseções poderão, de ofício ou por provocação de qualquer interessado, na forma do disposto no art. 50 da Lei n. 8.906, de 04.07.1994, requisitar cópia de documentos a qualquer tabelionato, com a finalidade de exercer as atividades de fiscalização do cumprimento deste Provimento.

▪ **Art. 3º** As Seccionais e Subseções divulgarão a mudança do regime jurídico instituído pela lei citada, sublinhando a necessidade da assistência de advogado para a validade e eficácia do ato, podendo, para tanto, reivindicar às Corregedorias competentes que determinem a afixação, no interior dos Tabelionatos, de cartazes informativos sobre a assessoria que deve ser prestada por profissionais da advocacia, ficando proibida a indicação ou recomendação de nomes e a publicidade específica de advogados nos recintos dos serviços delegados.

▪ **Art. 4º** Os Conselhos Seccionais deverão adaptar suas tabelas de honorários, imediatamente, prevendo as atividades extrajudiciais tratadas neste Provimento.

▪ **Art. 5º** Os Conselhos Seccionais poderão realizar interlocuções com os Colégios Notariais, a fim de viabilizar, em conjunto, a divulgação do regime jurídico instituído pela lei citada.

▪ **Art. 6º** Este Provimento entra em vigor na data de sua publicação.

Brasília, 7 de maio de 2007.

CEZAR BRITTO, PRESIDENTE
Lúcio Flávio Joichi Sunakozawa, relator

LEI N. 11.698, DE 13 JUNHO DE 2008.

Altera os arts. 1.583 e 1.584 da Lei n. 10.406, de 10 de janeiro de 2002 – Código Civil, para instituir e disciplinar a guarda compartilhada.

O PRESIDENTE DA REPÚBLICA:

Faço saber que o CONGRESSO NACIONAL decreta e eu sanciono a seguinte Lei:

▪ **Art. 1º** Os arts. 1.583 e 1.584 da Lei no 10.406, de 10 de janeiro de 2002 – Código Civil, passam a vigorar com a seguinte redação:

"Art. 1.583. A guarda será unilateral ou compartilhada.

§ 1º Compreende-se por guarda unilateral a atribuída a um só dos genitores ou a alguém que o substitua (art. 1.584, § 5º) e, por guarda compartilhada a responsabilização conjunta e o exercício de direitos e deveres do pai e da mãe que não vivam sob o mesmo teto, concernentes ao poder familiar dos filhos comuns.

§ 2º A guarda unilateral será atribuída ao genitor que revele melhores condições para exercê-la e, objetivamente, mais aptidão para propiciar aos filhos os seguintes fatores:

I – afeto nas relações com o genitor e com o grupo familiar;

II – saúde e segurança;

III – educação.

§ 3º A guarda unilateral obriga o pai ou a mãe que não a detenha a supervisionar os interesses dos filhos.

§ 4º (Vetado)".

"Art. 1.584. A guarda, unilateral ou compartilhada, poderá ser:

I – requerida, por consenso, pelo pai e pela mãe, ou por qualquer deles, em ação autônoma de separação, de divórcio, de dissolução de união estável ou em medida cautelar;

II – decretada pelo juiz, em atenção a necessidades específicas do filho, ou em razão da distribuição de tempo necessário ao convívio deste com o pai e com a mãe.

§ 1º Na audiência de conciliação, o juiz informará ao pai e à mãe o significado da guarda compartilhada, a sua importância, a similitude de deveres e direitos atribuídos aos genitores e as sanções pelo descumprimento de suas cláusulas.

§ 2º Quando não houver acordo entre a mãe e o pai quanto à guarda do filho, será aplicada, sempre que possível, a guarda compartilhada.

§ 3º Para estabelecer as atribuições do pai e da mãe e os períodos de convivência sob guarda compartilhada, o juiz, de ofício ou a requerimento do Ministério Público, poderá basear-se em orientação técnico-profissional ou de equipe interdisciplinar.

§ 4º A alteração não autorizada ou o descumprimento imotivado de cláusula de guarda, unilateral ou compartilhada, poderá implicar a redução de prerrogativas atribuídas ao seu detentor, inclusive quanto ao número de horas de convivência com o filho.

§ 5º Se o juiz verificar que o filho não deve permanecer sob a guarda do pai ou da mãe, deferirá a guarda à pessoa que revele compatibilidade com a natureza da medida, considerados, de preferência, o grau de parentesco e as relações de afinidade e afetividade".

▪ **Art. 2º** Esta Lei entra em vigor após decorridos 60 (sessenta) dias de sua publicação.

Brasília, 13 de junho de 2008;
187º da Independência
e 120º da República.

LUIZ INÁCIO LULA DA SILVA
Luiz Paulo Teles Ferreira Barreto
José Antonio Dias Toffoli

Referências bibliográficas

AZEVEDO, Álvaro Villaça. "A recente Lei n. 8.971/94 que concede aos concubinos o direito a alimentos e à sucessão poderá ser revogada". *Revista Literária de Direito*. São Paulo: Jurídica Brasileira, n. 4, mar-abril/1995.

________. *Bem de família*. 4.ed. São Paulo: Revista dos Tribunais, 1999.

BARROS, Hamilton de Moraes e. *Comentários ao Código de Processo Civil*. 2.ed. Rio de Janeiro: Forense, 1977, v. IX.

BARROS MONTEIRO, Washington de. *Curso de direito civil*. 13.ed. São Paulo: Saraiva, 1975, v. II.

BEVILÁQUA, Clóvis. *Código Civil dos Estados Unidos do Brasil comentado*. Rio de Janeiro: Francisco Alves, 1945, v. II.

BITTENCOURT, Edgard de Moura. *Família*. Rio de Janeiro: Alba, 2005.

BONILINI, Giovanni. *Nozioni di diritto di famiglia*. 4.ed. Torino: Utet Giuridica, 2005.

BOSSERT, Gustavo A. & ZANNONI, Eduardo A. *Manual de derecho de família*. Buenos Aires: Astrea, 1995.

CAHALI, Francisco José. "Dos alimentos na união estável". *Repertório IOB de Jurisprudência*. São Paulo: IOB, n. 3, 1995.

CAHALI, Yussef Said. *A lei do divórcio na jurisprudência*. São Paulo: Revista dos Tribunais, 1981.

________. *Divórcio e separação*. 6.ed. São Paulo: Revista dos Tribunais, 1992.

________. *Dos alimentos*. São Paulo: Revista dos Tribunais, 1987.

CAMPOS, Diogo Leite de. "A nova família". In: TEIXEIRA, Sálvio de Figueiredo (org.). *Direitos de família e do menor*. 3.ed. Belo Horizonte: Del Rey, 1993.

CARNEIRO, Athos Gusmão. *Jurisdição e competência*. 5.ed. São Paulo: Saraiva, 1993.

________. *O novo Código de Processo Civil nos tribunais do Rio Grande do Sul e Santa Catarina*. Porto Alegre: Ajuris, 1976, v. III.

CHAVES, Antônio. *Adoção, adoção simples e adoção plena*. 3.ed. São Paulo: Revista dos Tribunais, 1983.

________. *Direito à vida e ao próprio corpo*. 2.ed. São Paulo: Revista dos Tribunais, 1994.

________. "Divórcio: causas, casos e tipos". *Revista de Informação Legislativa*. Brasília: Senado Federal, n. 57, jan-março/1978.

CHIERI, Primarosa & ZANONNI, Eduardo A. *Prueba del ADN*. Buenos Aires: Astrea, 2001.

COULANGES, Fustel. *A cidade antiga*. 2.ed. São Paulo: Martins Fontes, 1987.

COUTINHO, Zulmar Vieira. *Exames de DNA, probabilidades de falsas exclusões ou inclusões: 100%?* Florianópolis: OAB/SC, 2006.

DANTAS, San Tiago. *Direitos de família e das sucessões*. 2.ed. Rio de Janeiro: Forense, 1991.

DE PLÁCIDO E SILVA. *Vocabulário jurídico*. Rio de Janeiro: Forense, 1993, v. I.

________. *Comentários ao CPC*. São Paulo: Guaíra, 1940, v. IV.

DIAS, Maria Berenice. *Manual de direito das famílias*. 4.ed. São Paulo: Revista dos Tribunais, 2007.

________. "Efeitos patrimoniais das relações de afeto". *Âmbito Jurídico*, n. 29, maio/2006. Disponível em: URL: http://www.ambitojuridico.com.br/site/index.php?n_link=revista_artigos_leitura&artigo_id=1033; acessado em 12.02.2007.

________. "Regime de bens e algumas absurdas incomunicabilidades". Disponível em: URL: http://www.mariaberenice.com.br; acessado em 20.10.2007.

DINIS, Joaquim José de Souza. "Filiação resultante da inseminação artificial". In: TEIXEIRA, Sálvio de Figueiredo (org.). *Direitos de família e do menor*. 3.ed. Belo Horizonte: Del Rey, 1993.

DINIZ, Maria Helena. *Curso de direito civil brasileiro. Direito de família*. 8.ed. São Paulo: Saraiva, 1994.

________. *Curso de direito civil brasileiro. Direito de família*. 20.ed. São Paulo: Saraiva, 2005, v. V.

ERPEN, Décio Antônio. "A promessa de doar nas separações judiciais". *Revista Ajuris*. Porto Alegre: Ajuris, n. 43, jul/1988.

FACHIN, LUIZ EDSON. "Aspectos jurídicos da união de pessoas do mesmo sexo". *Revista dos Tribunais*. São Paulo: Revista dos Tribunais, n. 732, out/1996, v. 85, p. 47-54.

FERREIRA, Jussara. *Casamento por comportamento*. Rio de Janeiro: Forense, 1990.

FRAZÃO, Alexandre Gonçalves. "A fertilização *in vitro*: uma nova problemática jurídica". Disponível em: URL: http://jus2.uol.com.br/doutrina/texto.asp?id=1850; acessado em 12.09.2007

GAGNO, Adriana Pellanda & WEBER, Lidia Natalia Dobrianskyj. "Um retrato dos filhos de criação na imprensa brasileira". Disponível em: URL: http://calvados.c3sl.ufpr.br/ojs2/index.php/psicologia/article/viewFile/3308/2652; acessado em 18.09.2007.

GIORGIS, José Carlos Teixeira. "Homenagem a um jurista". *Revista ADV*. São Paulo: jan/2006.

GONÇALVES, Carlos Roberto. *Direito civil brasileiro. Direito de família*. São Paulo: Saraiva, 2005, v. VI.

GONTIJO, Segismundo. "Igualdade conjugal". In: TEIXEIRA, Sálvio de Figueiredo (org.). *Direitos de família e do menor*. 3.ed. Belo Horizonte: Del Rey, 1993.

HIRONAKA, Giselda Maria Fernandes Novaes. "Dos filhos havidos fora do casamento". *Jus Navigandi*, n. 40, mar/2000. Disponível em: URL: http://jus2.uol.com.br/doutrina/texto.asp?id=528; acessado em 07.11.2006.

HOOFT, Pedro Federico. "Procreación artificial y manipulación genética". Revista *La Ley*, Buenos Aires: *La Ley*, n. 2, 1991.

LEITE, Heloisa Maria Daltro. *O novo Código Civil. Do direito de família.* Rio de Janeiro: Freitas Bastos, 2002.

LELLA, Pedro di. *Paternidad y pruebas biológicas.* Buenos Aires: Depalma, 1997.

LIMA, Domingos Sávio Brandão. "O abandono do lar conjugal como causa da dissolução matrimonial". *Revista de Informação Legislativa.* Brasília: Senado Federal, n. 57, jan-março/1978.

LUZ, Valdemar P. da. *Manual do menor.* São Paulo: Saraiva, 1988.

________. *Comentários ao Código Civil. Direito de família.* Florianópolis: OAB/SC, 2004.

________. *Curso de direito de família.* 2.ed. São Paulo: LTr, 2002.

________. *Dissolução do casamento.* Florianópolis: OAB/SC, 2007.

MADALENO, Rolf. *Direito de família, aspectos polêmicos.* 2.ed. Porto Alegre: Livraria do Advogado, 1999.

________. *Curso de direito de família.* Rio de Janeiro: Forense, 2008.

MARMITT, Arnaldo. *Pensão alimentícia.* Rio de Janeiro: Aide, 1993.

MARTINS NETO, Hamilton de Oliveira. "A falibilidade do exame de DNA: necessidade de revisão da postura dos julgadores nas ações de investigação de paternidade". Disponível em: URL: http://www.fdc.br/Arquivos/Mestrado/Revistas/Revista04e05/Discente/06.pdf; acessado em 06.09.2007.

MINUCHIN, Salvador. *Famílias: funcionamento & tratamento.* Porto Alegre: Artes Médicas, 1990.

MORAES, Bianca Mota de et al. *O novo Código Civil: Do direito de família.* Rio de Janeiro: Freitas Bastos, 2002.

MORO ALMARAZ, Maria Jesús. *Aspectos civiles de la inseminación artificial y la fecundación* in vitro. Barcelona: Bosch, 1988.

MUNIZ, Francisco José Ferreira. "A família na evolução do direito brasileiro". In: TEIXEIRA, Sálvio de Figueiredo (org.). *Direitos de família e do menor.* 3.ed. Belo Horizonte, Del Rey, 1993.

NEGRÃO, Theotônio. *Código Civil e legislação civil em vigor.* 14.ed. São Paulo: Saraiva, 1995.

PEREIRA, Caio Mário da Silva. *Instituições de direito civil.* 3.ed. Rio de Janeiro: Forense, 1979, v. V e VI.

________. *Instituições de direito civil.* 5.ed. Rio de Janeiro: Forense, 1980, v. I.

________. *Instituições de direito civil.* 19.ed. Rio de Janeiro: Forense, 2001.

PEREIRA, Sérgio Gischkow. "Algumas reflexões sobre a igualdade dos cônjuges". In: TEIXEIRA, Sálvio de Figueiredo (org.). *Direitos de família e do menor.* 3.ed. Belo Horizonte: Del Rey, 1993.

________. "Tendências modernas do direito de família". *Revista dos Tribunais.* São Paulo: Revista dos Tribunais, n. 628, fev/1988.

________. "O bem reservado e a Constituição Federal de 1988". *Revista Ajuris.* Porto Alegre: Ajuris, 1991, v. 51.

PERLINGIERI, Pietro. *Perfis do direito civil.* Trad. Maria Cristina De Cicco. 2. ed. Rio de Janeiro: Renovar, 2002.

PETRY JÚNIOR, Henry. *A separação com causa culposa.* Florianópolis: Conceito Editorial, 2007.

PINTO, Tereza Arruda Alvim. "Um novo conceito de família. Reflexos doutrinários e análise da jurisprudência". In: TEIXEIRA, Sálvio de Figueiredo (org.). *Direitos de família e do menor*. 3.ed. Belo Horizonte: Del Rey, 1993.

RIZZARDO, Arnaldo. *Direito de família*. Rio de Janeiro: Aide, 1994, v. I a III.

ROCHA, J. V. Castelo Branco. *O pátrio poder*. 2.ed. São Paulo: Leud, 1978.

RODRIGUES, Álvaro da Cunha Gomes. "Alguns aspectos da filiação nos ordenamentos jurídicos português e brasileiro". In: TEIXEIRA, Sálvio de Figueiredo (org.). *Direitos de família e do menor*. 3.ed. Belo Horizonte: Del Rey, 1993.

RODRIGUES, Silvio. "Direito de família". In: *Direito civil*. 10.ed. São Paulo: Saraiva, 1983.

_______. *Direito de família*. 25.ed. São Paulo: Saraiva, 2000, v. 6.

ROSA, Vânia de Almeida. "Até que a morte nos separe?". Disponível em: URL: http://www.assuntoprincipal.com.br/index.php?option=com_content&task=view&id=86&Itemid=105; acessado em 24.08.2007.

SANTOS, Luiz Felipe Brasil. "Anotações acerca das separações e divórcios extrajudiciais (Lei 11.441/07)". Disponível em: URL: http://www.ibdfam.org.br/admin/artigos.php?id=277; acessado em 10.11.2007.

_______. "A sucessão dos companheiros no novo Código Civil". Disponível em: URL: http://www.gontijo-familia.adv.br/tex243.htm; acessado em 03.07.2006.

SCARMAN, Lorde Leslie. *O direito inglês, a nova dimensão*. Porto Alegre: Sérgio Fabris, 1978.

SILVA, Regina Beatriz Tavares da. "Separação e divórcio: duplicidade necessária". Disponível em: URL: http://www.intelligentiajuridica.com.br/old-ago2004/bateboca.html; acessado em 24.08.2007.

SILVEIRA, Alípio. *Da separação litigiosa à anulação do casamento*. São Paulo: Leud, 1983.

TEIXEIRA, Sálvio de Figueiredo. "Direitos de família e do menor". In: TEIXEIRA, Sálvio de Figueiredo (org.). *Direitos de família e do menor*. 3.ed. Belo Horizonte: Del Rey, 1993.

_______. *Código de Processo Civil anotado*. 4.ed. São Paulo: Saraiva, 1992.

TEPEDINO, Gustavo. "A disciplina jurídica da filiação". In: TEIXEIRA, Sálvio de Figueiredo (org.). *Direitos de família e do menor*. 3.ed. Belo Horizonte: Del Rey, 1993.

THEODORO JÚNIOR, Humberto. "Alguns aspectos da nova ordem constitucional sobre o direito civil". In: TEIXEIRA, Sálvio de Figueiredo (org.). *Direitos de família e do menor*. 3.ed. Belo Horizonte: Del Rey, 1993.

_______. *Processo cautelar*. 7.ed. São Paulo: Leud, 1985.

_______. *Comentários ao Código de Processo Civil*. Rio de Janeiro: Forense, 1996, v. 5.

VARELLA, Dráuzio. "Planejamento familiar". Disponível em: URL: http://drauziovarella.ig.com.br/artigos/pfamiliar.asp; acessado em 24.10.2007.

VENOSA, Silvio de Salvo. *Direito civil. Direito de família*. 3.ed. São Paulo: Atlas, 2003, v. VI.

VERCELLONE, Paolo. "As novas famílias". In: TEIXEIRA, Sálvio de Figueiredo (org.). *Direitos de família e do menor*. 3.ed. Belo Horizonte: Del Rey, 1993.

VIANA, Marco Aurélio S. "Direito de família". *Curso de direito civil*. Belo Horizonte: Del Rey, 1993.

VILLELA, João Baptista. "Alimentos e sucessão entre companheiros: apontamentos críticos sobre a Lei n. 8.971/94". *Repertório IOB de Jurisprudência*. São Paulo: IOB, n. 7, 1995.

WALD, Arnoldo. *Direito de família*. 9.ed. São Paulo: Revista dos Tribunais, 1992.

________. "A união estável (evolução jurisprudencial)". In: TEIXEIRA, Sálvio de Figueiredo (org.). *Direitos de família e do menor*. 3.ed. Belo Horizonte: Del Rey, 1993.

________. *O novo direito de família*. 13.ed. São Paulo: Saraiva, 2000.

________. *O novo direito de família*. 16.ed. São Paulo: Saraiva, 2005.

WELTER, Belmiro Pedro. *Coisa julgada na investigação de paternidade*. 2.ed. Porto Alegre: Síntese, 2002.

________. "A secularização da culpa no direito de família". Disponível em: URL: http://www.mundojuridico.adv.br/sis_artigos/artigos.asp?codigo=612; acessado em 05.09.2007.

Índice alfabético-remissivo